"十三五"江苏省高等学校重点教材 2019-2-167

普通高等教育土建类系列教材

道 路 勘 测 设 计

主　编　廖明军　孟宪强

副主编　张春杨　冷　冰

参　编　刘　学　王凯英　仲玉侠

　　　　张宝玉

U0331513

机械工业出版社

本书系统介绍了道路勘测设计的基本概念、基本原理和规划设计方法，共 10 章，主要内容包括绪论、平面设计、纵断面设计、横断面设计、选线、定线、平面交叉设计、立体交叉设计、道路排水设计和新建公路勘测设计。本书主要介绍了交通运输系统的概念、道路勘测设计的依据和道路勘测设计新技术，道路平面、纵断面、横断面设计的基本原理和方法，道路选线和定线的概念和方法，道路平面交叉和立体交叉设计的基本概念和设计方法，公路和城市道路排水的相关知识和设计方法，新建公路勘测设计程序、定测方法以及设计文件组成等内容。

　　本书可作为高等院校道路桥梁与渡河工程专业、土木工程专业道路桥梁方向、交通工程专业以及其他相关专业的教材，也可作为工程咨询、设计、施工和管理人员的参考书。

图书在版编目（CIP）数据

道路勘测设计/廖明军，孟宪强主编 . —北京：机械工业出版社，2020. 12
（2025.1 重印）

"十三五" 江苏省高等学校重点教材　普通高等教育土建类系列教材
ISBN 978-7-111-67114-5

Ⅰ . ①道…　Ⅱ . ①廖…②孟…　Ⅲ . ①道路测量-高等学校-教材②道路工程-设计-高等学校-教材　Ⅳ . ①U412

中国版本图书馆 CIP 数据核字（2020）第 257679 号

机械工业出版社（北京市百万庄大街 22 号　邮政编码 100037）
策划编辑：林　辉　责任编辑：林　辉　马军平
责任校对：张　征　封面设计：严娅萍
责任印制：单爱军
北京虎彩文化传播有限公司印刷
2025 年 1 月第 1 版第 3 次印刷
184mm×260mm · 19. 5 印张 · 484 千字
标准书号：ISBN 978-7-111-67114-5
定价：49. 80 元

电话服务　　　　　　　　　　　网络服务
客服电话：010-88361066　　机 工 官 网：www.cmpbook.com
　　　　　010-88379833　　机 工 官 博：weibo. com/cmp1952
　　　　　010-68326294　　金 书 网：www.golden-book.com
封底无防伪标均为盗版　　机工教育服务网：www.cmpedu.com

前 言

本书为"十三五"江苏省高等学校重点教材。

在编写过程中，本书采用理论与实际相结合的方法，注重在介绍道路勘测设计理论知识的基础上重点培养学生分析和解决道路勘测设计问题的能力，提高学生的理论知识应用能力。

"道路勘测设计"课程是高等院校道路桥梁与渡河工程专业、土木工程专业道路桥梁方向、交通工程专业等的必修课程。本书依据"卓越工程师教育培养计划"和"工程教育专业认证"通用标准的要求，积极吸取国内外道路勘测设计的最新研究成果，着重对与学科相关的新规范和新规定进行了介绍。本书主要介绍了交通运输系统的概念、道路勘测设计的依据和道路勘测设计新技术，道路平面、纵断面、横断面设计的基本原理和方法，道路选线和定线的概念和方法，道路平面交叉和立体交叉设计的基本概念和设计方法，公路和城市道路排水的相关知识和设计方法，新建公路勘测设计程序、定测方法以及设计文件组成等内容。为使课程更贴近实践运用，本书还介绍了道路建设程序、野外勘测设计方法以及施工图设计文件的组成等内容。特别是为提高学生道路勘测设计实际操作能力和对原理的理解能力，本书在相应的章节提供辅助学习的二维码，学生通过扫描二维码可以观看道路专业设计软件操作视频、道路立体交叉设计教学视频等其他相关的学习资料，如道路工程实例素材、思政素材、教学 PPT 课件、视频素材等也可免费提供给任课教师参考。受篇幅限制，本书无法对每个专题进行详尽阐述，但可为读者提供开拓知识面和发散思维的帮助。

与"道路勘测设计"课程内容相关的规范有很多，如《公路路线设计规范》（JTG D20—2017）、《公路工程技术标准》（JTG B01—2014）、《公路路基设计规范》（JTG D30—2015）、《城市道路工程设计规范》（CJJ 37—2012）（2016 年版）、《公路立体交叉设计细则》（JTG/T D21—2014）、《公路排水设计规范》（JTG/T D33—2012）等。为使学生在掌握道路勘测设计基本理论知识的同时熟悉我国现行道路勘测设计相关规范的条文，本书主要内容参考了这些规范的内容。

本书共分 10 章，由廖明军统稿。具体的编写分工为：盐城工学院廖明军、北华大学孟宪强编写第 1 章、第 2 章、第 7 章；白城师范学院张春杨、北华大学冷冰编写第 4 章和第 6 章，重庆交通大学张宝玉编写第 3 章和第 9 章；北华大学仲玉侠、盐城工学院王凯英、中国市政工程华北设计研究总院有限公司刘学编写第 5 章、第 8 章；冷冰、刘学编写第 10 章。廖明军制作了大量道路设计软件操作视频等素材。

本书参考了相关技术规范，国内大量的教材、论文以及其他研究成果，在此对各位文献的作者表示感谢！由于编者水平有限，书中难免有不足之处，敬请各位读者批评指正。

E-mail：mjliao@163.com。

编 者

目　　录

第1章 绪 论

1.1 交通运输系统概述

交通是指从事乘客和货物运输及语言和图文传递的活动,包括运输和邮电两方面,在国民经济中属于第三产业。

交通运输系统是由水路运输(水运)、铁路运输、公路运输、航空运输和管道运输五种运输方式组成的综合运输系统。五种运输方式在运载工具、线路设备和运营方式等各方面都有一定的差异,并各有其不同的技术经济特征,因而也各有其适用范围。

水路运输分为内河运输和海洋运输,是一种古老的运输方式,其具有运能大、耗能少、成本低、投资少等优点,适合大宗货物长距离运输,对于国际货物运输、远洋运输尤其重要。

铁路运输适合远程的大宗货物和人流运输,受气候和自然条件影响较小,且运输能力及单车装载量大,在运输的经常性和低成本性上占据优势,它几乎能承运任何商品,几乎可以不受质量和容积的限制。

航空运输具有快速、机动的特点,是现代旅客运输,尤其是远程旅客运输的重要方式,也是国际贸易中贵重物品、鲜活货物和精密仪器运输所不可缺少的方式。

管道运输是用管道作为运输工具的一种长距离输送液体和气体物资的运输方式,是一种专门由生产地向市场地输送石油、煤和化学产品的运输方式。

公路运输是指使用汽车或其他运输工具在城乡道路上从事旅客和货物的交通和运输。相较于其他运输方式,公路运输的特点有:空间、时间、批量、运行条件以及服务方面的灵活性好;送达能力强,可实现"门到门"的运输服务;运送速度快;原始投资少,但运输成本偏高;安全性差;环境污染严重。

交通运输系统是社会经济的重要基础设施,是国家实施资源配置和宏观调控的重要工具。交通运输系统在促进社会分工、经济发展,加强国防建设,扩大国际经贸合作和人员往来等方面发挥重要作用。同时,人们的旅游、娱乐及其他生活出行也需要便利、安全和舒适的交通支持和保障。总之,交通运输对经济建设、社会生活、国防建设等都具有重要意义。

1.2 道路的分级与技术标准

道路(Road)是供各种车辆和行人等通行的工程设施。按其使用特点分为公路(Highway)、城市道路、厂矿道路、林区道路及乡村道路等。

1.2.1 公路分级

根据交通特性及控制干扰的能力,《公路路线设计规范》(JTG D20—2017)将公路分为高速公路、一级公路、二级公路、三级公路和四级公路五个技术等级。

（1）高速公路 高速公路为专供汽车分向、分车道行驶，并全部控制出入的多车道公路。高速公路的设计交通量宜在 15000 辆小客车/日以上。

（2）一级公路 一级公路为供汽车分向、分车道行驶，并可根据需要控制出入的多车道公路。一级公路的设计交通量宜在 15000 辆小客车/日以上。一级公路是连接高速公路或是某些大城市的城乡接合部、开发区经济带及人烟稀少地区的干线公路。

（3）二级公路 二级公路为供汽车行驶的双车道公路。二级公路的设计交通量宜为 5000 ~ 15000 辆小客车/日。二级公路为中等以上城市的干线公路或者是通往大工矿区、港口的公路。

（4）三级公路 三级公路为供汽车、非汽车交通混合行驶的双车道公路。三级公路的设计交通量宜为 2000 ~ 6000 辆小客车/日。三级公路为沟通县、城镇之间的集散公路。

（5）四级公路 四级公路为供汽车、非汽车交通混合行驶的双车道或单车道公路。双车道四级公路的设计交通量宜在 2000 辆小客车/日以下，单车道四级公路的设计交通量宜在 400 辆小客车/日以下。四级公路主要为沟通乡、村等地的地方公路。

1.2.2 公路工程技术标准

公路工程技术标准是指一定数量的车辆在车道上以一定的设计速度行驶时，对路线和各项工程的设计要求。公路工程技术标准是法定的技术要求，进行公路设计时必须遵守。

1. 技术标准的内容

技术标准是根据汽车的行驶性能、数量、荷载等方面的要求，在总结公路设计、施工、养护和汽车运输经验的基础上，经过调查研究、理论分析制定出来的。它反映了我国公路建设的方针政策和技术要求，是公路设计和施工的基本依据和必须遵守的准则。设计速度是技术标准中最重要的指标。在公路网中具有重要经济、国防意义的公路，交通量较大的公路，地形平坦的公路采用较高的设计速度。反之，则采用较低的设计速度。虽然较高设计速度的公路工程费用较高，但能较好地满足国民经济发展的需要，或能从运输上较快地得到补偿。

我国《公路工程技术标准》（JTG B01—2014）分总则、术语、基本规定、路线、路基路面、桥涵、汽车及人群荷载、隧道、路线交叉、交通工程及沿线设施十部分。各级公路的主要技术指标见表 1-1。

表 1-1   各级公路的主要技术指标

公路等级	高速公路			一级公路			二级公路		三级公路		四级公路	
设计速度/(km/h)	120	100	80	100	80	60	80	60	40	30	30	20
车道数	≥4						2		2		2（1）	
每条车道宽度/m	3.75	3.75	3.75	3.75	3.75	3.50	3.75	3.50	3.50	3.25	3.00（双车道）	3.00（单车道）
停车视距/m	210	160	110	160	110	75	110	75	40	30	30	20
最大纵坡（%）	3	4	5	4	5	6	5	6	7	8	8	9
汽车荷载等级	公路-Ⅰ级			公路-Ⅰ级			公路-Ⅰ级		公路-Ⅱ级		公路-Ⅱ级	

2. 技术标准的应用

在公路设计中，掌握和运用技术标准要注意以下几点：

1）运用《公路工程技术标准》要合理。采用标准要避免走极端，既不要轻易采用极限指标，影响公路的服务质量；也不应不顾工程数量，片面追求高指标，使投资过大、占地面积增加。

2）确定指标要慎重。在确定指标时，应深入实际进行踏勘调查，征询有关各方面的意见，掌握第一手资料，然后根据设计任务书的要求，结合当前及远景的使用要求，通过认真比较确定。

3）尽可能采用较高的指标。这可以创造较好的运营条件，缩短里程，减少运输成本。

1.2.3 城市道路分级

根据城市道路在道路网中的地位、交通功能以及对沿线的服务功能，《城市道路工程设计规范》（CJJ 37—2012）将城市道路分为快速路、主干路、次干路和支路四个等级。

1. 快速路

快速路应为城市中大量、长距离、快速交通服务。快速路对向行车道之间应设中央分隔带，其出入口应采用全控制或部分控制。快速路两侧不应设置吸引大量车流、人流的公共建筑物的出入口。两侧一般建筑物的出入口应加以控制。快速路在特大城市或大城市中设置，主要联系市区各主要地区、市区和主要的近郊区、卫星城镇、主要对外公路。快速路主要为城市远距离交通服务，具有较高车速和较大的通行能力。《城市道路工程设计规范》对快速路的主要技术要求为：

1）快速路只准汽车行驶，禁止行人和非机动车进入快速车道。

2）每个行车方向至少有两条机动车道，中间设置宽度不小于1m的中央分隔带。

3）大部分交叉口采用立体交叉。

4）控制快速车道的出入口，与快速路交汇的道路数量应严格控制，车辆只能在指定的地点进出。

5）设计速度为100km/h、80km/h或60km/h。

2. 主干路

主干路为连接城市各主要分区的干路，以交通功能为主。主干路上的机动车与非机动车应分道行驶，非机动车交通量大时，宜采用机动车与非机动车分隔形式，如三幅路或四幅路。主干路联系城市的主要工业区、住宅区、港口、车站等货运中心，承担城市的主要客货运交通，是城市内部的交通大动脉。主干路一般设6条车道或4条机动车道和有分隔带的非机动车道。主干路一般不设立体交叉，而是采用扩宽交叉口引道的办法来提高通行能力。主干路上平面交叉口间距以800～1200m为宜，道路两侧不应设置吸引大量车流、人流的公共建筑物出入口。

3. 次干路

次干路与主干路结合组成道路网，起集散交通的作用，兼有服务功能。次干路是城市中数量较多的一般交通性道路。次干路一般不设立体交叉，部分交叉口可以扩大，并加以渠化，一般可设4条车道，也可不设专用的非机动车道。次干路兼有服务功能，两侧可设置公共建筑物，并可设置机动车和非机动车停车场、公共交通站点和出租汽车服务站。

4. 支路

支路是次干路与街坊路的连接线，用来解决局部地区交通，以服务功能为主。支路是一个地区内（如居住区内）的道路，是地区通向干道的道路。支路上不宜通行过境交通，只允许通行为地区服务的交通。此外，根据城市的不同情况，还可规划自行车专用道、有轨电车专用道、商业步行街和货运道路等专用道路。

《城市道路工程设计规范》规定各类各级城市道路分类及主要技术指标见表1-2。

表1-2   各类各级城市道路分类及主要技术指标

城市道路级别	设计速度/ （km/h）	双向机动车 车道数（条）	机动车道宽度/m	分隔带设置	横断面 形式
快速路	100，80，60	≥6	3.75	必须设置	双、四幅路
主干路	60，50，40	≥4	3.5～3.75	应设	三、四
次干路	50，40，30	2～4	3.5～3.75	可设	单、双
支路	40，30，20	2	3.0～3.5	不设	单

城市道路交通量达到饱和状态时的设计年限，《城市道路工程设计规范》规定：快速路和主干路应为20年；次干路应为15年；支路宜为10～15年。

1.3   道路功能划分

1. 公路交通功能划分

根据出行类型、驾驶员情况、公路在整个公路网系统内的作用，公路交通功能可以划分为连接功能、集散功能、出入功能。《公路路线设计规范》中公路按交通功能划分为干线公路、集散公路和支线公路三类（见图1-1）。

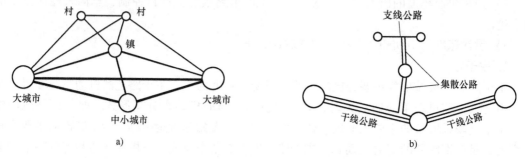

a)

图1-1   公路按交通功能划分
a）出行期望   b）相应公路网示意图

（1）干线公路   干线公路主要满足可通达的要求，其交通流不间断、交通质量高，可以节省运行时间、降低运行成本、保证足够的交通安全，主要以速度标准来选定此功能。同时在评价此功能的质量水平时，节省时间、降低成本、保证交通安全的目标必须和保护环境的目标慎重比较。

（2）集散公路   集散公路主要收集和分流交通，为公路周围的区域提供交通便利，这类交通要求的车速相对较低。集散功能可能与连接功能有部分重合。

（3）支线公路 支线公路主要是满足居民的活动、行走、购物要求等，因此对速度没有较高的要求，主要强调可达性。

2. 城市道路功能划分

城市道路功能主要可分为广义道路功能（空间功能）与狭义道路功能（交通功能）。广义城市道路功能包括城市骨架功能、交通设施功能、城市空间功能、城市景观功能、市政空间功能与防灾设施功能等六大功能（见图1-2）。狭义城市道路功能包括服务对象、出行目的、出行距离、通达性、交通流性质等。

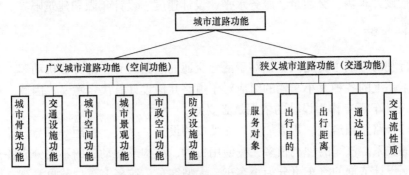

图 1-2　城市道路功能划分

根据城市道路承担交通的本质特性（包括道路在城市交通的地位、承担交通流的出行距离、通过性或集散性、生产性或生活性等），提出了相应的道路功能分级体系。城市道路交通功能关系见表1-3。

表 1-3　城市道路交通功能关系

道路等级	快速路	主干路	次干路	支路
联系道路交通的区位特征	非相邻组团间及城市对外交通	邻近组团与中心组团间交通	组团内部交通	片区内部
功能及特性	高速 交通性 通过性 长距离 可达性弱 隔离性大 兼有货运 交叉口间距大 机动车流量大 不直接为两侧用地服务	→		低速 生活性 集散性 短距离 可达性强 不得隔离 客运 交叉口间距小 非机动车流量大 直接为两侧用地服务

1.4 道路勘测设计的依据

道路勘测设计，首先应明确该道路在道路网中的地位和作用；然后根据确定的设计小时交通量和道路设计通行能力确定道路的横断面；最后根据有关设计控制条件进行平面、纵断面、交叉口、交通设施、照明、公交站点等一系列设计工作。影响道路勘测设计的因素很多，但起到控制作用的因素主要有人、车、路及环境等四个方面。人（包括驾驶人和乘客）的因素已在"交通工程学"课程中有所介绍，下面主要介绍道路勘测设计时主要考虑的交通条件，包括设计车辆、交通量、服务水平、设计速度、设计年限和建筑限界。

1.4.1 设计车辆

道路上行驶的车辆主要是汽车，对于混合交通的道路还有一部分非机动车。汽车的物理特性及行驶于路上的各种大小车辆的组成对于道路几何设计有决定意义。因此，选择有代表性的车辆（设计车辆）作为设计的依据是必要的。

研究制订公路路幅组成、弯道加宽、交叉口的设计、纵坡、视距等都与设计车辆的外廓尺寸有密切的关系。汽车的种类很多，按使用目的、结构或发动机的不同分成各种类型，而作为道路勘测设计依据的汽车可分为小客车、大型客车、铰接客车、载重汽车、铰接列车五类。根据我国行驶车辆的具体情况、汽车发展远景规划和经济发展水平，出于经济和实用的考虑，设计车辆的外廓尺寸是按现有车型的尺寸进行统计后满足 100% 以上车型的外廓尺寸作为设计标准。《公路工程技术标准》《公路路线设计规范》中规定了公路设计所采用的设计车辆外廓尺寸，见表 1-4。

表 1-4 设计车辆外廓尺寸

车 辆 类 型	车长/m	车宽/m	车高/m	前悬/m	轴距/m	后悬/m
小客车	6.0	1.80	2.0	0.8	3.8	1.4
大型客车	13.7	2.55	4.0	2.6	6.5 + 1.5	3.1
铰接客车	18.0	2.50	4.0	1.7	5.8 + 6.7	3.8
载重汽车	12.0	2.50	4.0	1.5	6.5	4.0
铰接列车	18.1	2.55	4.0	1.5	3.3 + 11.0	2.3

注：铰接列车的轴距为（3.3 + 11）m。3.3m 为第一轴至铰接点的距离，11m 为铰接点到最后轴的距离。

1.4.2 交通量换算及服务水平

1. 交通量

交通量是指单位时间内通过道路某断面的交通流量（即单位时间通过道路某断面的往返车辆数目）。交通量与社会经济发展速度、气候、物产、文化、生活水平等多方面因素有关，其具体数值由交通调查和交通量预测确定。

交通调查、分析和交通量预测是道路建设项目可行性研究阶段进行现状评价、综合分析建设项目的必要性和可行性的基础，也是确定道路建设项目的建设规模、技术等级、工程设施、经济效益评价及公路几何线形设计的主要依据。可见，交通调查、分析及交通量预测水平的高低，尤其是预测的水平、质量和可靠程度，将直接影响到项目决策的科学性和工程技术设计的经济合理性。

交通量的类型根据单位时间可分为年平均日交通量、小时交通量和年累计交通量。

（1）年平均日交通量 一条公路交通量的普遍计量单位是年平均日交通量（简写为 AADT，以符号 N 表示），用全年总交通量 Q 除以 365 而得。设计交通量（规划交通量）是指拟建公路到达远景设计年限时能达到的年平均日交通量（辆/日）。设计交通量在确定道路等级，论证道路的计划费用或各项结构设计等方面有重要作用。因为一年中的每月、每日、每小时交通量都会变化，在某些季节、某些时段可能会高出年平均日交通量数倍。所以，设计交通量不宜作为具体设计的依据。

$$N = \frac{Q}{365} = \frac{1}{365} \sum_{i=1}^{365} Q_i \qquad (1-1)$$

式中 N——年平均日交通量（辆/日）；

Q_i——一年内的日交通量（辆/日）。

远景设计年平均日交通量应根据道路使用任务及性质，根据历年交通观测资料推算求得。目前一般按年平均增长率累计计算确定。

$$N_d = N_0 (1 + \gamma)^{n-1} \qquad (1-2)$$

式中 N_d——远景设计年平均日交通量（辆/日）；

N_0——起始年平均日交通量（辆/日），包括现有交通量和道路建成后从其他道路吸引过来的交通量；

γ——年平均增长率（%）；

n——远景设计年限。

（2）小时交通量 小时交通量（辆/h）是以小时为计算时段的交通量，是确定车道数和车道宽度或评价服务水平时的依据。如果用一年中最大的高峰小时交通量作为设计依据，会造成浪费，如果采用日平均小时交通量则不能满足实际需要，造成交通拥挤。研究认为，取一年中的排序第 30 位最大小时交通量作为设计小时交通量既能保证交通顺畅，又能使工程造价经济合理，即将一年中测得的 8760h 交通量按大小顺序排列，取序号为第 30 位的小时交通量作为设计小时交通量。年平均日交通量与小时交通量关系曲线如图 1-3 所示，第 30 位小时交通量以上，曲线斜率急剧加大；第 30 位以下，曲线变化明显变缓。采用第 30 位小时交通量作为设计依据，每年只有 29 个小时的交通量超过设计小时交通量，保证率达 99.67%。

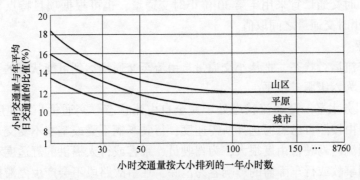

图 1-3 年平均日交通量与小时交通量关系曲线

在确定设计小时交通量时，有平时观测资料的道路，必须使用观测资料；没有观测资料的，可参考性质相似、交通情况相仿的其他道路观测资料进行推算。

设计小时交通量按下式计算

$$N_h = N_d k D \tag{1-3}$$

式中　N_h——主要方向设计小时交通量（辆/h）；

　　　D——方向不均匀系数，即高峰小时期间主要方向与两个方向总交通量之比（N_h / N_h'），可采用0.6；

　　　N_h'——高峰小时两个方向的总交通量（辆/h）；

　　　N_d——远景设计年平均日交通量（辆/日）；

　　　k——设计小时交通量系数（N_h / N_d），平时有观测资料，仿照图1-3绘制关系图求得，一般平原区取13%，山区取15%，无资料时可按如下近似式计算

$$k = 18(1 + A)X^{0.8} + \Delta \tag{1-4}$$

式中　A——地区气候修正系数；

　　　X——设计小时时位；

　　　Δ——预测年的日交通量修正系数，按 $\Delta = 0.2 - 0.0002 N_d$ 计算。

2. 交通量换算

《公路工程技术标准》规定交通量换算采用小客车为标准车型。各汽车代表车型及车辆折算系数规定见表1-5。

表1-5　各汽车代表车型及车辆折算系数

汽车代表车型	车辆折算系数	说　明
小客车	1.0	≤19座的客车和载质量≤2t的货车
中型车	1.5	>19座的客车和载质量为2~7t的货车
大型车	2.5	载质量为7~20t的货车
汽车列车	4.0	载质量>20t的货车

1）畜力车、人力车、自行车等非机动车按路侧干扰因素计。

2）公路上行驶的拖拉机每辆折算为4辆小客车。

3）公路通行能力分析所要求的车辆折算系数应针对路段、交叉口等形式，按不同的地形条件和交通需求，采用相应的折算系数。

公路设计小时交通量宜采用年第30位小时交通量，也可根据项目特点与需求，在当地年第20~40位小时交通量之间取值。

3. 服务水平

我国按照车流运行状态，把从小交通量自由流至交通量达到可能状态的受限制车流这一运行条件范围分为六级服务水平。

（1）一级服务水平　交通流状态处于完全自由流状态。交通量小，速度高，行车密度小，驾驶员能自由按照自己意愿选择所需速度，行驶车辆不受或基本不受交通流中其他车辆的影响。在交通流内驾驶自由度很大，为驾驶员、乘客或行人提供的舒适度和方便性非常优越。较小的交通事故或行车障碍的影响容易消除，在事故路段不会产生停滞排队现象，很快就能恢复到一级服务水平。

（2）二级服务水平 交通流状态处于相对自由流状态，驾驶员基本上可按照自己意愿选择行驶速度，但是开始要注意到交通内有其他使用者，驾驶员身心舒适水平很高。较小的交通事故或行车障碍的影响容易消除，在事故路段的运行服务情况比一级差些。

（3）三级服务水平 交通流状态处于稳定流的上半段，车辆间的相互影响变大，选择速度受到其他车辆的影响，变换车道时驾驶员要格外小心，较小的交通事故仍能消除，但事故发生路段的服务质量大大降低，严重的阻塞会造成后面形成排队车流，驾驶员心情紧张。

（4）四级服务水平 交通流状态处于稳定流的下限，但是车辆运行明显受到交通流内其他车辆的相互影响，速度和驾驶的自由度受到明显限制。交通量稍有增加就会导致服务水平的显著降低，驾驶员身心舒适水平降低，即使较小的交通事故也难以消除，会形成很长的排队车流。

（5）五级服务水平 交通流状态处于拥堵流的上半段，其下是达到最大通行能力时的运行状态。对于交通流的任何干扰，例如车流从匝道驶入或车辆变换车道，都会在交通流中产生一个干扰波，交通流不能消除它，任何交通事故都会形成长长的排队车流，车流行驶灵活性极端受限，驾驶员身心舒适水平很差。

（6）六级服务水平 交通流状态处于拥堵流的下半段，是通常意义的强制流或阻塞流。这一服务水平下，交通设施的交通需求超过其允许通过量，车流排队行驶，队列中的车辆出现停停走走现象，运行状态极不稳定，可能在不同交通流状态间发生突变。

各级公路设计采用的服务水平应不低于表1-6的规定。

表1-6 各级公路设计采用的服务水平

公路等级	高速公路	一级公路	二级公路	三级公路	四级公路
服务水平	三级	三级	四级	四级	—

注：1. 一级公路作为集散公路时，设计服务水平可降低一级。
2. 长隧道及特长隧道路段、非机动车及行人密集路段、互通式立体交叉的分合流区段以及交织区段，设计服务水平可降低一级。

1.4.3 设计速度

《公路工程技术标准》中的设计速度是确定公路设计指标并使其相互协调的设计基准速度，是确定公路几何线形的基本要素，是用以设计各级公路受限制部分的主要依据。设计速度是指在气象条件良好，车辆行驶只受公路本身条件影响时，具有中等驾驶技术的人员能够安全、顺适驾驶车辆的速度。因此它与车辆实际运行速度有密切关系。

运行速度是指路面平整、潮湿，自由流状态下，行驶速度累计分布曲线上对应于85%分布值的速度。根据国内外观测研究，当设计速度高时，运行速度低于设计速度；而当设计速度低时，运行速度高于设计速度。运行速度的引入，可以有效解决路线设计指标与实际行驶速度所要求的线形指标脱节的问题。因为运行速度考虑了道路上绝大多数驾驶员的交通心理需求，以车辆的实际运行速度作为线形设计依据，从而有效地保证了路线所有相关要素与设计速度的合理搭配，可以获得连续、一致的均衡设计。

1. 公路设计速度

设计速度的最大值：根据汽车性能，并参考国内外的实际经验，从节约能源及驾驶员的感觉上出发，设计速度的最大值宜采用120km/h。

设计速度的最低值：考虑我国实际的地形条件、土地利用和投资的可能性，确定设计速度的最低值为 20km/h。这比有些国家的规定值可能略低一些（国外规定的最小值有 48km/h、40km/h、30km/h 等），但我国认为 20km/h 还是符合我国的实际情况的。

各级公路设计速度应符合表 1-7 的规定。

表 1-7　各级公路设计速度

公路等级	高速公路			一级公路			二级公路		三级公路		四级公路	
设计速度/(km/h)	120	100	80	100	80	60	80	60	40	30	30	20

2. 城市道路设计速度

城市道路虽然一般地势平坦，但是由于车辆多、类型杂、车速差异大、道路交叉点多等因素的影响，其平均速度较公路有较大的降低，《城市道路工程设计规范》规定的各级道路的设计速度见表 1-8。

表 1-8　各级道路的设计速度

道路等级	快速路			主干路			次干路			支路		
设计速度/(km/h)	100	80	60	60	50	40	50	40	30	40	30	20

1.4.4　公路技术等级与设计速度选用

1. 公路设计交通量预测

公路设计交通量预测应符合下列规定：

1）高速公路和一级公路设计交通量预测年限为 20 年；二级公路、三级公路设计交通量预测年限为 15 年；四级公路可根据实际情况确定。

2）设计交通量预测年限的起算年为该项目的计划通车年。

3）设计交通量的预测应充分考虑走廊带范围内社会、经济的远期发展规划和综合运输体系的影响。

2. 公路技术等级选用

公路技术等级选用应在论证确定公路功能的基础上，结合项目所在地区的综合运输体系、远期发展规划及设计交通量论证确定，并应遵循下列原则：

1）主要干线公路作为公路网中结构层次最高的主通道，应选用高速公路。

2）次要干线公路作为主要干线公路的补充，应选用二级及二级以上公路。

① 设计交通量达到 15000 辆小客车/日时，宜选用一级及一级以上公路。

② 设计交通量达到 10000 辆小客车/日时，且沿线纵横向干扰较大，宜选用一级公路。

③ 设计交通量低于 10000 辆小客车/日时，可选用二级公路；当货车混入率较高时，宜间隔设置超车车道，减小纵向干扰。

3）主要集散公路连接干线公路与支线公路，宜选用一级公路、二级公路。

① 设计交通量达到 15000 辆小客车/日时，可选用一级公路。

② 设计交通量在 5000 ~ 15000 辆小客车/日时，可选用二级公路；设计交通量达到 10000 辆小客车/日，且沿线纵横向干扰较大时，宜选用一级公路。

③ 设计交通量低于 5000 辆小客车/日时，宜选用二级公路。

4）次要集散公路服务于县乡区域交通，宜选用二级公路、三级公路。

① 设计交通量达到 5000 辆小客车/日时，宜选用二级公路。

② 设计交通量低于 5000 辆小客车/日时，宜选用三级公路。

5）支线公路宜选用三级公路、四级公路。当设计交通量达到 5000 辆小客车/日时，宜选用二级公路。

6）当既有公路不能满足功能需要时，应结合公路网发展规划，有计划地进行改建。

3. 设计速度的选用

设计速度的选用应根据公路功能与技术等级，结合地形、工程经济、预期运行速度和沿线土地利用性质等因素综合论证确定，并应符合下列规定：

1）高速公路设计速度不宜低于 100km/h，受地形、地质等条件限制时，可选用 80km/h。

2）作为干线的一级公路，设计速度宜采用 100km/h；受地形、地质等条件限制时，可采用 80km/h。作为集散的一级公路，设计速度宜采用 80km/h；受地形、地质等条件限制时，可采用 60km/h。

3）高速公路和作为干线的一级公路的局部特殊困难路段，且因新建工程可能诱发工程地质病害时，经论证，该局部路段的设计速度可采用 60km/h，但长度不宜大于 15km，或仅限于相邻两互通式立体交叉之间的路段。

4）作为干线的二级公路，设计速度宜采用 80km/h；受地形、地质等条件限制时，可采用 60km/h。作为集散的二级公路，设计速度宜采用 60km/h；受地形、地质等条件限制时，可采用 40km/h。

5）三级公路设计速度宜采用 40km/h；受地形、地质等条件限制时，可采用 30km/h。

6）四级公路设计速度宜采用 30km/h；受地形、地质等条件限制时，可采用 20km/h。

同一公路项目可分段选用不同的技术等级。同一技术等级可分段选用不同的设计速度。不同技术等级、不同设计速度的设计路段之间应选择合理的衔接位置或地点，过渡应顺适，衔接应协调。采用运行速度检验时，相邻路段运行速度之差应小于 20km/h，同一路段设计速度与运行速度之差宜小于 20km/h。

1.5 道路勘测设计新技术

1.5.1 GPS-RTK 技术

GPS-RTK 技术是采用 RTK（Real Time Kinematic，实时动态）差分方法，以载波相位观测值进行实时动态相对定位的技术。其原理是将位于基准站（见图 1-4）上的 GPS 接收机观测的卫星数据，通过数据通信链（无线电台）实时发送出去，而位于附近的移动站上的 GPS 接收机（见图 1-5）在对卫星观测的同时，也接收来自基准站的无线电台信号，通过对所接收到的信号进行实时处理，给出移动站的三维坐标，并估计其精度。

利用 GPS-RTK 技术测量时，至少配备两台 GPS 接收机，一台固定安放在基准站上，另外一台作为移动站进行点位测量。在两台 GPS 接收机之间通过数据通信链实时将基准站上的观测数据发送给移动站。RTK 软件对移动站接收到的数据（卫星信号和基准站的信号）

进行实时处理，完成双差模糊度的求解、基线向量的解算和坐标的转换。

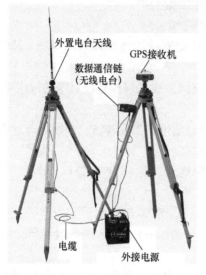

图 1-4　基准站

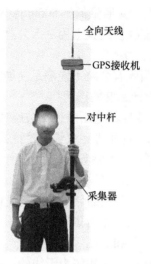

图 1-5　移动站

　　GPS-RTK 技术是 GPS 应用的重大里程碑，它的出现为工程放样、地形测图，各种控制测量带来了新曙光，极大地提高了外业作业效率。

　　一般情况下，GPS-RTK 技术实时提供的移动站点在指定坐标系中的定位结果，其误差是不累积的。其平面定位精度可达到 $\pm(1\mathrm{cm}+D\times10^{-6})$，其中 D 为移动站到基准站的距离，以 km 为单位。根据相关研究成果，结合道路勘测的精度要求，利用 GPS-RTK 技术采集的数据，其误差精度是足够满足《公路勘测规范》（JTG C10—2007）中对高速公路、一级公路测量精度要求的。

1.5.2　倾斜摄影技术

　　倾斜摄影是摄影机主光轴明显偏离铅垂线或水平方向并按照一定倾斜角进行的航空摄影。倾斜摄影技术是国际测绘遥感领域的一项高新技术，融合了传统的航空摄影和近景测量技术，突破了以往正射影像只能从垂直角度拍摄的局限。如图 1-6 所示，通过在同一飞行平台上搭载多台传感器，可以同时从垂直、前视、左视、右视与后视共 5 个不同的角度采集影像。其中，垂直摄影影像，可经过传统航空摄影测量技术处理，制作 5D 产品，包括数字高程模型（Digital Elevation Model，DEM）、数字表面模型（Digital Surface Model，DSM）、数字正射影像图（Digital Orthophoto Map，DOM）、数字线划图（Digital Line Graph，DLG）与数字栅格图（Digital Raster Graphic，DRG）；前视、左视、右视与后视 4 个倾

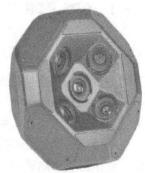

图 1-6　倾斜摄影五镜头和无人机

斜摄影影像（倾斜角度为 15°~45°），可用于获取地物侧面丰富的纹理信息。倾斜摄影应用的技术路线如图 1-7 所示。

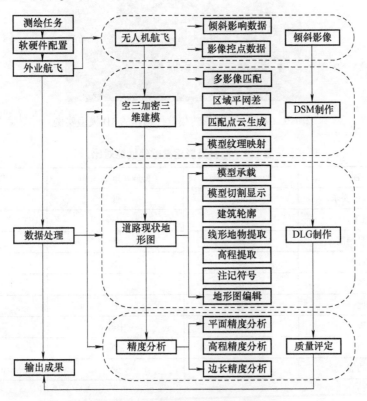

图 1-7 倾斜摄影应用的技术路线

目前，常用的倾斜摄影建模软件主要有 ContextCapture、Agisoft PhotoScan 和 Pix4Dmapper。这些建模软件都是基于先进的摄影测量、计算机视觉和计算几何算法等原理通过倾斜摄影方法获得的照片生成高分辨率的 3D 模型，无须任何人工干预便可以得到实景的三维信息、纹理信息以及前述的 5D 产品。建模软件的建模流程如图 1-8 所示。采用倾斜摄影建模软件构建的 3D 模型实例如图 1-9 所示。倾斜摄影建模软件性能对比见表 1-9。

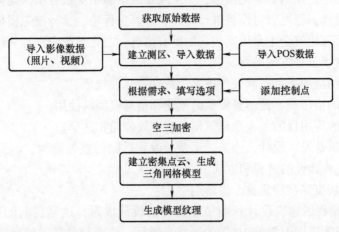

图 1-8 建模软件的建模流程

图 1-9　采用倾斜摄影建模软件构建的 3D 模型实例

表 1-9　倾斜摄影建模软件性能对比

对 比 项	ContextCapture	Agisoft PhotoScan	Pix4Dmapper
对计算机硬件的要求	高	低	中
操作性难度	较难	中等	容易
空中三角测量精度	高	低	中
输出格式种类	多	多	少
运算时间	长	较长	短
模型精度	高	中	中
贴图纹理	细腻	中等	中等
建筑立面	真实	真实	模糊
其他辅助功能	中	少	多

1.5.3　BIM 技术

快速路 BIM 动画

1. BIM 技术概念

BIM 技术是将描述建筑工程项目中构件的几何信息、物理属性、造价数据等相关数据整合起来，构成一个包含数据的建筑模型，并形成数据库。数据库中这些围绕建筑物整合起来的数据不但反映了构成建筑的元素的几何特征与物理属性，彼此还存在着一定的空间联系与逻辑关系，通过这个虚拟的数字化模型，一个完整的信息系统被有层次地构建起来。这个模型不但可以用于设计，还可以对设备进行管理、计算工程量、运行施工模拟以及项目后期的维护等，它可以管理建筑全生命周期包含的所有信息，在建筑业中发挥其巨大作用。

BIM 技术包含了五个方面的含义：

1）BIM 技术的应用条件是软硬件技术，特别是软件技术。

2）BIM 技术的应用核心是信息模型的创建和信息模型的使用。

3）BIM 技术的应用目的是实现建筑信息的有效传递和共享。

4）BIM 与建筑开发、设计、施工、运营、改建拆除的业务流程、组织结构、工作方法相关联，体现了工程建设的过程和方法。

5）所有这一切贯穿在建筑整个生命期中。

当前，2D 图是我国建筑设计行业最终交付的设计成果，这是目前的行业惯例。因此，生产流程的组织与管理均围绕着 2D 图的形成来进行，随着软件技术的发展和行业的需求提高，建设行业要求成果日益丰富，从 2D 发展到 3D，目前正在向 BIM 方向发展。2D 到 BIM 的发展历程及各个阶段特点见表 1-10。BIM 技术与二维 CAD 技术对比，其优势见表 1-11。

表 1-10 2D 到 BIM 的发展历程及各个阶段特点

方 式	典型软件	工作方式	主要问题	主要优势
2D 设计绘图	AutoCAD，Bridge-Master，纬地，鸿业，天正……	2D 设计，交互绘图，参数化绘图，自动成图	可视化差；难发现设计错误；沟通困难；信息传递易丢失……	出图快，符合目前业主单位的要求
2D + 3D 模型	AutoCAD + 3D Max；纬地……	同上。增加由 2D 创建或生成 3D 模型，形成效果图或动画	同上。解决部分可视化、沟通等问题。3D 价值低，成本高	同上。业主可初步了解设计方案、施工方案
3D 设计	Revit	单一专业直接三维设计，二维图剖切生成	不能完整地反映整个项目；对综合性项目价值不大	便于单一复杂项目（如大型桥梁）的设计与出图
3D 协同设计	MicroStation + … + ProjectWise	多专业同时开展三维设计	要求多专业的技术队伍和产品；对工程流程和标准有要求……	设计完全可视化，易于比选、查错、沟通
BIM	Bentley Solution	项目各阶段基于统一的信息模型完成	要求各阶段产品，多单位协调协作，统一标准、统一信息模型……	降低建设成本，提升质量，提高效率；可持续性发展

表 1-11 BIM 技术与二维 CAD 技术对比

面向对象	类 别	
	CAD 技术	BIM 技术
基本元素	基本元素如点、线、面，无专业意义	基本元素如墙、窗、门等，不但具有几何特性，而且具有建筑物理特征和功能特征
修改图元位置或大小	需要再次画图，或者通过拉伸命令调整大小	所有图元均为参数化建筑构件，附有建筑属性；在"族"的概念下，只需要更改属性，就可调整大小，以调节构件的尺寸、样式、材质、颜色等
各建筑元素间的关联性	各个建筑元素之间没有相关性	各个构件是相互关联的，例如删除一面墙，墙上的窗和门跟着自动删除；删除一扇窗，墙上原来窗的位置会自动恢复为完整的墙
建筑物整体修改	需要对建筑物各投影面依次进行人工修改	只需进行一次修改，则与之相关的平面、立面、剖面、三维视图、明细表等都自动修改
建筑信息的表达	提供的建筑信息非常有限，只能将纸质图电子化	包含了建筑的全部信息，不仅提供形象可视的二维和三维图，而且提供工程量清单、施工管理、虚拟建造、造价估算等更加丰富的信息

2. BIM 应用价值

（1）3D 的可视化 2D 设计是创新过程中的障碍物，压制了人脑的思维习惯。BIM 的 3D 设计使设计师的创造力空前解放，3D 设计完全不会因为工具的原因限制设计者的想象力，反而更加鼓励新的创造力。3D 的可视化使各类人员各个阶段的

资源标记

沟通变得十分容易可视化及虚拟化（见图 1-10）。

图 1-10　BIM 3D 模型示例

（2）数字化及信息化　BIM 的数字化和信息化让设计师在计算机中建造基础设施、让计算机认识基础设施、让计算机记录基础设施的全过程。BIM 模型除了包含几何尺寸、材质以及物理性能参数之外，还可以链接不同阶段的图片、视频、规范、文档等各种信息（见图 1-11）。

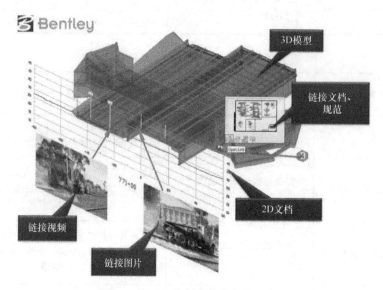

图 1-11　BIM 数字化及信息化示意图

（3）BIM 实现多专业集成　一个工程往往涉及不同专业，比如，市政道路工程包含道路、桥梁、给排水、绿化、交通工程等多个专业。各个专业在设计时可以分专业进行协同设计，通过 BIM 相关管理软件（如 Bentley 的 ProjectWise）进行总装管理，如图 1-12 所示。

（4）自动输出图样和工程量统计　因为 BIM 的数字化和信息化，模型包含几何信息和材质等大量数据，通过 BIM 软件内在模块，可实现图样的自动输出和工程量的统计。

（5）碰撞检测　BIM 软件"碰撞检查"功能，不仅能够检测到不同专业管线之间的碰撞，还能够检测到任何 3D 特征的构件之间的碰撞，如管线与路灯基础，雨水口与标牌基础等。检测工作完成后，软件可在碰撞处形成红色标记，并可通过碰撞检测报表列出碰撞数据。

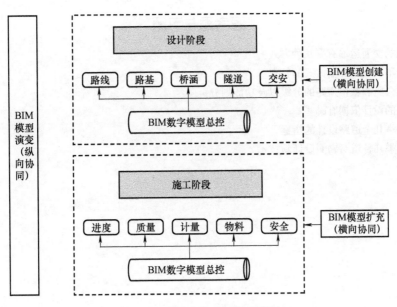

图 1-12 各专业多阶段协同设计

（6）施工组织模拟 借助 BIM（例如 Bentley Navigator）对施工组织的模拟，项目管理方能够非常直观地了解整个施工安装环节的时间节点和安装工序，并清晰把握安装过程中的难点和要点，施工方也可以进一步对原有安装方案进行优化和改善，以提高施工效率和施工方案的安全性。

不同的单位在整个项目建设过程中关注的内容是不一样的，BIM 应用价值对不同单位也是有差异的。表 1-12 比较详细地列出了设计单位、施工单位和业主所关注的 BIM 应用价值情况。

表 1-12 BIM 在不同单位中的应用

BIM 的应用价值	设 计 单 位	施 工 单 位	业 主
场地分析及前期规划	√		√
方案比选、论证	√		√
可视化设计	√	√	√
协同设计	√	√	√
性能和环境分析	√		√
工程量计算			
管线综合/碰撞检查	√	√	
施工进度模拟		√	
施工组织模拟		√	
竣工模型交付		√	√
资产管理			√
维护维修计划			√

思考题与习题

1-1　常见的交通运输有哪几种方式？

1-2　讨论不同交通运输方式的特点。

1-3　简述公路和城市道路的分级以及功能划分。

1-4　道路的设计依据有哪些？

1-5　试列举几个道路设计的指标。

1-6　试列举几种道路勘测设计新技术。

第2章 平面设计

2.1 概述

1. 路线

道路是一个三维空间的实体，它是由路基、路面、桥梁、涵洞、隧道和沿线设施所组成的线形构造物。一般所说的路线是指道路中线的空间位置。路线在水平面上的投影称为路线平面线形，如图2-1所示。路线平面线形由直线、圆曲线及缓和曲线等三种线形要素组成。

路线设计是指确定路线空间位置和各部分几何尺寸的工作，不涉及结构。路线设计包括路线平面设计、路线纵断面设计和路线横断面设计，三者相互配合使路线与地形、地物、环境、景观相协调。

无论是公路还是城市道路，其中心线的平面位置都受社会经济、自然

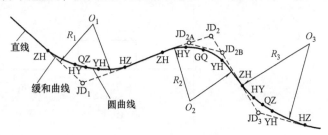

图 2-1　路线的平面线形

条件和技术条件等因素的制约。设计者应首先综合考虑平面、纵断面、横断面的情况定出平面线形；然后沿这个平面线形进行高程和横断面测量，取得地面线和地质、水文及其他必要的资料；最后设计纵断面和横断面。为了满足线形均衡和节省土石方数量，必要时还会修改平面线形，经过几次反复修正后才能最终确定出一条有一定技术标准、满足行车要求且工程费用最省的道路。

2. 汽车行驶轨迹与道路平面线形

现代道路是供汽车行驶的，为了保障汽车行驶的安全，必须要研究汽车的行驶规律，而在路线的平面设计中，主要考察汽车行驶轨迹。只有当平面线形与这个轨迹相符合或相接近时才能保证汽车行驶的安全与顺适，行车速度越高，对行驶轨迹的研究越重要。观测研究表明，行驶中的汽车其轨迹在几何性质上有以下特征：

1）轨迹是连续和圆滑的，即在任何一点上不出现错头和破折。

2）轨迹的曲率是连续的，即轨迹上任一点不出现两个曲率值。

3）轨迹的曲率变化率是连续的，即轨迹上任一点不出现两个曲率变化率值。

图2-2所示线形满足上述第一条，但不满足第二条，即满足了汽车的直行和转向要求，但在直线和圆弧相切处出现了曲率的不连续（直线上曲率为0，圆曲线上曲率为$1/R$）；图2-3所示线形同时满足第一、二条，但又不满足第三条，即其曲率的变化率是不连续的。虽然图2-3所示平面线形不满足第三条特征，但实践证明在高等级道路中设置缓和曲线，使线形变得更加平顺，能够更好地诱导驾驶员的视线。

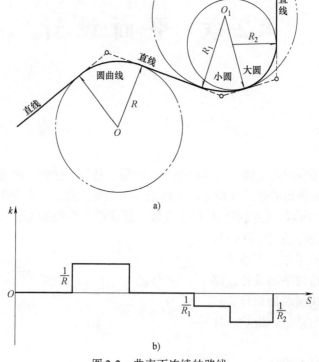

图 2-2　曲率不连续的路线

a）路线图　b）曲率图

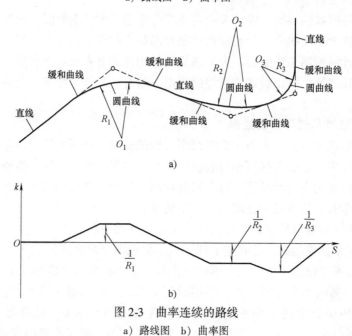

图 2-3　曲率连续的路线

a）路线图　b）曲率图

3. 路线平面设计的内容

作为设计者，路线平面设计主要是合理地确定各线形要素的几何参数，保持线形的连续性和均衡性，并同纵断面、横断面相互配合。设计速度是确定道路线形几何要素的主要依据。对于车速较高的道路，线形设计除应保证足够的行驶安全外，还应考虑汽车行驶美学及驾驶员视觉和心理上的需求。

2.2 直线

直线是平面线形设计的基本要素之一，在公路设计中使用最为广泛，具有距离短、易布设等特点。两点之间以直线为最短，给人以短捷、直达的良好印象，加之汽车在直线上行驶受力简单、方向明确、驾驶操作简易。但直线线形缺乏灵活性，单一无变化，大多难以与地形、地物相协调。强定直线，往往造成工程量大，破坏自然条件；过长的直线在交通量不大且景色单调时，易使驾驶员感到单调、疲倦，难以目测车辆之间的距离，易于产生尽快驶出直线的急躁情绪，容易超速，危及交通安全。因而，公路的线形宜尽量避免采用长直线。

在设计公路的平面线形时，一般应根据路线所处地带的地形、地物条件，驾驶员的心理反应、视觉效果以及保证行车安全等因素，合理地布设直线路段。直线区段过长或过短，对于行车都是不安全的。因此，对直线的最大和最小长度都要加以限制。

1. 直线的最大长度

关于直线的极限长度（最大与最小长度），从理论上求解是非常困难的，主要应根据驾驶员的视觉效果和心理上的承受能力来确定。各国都从经验出发，通过调查确定限制最大直线长度，如德国规定不超过计算行车速度（km/h）的 20 倍，前苏联规定为 8km，美国规定为 3mile（4.83km）。

我国地域辽阔，地形变化万千，对直线的最大长度很难做出统一的规定。因而规范未对最大直线长度做出具体规定。但《公路路线设计规范》也指出："直线的长度不宜过长。受地形条件或其他特殊情况限制而采用长直线时，应结合沿线具体情况采取相应的技术措施"。在实际工作中，设计人员可根据地形、地物、自然景观以及经验等来判断和决定直线的最大长度。我国已建成的位于平原微丘区的十多条高速公路的直线长不超过 3200m；沈大高速公路多处出现 5~8km 的长直线，最长 13km。一般认为，直线的最大长度（以 m 计），在城镇及其附近或其他景色有变化的地点大于 $20v$（v 为设计速度，km/h）是可以接受的；在景色单调的地点最好控制在 $20v$ 以内；而在特殊的地理条件下应特殊处理，若做某种限制是不现实的。直线的最大长度应与地形相适应、与景观相协调，不应强定长直线，也不应硬性设置不必要的曲线。

2. 直线的最小长度

考虑到线形的连续和驾驶的方便，相邻两曲线之间应有一定的直线长度。《公路路线设计规范》规定：两圆曲线间以直线径相连接时，直线的长度不宜过短。

（1）同向曲线间的直线最小长度 同向曲线是指两个转向相同的相邻曲线之间连以直线而形成的平面线形，如图 2-4a 所示。设计中应尽量避免在互相通视的同向曲线间插入短直线，否则容易产生把两个曲线看成是一个曲线的错觉，从而破坏了线形的连续性，造成驾驶操作的失误。因此，《公路路线设计规范》规定：当设计速度大于或等于 60km/h 时，同向圆曲线间最小直线长度（以 m 计）以不小于设计速度（以 km/h 计）的 6 倍为宜。

（2）反向曲线间的直线最小长度 反向曲线是指两个转向相反的相邻曲线之间连以直线而形成的平面线形，如图 2-4b 所示。考虑到设置超高、加宽缓和以及驾驶员转向操作的需要，必须要限制两相反曲线之间直线的最小长度。《公路路线设计规范》规定：当设计速度大于或等于 60km/h 时，反向圆曲线间的直线最小长度（以 m 计）以不小于设计速度（以 km/h 计）的 2 倍为宜。

当设计速度小于或等于 40km/h 时，可参照上述规定执行。

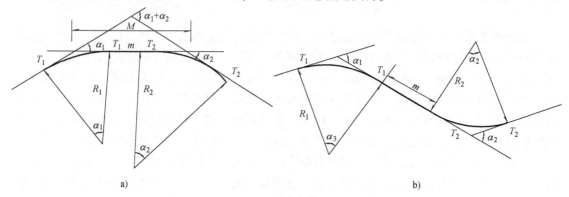

图 2-4　曲线间的直线
a）同向曲线　b）反向曲线

3. 直线的运用

道路平面线形当采用直线线形时必须考虑线形与地形的关系，同时满足上述直线的最大长度和最小长度的要求。在以下路段上可采用直线：

1）不受地形、地物限制的平坦地区或山间的宽阔河谷地带。

2）市镇及其近郊道路，或规划方正的农耕区等以直线条为主的地区。

3）长大桥梁、隧道等构造物路段。

4）路线交叉点及其前后。

5）双车道公路提供超车的路段。

直线的最大长度应有所限制。当不得不采用长直线时，为弥补景观单调的缺陷，应结合沿线具体情况采取相应的技术措施，并注意以下问题：

1）长直线上纵坡不宜过大。

2）道路两侧地形过于空旷时，宜采取种植不同树种或设置一定建筑物、雕塑、广告牌等技术措施。

3）长直线或长下坡尽头的平曲线，除曲线半径、超高、视距等必须符合规定要求外，还必须采取设置标志、增加路面抗滑能力等安全措施。

4）长直线宜与大半径凹形竖曲线相组合。

2.3　圆曲线

在公路平面线形中，圆曲线是使用最多的基本线形。圆曲线在现场容易设置，可以自然地表明方向的变化。采用平缓而适当的圆曲线，既可引起驾驶员的注意，又起到诱导视线的作用。按照地形条件选用不同大小的圆曲线使其更加适应地形和驾驶员的视觉心理。

一般认为，圆曲线作为公路平面线形具有以下主要特征：

1）较大半径的长缓圆曲线的线形美观、顺适、行车舒适、易与地形相适应、可循性好。

2）圆曲线上任意一点的曲率半径 R 均为常数，线形简单，易于测设。

3）圆曲线上任意一点都在不断地改变方向，因而汽车在圆曲线上行驶要受到离心力的作用，离心力随圆曲线半径的增大而减小，随行车速度的增大而增大。因此，圆曲线半径过小时易发生交通事故。同时，汽车在圆曲线上行驶时要多占用路面宽度。

4）汽车在圆曲线内侧行驶时，视距条件较差，视线易受到路堑边坡或其他障碍物的影响，易发生行车事故。

1. 圆曲线半径计算公式

在路线改变方向的转折处（即交点处）要设置平曲线，而圆曲线是平曲线的重要组成部分。汽车在曲线上行驶时，除受重力作用以外，还受到离心力的作用，离心力对汽车在平曲线上行驶的稳定性影响很大，而离心力的大小又与圆曲线半径密切相关，半径越小越不利。根据汽车行驶在圆曲线上的受力平衡方程得

$$R = \frac{v^2}{127(\mu \pm i_{\mathrm{h}})} \tag{2-1}$$

式中　R——圆曲线半径（m）；

　　　v——行车速度（km/h）；

　　　μ——横向力系数，极限值为路面与轮胎之间的横向摩阻系数；

　　　i_{h}——超高横坡度。

式（2-1）表达了横向力系数与行车速度、圆曲线半径和超高横坡度之间的关系。根据汽车行驶稳定性分析和调查资料研究，μ 值与行车稳定性、乘客舒适程度和运营经济性的关系如下：

1）行车稳定性。汽车在弯道上安全行驶的必要条件是轮胎不会在路面上产生滑移，即要求横向力系数 μ 要小于或等于轮胎与路面间的横向摩阻力系数 ψ，即 $\mu \leqslant \psi$。$\mu = 0.15 \sim 0.16$，干燥与潮湿路面均可以较高速度安全行驶；$\mu = 0.07$，路面结冰也可安全行驶。

2）乘客舒适程度。根据国内外大量资料分析，乘客随 μ 值的变化其心理反应如下：当 $\mu < 0.10$ 时，不感到有曲线存在，很平稳，近似于在直线上行驶；当 $\mu = 0.15$ 时，感到有曲线存在，但尚平稳；当 $\mu = 0.20$ 时，感到有曲线存在，略感不平稳；当 $\mu = 0.35$ 时，感到明显不平稳；当 $\mu = 0.40$ 时，感到非常不平稳，有倾倒的危险感。由此可知，从乘客的舒适程度出发，μ 值以不超过 0.10 为宜，最大不超过 $0.15 \sim 0.20$。

3）运营经济性。在确定 μ 值时，还应考虑汽车运营经济性。根据试验分析，汽车在弯道上行驶与直线相比，实测的燃料消耗和轮胎磨损见表 2-1。

表 2-1　实测的燃料消耗和轮胎磨损

横向力系数 μ	燃料消耗（%）	轮胎磨损（%）
0.00	100	100
0.05	105	160
0.10	110	220
0.15	115	300
0.20	120	390

综上分析，μ 值大小与行车稳定性、乘客舒适程度和运营经济性等密切相关。因此，μ 值的选用应根据行车速度、圆曲线半径及超高横坡度的大小，在合理的范围内选择。

2. 圆曲线最小半径

从汽车行驶稳定性出发，圆曲线半径越大越好。但有时受地形、地质、地物等因素的限制，圆曲线半径不可能设置得很大，往往会采用小半径的圆曲线，这时如果半径选用得太小，又会使汽车行驶不安全，甚至翻车。所以必须综合考虑汽车安全、迅速、舒适和经济，并兼顾美观，使确定的最小半径能满足某种程度的行车要求。这种最起码的半径数值，就是圆曲线的最小半径限制值。《公路工程技术标准》规定了圆曲线最小半径有两类：设超高时对应的最小半径和不设超高的最小半径。

1）设超高时对应的最小半径是指按超高值为 10%、8%、6%、4% 时，根据汽车安全行驶要求，用式（2-1）计算得出圆曲线最小半径的极限值。

2）不设超高的最小半径是指曲线半径较大、离心力较小时，汽车沿双向路拱（不设超高）外侧行驶的路面摩擦力足以保证汽车行驶安全稳定所采用的最小半径。

《公路工程技术标准》《公路路线设计规范》规定的圆曲线最小半径取值见表 2-2。《城市道路工程设计规范》规定的城市道路圆曲线最小半径取值见表 2-3。

表 2-2　圆曲线最小半径

设计速度/(km/h)		120	100	80	60	40	30	20
圆曲线最小半径（一般值）/m		1000	700	400	200	100	65	30
圆曲线最小半径（极限值）/m	$I_{max}=4\%$	810	500	300	150	65	40	20
	$I_{max}=6\%$	710	440	270	135	60	35	15
	$I_{max}=8\%$	650	400	250	125	60	30	15
	$I_{max}=10\%$	570	360	220	115	—	—	—
不设超高最小半径/m	路拱≤2%	5500	4000	2500	1500	600	350	150
	路拱＞2%	7500	5250	3350	1900	800	450	200

注："一般值"为正常情况下的采用值；"极限值"为条件受限制时可采用的值；"I_{max}"为采用的最大超高值；"—"为不考虑采用最大超高的情况。

表 2-3　城市道路圆曲线最小半径

设计速度/(km/h)		100	80	60	50	40	30	20
不设超高圆曲线最小半径/m		1600	1000	600	400	300	150	70
设超高圆曲线最小半径/m	一般值	650	400	300	200	150	85	40
	极限值	400	250	150	100	70	40	20

3. 圆曲线半径的运用

圆曲线半径是圆曲线的重要几何要素，应遵循以下一般原则：

1）应依据沿线地形、地物以及地质等条件，尽量选用较大半径，以便于安全舒适行驶。

2）在选定半径时既要满足技术合理，又要注意经济适用；既不能盲目采用高标准（大半径）而过分增加工程量，也不能仅考虑眼前通行要求而采用低标准。

3）在地形条件许可时，应力求使半径尽可能接近不设超高的最小半径；一般情况下或地形有所限制时，应尽量采用最大超高值≤4%所对应的最小半径；只有在地形特别困难不得已时，才可采用最大超高值所对应的最小半径。

在确定圆曲线半径时还应注意以下几点要求：

1）一般情况下宜采用最大超高值所对应的最小半径的 4 ~ 8 倍或超高横坡度为 2% ~ 4% 的圆曲线半径。

2）在预计交通量很大的区间，应尽量避免采用小半径曲线，避免产生交通阻塞。

3）应注意前后线形要素相协调，使之构成连续、均衡的曲线线形。当前后线形都比较好时，必须避免在局部路段采用半径很小的曲线。应注意线形指标的渐变，给驾驶员一个适应的过程。

4）应同纵断面线形相配合，特别注意避免小半径与陡坡相重合的立体线形组合。

5）选用圆曲线半径时，在与地形等条件相适应的前提下，尽量取大值，但最大不超过 10000m。

山区公路在以下情况可以考虑采用大于或等于最大超高值所对应的最小半径而小于表 2-2 所列最小超高值所对应的最小半径的半径值：

1）地形陡峻、地质条件较差的路段，选用大半径会导致高边坡、开挖极易发生坍塌或滑坡灾害，并且受到前后路线设计和工程设置的影响不可能设置隧道工程，或者会使路线临河（沟谷）一侧设置大型支挡工程及纵向桥梁时，经工程设置、地质灾害、环境保护等方面进行综合论证比较后，可采用最大超高值所对应的最小半径。

2）视野开阔，视线无地形、地物等的阻断，能使驾驶员在有效的视觉范围内清晰辨明前方路线的总体变化情况。例如，路线通过较长、较直的峡谷或台地时采用明弯小半径曲线。这种情况虽然影响了行车的舒适性，但在安全上是有保障的。

3）设计路段内技术指标普遍较低。路段广泛采用了等于或略大于最小半径的圆曲线，驾驶员的操作状态会随着公路几何线形的变化及自然条件得到调整，并能对行驶速度进行有效的控制，在进入小半径曲线前有充分的心理准备，只需对速度稍加调整就可平稳通过。

2.4　缓和曲线

资源标记

缓和曲线是设置在直线和圆曲线之间或半径相差较大的两个同向的圆曲线之间的一种曲率连续变化的曲线，是道路平面线形要素之一。在高速公路上由于行车速度高，希望线形能适应汽车在曲线上行驶时曲率渐变的轨迹，所以在直线和圆曲线间及不同半径的两圆曲线间，一般都应设置缓和曲线。在城市道路上，缓和曲线也被广泛地使用。

1. 缓和曲线的线形特征

1）缓和曲线的曲率渐变，其线形符合汽车转弯时行驶轨迹的要求；设于直线和圆曲线间，能够消除曲率突变点，使线形顺适、美观，增加道路良好的视觉效果和心理效果。

2）在直线和圆曲线间加入缓和曲线后，平面线形更加灵活，线形的自由度提高，更有利于与地形、地物及环境相适应、协调、配合，使平面线形布置更加灵活、经济、合理。

3）缓和曲线的测设和计算相对于圆曲线更为复杂。

2. 缓和曲线的作用

1）曲率连续变化，便于驾驶员操纵方向盘。

2）减小离心力的变换，满足乘客及驾驶员的舒适与稳定。

3）满足超高、加宽的过渡，利于行车。

4）增加平面线形的美观，提高视觉效果和心理效果，如图 2-5 所示。

a)　　　　　　　　　　　　　　　　b)

图 2-5　直线与曲线连接效果

a）不设缓和曲线感觉路线扭曲　b）设置缓和曲线后变得平顺美观

3. 缓和曲线的形式和计算

缓和曲线的形式有回旋线、三次抛物线、双纽线、n 次抛物线、正弦形曲线等。但世界各国使用回旋线居多，《公路工程技术标准》规定公路平面缓和曲线应采用回旋线。

回旋线的特点是曲率半径随曲线长度的增长而减小，即曲率半径 ρ 与长度 l 成反比。基本公式为

$$\rho l = A^2 \tag{2-2}$$

式中　ρ——回旋线上任意点的曲率半径（m）；

　　　　l——回旋线上某点到原点的曲线长（m）；

　　　A——回旋线参数，表示回旋线曲率变化的缓急程度。

（1）直角坐标计算　回旋线上任意一点的法线方向与 Y 轴的夹角称为回旋线角，也称为缓和曲线角，如图 2-6 和图 2-7 所示的 β。回旋线可用参数 β 来表示直角坐标，其公式推导如下：

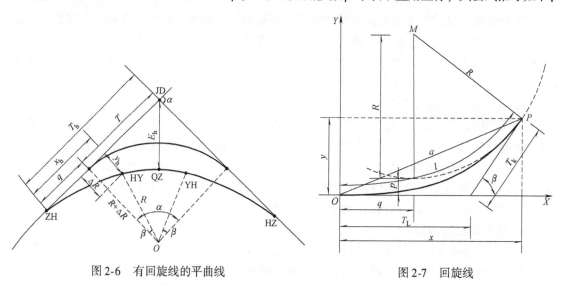

图 2-6　有回旋线的平曲线　　　　　　　　　图 2-7　回旋线

在回旋线上任意一点 P 取微分单元，则

$$\mathrm{d}l = \rho\mathrm{d}\beta \tag{2-3}$$

$$\mathrm{d}x = \mathrm{d}l\cos\beta \tag{2-4}$$

$$\mathrm{d}y = \mathrm{d}l\sin\beta \tag{2-5}$$

将式 (2-2) 代入式 (2-3)，消去 ρ 得

$$\mathrm{d}l = \frac{A^2}{l}\mathrm{d}\beta \tag{2-6}$$

对式 (2-6) 两端积分并整理得

$$l^2 = 2A^2\beta \tag{2-7}$$

因 $\beta = 0$ 时，$l = 0$，积分常数为 0，故将式 (2-2) 代入式 (2-7) 得

$$\rho = \frac{l}{2\beta} = \frac{A}{\sqrt{2\beta}}$$

再代入式 (2-4) 和式 (2-5) 得

$$\mathrm{d}x = \frac{A}{\sqrt{2\beta}}\cos\beta\mathrm{d}\beta, \quad \mathrm{d}y = \frac{A}{\sqrt{2\beta}}\sin\beta\mathrm{d}\beta$$

积分得

$$x = \frac{A}{\sqrt{2}}\int_0^\beta \frac{\cos\beta}{\sqrt{\beta}}\mathrm{d}\beta, \quad y = \frac{A}{\sqrt{2}}\int_0^\beta \frac{\sin\beta}{\sqrt{\beta}}\mathrm{d}\beta \tag{2-8}$$

式 (2-8) 称为菲涅尔积分公式，将 $\sin\beta$、$\cos\beta$ 用级数展开得

$$\cos\beta = 1 - \frac{\beta^2}{2} + \frac{\beta^4}{24} - \frac{\beta^6}{720} + \cdots$$

$$\sin\beta = \beta - \frac{\beta^3}{6} + \frac{\beta^5}{120} - \frac{\beta^7}{5040} + \cdots$$

则可得积分

$$\int_0^\beta \frac{\cos\beta}{\sqrt{\beta}}\mathrm{d}\beta = 2\sqrt{\beta}\left(1 - \frac{\beta^2}{10} + \frac{\beta^4}{216} - \frac{\beta^6}{9360} + \cdots\right)$$

$$\int_0^\beta \frac{\sin\beta}{\sqrt{\beta}}\mathrm{d}\beta = \frac{2}{3}\beta\sqrt{\beta}\left(1 - \frac{\beta^2}{14} + \frac{\beta^4}{440} - \frac{\beta^6}{25200} + \cdots\right)$$

代入菲涅尔积分公式得

$$\begin{cases} x = A\sqrt{2\beta}\left(1 - \dfrac{\beta^2}{10} + \dfrac{\beta^4}{216} - \dfrac{\beta^6}{9360} + \cdots\right) \\[2mm] y = \dfrac{\sqrt{2}}{3}A\beta\sqrt{\beta}\left(1 - \dfrac{\beta^2}{14} + \dfrac{\beta^4}{440} - \dfrac{\beta^6}{25200} + \cdots\right) \end{cases} \tag{2-9}$$

将 $\rho l = A^2$ 代入式 (2-7) 得 $\beta = \dfrac{l}{2\rho}$，并代入式 (2-9) 得

$$\begin{cases} x = l - \dfrac{l^3}{40\rho^2} + \dfrac{l^5}{3456\rho^4} - \cdots \\[2mm] y = \dfrac{l^2}{6\rho} - \dfrac{l^4}{336\rho^3} + \dfrac{l^6}{42240\rho^5} - \cdots \end{cases} \tag{2-10}$$

Matlab 中菲涅尔积分函数形式为 $C(x) = \int_0^x \cos\left(\dfrac{\pi}{2}t^2\right)\mathrm{d}t$，$S(y) = \int_0^x \sin\left(\dfrac{\pi}{2}t^2\right)\mathrm{d}t$。通过对

式（2-8）进行变换最终得到符合 Matlab 的菲涅尔积分函数形式的公式，即

$$X = A\sqrt{\pi}\int_0^{\sqrt{\frac{2\beta_0}{\pi}}}\cos\left(\frac{\pi}{2}t^2\right)\mathrm{d}t \ , \quad Y = A\sqrt{\pi}\int_0^{\sqrt{\frac{2\beta_0}{\pi}}}\sin\left(\frac{\pi}{2}t^2\right)\mathrm{d}t$$

设 A 分别为 100、200 和 300，β_0 分别对应 30°、45°和 180°，用 Python 对其进行计算和绘图，结果如图 2-8 所示。

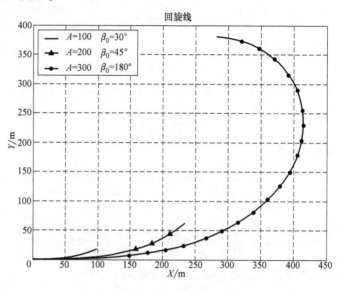

图 2-8　回旋线示意图

（2）回旋线曲线要素计算　通过上面的回旋线数学方程、几何关系，通过扩展可以得到不同的回旋线曲线要素的计算公式。

1）任意点 P 处的曲率半径 $\rho = \dfrac{A^2}{l} = \dfrac{l}{2\beta} = \dfrac{A}{\sqrt{2\beta}}$。

2）曲线内移值 $\Delta\rho = y + \rho\cos\beta - \rho$。

3）P 点瞬时圆心 M 点的坐标 $x_M = x - \rho\sin\beta$，$y_M = \rho + \Delta\rho$。

4）长切线长 $T_L = x - y\cos\beta$。

5）短切线长 $T_k = \dfrac{y}{\sin\beta}$。

6）P 点的弦偏角 $\delta = \arctan\dfrac{y}{x} \approx \dfrac{\beta}{3}$。弦偏角也可以定义为回旋线上任意两点间的连线与回旋线半径为无穷大处的切线之间的夹角。

7）P 点的弦长 $a = \dfrac{y}{\sin\delta}$。

8）切线增值 q。切线增值 q 就是回旋线设置后的切线长与仅设圆曲线的切线长之差，其值与 x_M 值相等。当 $\rho = R$，对应的此处回旋线长度为 $l = L_s$ 时

$$q = x_M = x - R\sin\beta = x - R\sin\left(\frac{L_s}{2R}\right) = L_s - \frac{L_s^3}{40R^2} - R\left(\frac{L_s}{2R} - \frac{L_s^3}{48R^3}\right)$$

圆曲线半径 R 和回旋线参数确定后，即可得到 β（以 rad 计）、p（以 m 计）、q（以 m

计）的公式，即

$$\beta = \frac{L_s}{2R}, \quad p = \frac{L_s^2}{24R} - \frac{L_s^4}{2688R^3}, \quad q = \frac{L_s}{2} - \frac{L_s^3}{240R^2}$$

4. 带缓和曲线的基本型曲线要素计算

道路平面线形的基本组合为：直线—缓和曲线—圆曲线—缓和曲线—直线，如图 2-9 所示，其几何元素的计算公式如下

$$q = \frac{L_s}{2} - \frac{L_s^3}{240R^2} \quad (2\text{-}11)$$

$$p = \frac{L_s^2}{24R} - \frac{L_s^4}{2688R^3} \quad (2\text{-}12)$$

$$\beta_0 = 28.6479 \frac{L_s}{R} \quad (2\text{-}13)$$

$$T = (R + p)\tan\frac{\alpha}{2} + q \quad (2\text{-}14)$$

$$L = (\alpha - 2\beta_0)\frac{\pi}{180}R + 2L_s \quad (2\text{-}15)$$

$$E = (R + p)\sec\frac{\alpha}{2} - R \quad (2\text{-}16)$$

$$J = 2T - L \quad (2\text{-}17)$$

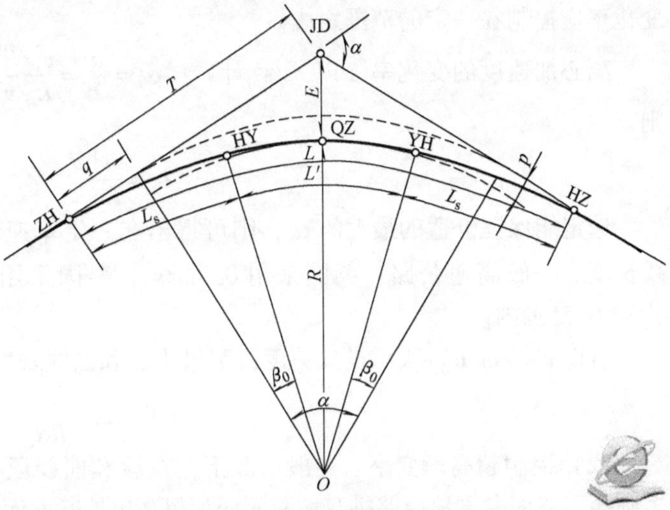

图 2-9 中的五个基本桩号的含义如下：

ZH——第一回旋线起点（直缓）；

HY——第一回旋线终点（缓圆）；

QZ——圆曲线中心（曲中）；

YH——第二回旋线终点（圆缓）；

HZ——第二回旋线起点（缓直）。

图 2-9　"基本型"平曲线　　资源标记

5. 缓和曲线的测设

当把缓和曲线设置为回旋线时，它的数学计算式推导如下：

在回旋线终点处 $l = L_s$（l 为回旋线起点至任一点的弧长，L_s 为回旋线长度），$\rho = R$（ρ 为回旋线上该点的曲率半径，R 为连接回旋线的圆曲线半径），得

$$\begin{cases} x = L_s - \dfrac{L_s^3}{40R^2} + \dfrac{L_s^5}{3456R^4} - \cdots \\[2mm] y = \dfrac{L_s^2}{6R} - \dfrac{L_s^4}{336R^3} + \dfrac{L_s^6}{42240R^5} - \cdots \end{cases} \quad (2\text{-}18)$$

这种方法即为常用的切线支距法，此时，回旋线上任一点的坐标为

$$\begin{cases} x = l - \dfrac{l^5}{40R^2L_s^2} \\[2mm] y = \dfrac{l^3}{6RL_s} - \dfrac{l^7}{336R^3L_s^3} \end{cases} \quad (2\text{-}19)$$

相连接的圆曲线按切线支距测定。此时，HY 点切线及该点圆心方向即为圆曲线支距测设的坐标轴，以后圆曲线各点位置按圆曲线 x、y 支距确定。

6. 缓和曲线的长度

为使驾驶员操纵方便、行车舒适，以及满足视觉要求，应对缓和曲线的最小长度加以限制。因此，可从以下几方面考虑：

（1）控制离心加速度的变化率　汽车在缓和曲线上行驶，其离心加速度随缓和曲线曲率变化而变化，若变化过快，将增加驾驶员操作的难度，乘客感觉不舒适，故离心加速度的变化率应控制在一定的范围之内。

离心加速度的变化率（以 m/s³ 计）　　$\alpha_s = \dfrac{a}{t} = \dfrac{v^2/R}{L_s/v} = \dfrac{v^3}{L_s R}$

则

$$L_s = \frac{v^3}{R\alpha_s} \tag{2-20}$$

选定能保证舒适的最大的 α_s，则可得出在一定车速和一定圆曲线半径下的最短缓和曲线长度。一般高速公路，英国采用 0.3m/s³，美国采用 0.6m/s³，我国一般控制在 0.5 ~ 0.6m/s³ 范围内。

若以 v（km/h）表示设计速度，则最小缓和曲线长度 L_{smin}（以 m 计）的计算公式为

$$L_{smin} = 0.0214 \frac{v^3}{R\alpha_s} \tag{2-21}$$

（2）控制超高渐变率　一般情况下，在缓和曲线段设有超高缓和段，如果缓和曲线太短则会因路面急剧地由路拱双坡断面变为超高单坡断面而形成一种扭曲的路面。《公路路线设计规范》规定了适当的超高渐变率（表4-6）。由此可导出计算缓和曲线最小长度的公式为

$$L_{smin} = \frac{B\Delta i}{P} \tag{2-22}$$

式中　B——道路超高横断面旋转轴至行车道路缘带外侧边缘的宽度（m）；

Δi——超高横坡度与路拱横坡度的代数差（%）；

P——超高渐变率。

（3）保证驾驶员操作反应时间　缓和曲线长度应使驾驶员在其上行驶时操作从容，不能过于匆忙，一般情况下以 3s 行程控制（驾驶员反应距离计算详见 2.6.3 节内容），则有

$$L_{smin} = \frac{vt}{3.6} = \frac{v}{1.2} \tag{2-23}$$

（4）满足视觉要求　根据视觉条件和实践研究可知：$L_s = \dfrac{R}{9} \sim R$ 或缓和曲线的参数 $A = \dfrac{R}{3} \sim R$，可以使线形舒顺协调。考虑以上各种因素，《公路路线设计规范》规定了各级公路缓和曲线最小长度，见表2-4。《城市道路工程设计规范》规定了城市道路缓和曲线最小长度，见表2-5。

表2-4　各级公路缓和曲线最小长度

设计速度/(km/h)	120	100	80	60	40	30	20
缓和曲线最小长度/m	100	85	70	50	35	25	20

表2-5　城市道路缓和曲线最小长度

设计速度/(km/h)	100	80	60	50	40	30	20
缓和曲线最小长度/m	85	70	50	45	35	25	20

7. 缓和曲线的参数 A 值

缓和曲线的参数 A 值决定了回旋线曲率变化的缓急程度。$A_{\min}$ 可根据上述缓和曲线最小长度计算确定。设计公路平面线形时，不仅可以选定缓和曲线长度，同样也可以选定缓和曲线参数 A 值。

由 $RL_s = A^2$ 可知，进行公路平面线形设计时，可以通过选定缓和曲线长度或选定缓和曲线参数 A 值的办法，来决定平面线形曲率变化的快慢程度。缓和曲线参数 A 的最小值应根据汽车在缓和曲线上缓和行驶的要求、行驶时间要求以及允许的超高渐变率要求等决定。

经验认为：使用回旋线作为缓和曲线时，回旋线参数 A 和与之连接的圆曲线之间只要保持 $R/3 \leqslant A \leqslant R$，便可得到视觉上协调而又舒顺的线形。回旋线参数及其长度应根据线形设计以及对安全、视觉、景观灯的要求，选用较大的数值。

但当 R 在 100m 左右时，通常取 $A = R$；$R < 100m$，则选择 $A = R$ 或 $A > R$。反之，在圆曲线半径较大时，可选择 A 在 R/3 左右；如 $R > 3000m$，即使 $A < R/3$，在视觉上也是没问题的。

8. 缓和曲线的省略

四级公路的直线与小于不设超高的圆曲线最小半径（见表 2-2）相衔接处，可不设置回旋线，用超高、加宽缓和段径相连接。另外，在直线和圆曲线之间设置缓和曲线后，圆曲线产生了内移值 p，在 L_s 一定的情况下，p 与圆曲线半径成反比；当 R 大到一定程度时，p 值甚微，即使直线与圆曲线径相连接，汽车也能完成缓和曲线的行驶，因为在路面的富余宽度中已经包含了这个内移值。所以《公路路线设计规范》规定，在下列情况下可不设缓和曲线：

1）在直线与圆曲线间，当圆曲线半径大于或等于"不设超高的最小半径"时。

2）半径不同的同向圆曲线间，当小圆半径大于或等于"不设超高的最小半径"时，直线与圆曲线间和大圆与小圆间均不设缓和曲线。

3）小圆半径大于表 2-6 中所列临界圆曲线半径，且符合下列条件之一时，大圆与小圆间不设缓和曲线：

① 小圆曲线按规定设置相当于最小缓和曲线长的回旋线时，其大圆与小圆的内移值之差不超过 0.10m。

② 设计速度 ≥80km/h 时，大圆半径 R_1 与小圆半径 R_2 之比小于 1.5。

③ 设计速度 <80km/h 时，大圆半径 R_1 与小圆半径 R_2 之比小于 2.0。

表 2-6　各级公路临界圆曲线半径

设计速度/(km/h)	120	100	80	60	40	30
临界圆曲线半径/m	2100	1500	900	500	250	130

《城市道路工程设计规范》规定的不设缓和曲线的最小圆曲线半径见表 2-7。

表 2-7　城市道路不设缓和曲线的最小圆曲线半径

设计速度/(km/h)	100	80	60	50	40
不设缓和曲线的最小圆曲线半径/m	3000	2000	1000	700	500

2.5 平面线形设计

2.5.1 一般原则

1. 平面线形应直捷、连续、顺适,并与地形、地物相适应,与周围环境相协调

在地势平坦开阔的平原微丘区,路线直捷舒顺,在平面线形三要素中直线所占比例较大;而在地势有很大起伏的山岭和重丘区,路线则多弯曲,曲线所占比例则较大。可以设想,如果在没有任何障碍物的戈壁、草原等开阔地区故意设置一些不必要的曲线,或者在高低起伏的山地硬拉长直线都将给人以不协调的感觉。路线要与地形相适应,这不仅是美学问题,更是经济问题和保护生态环境的问题。直线、圆曲线、缓和曲线的选用与合理组合取决于地形地物等具体条件,片面强调路线要以直线为主或以曲线为主,或人为规定三者的比例都是错误的。

2. 行驶力学上的要求是基本的,视觉和心理上的要求对高速公路应尽量满足

高速公路、一级公路以及设计速度≥60km/h的公路,应注重立体线形设计,尽量做到线形连续、指标均衡、视觉良好、景观协调、安全舒适。设计速度越高,线形设计需考虑的因素应越全面。

设计速度≤40km/h的公路,首先应在保证行车安全的前提下,正确地运用平面线形要素最小值,在条件允许不过多增加工程量的情况下力求做到各种线形要素和合理组合,尽量避免和减轻不利组合,以期充分发挥投资效益。

3. 保持平面线形的均衡与连贯

为能使汽车尽量以均匀的速度在道路上行驶,应注意各线形要素保持连续性而不出现技术指标的突变。在设计时应充分注意以下几点:

1)长直线尽头不能接小半径曲线。长的直线和长的大半径曲线会导致较高的车速,若突然出现小半径曲线,会因减速不及时而造成事故。特别是在下坡方向的尽头更要注意。若由于地形所限小半径曲线难免时,中间应插入中等曲率的过渡性曲线,并使纵坡不要过大。

2)高、低标准之间要有过渡。同一等级的道路由于地形的变化在指标的采用上也会有变化,或同一条道路按不同设计速度的各设计路段之间也会形成技术标准的变化。遇有这种高、低标准变化的路段,除满足有关设计路段在长度和速度上的要求外,还应结合地形的变化,使路线的平面线形指标逐渐过渡,避免出现突变。不同标准路段相互衔接的地点,应选在交通量发生变化处,或者驾驶员能够明显判断前方需要改变行车速度的地方。

4. 应避免连续急弯的线形

连续急弯会给驾驶员造成不便,会给乘客造成不舒适的感觉,设计时可在曲线间插入足够长的直线或回旋线。

一般只有三、四级公路在自然展线无法争取到需要的距离以克服高差,或因地形、地质条件所限而不能采取自然展线时,方可采用回头曲线。高差较大的山城道路也需要采用回头曲线。回头曲线是由一个主曲线、两个辅助曲线和主、辅曲线所夹的直线段组合而成的复杂曲线,如图 2-10 所示。

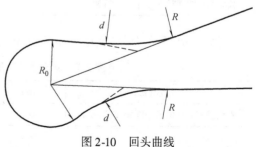

图 2-10 回头曲线

回头曲线是一种通过延长展线方式克服高差而采用的特殊曲线类型。由于地形困难，为减少工程数量，《公路路线设计规范》对回头曲线技术指标做了专门的规定，见表 2-8。

表 2-8　回头曲线技术指标

主线设计速度/(km/h)	40		30	20
回头曲线设计速度/(km/h)	35	30	25	20
圆曲线最小半径/m	40	30	20	15
回旋线最小长度/m	35	30	25	20
超高横坡度(%)	6	6	6	6
双车道路面加宽值/m	2.5	2.5	2.5	3.0
最大纵坡(%)	3.5	3.5	4.0	4.5

5. 平曲线应有足够的长度

公路平曲线包括圆曲线和缓和曲线。平曲线太短，汽车在曲线路段上行驶时间过短会使驾驶操作来不及调整，这在高速行驶的情况下是不安全的；同时，为保证乘客良好的心理状况，需设置足够长的平曲线以使离心加速度变化率小于一定数值；当道路转角很小时，曲线长度就显得比实际短，容易引起曲线半径很小的错觉。因此，平曲线必须要具有一定的长度。

为了解决上述问题，最小平曲线长度一般应考虑按下述条件确定：

（1）汽车驾驶员在操作方向盘时不感到困难　在平面设计中，公路平曲线一般由前后缓和曲线和中间圆曲线三段曲线组成。为便于驾驶操作和行车安全与舒适，汽车在任何一段线形上行驶的时间都不应短于 3s，在曲线上行驶时间需要 9s；如果中间的圆曲线长度为 0，形成凸形曲线，但凸形曲线与两回旋线衔接，对行车不利，只有在受地形条件限制的山嘴或特殊困难情况下方可使用。因此，在平曲线设计时，圆曲线的最小长度一般要有 3s 行程。《公路路线设计规范》给定的各级公路平曲线最小长度见表 2-9。

表 2-9　各级公路平曲线最小长度

设计速度/(km/h)		120	100	80	60	40	30	20
平曲线最小长度/m	一般值	600	500	400	300	200	150	100
	最小值	200	170	140	100	70	50	40

注："一般值"为正常情况下的采用值；"最小值"为条件受限制时可采用的值。

（2）缓和曲线上离心加速度的变化率不超出定值　《公路路线设计规范》在规定最小缓和曲线时，已经考虑了离心加速度的变化率要求。因此，当平曲线是由两段缓和曲线组成的凸形曲线时，平曲线的最小长度应取该最小缓和曲线长度的两倍。

（3）转角 $\alpha < 7°$ 时的平曲线长度　当路线转角 $\alpha < 7°$ 时，不仅容易使曲线设得过短，而且会将曲线长度和半径看得比实际的要小，使驾驶员产生急剧转弯的错觉。这种倾向在转角越小时越显著，为改善这种错觉，《公路路线设计规范》针对小转角曲线的曲线最小长度提出了特别要求。设计计算时，当转角 $\alpha < 7°$ 时，平曲线仍按由两段回旋线组成的凸形曲线来考虑，使 $\alpha < 7°$ 的曲线外矢距 E 与 $\alpha = 7°$ 时的曲线外矢距 E 相等时的曲线长作为最小平曲线长，此时其长度应大于表 2-10 中的"一般值"的规定。当受地形条件及其他特殊情况限制时，可采用表中的"最小值"。

表 2-10　公路转角 $\alpha \leqslant 7°$ 时的平曲线最小长度

设计速度/(km/h)		120	100	80	60	40	30	20
平曲线最小长度/m	一般值	$1400/\alpha$	$1200/\alpha$	$1000/\alpha$	$700/\alpha$	$500/\alpha$	$350/\alpha$	$280/\alpha$
	极限值	200	170	140	100	70	50	40

注：1. α 为路线转角值（°），当 $\alpha < 2°$ 时，按 $\alpha = 2°$ 计算。

　　2. "一般值"为正常情况下的采用值；"最小值"为条件受限制时可采用的值。

《公路路线设计规范》中并未明确限制最大平曲线长度，但曲线长度较大时，不利于平纵组合设计，也不利于空间线形的连续、美观，实际运用中应根据具体情况，对平曲线长度有所限制。对于高速公路，一般情况下，采用 1000～2000m 曲线长度比较合适，当曲线半径较小，纵断面起伏较大时，再短一些的曲线长度也是可以接受的。

2.5.2　平曲线要素的组合类型

平面线形要素包括直线、缓和曲线和圆曲线，线形要素相组合可以得到很多种平面线形。就公路平面线形设计而言，主要有基本线形、S 形曲线、卵形曲线、凸形曲线、复合曲线和 C 形曲线六种。

1. 基本线形

按直线—回旋线 A_1—圆曲线—回旋线 A_2—直线的顺序组合起来的形式称为基本线形，如图 2-11 所示。

基本线形中的回旋线参数、圆曲线最小长度都应符合有关规定。当 $A_1 = A_2$ 时，称为对称基本线形；当 $A_1 \neq A_2$ 时，称为非对称基本线形，此时 $A_1 : A_2$ 应不大于 2.0；当 $A_1 = A_2 = 0$ 时，称为简单线形，即不设缓和曲线。

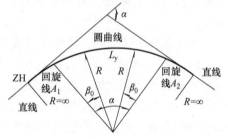

图 2-11　基本线形

为使线形协调，当选用基本组合时尽可能满足：回旋线：圆曲线：回旋线 = 1：1：1 ～ 1：2：1。

2. S 形曲线

S 形曲线是两个反向圆曲线用两段反向回旋线连接的组合形式，如图 2-12 所示。

S 形曲线相邻两个回旋线参数 A_1 与 A_2 宜相等。当采用不同的参数时，A_1 与 A_2 之比应小于 2.0，有条件时以小于 1.5 为宜。高速公路，当 $A_2 \leqslant 200$ 时，A_1 与 A_2 之比应小于 1.5。S 形曲线的两个反向回旋线以径相连接为宜。当受地形或其他条件限制而不得不插入短直线或两圆曲线的回旋线相互重合时，其短直线的长度（以 m 计）应符合下式规定

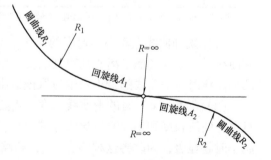

图 2-12　S 形曲线

$$L \leqslant \frac{(A_1 + A_2)}{40} \qquad (2-24)$$

两圆曲线半径之比也不宜过大，以 $R_1/R_2 \leqslant 2$ 为宜（R_1、R_2 分别为大小圆半径，A_1、A_2

分别为大小圆的回旋线参数)。

3. 卵形曲线

卵形曲线是用一个回旋线连接两个同向圆曲线的组合，如图 2-13 所示。卵形曲线用一个回旋线连接两个圆曲线，其公用回旋线的参数 A 最好在 $R_2/2 \leqslant A \leqslant R_2$ 范围内（R_2 为小圆半径）；圆曲线半径之比以满足 $R_2/R_1 = 0.2 \sim 0.8$ 为宜；两圆曲线的间距，以 $D/R_2 = 0.003 \sim 0.03$ 为宜，（D 为两圆曲线间的最小间距）。

4. 凸形曲线

两段同向回旋线之间不插入圆曲线而径相衔接的组合形式（圆曲线长度为零）称为凸形曲线，如图 2-14 所示。

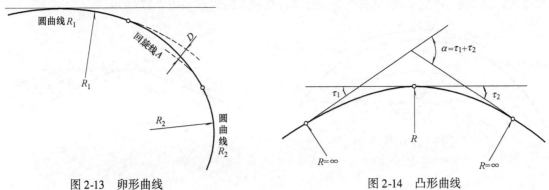

图 2-13 卵形曲线   图 2-14 凸形曲线

凸形曲线的回旋线的参数及其连接点的曲率半径，应分别符合允许最小回旋线参数和圆曲线最小半径的规定。

连接点附近最小 $0.3v$ 的长度范围内（以 m 计），应保持以连接点的曲率半径确定的横坡度。

尽管凸形曲线在各衔接处的曲率是连续的，但因中间圆曲线的长度为零，对驾驶操作还是造成一些不利因素，所以只有在路线严格受地形、地物限制处方可采用。

5. 复合曲线

将两个以上的同向回旋线在曲率相等处相互连接的线形称为复合曲线，如图 2-15 所示。

复合曲线的相邻两个回旋线参数之比以小于 1：1.5 为宜。复合曲线除了在受地形条件限制，或互通式立体交叉的匝道线形设计中采用外，一般很少采用。

6. C 形曲线

两同向回旋线在曲率为零处径相连接的组合线形称为 C 形曲线，如图 2-16 所示。

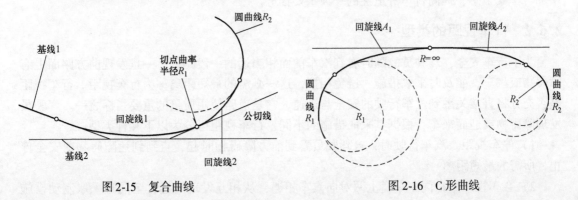

图 2-15 复合曲线   图 2-16 C 形曲线

C形曲线连接处的曲率为零，相当于两基本型的同向曲线中间直线长度为零，这种线形对行车也会产生不利影响。因此，C形曲线仅限于地形条件特殊困难，路线严格受限制时方可采用。

2.6 行车视距及其保证

2.6.1 行车视距的定义

行车视距是指从车道中心线上 1.2m 的高度，能看到该车道中心线上高为 0.1m 的物体顶点时，沿该车道中心线量得的长度。影响行车视距的地点如图 2-17 所示。

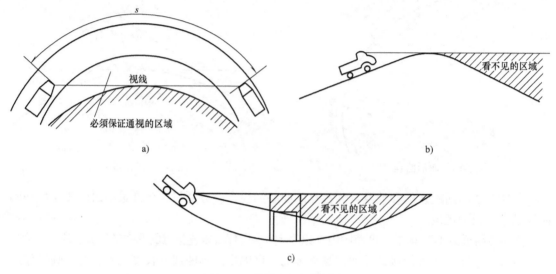

图 2-17 影响行车视距的地点
a) 平面视距 b) 纵断面视距 c) 桥下视距

规定行车视距标准时，为了保证行车安全，使驾驶员能随时看到汽车前方一定距离的公路，以便发现前方障碍物或来车时，能及时采取措施。在平面上，当弯道内侧有挖方边坡、障碍物以及纵断面上凸形竖曲线处、路线交叉口附近、下穿式立体交叉的凹形竖曲线处，皆有可能存在视距不良的问题。在道路设计中保证足够的行车视距，是确保行车安全、快速、增加行车安全感、提高行车舒适性的一项重要任务。

2.6.2 行车视距的类型

为了行车安全，驾驶员能随时看到汽车前面相当远的一段路程，一旦发现前方路面上有障碍物或汽车，能及时采取措施，避免相撞，这一必需的最短距离称为行车视距。行车视距是否充分将直接关系到汽车行驶的安全与迅速，它是道路使用质量的重要指标之一。驾驶员发现障碍物或迎面来车，根据其采取措施的不同，行车视距可分为以下几种类型：

1）停车视距。汽车行驶时，自驾驶员看到前方障碍物时起，直到到达障碍物前安全停止，所需的最短距离。

2）会车视距。在同一车道上两对向汽车相遇，从相互发现时起，至同时采取制动措施使两车安全停止，所需的最短距离。

3）错车视距。在没有明确划分车道线的双车道道路上，两对向行驶汽车相遇，发现后即采取减速避让措施安全错车所需的最短距离。

4）超车视距。在双车道道路上，后车超越前车时，从开始驶离原车道处起，至可见逆行车并能超车后安全驶回原车道所需的最短距离。

上述四种视距中，超车视距最长，属于同向行驶；错车视距最短。前三种属于对向行驶，其中以会车视距最长。一般设计时只要道路能保证会车视距，停车视距和错车视距也就可以得到保证。根据计算分析得知，会车视距约等于停车视距的两倍，故设计时只需计算停车视距。

2.6.3　视距的确定和视觉的应用

1. 停车视距

停车视距（s_T）可分解为反应距离（s_1）和制动距离（s_2）两部分来研究。

（1）反应距离　反应距离是当驾驶员发现前方的阻碍物，经过判断决定采取制动措施的那一瞬间到制动器真正开始起作用的那一瞬间汽车所行驶的距离。这段时间又可分为"感觉时间"和"反应时间"。

感觉时间在很大程度上取决于物体的外形、颜色、驾驶员的视力和机敏度以及大气的可见度等。在高速行车时的感觉时间要比低速时短一些，这是由于高速行驶时警惕性会更高的缘故。

根据实测资料，设计上采用感觉时间为 1.5s，制动反应时间为 1.0s，感觉和制动反应的总时间 $t = 2.5s$。在这个时间内汽车行驶的距离为

$$s_1 = \frac{vt}{3.6} \tag{2-25}$$

（2）制动距离　制动距离是指汽车从制动生效到汽车完全停住，这段时间内所走的距离。通常按下式计算

$$s_2 = \frac{v^2}{254(\varphi + i)} \tag{2-26}$$

因此，停车视距计算公式为

$$s_T = \frac{vt}{3.6} + \frac{v^2}{254(\varphi + i)} \tag{2-27}$$

式中　φ——纵向附着系数。依据车速及路面状况而定，一般按路面在潮湿状态下计算，不同设计速度下的 φ 值见表 2-11。

　　　　v——行车速度（km/h），设计速度为 80 ~ 120km/h 时，采用设计速度的 85%；40 ~ 60km/h 时，采用设计速度的 90%；20 ~ 30km/h 时，采用原设计速度。

各级公路和城市道路的停车视距见表 2-12 和表 2-13。

表 2-11　不同设计速度下的 φ 值

设计速度/(km/h)	120	100	80	60	50	40	30	20
φ 值	0.29	0.31	0.31	0.33	0.35	0.38	0.44	0.44

表 2-12　各级公路停车视距

设计速度/(km/h)	120	100	80	60	40	30	20
停车视距/m	210	160	110	75	40	30	20

表 2-13　城市道路停车视距

设计速度/(km/h)	80	60	50	45	40	35	30	25	20	15	10
停车视距/m	110	70	60	45	40	35	30	25	20	15	10

2. 超车视距

在一般双车道公路上行驶着各种不同速度的车辆，当快速车追上慢速车以后，需要占用供对向汽车行驶的车道进行超车。为了超车时的安全，驾驶员必须能看到前面足够长度的车流空隙，以便在相邻车道上没有出现对向行驶来的汽车之前完成超车而不阻碍对向汽车的行驶。超车视距图示如图 2-18 所示。

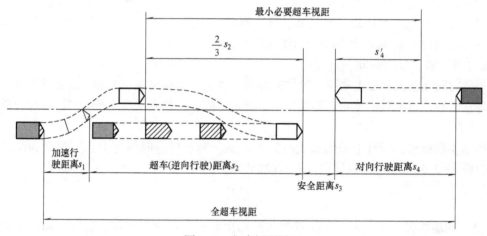

图 2-18　超车视距图示

超车视距的全程可分为四个阶段：

（1）加速行驶距离 s_1　当超车汽车经判断认为有超车可能，于是加速行驶移向对向车道，在进入该车道的行驶距离为 s_1

$$s_1 = \frac{v_0}{3.6}t_1 + \frac{1}{2}at_1^2 \tag{2-28}$$

式中　v_0——被超汽车的速度（km/h）；

　　　t_1——加速时间（s）；

　　　a——平均加速度（m/s²）。

（2）超车（逆向行驶）距离 s_2　超车汽车在对向车道上行驶的距离 s_2 按下式计算

$$s_2 = \frac{vt_2}{3.6} \tag{2-29}$$

式中　v——超车汽车的速度（km/h）；

　　　t_2——在对向车道上的行驶时间（s）。

（3）安全距离 s_3　超车完时，超车汽车与对向汽车之间距离为安全距离 s_3。这个距离视

超车汽车和对向汽车的行驶速度不同采用不同的数值，一般取

$$s_3 = 15 \sim 100\text{m} \tag{2-30}$$

（4）对向行驶距离 s_4 超车汽车从开始加速到超车完时对向汽车的行驶距离 s_4 按下式计算

$$s_4 = \frac{v}{3.6}(t_1 + t_2) \tag{2-31}$$

以上四个距离之和是比较理想的全超车视距，但距离较长，在地形比较复杂的地点很难实现。实际上在计算 s_4 所需的时间时，只考虑超车汽车从完全进入对向车道到超车完成所行驶的时间就可保证安全了。因为，尾随在慢车后面的快车驾驶员往往在未看到前面的安全区段就开始了超车作业，如果进入对向车道之后发现迎面有汽车开来而距离不足时还来得及返回自己的车道。因此，对向汽车行驶时间大致为 t_2 的 2/3 就足够了，即

$$s_4' = \frac{2}{3}s_2 = \frac{2}{3} \times \frac{v}{3.6}t_2^2 = \frac{v}{5.4}t_2^2 \tag{2-32}$$

于是，最小必要超车视距为

$$s_c = s_1 + s_2 + s_3 + s_4' \tag{2-33}$$

在地形困难或其他原因不得已时，可采用

$$s_c = \frac{2}{3}s_2 + s_3 + s_4' \tag{2-34}$$

v 采用设计速度。设超车汽车和对向汽车都按设计速度行驶，被超汽车的速度 v_0 较设计速度低 $5 \sim 20\text{km/h}$，各阶段的行驶时间据实测大致为 $t_1 = 2.9 \sim 4.5\text{s}$、$t_2 = 9.3 \sim 10.4\text{s}$。以此进行计算的超车视距经整理见表 2-14。

表 2-14 超车视距

设计速度/(km/h)	80	60	40	30	20
一般值/m	550	350	200	150	100
极限值/m	350	250	150	100	70

注："一般值"为正常情况下的采用值；"最小值"为条件受限制时可采用的值。

2.6.4 行车视距的保证

汽车在路上行驶，除保证直线段上的行车视距外，还应保证曲线上的行车视距，以确保行车安全。在高速公路平面上的暗弯（处于挖方路段的曲线和内侧有障碍物的曲线）、纵断面上的凸形竖曲线、下穿式立体交叉的凹形竖曲线上、中央分隔带内侧都有可能存在视距不足的问题。

对于纵断面上的凸形竖曲线及下穿式立体交叉凹形竖曲线上的视距问题，在规定竖曲线的最小半径时已做了考虑。在设计时，只要满足规范中最小竖曲线半径的要求，也就同时满足了竖曲线上视距的要求。所以，在视距检查中，应重点注意弯道内平面视距能否保证。如有遮挡，必须清除弯道内侧一定范围内的障碍物。若是因平曲线内侧设置的人工构造物，或中间带设置防眩设施而不能保证视距时，可采取加宽中间带、加宽路肩或将构造物后移等措施予以处理；若阻挡视线的是树木、房屋等，应通过清除保证；若阻挡视线的是挖方边坡，则应按所需净距绘制包络线开挖视距台保证。如图 2-19 所示，驾驶员的视线距离路面 1.2m（货车可取 2.0m），驾驶员座位距未设加宽的路面外边缘 1.5m。

车辆在弯道上行驶时视点的运动轨迹半
径为

$$R_s = R - \frac{B}{2} + 1.5\text{m} \qquad (2\text{-}35)$$

式中　R——弯道圆曲线半径（m）；

　　　B——弯道路面宽度（m）。

检查弯道内平面视距是否能保证的方法
有两种：视距曲线法和横净距法。

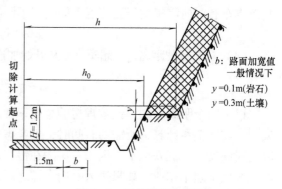

图 2-19　开挖视距台断面

1. 视距曲线法

如图 2-20 所示，AB 弧线是行车轨迹线，
从汽车行驶轨迹线上的不同位置（图中的 1、2、3、…）引出一系列视线（图中的 1—1′、
2—2′、3—3′、…），它们的弧长都等于视距 s，与这些线相切的曲线（包络线）称为视距曲
线。在视距曲线与轨迹线之间的空间范围，是应保证通视的区域，在这个区域内如有障碍物
则要予以清除。

2. 横净距法

横净距是指在弯道各点的横断面上，汽车
轨迹线与视距曲线之间的距离。在弯道内所有
横净距中的最大值，称为最大横净距，用 h 表
示。其值可根据视距 s 和视点轨迹曲线长度 L、
行车轨迹曲线半径 R_s 算出。

（1）不设缓和曲线的横净距　根据视点轨
迹曲线长度和设计视距之间的大小关系，计算
方法分两种情况。

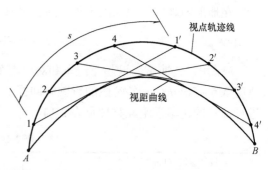

图 2-20　弯道内侧应保证通视的区域

1）$L > s$，如图 2-21 所示，由几何关系可得知

$$h = R_s - R_s \cos\frac{\gamma}{2} = R_s\left(1 - \cos\frac{\gamma}{2}\right) \qquad (2\text{-}36)$$

式中　R_s——视点轨迹半径（m）；

　　　γ——设计视距所对应的圆心角（°），$\gamma = \dfrac{180°s}{\pi R_s}$。

2）$L < s$，如图 2-22 所示，由几何关系可知，横净距由两部分组成，即曲线部分的最大
净距和直线段部分最大净距之和，$h = h_1 + h_2$，即

$$h = R_s\left(1 - \cos\frac{\alpha}{2}\right) + \frac{1}{2}(s - L)\sin\frac{\alpha}{2} \qquad (2\text{-}37)$$

式中　L——视点轨迹曲线长度（m），$L = \dfrac{\pi\alpha R_s}{180°}$；

　　　α——对应的圆心角（°），即路线转角。

（2）设缓和曲线的横净距　设缓和曲线的平曲线处横净距的计算同样根据视点轨迹曲
线长度 L、圆曲线长度 L' 与设计视距 s 大小关系，可分为下列三种情况：

1）$L' > s$。该情况的计算方法与前述不设缓和曲线的第一种情况类似，即

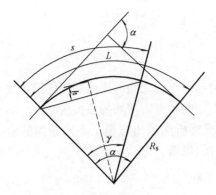

图 2-21 横净距计算图（$L>s$）

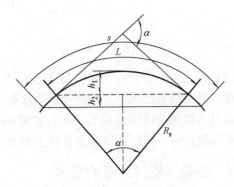

图 2-22 横净距计算图（$L<s$）

$$h = R_\text{s}\left(1 - \cos\frac{\gamma}{2}\right) \tag{2-38}$$

2）$L>s>L'$，如图 2-23 所示。该情况的横净距由两部分组成，即圆曲线部分和部分缓和曲线的横净距之和，$h = h_1 + h_2$，即

$$h = R_\text{s}\left(1 - \cos\frac{\alpha - 2\beta}{2}\right) + \sin\left(\frac{\alpha}{2} - \delta\right)(l - l') \tag{2-39}$$

式中 l——缓和曲线长度（m）；

l'——驾驶员位置到缓和曲线起点的距离（m），$l' = \frac{1}{2}(L-s)$；

δ——过 M 或 N 点且与平曲线的导线相平行的直线与视点到 HY 点连线的夹角（rad）

$$\delta = \arctan\left\{\frac{1}{6R_\text{s}}\left[1 + \frac{l'}{l} + \left(\frac{l'}{l}\right)^2\right]\right\};$$

β——缓和曲线角（°）。

3）$L<s$，如图 2-24 所示。

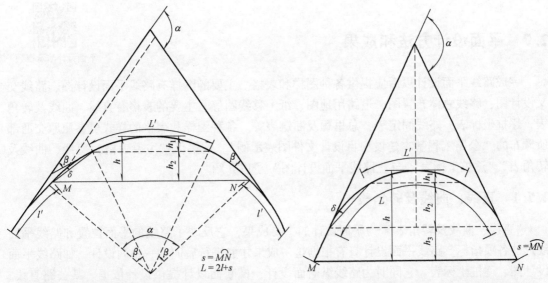

图 2-23 横净距计算图（$L>s>L'$，设缓和曲线）   图 2-24 横净距计算图（$L<s$，设缓和曲线）

$$\begin{cases} h = R_s \left(1 - \cos \dfrac{\alpha - 2\beta}{2} \right) + \sin \left(\dfrac{\alpha}{2} - \delta \right) l + \sin \dfrac{\alpha}{2} \dfrac{s - L}{2} \\ \delta = \arctan \dfrac{1}{6R_s} \end{cases} \tag{2-40}$$

将按式（2-40）计算的 h 值与弯道内侧的障碍物与行车线之间的距离加以比较，则可确定该弯道是否能保证视距并进而确定清除范围，但 h 是曲线上需清除的最大横净距。对于需要清除的是贵重建筑物或岩石边坡，则可用图解法或解析法求出弯道上不同断面的清除界线，并要增绘一些横断面以作为计算土石方和施工时的根据。

2.6.5　各级道路对视距的要求

在一条公路的车流中，经常会出现停车、错车、会车和超车，特别是在我国以混合交通为主的双车道公路上更是如此。在各种视距中，以超车视距为最长，如果所有暗弯和凸形变坡处都能保证超车视距的要求，于安全当然最好，但事实上是很难做到的，也是不经济的，故对于不同的公路按其实际需要做了不同的规定。

1）高速公路和一级公路应满足停车视距的要求。高速公路和一级公路的车道数均在四车道以上，并有中央分隔带，快慢车用画线分隔行驶，各行其道，不存在错车和会车问题。

2）二、三、四级公路的视距应满足会车视距的要求，其长度应不小于停车视距的两倍，工程特殊困难或受其他条件限制采取分道行驶措施的地段，可采用停车视距。

3）对向行驶的双车道公路，应根据需要并结合地形设置一定比例的路段保证超车视距。

为保证必要的视距有时需做大量的开挖和拆迁工作，在交通量不大的低等级公路上，对于不能保证会车视距的路段，也可以采取其他的措施以防止碰车事故的发生。例如，在路中心画线或设置高出路面的明显标志带，强调"各行其道""靠右行""转弯鸣号"等。

平面设计演示视频

2.7　平面设计方法和成果

完成路线平面设计以后应提供各种图样和表格。主要的图样有路线平面设计图、路线交叉设计图、路线总体布置图、道路用地图、纸上移线图等。主要的表格有直线、曲线及转角表，逐桩坐标表，路线固定表，总里程及断链表等。各种图样和表格的样式可参照原交通部所颁布的"公路工程基本建设项目设计文件图表示例"。这里仅就主要表格"直线、曲线及转角表""逐桩坐标表"与"路线平面设计图"予以介绍。

2.7.1　直线、曲线及转角表

"直线、曲线及转角表"为平面设计的主要成果，它反映了路线的平面位置和路线平面线形的各项指标。路线平面设计只有根据这一成果才能进行后面的一系列设计，如路线平面设计图、逐桩坐标表。它同时为路线纵断面设计、横断面设计提供设计依据。某公路直线、曲线及转角表见表 2-15。

表 2-15　某公路直线、曲线及转角表

交点号	交点桩号	交点坐标/m		转角 α	曲线要素值/m						
		N(X)	E(Y)	α_L 或 α_R	R	A	L_h	T	L	E	J
1	2	3	4	5	6	7	8	9	10	11	12
	K6+760	4366393.264	49693.448								
JD5	K7+347.606	4366597.929	49142.637	左11°44′08″	5500	0.000	0.00	565.243	1126.530	28.969	3.956
JD6	K9+312.674	4366894.000	47196.000	右11°58′31″	5500	0.000	0.00	576.871	1149.539	30.170	4.203
JD7	K11+503.111	4367667.000	45142.000	左16°57′21″	3000	1009.950	340.00	617.392	1227.805	34.767	6.979
JD8	K13+352.546	4367785.746	43289.388	右17°34′11″	1580	533.292	180.00	334.291	664.505	19.620	4.077
JD9	K14+334.024	4368142.742	42370.763	左16°30′32″	1600	551.362	190.00	327.241	651.015	17.699	3.467
JD10	K15+344.577	4368226.327	41360.194								

交点号	曲线控制桩桩号					直线长度及方向		
	ZH	HY(ZY)	QZ	YH(YZ)	HZ	直线段长/m	计算方位角	备注
1	13	14	15	16	17	18	19	20
						22.363	290°23′01″	起点桩号：K6+760
JD5		K6+782.363	K7+345.628	K7+908.894		826.910	278°38′53″	
JD6		K8+735.803	K9+310.573	K9+885.342		1000.377	290°37′24″	
JD7	K10+885.720	K11+225.720	K11+499.622	K11+773.525	K12+113.525	904.731	273°40′03″	
JD8	K13+018.255	K13+198.255	K13+350.508	K13+502.760	K13+682.760	324.023	291°14′14″	
JD9	K14+006.783	K14+196.783	K14+332.291	K14+467.798	K14+657.798	362.243	274°43′42″	终点桩号：K14+500
JD10								

2.7.2 逐桩坐标表

对于高速公路，线形指标较高，具体反映就是圆曲线半径较大，缓和曲线较长，在测设和放线过程中要求使用坐标法，以便保证测量精度。因此，在设计文件中必须提供逐桩坐标表。逐桩坐标即每个中桩的坐标，某公路逐桩坐标表见表2-16。

表 2-16　某公路逐桩坐标表

桩　号	坐　标		桩　号	坐　标	
	X/m	Y/m		X/m	Y/m
K6+760	4366393.264	49693.448	K7+160	4366520.334	49314.260
K6+780	4366400.230	49674.701	K7+180	4366525.963	49295.068
ZY K6+782.363	4366401.053	49672.486	K7+200	4366531.521	49275.856
K6+800	4366407.169	49655.943	K7+220	4366537.010	49256.624
K6+820	4366414.041	49637.161	K7+240	4366542.429	49237.372
K6+840	4366420.845	49618.353	K7+260	4366547.778	49218.101
K6+860	4366427.580	49599.522	K7+280	4366553.056	49198.810
K6+880	4366434.246	49580.665	K7+300	4366558.265	49179.500
K6+900	4366440.844	49561.785	K7+320	4366563.403	49160.171
K6+901.500	4366441.336	49560.368	K7+322.300	4366563.990	49157.947
K6+904.400	4366442.286	49557.628	K7+325.150	4366564.715	49155.191
K6+907	4366443.137	49555.171	K7+325.890	4366564.903	49154.475
K6+908.400	4366443.595	49553.848	K7+326.800	4366565.134	49153.595
K6+920	4366447.373	49542.881	K7+327.710	4366565.365	49152.715
K6+940	4366453.834	49523.953	K7+336.600	4366567.615	49144.114
K6+953.500	4366458.155	49511.163	K7+340	4366568.471	49140.824
K6+960	4366460.225	49505.002	QZ K7+345.628	4366569.885	49135.376
K6+967	4366462.446	49498.363	K7+360	4366573.469	49121.459
K6+980	4366466.548	49486.027	K7+380	4366578.396	49102.075
K7+000	4366472.801	49467.030	K7+400	4366583.252	49082.674
K7+020	4366478.985	49448.010	K7+420	4366588.038	49063.255
K7+036.700	4366484.096	49432.112	K7+438.300	4366592.356	49045.471
K7+039.400	4366484.918	49429.540	K7+443.200	4366593.502	49040.707
K7+042.700	4366485.921	49426.396	K7+446.400	4366594.248	49037.595
K7+060	4366491.147	49409.904	K7+452.400	4366595.642	49031.759
K7+080	4366497.123	49390.818	K7+460	4366597.398	49024.365
K7+100	4366503.030	49371.710	K7+480	4366601.972	49004.895
K7+120	4366508.868	49352.581	K7+490	4366604.233	48995.154
K7+127.300	4366510.981	49345.594	K7+498.250	4366606.084	48987.115
K7+140	4366514.636	49333.431	K7+500	4366606.475	48985.409

2.7.3　路线平面设计图

路线平面设计图是设计文件中的重要组成部分。它综合反映了路线的平面位置和所经过地区的地形、地物等，还可以反映出沿线的各种结构物（如挡土墙、边坡、排水结构、桥涵等）的具体位置，及其与周围环境、地形、地物的关系。它是设计人员对路线设计意图的总体体现。

1. 路线平面设计图比例尺及测图范围

公路平面设计图是指包括路中线在内的有一定宽度的带状地形图。若为工程可行性研究、初步设计阶段的方案研究与比选，其比例可采用 1∶50000 或 1∶10000；但作为初步设计、施工图设计等设计文件组成部分则应采用更大的比例尺，一般采用 1∶5000 或 1∶2000；在地形复杂地段或重要设计路段，如大型交叉、大中桥等，则应采用 1∶500 或 1∶1000 的地形图。

带状地形图的测图范围，一般视具体情况确定，常用路中心线两侧 100～200m。对于 1∶5000 的地形图，则测图范围应适当放大，一般不小于 250m。若有比较线，则需包括比较线的范围。

2. 路线平面设计图的内容及测绘步骤

（1）路线平面设计图的内容

1）公路沿线的地形、地物情况。

2）公路交点和转点位置及里程桩标注、公路沿线各类控制桩位置及有关数据。

3）路线所经地段的地名，重要地理位置情况标注。

4）各类结构物设计成果的标注。

5）若图中包含弯道，应包括曲线要素表和导线、交点坐标表。

6）图签和有关说明。

（2）测绘步骤

1）按要求选定比例尺。

2）依直线、曲线及转角表及中线资料绘制公路中线图。

3）在公路中线图上标出公路起终点里程桩、百米桩、公里桩、曲线要素桩、桥涵桩及位置。

4）实地测绘沿线带状地形图并现场勾绘出等高线。

5）根据设计情况在图上标出各类结构物的平面位置，并在图上列出直线、曲线及转角表等有关内容。

某高速公路平面设计图如图 2-25 所示。高等级公路设计文件中，除要绘制上述路线平面设计图外，还应增绘公路平面总体设计图。公路平面总体设计图，除应绘制路线平面设计图的内容外，还应给出路基边线、坡脚或坡顶线、路线交叉的方式及平面形式，示出服务区、停车场、收费站等。

3. 城市道路平面设计图

城市道路平面设计图是城市道路设计成果的重要组成之一。一般应标明路线、规划红线、行车道线、人行道线、停车场、绿化、交通标志、人行横道线、沿线建筑物出入口、各种地上地下管线的起向位置、雨水进水口、窨井等，注明交叉口及沿线里程桩，弯道及交叉口处应注明曲线要素、交叉口转角缘石的转弯半径等，比例尺一般为 1∶500、1∶1000。城市道路平面设计图如图 2-26 所示。

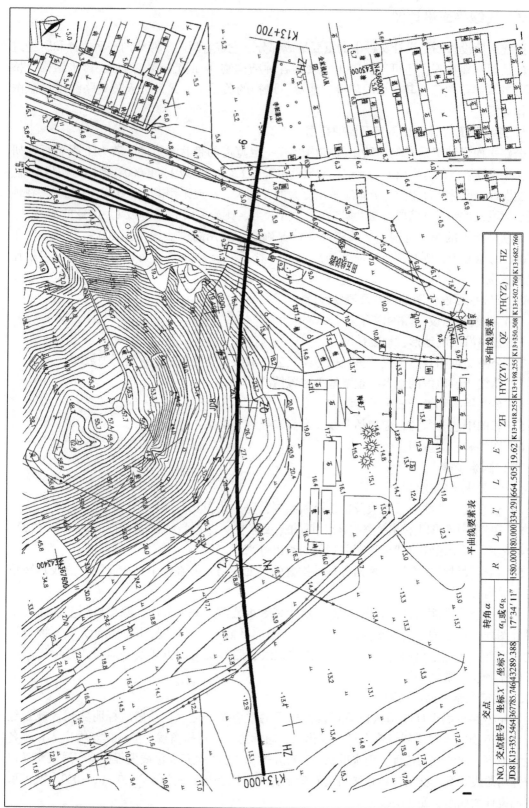

平曲线要素表

交点			转角 α	R	L_h	T	L	E	平曲线要素			
NO.	交点桩号	坐标X	坐标Y	α_L 或 α_R						ZH	HY(ZY)	QZ	YH(YZ)	HZ
JD8	K13+352.564	367785.746	433289.388	17°34′11″	1580.000	80.000	334.291	664.505	19.62	K13+018.255	K13+198.255	K13+350.508	K13+502.760	K13+682.760

图 2-25 某高速公路平面设计图

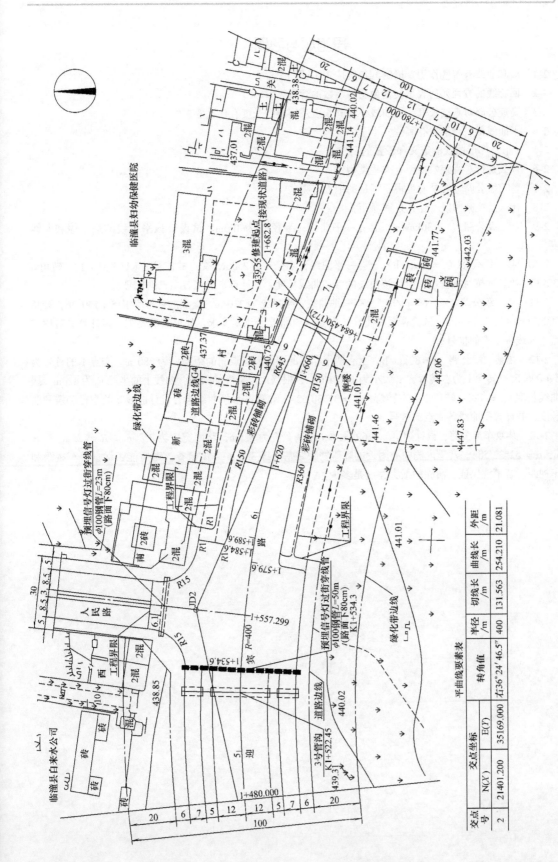

图 2-26 城市道路平面设计图

交点号	交点坐标		转角值	平曲线要素表			
	N(X)	E(Y)	转角值	半径/m	切线长/m	曲线长/m	外距/m
2	21401.200	35169.000	右36°24′46.5″	400	131.563	254.210	21.081

思考题与习题

2-1　缓和曲线有哪些作用？确定其长度应考虑哪些因素？

2-2　回旋线的方程如何表示？请说明各参数的含义。

2-3　高速公路对直线长度、圆曲线半径和长度及回旋线长度有什么要求？

2-4　平面线形组合形式有哪些？

2-5　S形、卵形曲线的定义和设置的要求。

2-6　什么是行车视距？视距有哪些类型？

2-7　各等级公路上容易发生视距不足的地方有哪些？

2-8　什么是视距曲线？什么是横净距？

2-9　某三级公路（$v = 30 \text{km/h}$）上有一平曲线，半径 R 为 100m。试设计该平曲线的最小缓和曲线长度。

2-10　某二级公路（$v = 80 \text{km/h}$）上有一平曲线，半径 R 为 250m，交点的桩号为 K11 + 210.12，转角 α 为 30°30′24″。试按对称基本型设计该曲线的缓和曲线长度，并计算平曲线各主点的桩号。

2-11　某二级公路（$v = 60 \text{km/h}$）上有一平曲线，半径 R 为 310 m，交点的桩号为 K15 + 150.36，转角 α 为 20°35′18″，$L_{s1} = 80$m。试验算缓和曲线长度 $L_{s2} = 50$m 是否满足要求，如果满足要求，请计算非对称基本型平曲线各主点的桩号。

2-12　在某二级公路（$v = 80 \text{km/h}$）上有两个相邻的交点，交点间的距离 L 为 280 m。交点 1 的桩号为 K55 + 096.68，转角 1 为右转弯，α_1 大小为 19°31′00″，根据地形条件的限制，曲线 1 的半径 R_1 为 820m，缓和曲线长度 $L_{s1} = 120$；转角 2 为左转弯，$\alpha_2 = 32°30′52″$。试按 S 形平曲线组合设计曲线 2 的半径和缓和曲线长度，并计算平曲线各主点的桩号。

2-13　某双车道公路，设计速度 $v = 60 \text{km/h}$，路基宽度为 8.5m，路面宽度为 7.0m。$R = 125$m，$L_s = 50$m，$\alpha = 52°33′58″$。弯道内侧中心附近的障碍物距路基边缘 3.2 m。试检查该弯道能否保证停车视距和超车视距。若不能保证，清除的最大宽度是多少？

第3章 纵断面设计

3.1 概述

沿着道路中线竖直剖切然后展开即为路线纵断面。由于自然因素的影响及经济性要求，路线纵断面总是一条起伏的空间曲线。纵断面设计的主要任务就是根据汽车的动力特性、道路等级、当地的自然地理条件及工程经济性等，研究起伏空间曲线几何构成的大小及长度，以便达到行车安全迅速、运输经济合理及乘客感觉舒适的目的。

图 3-1 所示为某路线纵断面示意图。纵断面图是道路纵断面设计的主要成果，也是道路设计的重要技术文件之一。把道路的纵断面图与平面图结合起来，就能准确地定出道路的空间位置。

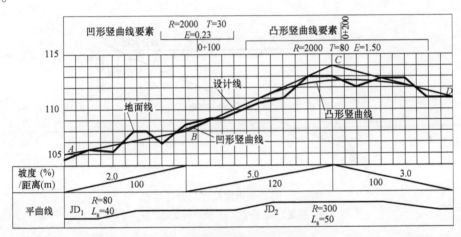

图 3-1 某路线纵断面示意图

在纵断面图上有两条主要的线：一条是地面线，它是根据中线上各桩点的高程而点绘的一条不规则的折线，反映了沿着中线地面的起伏变化情况；另一条是纵断面设计线，它是经过技术、经济及美学上等多方面比较后定出的一条具有规则形状的几何线，反映了道路路线的起伏变化情况。纵断面设计线是由直坡线和竖曲线组成的。直坡线（即均匀坡度线）有上坡和下坡，用高差和水平长度的比值（%）表示。直线的坡度和长度影响着汽车的行驶速度和运输的经济性及行车的安全，它们的一些临界值的确定和必要的限制，是以通行的汽车类型及行驶性能来决定的。

不同纵坡转折处称为变坡点，为平顺过渡要设置竖曲线，按纵坡转折形式的不同，竖曲线有凹有凸，其大小用半径和水平长度表示。

道路的纵断面线形应根据道路的性质、任务、等级和地形、地物、地质、水文等因素，考虑路基稳定、排水及工程量等的要求，对纵坡的大小、长短，前后纵坡情况，竖曲线半径大小及其与平面线形的组合关系等进行组合设计。

在路中线的原地面高程，称为地面高程，地面高程的连线称为地面线（又称为黑线）。对于纵断面上的设计高程，即路基（包括路面厚度）的设计高程，有如下规定：

（1）新建公路的路基设计高程 高速公路、一级公路宜采用中央分隔带的外侧边缘高程；二级公路、三级公路、四级公路宜采用路基边缘高程。在设置超高、加宽的路段，是指超高、加宽前该处原路基边缘的高程，如图 3-2 所示。

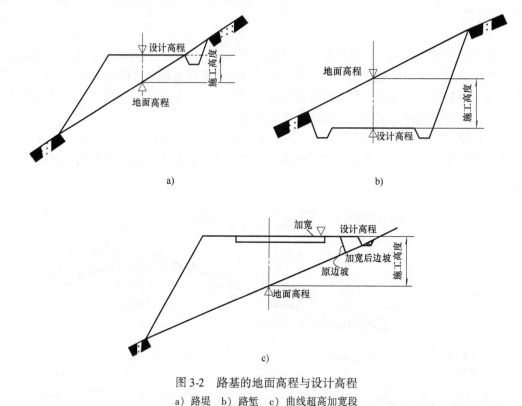

图 3-2 路基的地面高程与设计高程
a）路堤 b）路堑 c）曲线超高加宽段

（2）改建公路的路基设计高程 改建公路的路基设计高程宜按新建公路的规定处理，也可视具体情况而采用中央分隔带或行车道中线高程。对于城市道路，设计高程指建成后的行车道中线路面标高或中央分隔带中线标高。

在任一横断面上设计高程与地面高程之差，称为该处的施工高度（见图 3-2）。施工高度的大小决定了路堤的高度或路堑的深度。当设计线在地面线上面时，路基筑成路堤（填方），当设计线在地面线下面时修筑成路堑（挖方）。

3.2 纵坡设计

3.2.1 最大纵坡

最大纵坡是指由车辆类型、设计速度、自然条件等因素所限定的各级道路允许的最大纵坡值，是道路纵断面设计的重要控制指标。最大纵坡的大小将直接影响路线的长度、使用质量、行车安全、运营成本和工程的经济性。

1. 最大纵坡的制定依据

（1）车辆类型　不同类型的车辆具有不同的动力性能和制动性能，其上坡时的爬坡能力和下坡时的制动能力也各不相同，因此对道路的最大纵坡要求均不相同。

（2）设计速度　汽车的爬坡能力与行驶速度成反比，车速越高爬坡能力越低。因此，在确定路线最大纵坡时必须以保证一定的行驶速度为前提。

（3）自然条件　道路所处地区的地形、海拔、气候条件等也影响汽车的行驶条件和爬坡能力。

2. 最大纵坡的确定

（1）计算法　此法以上坡行驶为准，通过规定汽车爬坡时的计算车型、计算车速和汽车的荷载，根据等速爬坡的原理按汽车的动力性能图并经计算确定。

（2）调查法　我国通过对汽车在坡道上行驶情况调查、试验，根据路段的调查资料分析来确定最大纵坡值。《标准》在制定路线最大纵坡时主要考虑了以下三方面的因素：

1）汽车上坡行驶的爬坡能力。汽车上坡时因升坡阻力增加而需增大牵引力，从而降低车速。若长时间爬陡坡，不但会引起汽车水箱内的水沸腾、气阻，使行驶无力以致发动机熄火，而且在爬坡时汽车的机件磨损也将增大。因此，应从汽车爬坡能力考虑对最大纵坡加以限制。

2）汽车下坡行驶的安全性。汽车下坡时，制动次数增加，制动器易因发热而失效，驾驶员心理紧张，也容易发生车祸。根据行车事故调查分析，坡度大于 8%、坡长为 360m 或坡长很短但坡度很大（11% ~ 12%）的路段下坡的终点是发生交通事故的主要地点。同时，调查资料表明，当纵坡大于 8.5% 时，制动次数急增。所以，最大纵坡的制定应从下坡安全来考虑，其最大值控制在 8% ~ 9% 为宜。

3）考虑兽力车及雨雪冰滑时汽车上下坡的行驶要求。

对于城市道路，其最大纵坡的制定除了考虑上述因素以外，还应考虑非机动车特别是自行车的行驶要求。

3. 最大纵坡标准

（1）《公路路线设计规范》规定的最大纵坡（见表 3-1）

1）设计速度为 120km/h、100km/h、80km/h 的高速公路受地形条件或其他特殊情况限制时，经技术经济论证，最大纵坡值可增加 1.0%。

2）公路改建中，设计速度为 40km/h、30km/h、20km/h 的利用原有公路的路段，经技术经济论证，最大纵坡值可增加 1.0%。

3）四级公路位于海拔 2000m 以上或积雪冰冻地区的路段，最大纵坡不应大于 8.0%。

表 3-1　我国公路的最大纵坡

设计速度/(km/h)	120	100	80	60	40	30	20
最大纵坡(%)	3	4	5	6	7	8	9

（2）城市道路机动车道最大纵坡（见表 3-2）《城市道路工程设计规范》规定：

1）新建道路应采用小于或等于最大纵坡一般值；改建道路、受地形条件或其他特殊情况限制时，可采用最大纵坡极限值。

表 3-2   城市道路机动车道最大纵坡

设计速度/(km/h)		100	80	60	50	40	30	20
最大纵坡(%)	一般值	3	4	5	5.5	6	7	8
	极限值	4	5	6		7		8

2）除快速路外的其他等级道路，受地形条件或其他特殊情况限制时，经技术经济论证后，最大纵坡极限值可增加1.0%。

3）积雪或冰冻地区的快速路最大纵坡不应大于3.5%，其他等级道路最大纵坡不应大于6.0%。

4. 高原纵坡折减

在高海拔地区，因空气密度下降而使汽车发动机燃烧不完全、功率下降，导致汽车爬坡能力下降。另外，汽车水箱中的水易于沸腾而破坏冷却系统。因此，在同等情况下，高原地区（海拔3000m以上）采用的最大纵坡应比一般地区小，这种现象称为纵坡折减。

《公路路线设计规范》规定的设计速度小于或等于80km/h位于海拔3000m以上高原地区的公路，最大纵坡应按表3-3予以折减。最大纵坡折减后若小于4%，则仍采用4%。

表 3-3   高原纵坡折减值

海拔/m	3000～4000	4000～5000	5000 以上
纵坡折减值(%)	1	2	3

3.2.2   最小纵坡

最小纵坡是为纵向排水的需要，对横向排水不顺畅的路段所规定的纵坡最小值。为使行车快速、安全和通畅，一般希望道路纵坡设计得小一些。但在挖方路段、设置边沟的低填方路段和其他横向排水不畅的路段，为了保证排水，防止水渗入路基而影响路基的稳定性，应设置不小于0.3%的纵坡（一般情况下以采用不小于0.5%为宜）。当然，对于干旱地区，以及横向排水良好、不产生路面积水的路段，也可不受此最小纵坡的限制。

城市道路通常低于两侧街坊，两侧街坊的雨水排向行车道两侧的街沟，然后顺街沟的纵坡流入沿街沟设置的雨水口。因此，道路最小纵坡应是能保证排水和防止管道淤塞所需的最小纵坡（0.3%）。若道路纵坡小于最小纵坡值，则管道的埋深必将随着管道的长度而加深。为避免其埋设过深所致的土方量增大和施工困难，就需要在管道的一定距离设置泵站。所以，城市道路的最小纵坡应大于或等于0.3%。如遇特殊困难，其纵坡必须小于0.3%时，则应设置锯齿形街沟，保证路面排水畅通。

3.2.3   平均纵坡

平均纵坡是衡量纵断面线形质量的一个重要指标，是指一定长度路段两端点的高差与该路段长度的比值，用i_p表示，即

$$i_p = \frac{H}{L} \tag{3-1}$$

式中 H——相对高差（m）；

L——路线长度（m）。

在进行路线纵坡设计时，当地形困难、高差很大时，可能交替使用最大纵坡（并达到限制坡长）和缓和坡段（往往接近最短坡长），形成所谓的"台阶式"纵断面。汽车在这种坡段上行驶，上坡会长时间地使用低挡，易导致车辆水箱沸腾；下坡则频繁制动，驾驶员心理紧张，易引起操作失误。因此有必要控制纵坡平均值。

限定平均纵坡是为合理运用最大纵坡、坡长限制及缓和地段的规定，保证车辆安全顺适行驶。《公路工程技术标准》规定：二级及二级以下公路越岭路线连续上坡（或下坡）路段相对高差为 200~500m 时，平均纵坡不应大于 5.5%；相对高差大于 500m 时，平均纵坡不应大于 5.0%。任意连续 3km 路段的平均纵坡不应大于 5.5%。

高速公路、一级公路越岭路线连续上坡（或下坡）路段，应采用运行速度对其安全性进行验算、评价，并设置相应交通安全设施。

3.2.4　合成坡度

合成坡度是指在有超高的平曲线上，路线纵坡度与超高横坡度所组成的坡度，如图 3-3 所示，计算公式为

$$I = \sqrt{i_h^2 + i^2} \qquad (3-2)$$

式中　I——合成坡度（%）；

i_h——超高横坡度（%）；

i——路线纵坡度（%）。

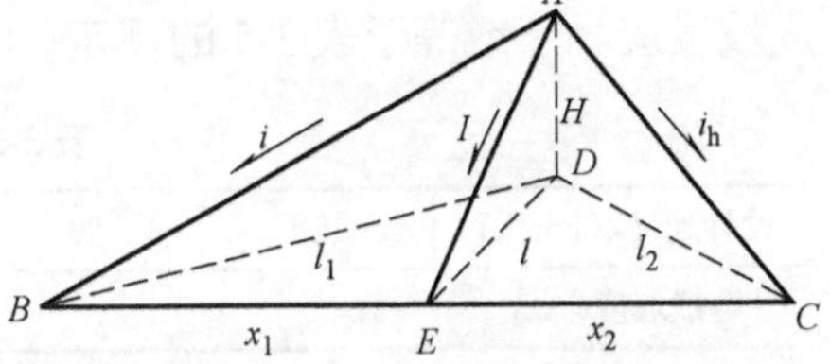

式（3-2）的证明如下（见图 3-3）：

$\triangle BDE \backsim \triangle BDC$

图 3-3　合成坡度的证明

$$\frac{l_1}{l} = \frac{x_1 + x_2}{l_2} \qquad (3-3)$$

由直角三角形 $\triangle BDC$，$x_1 + x_2 = \sqrt{l_1^2 + l_2^2}$，代入式（3-3）得

$$\frac{1}{l} = \frac{\sqrt{l_1^2 + l_2^2}}{l_1 l_2} \qquad (3-4)$$

两端平方得

$$\frac{1}{l^2} = \frac{l_1^2 + l_2^2}{l_1^2 l_2^2} \qquad (3-5)$$

同乘 H^2 得

$$\frac{H^2}{l^2} = \frac{H^2}{l_2^2} + \frac{H^2}{l_1^2} \qquad (3-6)$$

$$\left(\frac{H}{l}\right)^2 = \left(\frac{H}{l_1}\right)^2 + \left(\frac{H}{l_2}\right)^2 \qquad (3-7)$$

所以 $I^2 = i_h^2 + i^2$。

因合成坡度是由纵向坡度和横向坡度组合而成的，其坡度值比原路线纵坡大。汽车在设有超高的坡道上行驶时，不仅要受坡度阻力的影响，而且还要受离心力的影响。当纵坡较大而平曲线半径小时，合成坡度较大，使汽车重心发生偏移，给汽车行驶带来危险。所以，在

有平曲线的坡道上，应将合成坡度控制在一定范围内，可避免急弯和陡坡的不利组合，防止因合成坡度过大而引起该方向滑移，保证行车安全。

《公路路线设计规范》规定：公路最大合成坡度值不得超过表3-4的规定。

表3-4 公路最大合成坡度值

公路技术等级	高速公路、一级公路				二级公路、三级公路、四级公路				
设计速度/(km/h)	120	100	80	60	80	60	40	30	20
最大合成坡度值（%）	10.0	10.0	10.5	10.5	9.0	9.5	10.0	10.0	10.0

当陡坡与小半径平曲线相重叠时，宜采用较小的合成坡度。下列情况，其合成坡度必须小于8%：①冬季路面有结冰、积雪的地区；②自然横坡较陡峻的傍山路段；③非汽车交通量较大的路段。

为了保证路面排水，《公路路线设计规范》还规定，各级公路的最小合成坡度不宜小于0.5%；在超高过渡的变化处，合成坡度不应设计为0；当合成坡度小于0.5%时，则应采取综合排水措施，保证路面排水畅通。

《城市道路工程设计规范》规定在设有超高的平曲线上，超高横坡度与道路纵坡度的合成坡度应小于或等于表3-5的规定。

表3-5 城市道路最大合成坡度

设计速度/(km/h)	100	80	60	50	40	30	20
合成坡度（%）	7.0		7.0		7.0		8.0

注：积雪地区各级道路的合成坡度应小于或等于6.0%。

3.2.5 缓和坡段

在纵断面设计中，当陡坡的长度达到限制坡长时，应设置缓和坡段，用以恢复在陡坡上降低的速度。同时，从下坡安全考虑，缓和坡段也是需要的。在缓和坡段上汽车将加速行驶，理论上缓和坡段的长度应适应这个加速过程的需要。

对于越岭公路，缓和坡段的纵坡应不大于3%，其长度应不小于最小坡长。

缓和坡段的具体位置应结合纵向地形起伏情况，尽量减少填挖方工程数量，同时应考虑路线的平面线形要素。在一般情况下，缓和坡段宜设置在平面的直线或较大半径的平曲线上，以便充分发挥缓和坡段的作用，提高整条道路的使用质量。

《公路工程技术标准》取消了关于在长陡坡中间设置缓和坡段的规定，其原因是设置缓和坡段容易让驾驶员产生平坡或反坡的错觉，不利于下坡方向车辆减速。

3.2.6 其他路段纵坡要求

（1）桥头上及桥头纵坡

1）小桥与涵洞处的纵坡与路线相同。

2）大、中桥上的纵坡不宜大于4%，桥头引道纵坡不宜大于5%；引道紧接桥头部分的线形应与桥上线形相配合，其长度不宜小于3s设计速度行程长度。

3）位于市镇附近非汽车交通较多的地段，桥上及桥头引道纵坡均不得大于3%。

（2）隧道纵坡

1）隧道内的纵坡应大于0.3%并小于3%，但短于100m的隧道不受此限。

2）高速公路、一级公路的中、短隧道，当条件受限制时，经技术经济论证后最大纵坡可适当加大，但不宜大于4%。

3）隧道内的纵坡可设置成单向坡；地下水发育的隧道及特长、长隧道可采用人字坡。

4）隧道洞口内侧不小于3s设计速度行程长度与洞口外侧不小于3s设计速度行程长度范围内的平面、纵断面线形应一致。洞口外与之相连接的路段应设置距洞口不小于3s设计速度行程长度，且不小于50m的过渡段，以保持横断面过渡的顺适。

（3）城镇附近公路纵坡　位于市镇附近非汽车交通比例较大的路段，纵坡可根据具体情况适当放缓。

（4）回头曲线纵坡　《公路路线设计规范》规定的各级公路回头曲线路段的最大纵坡见表3-6。

表 3-6　回头曲线路段的最大纵坡

主线设计速度/(km/h)	40		30	20
回头曲线设计速度/(km/h)	35	30	25	20
最大纵坡(%)	3.5	3.5	4.0	4.5

3.3　坡长设计

3.3.1　理想的最大纵坡和不限长度的最大纵坡

理想的最大纵坡 i_1 是指设计车型即载重汽车在节气门全开的情况下，持续以 v_1 等速行驶所能克服的坡度。v_1 取值，对低速路为设计速度，高速路为上述载重汽车的最高速度。根据 v_1 计算或直接从汽车动力特性图（见图3-4）上查出 D_1，可得

$$i_1 = \lambda D_1 - f \tag{3-8}$$

式中　λ——动力因数 D_1 的海拔修正系数，$\lambda = \varepsilon \dfrac{G}{G'}$；$G$ 为满载时汽车的总重力（N），G' 为实际装载时汽车的总重力（N）；ε 为海拔系数，如图3-5所示；

　　　　D_1——动力因数，表征某汽车在海平面高程上，满载情况下，每单位车重克服道路阻力和惯性阻力的性能；

　　　　f——滚动阻力系数。

i_1 可称为理想的最大纵坡。因为在具有不大于 i_1 的坡道上载重汽车能以最高速度行驶，这样，可以指望载重汽车与小客车、重车与轻车之间的速差最小，因而相互干扰也将最小，道路通行能力将最大。

理想的最大纵坡固然好，但常因地形等条件的制约，这种坡度不是总能争取到的。为此，有必要允许车速由 v_1 降到 v_2，以获得较大坡度 i_2，在 i_2 的坡道上，汽车将以 v_2 的速度等速行驶。v_2 称为允许速度，不同等级的道路允许速度应不同，其值一般应不小于设计速度的 $\dfrac{1}{2} \sim \dfrac{2}{3}$（高速路取低限，低速路取高限）。

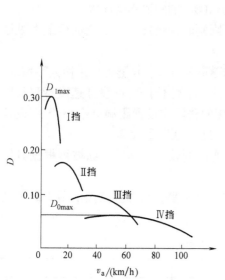

图 3-4　汽车动力特性图和利用动力
特性来确定汽车的动力性

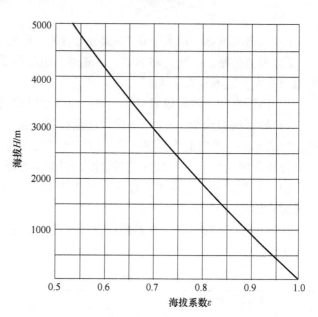

图 3-5　海拔系数图

与允许速度 v_2 相对应的纵坡 i_2 称为不限长度的最大纵坡,根据 v_2 可得 D_2,则

$$i_2 = \lambda D_2 - f \tag{3-9}$$

当汽车在坡度小于或等于不限长度最大纵坡的坡道上行驶时,只要初速度大于允许速度,汽车至多减速到允许速度;当坡度大于不限长度的最大纵坡时,为防止汽车行驶速度低于允许速度,应对其坡长加以限制。

3.3.2　坡长的计算

当连续陡坡是由几个不同坡度值的坡段组合而成时,应按不同坡度的坡长限制折算确定。如公路坡段纵坡为 8%,长 160m,该长度是相应坡长限制 400m 的 2/5,如相邻坡段的纵坡为 7%,则其坡长不应超过相应坡长限制 600m 的 3/5,即 600m × 3/5 = 360m,也就是说,8% 纵坡设计 160m 后,还可接着设计 7% 纵坡段 360m 长或 6% 纵坡段 480m 长,在其后再设置 3% 纵坡。

3.3.3　坡长限制

坡长是纵断面相邻变坡点的桩号之差,即水平距离。对一定纵坡长度的限制称为坡长限制,包括最大坡长限制和最小坡长限制。

1. 最大坡长限制

（1）限制理由　纵坡越陡,坡长越长,对行车影响也越大。主要表现在:行驶速度显著下降,甚至要换低挡克服坡度阻力;易使水箱"开锅",导致汽车爬坡无力,甚至熄火;下坡行驶制动次数频繁,易使制动器发热失效,甚至造成车祸;影响通行能力和服务水平。因此,对纵坡长度必须加以限制。

（2）最大坡长规定

1）《公路工程技术标准》和《公路路线设计规范》均规定了公路不同纵坡最大坡长，见表 3-7。

表 3-7　公路不同纵坡最大坡长　　　　　　　　（单位：m）

设计速度/(km/h)		120	100	80	60	40	30	20
纵坡坡度(%)	3	900	1000	1100	1200	—	—	—
	4	700	800	900	1000	1100	1100	1200
	5	—	600	700	800	900	900	1000
	6	—	—	500	600	700	700	800
	7	—	—	—	—	500	500	600
	8	—	—	—	—	300	300	400
	9	—	—	—	—	—	200	300
	10	—	—	—	—	—	—	200

2）当城市道路纵坡大于表 3-2 所列的一般值时，应限制纵坡最大坡长。《城市道路工程设计规范》规定的机动车最大坡长见表 3-8。

表 3-8　城市道路机动车最大坡长　　　　　　　　（单位：m）

设计速度/(km/h)	100	80	60			50			40		
纵坡(%)	4	5	6	6.5	7	6	6.5	7	6.5	7	8
最大坡长/m	700	600	400	350	300	350	300	250	300	250	200

3）当城市道路非机动车道纵坡大于或等于 2.5% 时，《城市道路工程设计规范》对于最大坡长的规定见表 3-9。

表 3-9　城市道路非机动车道最大坡长　　　　　　　　（单位：m）

纵坡(%)		3.5	3.0	2.5
最大坡长/m	自行车	150	200	300
	三轮车	—	100	150

2. 最小坡长限制

（1）限制理由　最小坡长是指相邻两个变坡点之间的最小长度。若其长度过短，就会使变坡点个数增加，行车时颠簸频繁，当坡度差较大时还容易造成视线的中断、视距不良，从而影响行车的平顺性和安全性；另外，从线形的几何构成来看，纵断面是由一系列的直坡段和竖曲线所构成，若坡长过短，则不能满足设置最短竖曲线这一几何条件的要求，故应对纵坡的最小坡长做出限制。

（2）最小坡长规定

1）《城市道路工程设计规范》规定的城市道路最小坡长见表 3-10。

表 3-10　城市道路最小坡长

设计速度/(km/h)	100	80	60	50	40	30	20
最小坡长/m	250	200	150	130	110	85	60

2）《公路路线设计规范》规定的公路纵坡最小坡长见表 3-11。

表 3-11　公路纵坡最小坡长　　　　　　　　　（单位：m）

设计速度/（km/h）	120	100	80	60	40	30	20
最小坡长/m	300	250	200	150	120	100	60

3.4　竖曲线设计

竖曲线是指为满足行车平顺、舒适及视距的需要，在道路纵坡的变坡处设置的竖向曲线。

我国规定各级公路及城市道路在变坡点处均应设置竖曲线，竖曲线形式为二次抛物线，因为在应用范围内圆形和二次抛物线线形几乎没有差别，而用圆曲线半径表示更为方便，所以，通常竖曲线半径均以圆曲线半径表示。

竖曲线设置的主要作用如下：

1）确保道路纵向行车视距。

2）缓和纵向变坡处行车动量变化而产生的冲击作用。

3）将竖曲线与平曲线恰当组合，有利于路面排水和改善行车的视线诱导和舒适感。

3.4.1　竖曲线要素计算

1. 用二次抛物线作为竖曲线的基本方程

二次抛物线竖曲线如图 3-6 所示，设变坡点相邻两纵坡坡度分别为 i_1 和 i_2，它们的代数差用 ω 表示，即 $\omega = i_2 - i_1$，当 ω 为正值时，表示凹形竖曲线；当 ω 为负值时，表示凸形竖曲线。

用二次抛物线作为竖曲线的基本方程。在图示坐标系下，二次抛物线一般方程为

$$y = \frac{1}{2k}x^2 + ix \tag{3-10}$$

对竖曲线上任一点 P，其斜率为

$$i_P = \frac{dy}{dx} = \frac{x}{k} + i \tag{3-11}$$

当 $x = 0$ 时，$i = i_1$；当 $x = L$ 时，$i = \frac{L}{k} + i_1 = i_2$，则

$$k = \frac{L}{i_2 - i_1} = \frac{L}{\omega} \tag{3-12}$$

抛物线上任一点的曲率半径为

$$R = \left[1 + \left(\frac{dy}{dx} \right)^2 \right]^{3/2} \Big/ \frac{d^2y}{dx^2} \tag{3-13}$$

将 $\frac{dy}{dx} = i$，$\frac{d^2y}{dx^2} = \frac{1}{k}$，代入式（3-13），得

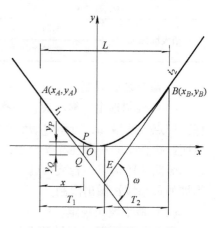

图 3-6　二次抛物线竖曲线

$$R = k(1 + i^2)^{3/2} \tag{3-14}$$

因为 i 介于 i_1 和 i_2 之间，且 i_1、i_2 均很小，故 i^2 可略去不计，则

$$R \approx k \tag{3-15}$$

将式 (3-15) 代入式 (3-10)，得二次抛物线竖曲线基本方程式为 $y = \dfrac{\omega}{2L}x^2 + i_1 x$ 或 $y = \dfrac{1}{2R}x^2 + i_1 x$，其中，$\omega$ 为坡差（%）；L 为竖曲线长度（m）；R 为竖曲线半径（m）。

为简便，设抛物线方程为 $y = \dfrac{1}{2R}x^2$，对竖曲线上任一点 P，其切线的斜率（纵坡）为

$$i = \frac{\mathrm{d}y}{\mathrm{d}x} = \frac{x}{R}$$

$$x = Ri$$

（1）竖曲线长度 L

$$L = x_B - x_A = Ri_2 - Ri_1 = R(i_2 - i_1) = R\omega$$

（2）竖曲线切线长 T

因 $T = T_1 = T_2$，则

$$T = \frac{L}{2} = \frac{R\omega}{2}$$

（3）竖曲线上任一点竖距 h

$$h = \overline{PQ} = y_P - y_Q = \frac{x_P^2}{2R} - (y_A - i_1 x) = \frac{x_P^2}{2R} - \left[\frac{x_A^2}{2R} - i_1(x_A - x_P)\right], \quad i_1 = \frac{x_A}{R}$$

$$h = \frac{(x_P - x_A)^2}{2R} = \frac{x^2}{2R}$$

2. 竖曲线要素计算公式

竖曲线要素主要有竖曲线切线长 T，曲线长 L 和外距 E，由图 3-7 可得

$$L = R\omega \tag{3-16}$$

$$T = \frac{L}{2} \tag{3-17}$$

$$E = \frac{T^2}{2R} = \frac{R\omega^2}{8} = \frac{T\omega}{4} \tag{3-18}$$

竖曲线上任意点竖距 y 的计算公式为

$$y = \frac{x^2}{2R} \tag{3-19}$$

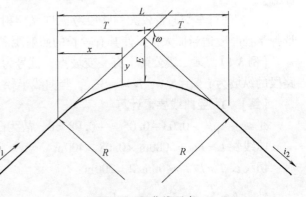

图 3-7 竖曲线要素

式中 y——计算点竖距（纵距）；

x——计算点桩号与竖曲线起点的桩号差；

R——竖曲线半径。

3. 竖曲线上任意点设计高程的计算

（1）计算切线高程

$$H_1 = H_0 - (T - x)i_1 \tag{3-20}$$

式中　H_0——变坡点高程（m）；

　　　H_1——切线高程（m）；

　　　i_1——纵坡度。

其余符号如图 3-7 所示。利用式（3-20）可以计算直坡段上任意点的设计高程。

（2）计算设计高程

$$H = H_1 \pm y \qquad\qquad (3\text{-}21)$$

式中　H——设计高程（m）；

"$\pm$"——当为凹形竖曲线时取"$+$"，当为凸形竖曲线时取"$-$"。

其余符号意义同前。

4. 竖曲线半径选择因素

1）选择半径应符合表 3-14 和表 3-15 所规定的竖曲线的最小半径的要求。

2）在不过分增加土石方工程量的情况下，为使行车舒适，宜采用较大的竖曲线半径。

3）结合纵断面起伏情况和高程控制要求，确定合适的外距值，按外距控制选择半径。

$$R = \frac{8E}{\omega^2} \qquad\qquad (3\text{-}22)$$

4）考虑相邻竖曲线的连接（即保证最小直坡段长度或不发生重叠），限制曲线长度，按切线长度选择半径。

$$R = \frac{2T}{\omega} \qquad\qquad (3\text{-}23)$$

5）过大的竖曲线半径将使竖曲线过长，从施工和排水来看都是不利的，选择半径时应注意。

6）夜间行车交通量较大的路段考虑灯光照射方向的改变，使前灯照射范围受到限制，选择半径时应适当加大，以使其有较长的照射距离。

【例 3-1】　某二级公路上有一变坡点，桩号为 K10＋200，切线高程为 120.28m，两相邻路段的纵坡为 $i_1 = +5\%$，$i_2 = -3\%$，竖曲线半径 $R = 5000\text{m}$。试计算该变坡处的竖曲线。

【解】　**1. 竖曲线要素计算**

$\omega = i_2 - i_1 = -0.03 - 0.05 = -0.08 < 0$，故为凸形。

曲线长 $L = R\omega = 5000\text{m} \times 0.08 = 400\text{m}$

切线长 $T = L/2 = 400\text{m}/2 = 200\text{m}$

外距 $E = \dfrac{T^2}{2R} = \dfrac{200^2}{2 \times 5000}\text{m} = 4\text{m}$

2. 求竖曲线起点和终点桩号

1）竖曲线起点桩号：K10＋200－200＝K10＋000

2）竖曲线终点桩号：K10＋200＋200＝K10＋400

3. 求各桩号的设计高程

1）K10＋000 竖曲线起点：

切线高程　120.28m－200m×0.05＝110.28m

设计高程　110.28m

2）K10 + 100 处：

至起点距离　$x = 10100\text{m} - 10000\text{m} = 100\text{m}$

切线高程　$110.28\text{m} + 100\text{m} \times 0.05 = 115.28\text{m}$

纵距　$y = \dfrac{x^2}{2R} = \dfrac{100^2}{2 \times 5000}\text{m} = 1.00\text{m}$

设计高程　$115.28\text{m} - 1.00\text{m} = 114.28\text{m}$

3）K10 + 200 竖曲线中点：

切线高程　120.28m

设计高程　$120.28\text{m} - 4.00\text{m} = 116.28\text{m}$

4）K10 + 300 处：

至终点距离　$x = 10400\text{m} - 10300\text{m} = 100\text{m}$

切线高程　$120.28\text{m} - 100\text{m} \times 0.03 = 117.28\text{m}$

纵距　$y = \dfrac{x^2}{2R} = \dfrac{100^2}{2 \times 5000}\text{m} = 1.00\text{m}$

设计高程　$117.28\text{m} - 1.00\text{m} = 116.28\text{m}$

5）K10 + 400 竖曲线终点：

切线高程　$120.28\text{m} - 200\text{m} \times 0.03 = 114.28\text{m}$

设计高程　114.28m

用上述方法计算得的竖曲线各桩号设计高程见表 3-12。

表 3-12　竖曲线各桩号设计高程　　　　　　　　（单位：m）

桩　号	坡段高程	高程修正(竖距 $y = x^2/2R$)	竖曲线高程	备　注
K10 + 000	110.28	0	110.28	竖曲线起点
K10 + 020	111.28	0.04	111.24	
K10 + 040	112.28	0.16	112.12	
K10 + 060	113.28	0.36	112.92	
K10 + 080	114.28	0.64	113.64	
K10 + 100	115.28	1.00	114.28	
K10 + 120	116.28	1.44	114.84	
K10 + 140	117.28	1.96	115.32	
K10 + 160	118.28	2.56	115.72	
K10 + 180	119.28	3.24	116.04	
K10 + 200	120.28	4.00	116.28	变坡点（中点）
K10 + 220	119.68	3.24	116.44	
K10 + 240	119.08	2.56	116.52	
K10 + 260	118.48	1.96	116.52	
K10 + 280	117.88	1.44	116.44	
K10 + 300	117.28	1.00	116.28	

（续）

桩　　号	坡段高程	高程修正（竖距 $y = x^2/2R$）	竖曲线高程	备　　注
K10 + 320	116.68	0.64	116.04	
K10 + 340	116.08	0.36	115.72	
K10 + 360	115.48	0.16	115.32	
K10 + 380	114.88	0.04	114.84	
K10 + 400	114.28	0	114.28	竖曲线终点

3.4.2　竖曲线的最小半径

在纵断面设计中，竖曲线的设计要受众多因素的限制，其中有三个限制因素（即缓和冲击、时间行程不过短、满足视距要求）决定着竖曲线的最小半径或最小长度。

1. 缓和冲击

汽车行驶在竖曲线上时，产生径向离心力。这个力在凹形竖曲线上是增重，在凸形竖曲线上是减重。这种增重与减重达到某种程度时，乘客就有不舒适的感觉，同时对汽车的悬挂系统也有不利影响，所以在确定竖曲线半径时，对离心加速度应加以控制。由下式可得汽车在竖曲线上行驶时其离心加速度（以 m/s² 计）

$$a = \frac{v^2}{R} \tag{3-24}$$

用 v（km/h）表示并整理，得半径 R（以 m 计）为

$$R = \frac{v^2}{13a} \tag{3-25}$$

根据试验，认为离心加速度 a 限制在 $0.5 \sim 0.7$ m/s² 比较合适。但考虑到不因冲击而造成的不舒适感，以及视觉平顺等的要求，采用 $a = 0.278$ m/s²，则最小半径 $R_{\min}$、最小长度 $L_{\min}$（以 m 计）为

$$R_{\min} = \frac{v^2}{3.6}, \quad L_{\min} = \frac{v^2\omega}{3.6} \tag{3-26}$$

2. 时间行程不过短

汽车从直坡道到竖曲线上，尽管竖曲线半径较大，当坡差较小时，竖曲线长度很短，使汽车倏忽而过，驾驶员产生变坡很急的错觉，乘客也会感到不舒适。因此，应限制汽车在竖曲线上的行程时间不过短，最短应满足 3s 行程，即最小半径 $L_{\min}$ 为

$$L_{\min} = \frac{v}{3.6}t = \frac{v}{1.2} \tag{3-27}$$

3. 满足视距要求

汽车行驶在竖曲线上，若为凸形竖曲线，如果半径太小，会阻挡驾驶员的视线。若在凹形竖曲线上时，也同样存在视距问题。对地形起伏较大地区的道路，在夜间行车时，若竖曲线半径过小，前灯照射距离近，影响行车速度和安全；高速公路及城市道路跨线桥、门式交通标志及广告宣传牌等，如果它们正好处在凹形竖曲线上方，也会影响驾驶员的视线。因此为了保证行车安全，对竖曲线的最小半径和最小长度应加以限制。

(1) 凸形竖曲线 凸形竖曲线半径的选定应能提供汽车所需要的视距，以保证汽车能安全迅速地行驶。而凸形变坡点处的视距与变坡角大小和驾驶员视线高度有密切关系。当变坡角较小时，不设置竖曲线也能保证视距，但当变坡角较大时，如果不设竖曲线，就可能影响视距。

1) 设置凸形竖曲线的条件。如图 3-8 所示凸形变坡点处，设 d_1 为 A 点处驾驶员视线的高度，d_2 为 B 点处障碍物或驾驶员视线的高度，r 为驾驶员自 A 点看到 B 点时 AB 两点的距离，ω 为变坡角，φ 为驾驶员自 A 点高 d_1 视线通过变坡点所夹的角度，因而可得

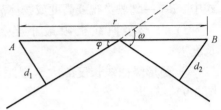

图 3-8　需设竖曲线的变坡角

$$r = \frac{d_1}{\sin\varphi} + \frac{d_2}{\sin(\omega - \varphi)} \qquad (3-28)$$

由于 φ 与 ω 角度都很小，可近似认为其正弦值等于其弧度值。所以

$$r = \frac{d_1}{\varphi} + \frac{d_2}{\omega - \varphi} \qquad (3-29)$$

对 φ 微分，并令其为零，可求出最小值 $r_{\min}$，即

$$\frac{\mathrm{d}r}{\mathrm{d}\varphi} = \frac{-d_1}{\varphi^2} + \frac{d_2}{(\omega - \varphi)^2} = 0 \qquad (3-30)$$

所以

$$\frac{\sqrt{d_1}}{\varphi} = \frac{\pm\sqrt{d_2}}{\omega - \varphi} \qquad (3-31)$$

$\pm\sqrt{d_2}\,\varphi = (\omega - \varphi)\sqrt{d_1}$，$(\sqrt{d_1} \pm \sqrt{d_2})\,\varphi = \omega\sqrt{d_1}$（因为 $\omega > \varphi$，应取 $\sqrt{d_1} + \sqrt{d_2}$ 值）

所以

$$\varphi = \frac{\omega\sqrt{d_1}}{\sqrt{d_1} + \sqrt{d_2}} \qquad (3-32)$$

代入式 (3-29)，得

$$r_{\min} = \frac{(\sqrt{d_1} + \sqrt{d_2})^2}{\omega} \qquad (3-33)$$

如果 $r_{\min} \geqslant s$（规定的行车视距），则

$$\omega \leqslant \frac{(\sqrt{d_1} + \sqrt{d_2})^2}{s} \qquad (3-34)$$

即表示变坡角 ω 很小时，视距可以得到保证。

如果 $r_{\min} < s$，则

$$\omega > \frac{(\sqrt{d_1} + \sqrt{d_2})^2}{s} \qquad (3-35)$$

即表示必须设置一定的凸形竖曲线，才能保证视距的要求。

当道路有明显分隔带仅需保证停车视距时，$d_1 = 1.2\,\mathrm{m}$，$d_2 = 0$。所以，保证停车视距 s_T 时，不设竖曲线的变坡角为

$$\omega \leqslant \frac{d_1}{s_T} = \frac{1.2\,\mathrm{m}}{s_T} \qquad (3-36)$$

当道路能保证对向行车、具有足够会车视距时，$d_1 = d_2 = d = 1.2\mathrm{m}$，所以，保证会车视距 s_H 时，不设竖曲线的变坡角为

$$\omega \leqslant \frac{4d}{s_\mathrm{H}} = \frac{4.8\mathrm{m}}{s_\mathrm{H}} \qquad (3\text{-}37)$$

式中 d——驾驶员视线高度或物体高度。

2）凸形竖曲线极限最小半径和最小长度。

① 凸形竖曲线长度 L 大于视距 s 时（见图 3-9），有

$$s = s_1 + s_2 \qquad (3\text{-}38)$$

$\triangle AOM$ 中 $(R+d_1)^2 = s_1^2 + R^2$，则

$$s_1^2 = (2R+d_1)d_1 \qquad (3\text{-}39)$$

因 d_1 与 $2R$ 相比很小，可略去，故

$$s_1 = \sqrt{2Rd_1} \qquad (3\text{-}40)$$

同理

$$s_2 = \sqrt{2Rd_2} \qquad (3\text{-}41)$$

所以

$$s_1 + s_2 = \sqrt{2R}(\sqrt{d_1} + \sqrt{d_2}) \qquad (3\text{-}42)$$

则凸形竖曲线极限最小半径为

$$R_\text{凸} = \frac{s^2}{2(\sqrt{d_1} + \sqrt{d_2})^2} \qquad (3\text{-}43)$$

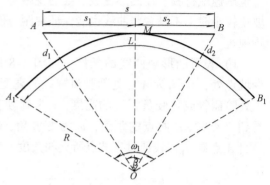

图 3-9 $L > s$ 时 $R_\text{凸}$ 的确定

当采取停车视距时，$d_1 = 1.2\mathrm{m}$，$d_2 = 0.1\mathrm{m}$，则 $R_\text{凸} = \dfrac{s_\mathrm{T}^2}{4}$，$L_\mathrm{min} = R_\text{凸}\omega = \dfrac{s_\mathrm{T}^2\omega}{4}$。

② 凸形竖曲线长度 L 小于视距 s 时，因变坡角很小，近似地认为切线 CP_1P_2D（见图 3-10）总长度等于竖曲线长度 L，则 $\overline{P_1P_2} \approx \dfrac{L}{2} = \dfrac{R\omega}{2}$，所以 $s = AP_1 + BP_2 + P_1P_2 = \dfrac{d_1}{\varphi} + \dfrac{d_2}{\omega - \varphi} + \dfrac{R\omega}{2}$

根据前面的计算结果 $\dfrac{d_1}{\varphi} + \dfrac{d_2}{\omega - \varphi} = r_\mathrm{min} = \dfrac{(\sqrt{d_1} + \sqrt{d_2})^2}{\omega}$ 代入上式，得

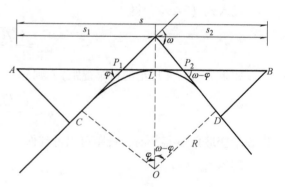

图 3-10 $L < s$ 时 $R_\text{凸}$ 的确定

$$R_\text{凸} = \frac{2}{\omega}\left[s - \frac{(\sqrt{d_1} + \sqrt{d_2})^2}{\omega}\right]$$

当采用停车视距时，$d_1 = 1.2\mathrm{m}$，$d_2 = 0.1\mathrm{m}$，$s = s_\mathrm{T}$，则

$$R_{\text{凸}} = \frac{2}{\omega}\left[s_{\text{T}} - \frac{(\sqrt{d_1} + \sqrt{d_2})^2}{\omega}\right] = \frac{2}{\omega}\left[s_{\text{T}} - \frac{2m}{\omega}\right] \qquad (3\text{-}44)$$

$$L_{\min} = R_{\text{凸}}\,\omega = 2s_{\text{T}} - \frac{4m}{\omega} \qquad (3\text{-}45)$$

③ 按缓和冲击作用的要求。按不产生不舒适感的冲击变化控制，得

$$L = \frac{v^2\,|\,i_1 - i_2\,|}{360} \qquad (3\text{-}46)$$

则

$$R = \frac{v^2}{360} \times 100 \qquad (3\text{-}47)$$

我国规定的公路竖曲线极限最小半径值考虑了上述因素，并且主要是以 $L \geqslant s$ 的条件得到保证来确定的，见表 3-13。

表 3-13　凸形竖曲线极限最小半径

设计速度/(km/h)	缓冲要求/m	视距要求/m	选定的竖曲线极限最小半径 $R_{\text{凸}}$/m
120	4000	11100	11000
100	2780	6450	6500
80	1780	3020	3000
60	1000	1410	1400
50	700	760	800
40	440	410	450
30	250	230	250
20	110	100	100

（2）凹形竖曲线极限最小半径　凹形竖曲线主要为缓和行车时汽车的颠簸与振动而设置。汽车沿凹形竖曲线路段行驶时，在重力方向受到离心力作用而发生颠簸和引起弹簧负荷增加，因此，必须从控制离心力不致过大来限制竖曲线的极限最小半径。

汽车在凹形竖曲线路段行驶时，离心加速度为 $a = \dfrac{v^2}{R}$（单位：m/s^2）。则凹形竖曲线极限最小半径为

$$R_{\text{凹}} = \frac{v^2}{(3.6)^2 a} = \frac{v^2}{13a} \qquad (3\text{-}48)$$

式中　v——行车速度（km/h）；

a——离心加速度（m/s^2）。一般控制在 $0.5 \sim 0.7$（m/s^2）内，但考虑到行驶的舒适、视觉的平顺及夜间行车的要求，取 $a = 0.277\,\text{m/s}^2$ 时，则

$$R_{\text{凹}} \approx 0.278v^2 \qquad (3\text{-}49)$$

凹形竖曲线要保证夜间行车灯光照射的要求。影响凹形竖曲线极限最小半径值的灯光视距情况主要有下述两种：

1）前灯照射要求（见图 3-11）。

当 $L \geqslant s_{\text{T}}$ 时，有

$$L = \frac{s_T^2 |i_1 - i_2|}{200(h_0 + s_T \tan\delta)} \qquad (3\text{-}50)$$

取汽车前灯高度 $h_0 = 0.75\mathrm{m}$，灯光光束扩散角 $\delta = 1°$，故

$$L = \frac{s_T^2 |i_1 - i_2|}{200(0.75\mathrm{m} + s_T \tan1°)} = \frac{s_T^2 |i_1 - i_2|}{150\mathrm{m} + 3.49 s_T}$$

$$(3\text{-}51)$$

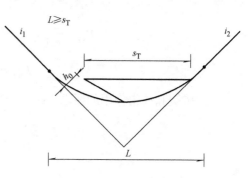

图 3-11　灯光视距确定 $R_{\text{凹}}$

2）跨线桥下的视距要求（见图 3-12）。

当 $L \geqslant s_T$ 时，有

$$L = \frac{s_T^2 |i_1 - i_2|}{100 \left(\sqrt{2(C - h_1)} + \sqrt{2(C - h_0)} \right)^2}$$

$$(3\text{-}52)$$

取净空高 $C = 5\mathrm{m}$，视线高 $h_1 = 1.5\mathrm{m}$，则

$$L = \frac{s_T^2 |i_1 - i_2|}{3093} \qquad (3\text{-}53)$$

取净空高 $C = 4.50\mathrm{m}$，视线高 $h_1 = 1.50\mathrm{m}$，可得

$$L = \frac{s_T^2 |i_1 - i_2|}{2692} \qquad (3\text{-}54)$$

因此，《公路工程技术标准》和《城市道路工程设计规范》规定的公路凹形竖曲线极限最小半径是考虑了缓冲要求、前灯照射要求、跨线桥下视距要求而确定的。凹形竖曲线极限最小半径仅在受地形或条件限制不得已时才予以采用，选用示例见表 3-14。

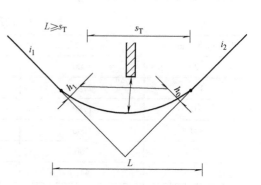

图 3-12　跨线桥下视距确定 $R_{\text{凹}}$

表 3-14　凹形竖曲线极限最小半径 （单位：m）

设计速度/(km/h)	缓 冲 要 求	前灯照射要求	跨线桥下视距要求	选定的凹形竖曲线极限最小半径 $R_{\text{凹}}$
120	4000	5000	1688	4000
100	2780	3620	951	3000
80	1780	2210	449	2000
60	1000	1370	209	1000
50	700	1130	112	700
40	450	880	59	450
30	250	350	33	250
20	110	180	15	100

凹形竖曲线半径一般应尽量采用大于竖曲线极限最小半径的数值，它是通常情况下所采用的最小半径，其值约为极限最小半径的 1.5 倍，《公路工程技术标准》规定公路竖曲线极限最小半径见表 3-15。

表 3-15　公路竖曲线极限最小半径　　　　　　　　　（单位：m）

设计速度/(km/h)	120	100	80	60	40	30	20
凸形	11000	6500	3000	1400	450	250	100
凹形	4000	3000	2000	1000	450	250	100

　　凹形竖曲线路段为防止行车颠簸，保证行车安全，路面宜适当加宽，同时还应注意清除路旁植树的上部树枝对行车视线的障碍。

　　我国城市道路竖曲线半径可参照表 3-16 采用。

表 3-16　城市道路竖曲线半径　　　　　　　　　（单位：m）

设计速度/(km/h)		100	80	60	50	40	30	20
凸形	极限值	6500	3000	1200	900	400	250	100
	一般值	10000	4500	1800	1350	600	400	150
凹形	极限值	3000	1800	1000	700	450	250	100
	一般值	4500	2700	1500	1050	700	400	150

注：非机动车道，凸、凹形竖曲线最小半径为 500m。

3.4.3　竖曲线的最小长度

　　为满足驾驶员操作的需要，竖曲线最小长度按设计速度 3s 的运行距离计算，即

$$L = \left(\frac{5}{6}\right)v \tag{3-55}$$

式中　v——设计速度（km/h）。

　　《公路工程技术标准》规定竖曲线最小长度见表 3-17。

表 3-17　竖曲线最小长度

设计速度/(km/h)	120	100	80	60	40	30	20
竖曲线最小长度/m	100	85	70	50	35	25	20

注：城市道路 $v = 100 \sim 20$km/h 时，采用与表列相同值，城市道路设计速度为 50km/h 时，竖曲线最小长度极限值取 40m。

3.5　爬坡车道与避险车道

　　陡坡路段主要是指道路坡度急剧升高的斜坡，常见于山区、水坝、河床、河流护坡等地。影响长下坡路段交通安全的因素很多，主要有驾驶行为、道路状况、气候环境条件、汽车动力性能、现场交通安全防护设施和交通管理服务水平等。

　　上坡路段会存在汽车爬坡带来牵引力不足的隐患，下坡路段由于重力加速作用会存在因汽车行驶速度越来越快导致的隐患。在上下坡路段行驶，因地面附着力变小会减弱汽车的稳定性。因此，坡度和坡长的选择要慎重，车辆在连续长大下坡路段行驶时，为了保持一定的安全速度，驾驶员必须持续不断地实施制动。连续制动使得制动器温度快速升高，制动器制动效能迅速下降，进而导致车辆制动系统失灵。为了改善连续长大下坡路段的交通安全状况，

国内外目前主要采取交通工程措施、管理措施和工程措施。交通工程措施主要是通过设置爬坡车道和避险车道等方法，避免失控车辆发生翻车、冲下悬崖等重特大交通事故的发生。

3.5.1 爬坡车道设计

爬坡车道是指设置在陡坡路段上坡方向右侧供慢速车行驶的附加车道。一般通过精选路线，最理想的路线纵断面应按不设爬坡车道设计，但会造成路线迂回或路基高填深挖而增大工程费用。在某些情况下，采用稍大的纵坡而增设爬坡车道会产生经济而安全的效果。

在公路纵坡较大路段上，载重汽车爬坡时需克服较大的坡度阻力，使输出功率与车重比值降低，车速下降，大型车与小型车的速差变大，超车频率增加，对行车安全不利。速差较大的车辆混合行驶，必然减少快车的行驶自由度，导致通行能力降低。为消除上述不利影响，宜在陡坡路段增设爬坡车道，将载重汽车从正线车流中分离出去，以提高小客车行驶的自由度，确保行车安全，提高路段的通行能力。

1. 爬坡车道设计的条件

四车道高速公路、一级公路及双车道二级公路连续上坡路段，应对载重汽车上坡行驶速度的降低值、通行能力及技术经济性进行验算，符合下列情况之一者，可在上坡方向行车道右侧设置爬坡车道：

1）沿上坡方向载重汽车的行驶速度降低到表 3-18 的允许最低速度以下时，可设置爬坡车道。

表 3-18　上坡方向允许最低速度

设计速度/(km/h)	120	100	80	60	40
允许最低速度/(km/h)	60	55	50	40	25

2）上坡路段的设计通行能力小于设计小时交通量时，应设置爬坡车道。

3）经设置爬坡车道与改善主线纵坡不设爬坡车道技术经济比较论证，设置爬坡车道的效益费用比、行车安全性较优时，可设爬坡车道。

对于双向 6 车道以上的高速公路可以不设爬坡车道，当处于不利地形条件时，可以将外侧车道作为爬坡车道使用。

对于山岭地区的高速公路，由于地形条件较为复杂，纵坡设计的控制因素较多，设计速度一般控制在 80km/h 以下，对于是否设置爬坡车道应从工程的任务、性质以及投资、规模和工程技术出发，综合考虑建设条件，进行详细论证后再确定。

隧道、大桥、高架构造物及深挖方路段，当设置爬坡车道使工程费用增加很大时，爬坡车道可以不设。

2. 爬坡车道的设计

（1）横断面组成　爬坡车道设于上坡方向正线行车道右侧，宽度一般为 3.5m，包括设于其左侧路缘带的宽度 0.5m，如图 3-13 所示。爬坡车道的平曲线需要加宽时，应按一个车道规定加宽值设计。

图 3-13　爬坡车道横断面组成

　　高速公路爬坡车道可占用原有的硬路肩宽度，爬坡车道的外侧可设土路肩，如图 3-14a 所示。一级公路、二级公路的爬坡车道紧靠行车道外侧设置，原硬路肩部分移至爬坡车道的外侧，供混合车辆行驶，如图 3-14b、c 所示。

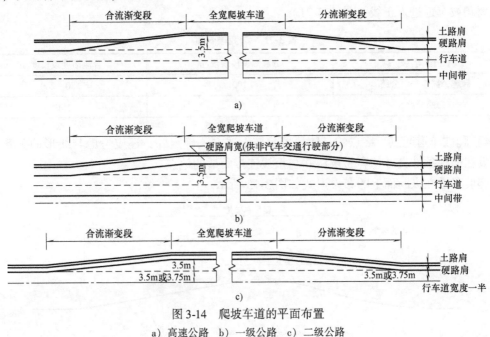

图 3-14　爬坡车道的平面布置

a）高速公路　b）一级公路　c）二级公路

　　窄路肩不能提供停车使用，对高速公路、一级公路爬坡车道长度大于 500m 时，其右侧应按规定设置紧急停车带。

　　（2）横坡度　因爬坡车道的行驶速度比正线低，为行车安全，正线超高坡度与爬坡车道的超高坡度之间对应关系见表 3-19。

表 3-19　爬坡车道的超高坡度

正线的超高坡度（%）	10	9	8	7	6	5	4	3	2
爬坡车道的超高坡度（%）	5				4			3	2

注：超高的旋转轴为爬坡车道内侧边缘线。

　　若爬坡车道位于直线路段，其横坡度的大小同正线路拱坡度，则采用直线式横坡，坡向向外。另外，爬坡车道右侧路肩的横坡度大小和坡向参照正线与右侧路肩之间关系确定。

　　（3）平面布置与长度　爬坡车道的平面布置如图 3-14 所示，其总长度由分流渐变段长度、爬坡车道长度和合流渐变段长度组成。

　　1）爬坡车道的起点应设于陡坡路段上载重汽车运行速度降低到表 3-18 中"允许最低速度"处。爬坡车道的终点应设于载重汽车爬经陡坡路段后恢复至"允许最低速度"处，或陡坡路段后延伸附加长度的端部。该陡坡路段后延伸的附加长度规定见表 3-20。

表 3-20　陡坡路段后延伸的附加长度

附加路段的纵坡（%）	下　坡	平　坡	上　坡			
			0.5	1.0	1.5	2.0
附加长度/m	100	150	200	250	300	350

2）相邻两爬坡车道相距较近时，宜将爬坡车道直接相连，成为一个连续的爬坡车道。

3）分流渐变段长度用以使正线车辆驶离正线进入爬坡车道，合流渐变段长度用以使车辆驶离爬坡车道进入正线（见表3-21）。

表3-21　渐变段长度

公 路 等 级	分流渐变段长度/m	合流渐变段长度/m
高速公路、一级公路	100	150 ~ 200
二级公路	50	90

4）爬坡车道起点、终点的具体位置除按上述方法确定外，还应考虑与线形的关系，通常应设在通视条件良好、容易辨认并与正线连接顺适的地点。

爬坡车道在纵断面上的布设形式如图3-15所示。

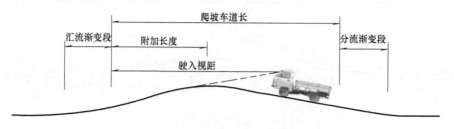

图3-15　爬坡车道在纵断面上的布设形式

3.5.2　避险车道设计

避险车道是指长陡下坡路段行车道外侧增设的供速度失控车辆驶离主线安全减速的专用车道。

在山区高速公路长大下坡路段，经常出现载重汽车因制动失效，发生严重安全事故的现象。对于长大纵坡带来的道路交通安全问题，国内外已进行了大量的专题研究。紧急避险车道作为道路的一个组成部分，在各国应用广泛。

紧急避险车道是专门设置在坡度较大、存在危险的下坡道中，使失控的载重汽车驶入铺满卵砾石或碎石垫层，以沉陷的方式使处于危险状态的载重汽车停止下来，从而避免车祸发生的设施。这是提高山区公路交通安全的一种预防性措施。

避险车道主要由引道、制动车道、服务车道及辅助设施（路侧护栏、防撞设施、救险锚栓、呼救电话、照明）等组成，如图3-16所示。

1. 避险车道设置的位置及间距

避险车道一般设置在长陡下坡右侧的视距良好路段。根据研究成果，紧急避险车道最好设在长大下坡第二个1/3处的末端，即在下坡中部和尾部的中间部分。如果考虑车辆下坡前制动系统容易发热且性能变差，对载重汽车造成隐患，此时紧急避险车道可设在该段起始部分，其他路段的紧急避险车道可按照2km左右间距加以设置。

避险车道入口应尽量布置在平面指标较高路段，并尽量以切线方式从主线切出。进入避险车道的驶入角不应过大，以避免引起侧翻。

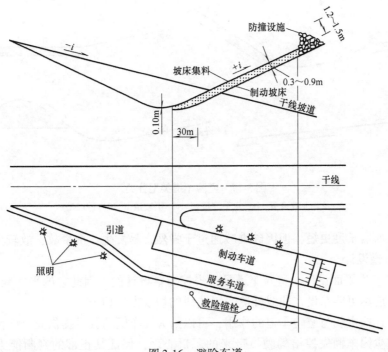

图 3-16　避险车道

2. 避险车道的类型

（1）根据避险车道的宽度分类

1）半幅式紧急避险车道。停车车道宽度仅能使右侧（或左侧）半个驱动轴进入，另半个驱动轴行驶在路肩上，被称为半幅式紧急避险车道。因为车辆制动器是不对称的，所以需要在停车道的外侧设置阻拦装置，以阻止车辆冲出侧翻。该种避险车道对地形条件要求低，仅加宽部分路基，工程规模小，但容易造成车辆受损，一般不建议采用。

2）整体式紧急避险车道。制动车道的宽度大于重型车宽度的，称为整体式紧急避险车道。根据避险车道相对于行车道位置，又可分为分离式和平行式两种。分离式避险车道轴线偏离原有道路行驶轨迹，失控车辆需从正面进入制动车道。国内现有避险车道基本采用这种形式。平行式避险车道和行车道是平行的，车辆可以从正面或侧面进入紧急避险车道。侧面进入紧急停车道需在外侧设置阻拦装置，避免重型车冲出停车道，也可作为制动墙使用。

（2）根据避险车道的类型分类　根据避险车道的类型可将其分为上坡道型、水平坡道型、下坡道型和砂堆型四种，如图 3-17 所示。

1）上坡道型车辆的停止，通过坡床材料与轮胎间的滚动阻力和坡床面的坡度阻力共同作用实现，所需长度短，为常用形式。

2）水平坡道型车辆的停止，全靠坡床材料与轮胎间的滚动阻力实现，所需长度较长，特殊情况下可采用。

3）下坡道型车辆的停止，仅凭坡床材料与轮胎间滚动阻力实现，且坡度阻力助推汽车向前滑行，所需长度更长，在不得已情况下论证采用。

4）砂堆型车辆的停止，其原理与上坡道型相似，区别是坡床砂堆厚度和滚动阻力系数

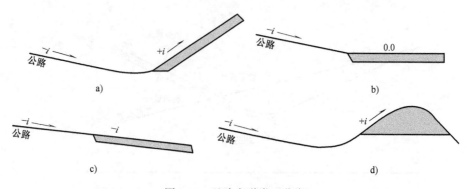

图 3-17　避险车道类型分类

a）上坡道型　b）水平坡道型　c）下坡道型　d）砂堆型

渐变增大，且所需长度更短，但因砂堆减速过于强烈，易发生二次事故，故较少采用。

3. 避险车道设计

（1）避险车道平面设计　避险车道是为失控车辆设计的，因此它的平面线形应是直线。平面布设上，应尽可能布设在曲线外侧，以曲线的切线方向切出。

引道起着连接主线与避险车道的作用，可以给失控车辆驾驶员提供充分的反应时间和足够的空间，减少因车辆失控给驾驶员带来的恐惧心理，保证其正常的判断能力。受地形限制，寻求恰当位置设置避险车道在山区往往非常困难。无法保证避险车道设置在路线平面曲线切线方向时，引道设计应避免流出角过大，同时引道上应设置较大的曲线半径予以过渡。

车辆进入避险车道之前，应保证准备使用避险车道的驾驶员，在引导的起点清晰地看到避险车道的全部线形。时隐时现的避险车道会给驾驶员不安全的感觉，往往会使驾驶员避开避险车道，而遗憾地错过一次救生的机会。因此，在避险车道前保证足够的视距是非常必要的，除根据规范要求设置必要的标志、标线外，至引道起点的行车视距至少应满足停车视距要求。避险车道的平面如图 3-18 所示。

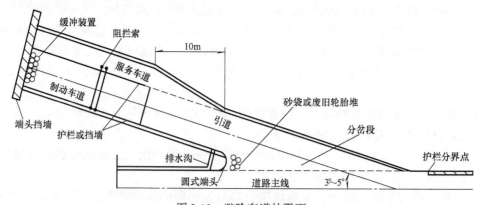

图 3-18　避险车道的平面

（2）避险车道纵坡及长度设计　设置避险车道的目的是使失控车辆安全停止。但各种失控车辆的情况大不相同，有的是因为车速过快，有的制动器严重失灵，在国内更多的是严重超载导致失控。因此，经验、公式都无法准确确定避险车道的长度。为保证避而不险，将避险车道做长、做大又会受地形、工程规模等许多条件的限制。避险车道长度与失控车辆的驶出速度、避险车道纵坡、坡道材料的对应关系,见表 3-22。

表 3-22　避险车道长度

驶出速度/(km/h)	避险车道纵坡(%)	坡 道 材 料	长度 L/m	装置堆砌高度/m
100	10	碎砾石	230	1.5
		砾石	179	1.5
		砂	143	1.5
		豆砾石	102	1.5
100	15	碎砾石	179	1.2
		砾石	143	1.2
		砂	119	1.2
		豆砾石	90	1.2
110	15	碎砾石	220	1.5
		砾石	176	1.5
		砂	147	1.5
		豆砾石	110	1.5
110	20	碎砾石	176	1.2
		砾石	147	1.2
		砂	126	1.2
		豆砾石	98	1.2

(3) 避险车道断面设计　避险车道宽度考虑足以容纳一辆以上失控车辆,制动车道按照 5m 宽度进行设计。车道外侧设置混凝土护栏。在东西高速中段设计中,考虑护栏可能会对失控车辆造成损害,沿避险车道外侧设置 1.5m 高土堆进行补充防护。为使避险车道在建成以后正常运转,采用的工程措施要保证排水畅通,预防填料的污染和堵塞。在避险车道周围及底部设置完善的排水系统,对制动车道的地表水和外溢的燃料,可通过直径为 15cm 的PVC 盲沟排入特殊的污水处理池进行处理。避险车道的横断面示意图如图 3-19 所示。

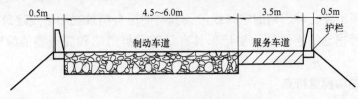

图 3-19　避险车道的横断面示意图

(4) 避险车道附属设计　在避险车道设计同时,设置与避险车道对应的标志、服务设施(如在坡顶设置重型车检查站),可更有效地预防并减少失控车辆事故的发生。

1) 电话报警系统。在紧急避险车道附近设置紧急电话亭,可以打电话给运营中心报警。

2) 电视监控系统。用于高速公路运营中心监控的电视监控系统,对于长大下坡及避险车道进行随时监控。

3）标线（水平信号）。为了使故障车停止而设置的紧急避险车道处的水平信号设施，也必不可少，用红色和白色的方格标线来表示，每个方格子宽1.5m，长3m。除了与紧急避险车道几何特征有关的特殊条件外，标线设置宽度至少4.5m，起于硬路肩或者右侧路缘带的外边界，止于制动床之前。

4）标志（竖直信号）。根据长大纵坡的信号设置要求，设置完善、特殊的竖直信号系统，以警示提醒驾驶员和乘客，引起驾驶员的注意，使其注意到坡道的危险性。

3.6 平面线形和纵断面线形组合

平面、纵断面线形组合设计是指在满足汽车运动学和力学要求的前提下，研究如何满足视觉和心理方面的连续、舒适，与周围环境相协调，并有良好的排水条件的要求。尽管平面、纵断面线形均按前述标准进行了设计，但平面、纵断面线形组合不良，会形成视觉不连续的立体线形，导致行车危险。

平面、纵断面线形组合设计的总要求：对于设计速度≥60km/h的道路，必须注意平面、纵断面的合理组合，尽量做到线形连续、指标均衡、视觉良好、景观协调、安全舒适。设计速度越高，线形设计可考虑的因素越应周全。对于设计速度≤40km/h的道路，首先应在保证行车安全的前提下，正确地运用线形要素指标，在条件允许的情况下力求做到各种线形要素的合理组合，并尽量避免和减轻不利的组合。

3.6.1 视觉分析

1. 视觉分析的概念和意义

汽车在道路上快速行驶时，驾驶员是通过视觉、运动感觉和时间变化感觉来判断线形的。道路的线形、周围的景观、标志及其他有关信息，几乎都是通过驾驶员的视觉感受到的。驾驶员观察外界事物，是在运动状态下进行的，所观察的一些物体按一定速度运动，驾驶员也是在车辆行驶中观察物体的。因此，动视觉是连接道路与汽车的重要媒介。

从视觉心理出发，对道路的空间线形及其与周围自然景观和沿线建筑的协调等进行研究分析，以保持视觉的连续性，使行车具有足够的舒适感和安全感的综合设计称为视觉分析。

2. 驾驶员的动视觉特点

驾驶员的静态和动态视力不同。动视觉与运动速度、环境照度及驾驶员年龄等因素有关。车速越高，物体的相对移动速度也越高，眼睛转动的角速度必将加快。根据运动视觉心理学分析，在运动状态下，驾驶员的视力比静止时低10%～20%，特殊情况下低30%～40%。研究表明：驾驶员的注意力集中和心理紧张程度随车速的增加而增加；注意力集中点和视野距离随车速增加而增大，高速行驶时，驾驶员对前景细节的视觉开始变得模糊不清；视角随车速增加逐渐变窄，高速时驾驶员已不能顾及两侧景象。车速、视野与注视距离的关系见表3-23。

表 3-23　车速、视野与注视距离的关系

车速/(km/h)	60	80	100	120
视野/(°)	86	60	40	22
注视距离/m	335	377	564	710

在驾驶过程中，驾驶员的动视觉具有如下特点：

1）驾驶过程中，驾驶员不易全面正确感觉车外的情况变化。一般驾驶员在视野内觉察一个目标约需 0.4s，约 1s 的时间清晰辨认。在高速运动时，视野变小，外界景物的相对运动速度也增加，导致物体在视野内的作用时间变短。如在视野内的作用时间小于 0.4s，驾驶员就无法发现目标，达不到 1s，就无法分辨目标的细节。

2）驾驶过程中，驾驶员的空间分辨能力降低。随车速增加，驾驶员的视力呈下降趋势，注视距离会缩短；车速增加，景物距离汽车越近，景物在视野内的作用时间也会越短。

3）高速行驶时，对驾驶员易形成"道路催眠"。随着车速的增加，驾驶员的空间辨别范围缩小，注视点前移，两眼凝视远方并集中于一点，形成"隧道视觉"，使外界的刺激减少，只注视单调的暗色路面。当交通环境变化不大时，单调的信息对大脑皮层某些点的重复刺激，会使神经细胞呈现抑制状态，形成"道路催眠"。

4）高速行驶时，驾驶员更易出现错觉，导致判断失误增加。高速行驶时，驾驶员在单位时间内接受的信息量显著增多。据研究，单位时间内的刺激物出现次数越多，驾驶员出错的比例越大。

3. 视觉分析方法

线形状况是汽车快速行驶中，道路的立体形状给驾驶员提供的连续不断的视觉印象。该视觉印象的优劣，除依靠设计者对三维空间的想象判断外，比较好的方法是用视觉印象随时间变化的道路动态透视图评价。透视图可判断平面线形、纵断面线形以及道路和景观是否协调，也可检查超高过渡段、构造物设计等的效果，几乎道路几何设计的所有部分都可用透视图检查。设计中用透视图检查出存在缺陷的路段可随时修改，再绘制透视图进行分析研究，因此，透视图是视觉分析的较好方法。

3.6.2　线形组合设计的原则

道路平面、纵断面线形组合的基本原则是：

1）在视觉上能自然地引导驾驶员的视线，并保持视觉的连续性。引导视线是指道路的立体线形、构造物形式和色调与沿线自然景观相协调，起到对驾驶员行车视线引导的作用。任何使驾驶员感到茫然、迷惑和判断失误的线形，必须尽力避免。在视觉上能自然地引导视线，是衡量平面、纵断面线形组合优劣的最基本问题。如图 3-20b 所示，前方平面线形可能存在转弯，也可能不存在转弯，不能给驾驶员明确的道路走向，易造成驾驶员迷茫，不能引导视线。如图 3-20a 所示，前方路线走向明确，能很好地引导视线。

2）保持线形技术指标在视觉和心理上的大小均衡。均衡性影响线形的平顺性，且与工程费用相关，如图 3-21 所示。对纵断面线形反复起伏，在平面上采用高标准的线形是无益的，反之亦然。

3）选择组合得当的合理坡度，以利于路面排水和行车安全。

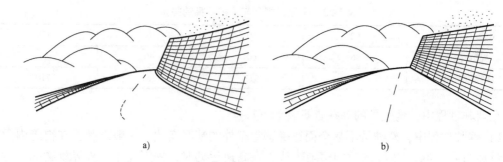

图 3-20　立体线形是否引导视线

图 3-21　平纵面指标的均衡

4）注意与道路周围环境的配合。良好的立体线形与道路周围环境配合，可减轻驾驶员的疲劳和紧张程度，并可起到引导视线的作用。因地形条件、工程建设投资等影响，对设计速度较低的道路，当立体线形难与道路周围环境相协调时，可采用植树、设置路标等方法改善，如图 3-22 和图 3-23 所示。

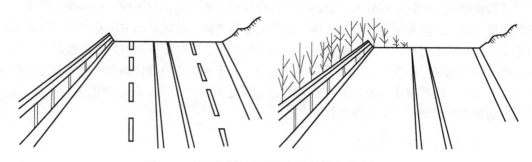

图 3-22　坡顶植树可以预告驾驶员前方道路线形

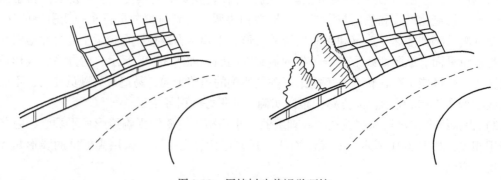

图 3-23　用植树改善视觉环境

3.6.3　线形组合设计的方法

1. 组合形式

通过分解立体线形要素，平面、纵断面线形有以下六种组合形式，如图3-24所示。

1）平面为直线，纵断面是直坡线：构成具有恒等坡度的直线。

2）平面为直线，纵断面是凹形竖曲线：构成凹下去的直线。

3）平面为直线，纵断面是凸形竖曲线：构成凸起的直线。

4）平面为曲线，纵断面是直坡线：构成具有恒等坡度的平曲线。

5）平面为曲线，纵断面是凹形竖曲线：构成凹下去的平曲线。

6）平面为曲线，纵断面是凸形竖曲线：构成凸起的平曲线。

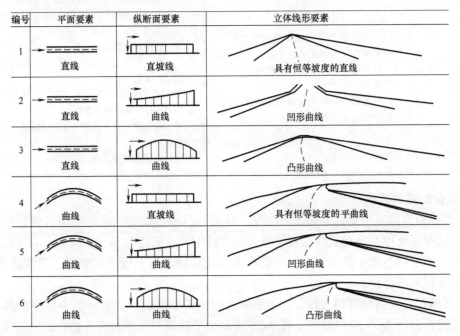

编号	平面要素	纵断面要素	立体线形要素
1	直线	直坡线	具有恒等坡度的直线
2	直线	曲线	凹形曲线
3	直线	曲线	凸形曲线
4	曲线	直坡线	具有恒等坡度的平曲线
5	曲线	曲线	凹形曲线
6	曲线	曲线	凸形曲线

图 3-24　空间线形要素

2. 组合效果分析（见表3-24）

表 3-24　平、纵线形组合效果分析

空间线形组合	特 征	注 意 问 题
平面长直线纵断面长坡段	（1）线形单调、枯燥，在行车过程中，景观无变化，容易使驾驶员产生疲劳 （2）驾驶易超速行驶，超车频繁 （3）在交通比较错综复杂的路段（如交叉口），采用这种线形要素是有利的	（1）应增设视线引导设施 （2）设计时应画车道线，设置标志 （3）注意改变景观，分段绿化，注意与路旁建筑设施配合等方法来弥补
平面直线纵断面凹形竖曲线	（1）具有较好的视距条件 （2）线形不再生硬、呆板 （3）给予驾驶员以动的视觉印象，提高了行车的舒适性	（1）注意避免采用较短的凹形竖曲线，以避免产生折点 （2）在两个凹形竖曲线间注意不要插入短直线

（续）

空间线形组合	特　征	注　意　问　题
平面直线纵断面凸形竖曲线	（1）线形视距条件差 （2）线形单调，应尽量避免	注意采用较大的竖曲线半径，以保证有较好的视距
平面曲线纵断面直坡段	（1）只要平曲线半径选择适当，平面的圆曲线与纵断面直坡段组合的视觉效果良好 （2）若平面的直线与圆曲线组合不当（如断背曲线）或平曲线半径较小时与纵断面直坡段组合将在视觉上产生折曲现象	（1）要注意平曲线半径与纵坡度协调 （2）要注意合成坡度的要求 （3）要避免急弯与陡坡相组合
平面曲线纵断面曲线（凸、凹）	（1）平曲线与竖曲线组合的组合线形，如果平纵面几何要素的大小适当、均衡协调、位置适宜，可以获得视觉舒顺、引导视线良好的空间线形 （2）平曲线与竖曲线较小，则会出现一些不良的组合效果	（1）当平曲线、纵曲线半径较大时，应使平曲线、纵曲线对应重叠组合，并使平曲线较长，将竖曲线包起来 （2）注意平曲线、纵曲线几何要素指标均衡、匀称、协调，不要把过缓或过急、过长或过短的平、纵曲线组合在一起 （3）注意凸形竖曲线顶部与凹形竖曲线底部，不得与反向平曲线的拐点重合 （4）避免在一个平曲线上连续出现多个凹、凸竖曲线 （5）应避免出现"暗凹""跳跃"等不良现象

3. 组合的基本要求

1）直线与直坡线、直线与凹形竖曲线、直线与凸形竖曲线、平曲线与直线是常用的组合形式。这些组合中都含有直线或直坡线，是设计中经常采用的平、纵组合。只要圆曲线半径或竖曲线半径能达到一般值以上，便能获得视觉良好、行车顺适的效果。路侧适当植树，能增强引导视线的作用。

2）平曲线与竖曲线宜相互重合，且平曲线应稍长于竖曲线。这种组合是平曲线和竖曲线对应设置，且能做到"平包竖"。图 3-25 所示为平曲线与竖曲线相互重合的透视形状，其立体线形能起到引导视线的作用，可得到平顺而流畅的效果。一般应使平曲线、竖曲线半径都大一些为宜，特别是凹形竖曲线处车速较高，两者半径更应大一些。

图 3-25　平曲线与竖曲线相互重合

竖曲线的起、终点宜分别设在平曲线的两个缓和曲线内，其中任一点都不要设在缓和曲线以外的直线上或圆曲线内，如图 3-26 所示。若平曲线、竖曲线半径都很大且坡差较小，则平、竖位置可不受上述限制；若做不到平曲线、竖曲线较好地组合，可将两者拉开适当距

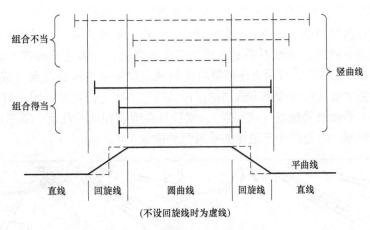

图 3-26　平曲线与竖曲线的组合

离，使平曲线位于直坡段或使竖曲线位于直线上。

3）要保持平曲线与竖曲线大小均衡。保持平曲线、竖曲线的半径和长度均衡，能在视觉上获得协调、舒顺的感觉。平曲线、竖曲线长度，若能达到图 3-26 所示组合得当的情况，认为是均衡的。平曲线、竖曲线半径的均衡研究认为：竖曲线半径为平曲线半径的 10 ~ 20 倍，可获得视觉上的均衡，见表 3-25。

表 3-25　平曲线、竖曲线半径的均衡

圆曲线半径/m	竖曲线半径/m	圆曲线半径/m	竖曲线半径/m
500	10000	1100	30000
700	12000	1200	40000
800	16000	1500	60000
900	20000	2000	100000
1000	25000		

4）要选择适当的合成坡度。合成坡度过大，对行车安全不利，特别在冬季结冰期更危险，车辆易产生打滑、侧滑，甚至发生倾覆、坠崖事故。山区纵坡大的路段插入小半径平曲线时，应控制最大合成坡度，陡峻傍山路段的合成坡度宜小于 8%。合成坡度过小，不利于路面排水，车辆易打滑、制动距离增加、高速行驶产生溅水影响行车安全。当变坡点与路面横向排水不良的平曲线路段组合，易形成过小的合成坡度，排水不利，妨碍高速行车。合成坡度一般应不小于 0.5%。

4. 避免出现的组合

平曲线、竖曲线重合是一种理想的组合，但因地形等条件限制，这种组合通常不能做到。如平曲线的曲中点与竖曲线的顶（底）点位置错开不超过平曲线长度的 1/4 时，仍可获得比较满意的外观；若错位过大或大小不均衡，将会出现视觉效果很差的线形。

1）避免竖曲线的顶、底部插入小半径的平曲线。在凸形竖曲线的顶部设有小半径的平曲线，不能引导视线，且急转弯行车不安全。在凹形竖曲线的底部设有小半径的平曲线，会出现汽车加速行驶中急转弯，可能发生危险。

2）避免将小半径的平曲线起讫点设在或接近竖曲线的顶部或底部。应避免将凸形竖曲线顶部或凹形竖曲线底部设在小半径平曲线的起讫点。前者失去引导视线的作用，驾驶员须接近坡顶才发现平曲线，导致不必要的减速或交通事故；后者会出现汽车高速行驶时急转弯，行车不安全。图 3-27a 所示为凸形竖曲线的顶点位于平曲线的起点（或终点），驾驶员在车辆驶上坡顶之前无法预知前方道路的走向，产生心理上的茫然；图 3-27b 所示为凹形竖曲线的底点位于平曲线的起点（或终点），驾驶员会看到扭曲的线形，其扭曲程度随竖曲线半径的减少而加剧，也会产生下坡尽头接急弯的错觉。

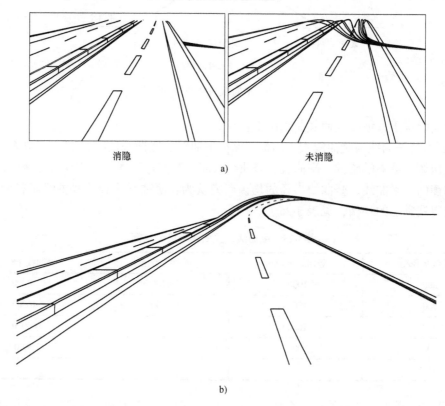

图 3-27　竖曲线位于小半径平曲线起点示例
a）凸形竖曲线的顶点位于平曲线的起点（或终点）　b）凹形竖曲线的底点位于平曲线的起点（或终点）

3）避免使竖曲线顶、底部与反向平曲线的拐点重合。此类组合都存在不同程度的扭曲外观。前者不能正确引导视线，会使驾驶员操作失误，引起交通事故；后者路面排水不畅，积水影响行车安全。

4）避免小半径的竖曲线和缓和曲线重合。对凸形竖曲线引导性差，事故率较高；对凹形竖曲线的路面排水不良，影响行车安全。

5）避免在长直线上设置陡坡或长度短、半径小的竖曲线。长直线与陡坡组合易使驾驶员超速行驶，危及行车安全；长直线与凸形竖曲线组合，视线引导差，使驾驶员行车茫然；长直线与凹形竖曲线组合，使驾驶员产生坡底狭窄的视觉，心理紧张，行车不安全。

6）避免出现驼峰、暗凹、跳跃等使驾驶员视线中断的线形。在一个平曲线或一段长直线内包含几个竖曲线，特别是小半径竖曲线，易出现驼峰、暗凹、跳跃等线形，使前方道路失去连续性，如图 3-28 所示。平原微丘区的高速公路设计，因地形平坦，圆曲线半径一般较大；但因沿线通道多，为减少工程数量，降低路基填土高度，有时不得不在一个长的平曲线内多次变坡。实践表明，当纵坡不大且坡差较小时，只要坡长和竖曲线半径选择得当，多次起伏并不影响线形的连续性。另外，长直线上反复凸、凹，尽管纵坡不大，视线良好，但这种平直路段上超速、超车较多，有资料显示这种路段交通事故占各种平纵组合路段 90% 以上。

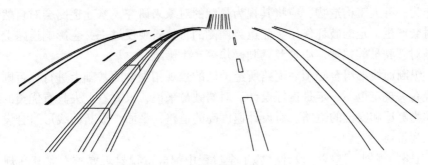

图 3-28　长直线段设置三个小半径竖曲线

3.6.4　线形与景观的协调配合

1. 道路景观

道路景观是指在道路上以一定速度运动时，视野中的道路及视线所及的空间四维景象。按道路景观客体的构成要素分类方法如图 3-29 所示。

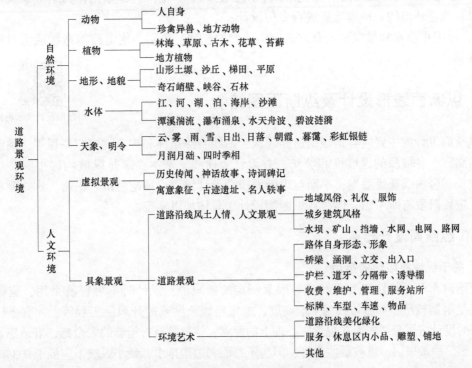

图 3-29　按道路景观客体的构成要素分类

道路景观由道路本体、桥梁、沿线建筑物、绿化、附属建筑物及两边广告牌等各种物体构成。

这些构成景观的单个物体，称为道路景观的要素。道路景观要素包罗很广，宏观方面可以大至自然地形、地貌、山、水、田野、森林的开阔空间，微观方面可小至邮筒、建筑小品、电话亭、座椅等。

2. 线形与景观协调设计

道路作为一种人工构造物，应将其视为景观的对象来研究。修建道路会对自然景观产生影响，有时会产生一定的破坏作用。而道路两侧的自然景观反过来又会影响道路上车辆的行驶，特别是对驾驶员的视觉、心理及驾驶操作等产生影响。

平面、纵断面线形组合必须在道路所经地区的景观相配合的基础上进行。否则，即使线形组合符合有关规定也不一定是良好设计。对驾驶员来说，只有看上去具有优美的线形和景观，才能称为舒适和安全的道路。对设计速度高的道路，平面、纵断面线形组合设计与周围景观配合尤为重要。

1）在道路的规划、选线、设计、施工全过程中都应重视景观要求。尤其在规划和选线阶段。

2）在选定路线时，应充分地利用自然风景，尽量做到路线与大自然融为一体，不产生生硬感和隔断大自然。特别是在长直线路段上，应使驾驶员能看到前方显著的景物。

3）对道路本身不能仅把它当作技术对象，还应把它作为景观来看待，修建时要少破坏沿线自然景观，尽量避免高填深挖。

4）横断面设计要使边坡造型和绿化与现有景观相适应，弥补填挖对自然景观的破坏。

5）应进行综合绿化处理，避免形式和内容上的单一化，应将绿化作为引导视线、点缀风景以及改造环境的一种措施而进行专门设计。

6）应根据技术和景观要求合理选定构造物的造型、色彩，使道路构造物成为对自然景观的补充。

3.7　纵断面线形设计及纵断面图绘制

纵断面设计演示视频

纵断面设计的主要内容是根据道路等级、沿线自然条件和构造物控制高程等，确定路线合适的高程、各坡段的纵坡度和坡长，并设计竖曲线。基本要求是纵坡均匀平顺、起伏和缓，坡长和竖曲线长短适当，平面与纵断面组合设计协调，填挖经济、平衡。这些要求虽在选线、定线阶段有所考虑，但要在纵断面设计中具体加以实现。

3.7.1　纵断面设计要点

1. 关于纵坡权限值的运用

根据汽车动力特性和考虑经济等因素制定的极限值，设计时不可轻易采用，应留有余地。在受限制较严，如越岭线为争取高度、缩短路线长度或避开艰巨工程等，才有条件地采用。好的设计应尽量考虑人在视觉、心理上的要求，使驾驶员有足够的安全感、舒适感和视觉上的美感。一般来讲，纵坡缓些为好，但为了路面和边沟排水，最小纵坡不应低于0.3%。

2. 关于最小坡长

坡长是指纵断面两变坡点之间的水平距离，坡长不宜过短，以不小于设计速度 9s 的行程为宜。对于连续起伏的路段，坡度应尽量小，坡长和竖曲线应争取到极限值的 1 倍或 2 倍以上。

3. 各种地形条件下的纵坡设计

1）平原、微丘地形的纵坡应均匀平缓，注意保证最小填土高度和最小纵坡的要求，丘陵地形应避免过分迁就地形而起伏过大，注意纵坡应顺适不产生突变。

2）山岭、重丘地形的沿河线应尽量采用平缓纵坡，坡长不应超过限制长度，纵坡不宜大于 6%，注意路基控制高程的要求。

3）越岭线的纵坡力求均匀，尽量不采用极限或接近极限的坡度，更不宜在连续采用极限长度的陡坡之间夹短的缓和坡段。越岭路一般不应设置反坡，应满足平均坡度的要求。

4）山脊线和山腰线除结合地形不得已时采用较大纵坡外，在可能条件下纵坡应缓些。

5）沿水库上游岸边的路线，路基设计高程应考虑水库水位升高后地下水位抬升，以及水库淤积后壅水曲线抬高和浪高的影响；在寒冷地区还应考虑冰塞壅水使水位增高。

6）大、中桥桥头引道（在洪水泛滥范围内）的路基设计高程，一般应高于该桥设计洪水位（并包括壅水和浪高）至少 0.5m；小桥涵附近的路基设计高程应高于桥涵前壅水水位至少 0.5m（不计浪高）。

4. 关于竖曲线半径的选用

竖曲线应选用大半径为宜。当受限制时可采用一般最小值，特殊困难可采用极限最小值。坡差小时应尽量采用大的竖曲线半径。有条件时，宜按表 3-26 的规定进行设计。

表 3-26　从视觉观点所需的竖曲线最小半径

设计速度/(km/h)	竖曲线半径/m	
	凸　　形	凹　　形
120	20000	12000
100	16000	10000
80	12000	8000
60	9000	6000
40	3000	2000

5. 关于相邻竖曲线的衔接

相邻两个同向凹形或凸形竖曲线，特别是同向凹形竖曲线之间，如直坡段不长应合并为单曲线或复曲线，避免出现断背曲线。

相邻反向竖曲线之间，为使增重与减重之间缓和过渡，中间最好插入一段直坡段。若两竖曲线半径接近极限值，这段直坡段至少应为设计速度的 3s 行程。当半径比较大时，也可直接连接。相邻竖曲线的衔接如图 3-30 所示。

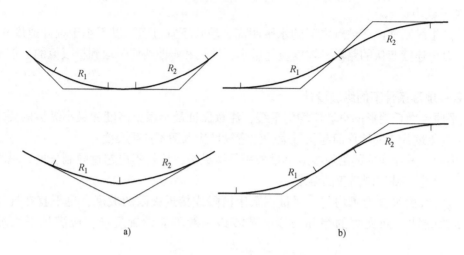

图 3-30 相邻竖曲线的衔接

6. 城市道路纵坡设计要点

城市道路纵断面设计的要求，除了前面讲述的最大和最小纵坡、坡长限制、合成坡度、平均纵坡、竖曲线最小半径和最短长度、平纵组合的要求以外，还应满足由城市道路的特点所决定的具体要求。

1）纵断面设计应参照城市规划控制高程，适应临街建筑立面布置及沿路范围内地面水的排除。确定道路中线设计高程时，必须满足下列各控制点高程的要求：

① 城市桥梁桥面高程 $H_{桥}$。

$$H_{桥} = h_{水} + h_{浪} + h_{净} + h_{桥} + h_{面} \tag{3-56}$$

式中　$h_{水}$——河道设计水位（m）；

　　　$h_{浪}$——浪高（m），一般取为 0.50m；

　　　$h_{净}$——河道通航净空高度（m），视通航等级而定；

　　　$h_{桥}$——桥梁上部建筑结构高度（m）；

　　　$h_{面}$——桥上路面结构厚度（m），应包括预留的路面补强厚度在内。

② 立交桥桥面高程 $H_{桥}$。

当桥下为铁路时

$$H_{桥} = h_{轨} + h_{净} + h_{桥} + h_{面} + h_{沉} \tag{3-57}$$

式中　$h_{轨}$——铁路轨顶高程（m）；

　　　$h_{净}$——铁路净空高度（m），一般蒸汽机车、内燃机车为 6.00m，电气机车为 6.55m；

　　　$h_{沉}$——桥梁预估沉降量（m）。

当桥下为道路时

$$H_{桥} = h_{路} + h_{净} + h_{桥} + h_{面} \tag{3-58}$$

式中　$h_{路}$——路面高程（m），应包括预留的路面补强厚度在内；

　　　$h_{净}$——道路净空高度（m）。

③ 铁路道口应以铁路轨顶高程为准。

④ 相交道路交叉点应以交叉中心规划高程为准。

⑤ 满足沿线街两侧建筑前地坪高程（见图3-31）。

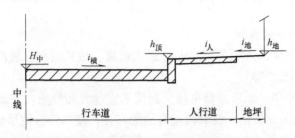

图3-31 城市道路高程关系图

确定道路中线设计高程 $H_{中}$ 时，为保证道路及两侧街坊地面水的排除，一般应使侧石顶面高程 $h_{地}$、行车道横坡度 $i_{横}$ 和人行道横坡度 $i_{人}$ 视面层类型取用值为1%～2%，建筑物前地坪横坡度 $i_{地}$ 为0.5%～1.0%。根据横断面各组成部分宽度和横坡度可确定包括预留路面补强厚度在内的道路中线设计高程。

2）应与相交道路、街坊、广场和沿街建筑物的出入口有平顺的衔接。

3）山城道路及新建道路的纵断面设计应尽量使土石方平衡。在保证路基稳定的条件下，力求设计线与地面线接近，以减少土石方工程数量，保持原有天然稳定状态。

4）旧路改建宜尽量利用原有路面，若加铺结构层，不得影响沿路范围的排水。

5）机动车与非机动车混合行驶的行车道，最大纵坡不宜大于3%，以满足非机动车爬坡能力的要求。

6）道路最小纵坡应不小于0.5%，困难时不小于0.3%，特别困难情况下小于0.3%时，应设置锯齿形街沟或采取其他综合排水措施。

7）道路纵断面设计必须满足城市道路的各种管道最小覆土深度的要求，见表3-27。

表3-27 城市道路的各种管道最小覆土深度参考数据

管道名称	最小覆土深度/m	说 明
电力电缆	0.8～1.0	10kV以下电力电缆最小覆土可为0.8m，35kV则应在1.0m以上
通信电缆管道	0.8～1.0 0.8～1.4	直埋通信电缆如是铅装可为0.8m，如是铝皮应为1.0m，管道一般考虑冰冻深度，不小于0.8m
热力管道	0.5	当热力管道盖板能满足其上的荷载应力时，盖板可作为路面部分
直埋热力管道	1.0	将热力管外包一层保护壳既能起到保温作用又能承受外力作用
干煤气	0.9	应根据不同地区考虑冰冻深度来决定最小覆土深度，一般可考虑0.9m
湿煤气	$h+1.0$	最小埋深为：冰冻深度 $h+1.0$m
上水管道	0.8～1.2	同煤气
雨水管道	0.7	只有在考虑了外部荷载许可情况下，才可按0.7m覆土考虑
污水管道	0.7	同雨水管道

注：1. 表中数据不适用于湿陷性大孔土壤地区、地震地区、冰冻土及沼泽地区。
2. 表中最小覆土数据，是指一般情况下需保留的最小覆土，特殊情况应根据具体情况解决，不应受表中数据所限制。
3. 在考虑了加固措施后，最小覆土应根据实际情况另行决定，表中数据未考虑加固因素。

3. 7. 2 纵断面设计的原则与方法

1. 纵断面设计的一般原则

1）应满足纵坡及竖曲线的各项规定（最大纵坡、坡长限制、坡段最小长度、竖曲线最小半径及竖曲线最小长度等）。

2）纵坡应均匀平顺。纵坡尽量平缓、起伏不宜过大和频繁；变坡点处尽量设置大半径竖曲线，尽量避免极限纵坡值；缓和段配合地形布设；垭口处纵坡尽量放缓；越岭线应尽量避免设置反坡段（升坡段中的下坡损失）。城市道路还应考虑非机动车及自行车的行驶，桥上纵坡宜不大于 3%。

3）设计高程的确定应结合沿线自然条件如地形、土壤、水文、气候等因素综合考虑。例如，为利于路面及边沟排水，最小纵坡以不小于 0.5% 为宜；城市道路纵坡小于 0.3% 时应做锯齿形街沟设计；沿线路线高程应在设计洪水位 0.5m 以上，并计入壅水高度及浪高的影响；稻田低湿路段还应有最小填土高度的保证。通常，沿河及可能受水浸淹的路线，路基设计高程一般应高出表 3-28 所规定的洪水频率计算水位 0.5m 以上。对于桥涵高程，应在桥涵设计洪水频率洪水位以上，桥涵设计洪水频率按表 3-29 确定。

表 3-28 路基设计洪水频率

公 路 等 级	高 速 公 路	一 级 公 路	二 级 公 路	三 级 公 路	四 级 公 路
设计洪水频率	1/100	1/100	1/50	1/25	按具体情况确定

注：城市周边地的公路路基设计洪水频率应结合城市防洪标准，考虑救灾通道、排洪和泄洪综合确定。

表 3-29 桥涵设计洪水频率

公 路 等 级	设计洪水频率				
	特 大 桥	大 桥	中 桥	小 桥	涵洞及小型排水构造物
高速公路	1/300	1/100	1/100	1/100	1/100
一级公路	1/300	1/100	1/100	1/100	1/100
二级公路	1/100	1/100	1/100	1/50	1/50
三级公路	1/100	1/50	1/50	1/25	1/25
四级公路	1/100	1/50	1/50	1/25	不做规定

注：通航河流，桥梁高程应在通航水位及通航净空高度以上。

4）纵断面的设计应与平面线形和周围地形景观相协调，即应考虑人体视觉、心理上的要求，按照平竖曲线相协调及半径的均衡来确定纵断面的设计线。

5）应争取填挖平衡，尽量移挖作填，以节省土石方量，降低工程造价。

6）根据线路的性质要求，适当照顾当地民间运输工具、农业机械、农田水利等方面的要求。

7）城市道路的纵坡及设计高程的确定（见图 3-32），还应考虑沿线两侧街坊地坪高程及保证地下管线最小覆土深度的要求，一般应使侧石顶面高程低于两侧街坊或建筑物的地坪高程。管线最小覆土深度见表 3-30 规定。

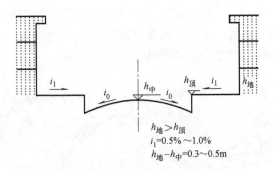

$$h_{地} > h_{顶}$$
$$i_1 = 0.5\% \sim 1.0\%$$
$$h_{地} - h_{中} = 0.3 \sim 0.5m$$

图 3-32　城市道路的纵坡及设计高程的确定

表 3-30　管线最小覆土深度

管线名称		最小埋深/m	备注
电力电缆	10kV 以下	0.7	
	20 ~ 35kV	1.0	
电车电缆		0.7	
电信电缆		0.8	埋在人行道下可减少 0.3m
电信管道		0.7 ~ 0.8	
热力管道	直接埋在土中	1.0	
	在地道中敷设	0.8	
给水管		1.0	≥500mm 管径
		0.7	<500mm 管径
煤气管	干煤气	0.9	
	湿煤气	1.0	
雨水管		0.7	
污水管		0.7	

2. 纵断面设计的方法与步骤

（1）纵断面设计的方法　纵坡设计前，在路线位置拟定后，应先根据中桩的桩号和地面高程绘出纵断面图的地面线及平面线一栏，然后按选线意图决定控制点及其高程，考虑填挖等工程经济及与周围地形景观的协调，综合考虑平面、纵断面、横断面三个方面确定坡度线，再对照横断面检查核对，确定纵坡值，定出竖曲线半径，计算设计高程，完成纵断面图。

（2）纵断面设计的步骤

1）准备工作。

① 根据中桩和水准测量记录在纵断面图上按比例标注里程桩号和高程，点绘地面线。

② 绘出平面直线与平曲线资料，以及土壤地质说明资料。

③ 将桥梁、涵洞、地质土质等与纵断面设计有关的资料在纵断面图上标明。

④ 熟悉和掌握全线有关勘测设计的资料，领会设计意图和设计要求。

2）标注控制点。控制点是指影响纵坡设计高程的控制点。如路线起、终点，越岭垭口，重要桥梁、涵洞的桥面高程，最小填土高度，最大挖深，沿溪线的洪水位，隧道进出口，平面交叉和立体交叉点，与铁路交叉点及受其他因素限制路线必须通过的高程。在山区道路上，除考虑上述控制点外，还应考虑各横断面上的"经济点"，以求降低造价。横断面上的经济点如图 3-33 所示，有以下三种情况：

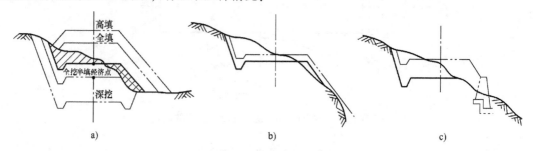

图 3-33　横断面上的经济点

a）半填半挖　b）多挖少填　c）全挖路基

① 当地面横坡不大时，可在中桩地面高程上下找到填方和挖方基本平衡的高程，纵坡设计应尽量通过该点。

② 当地面横坡较陡，填方往往不易填稳，用多挖少填或全挖路基的方法比砌筑坡脚、修筑挡墙经济，此时多挖少填或全挖路基的高程为经济点。

"经济点"可用路基横断面透明模板在绘有地面线的横断面图上确定。图 3-34 所示为自制"路基横断面透明模板"的样式。"模板"可用透明描图纸胶片制成，其上按横断面测图比例绘出路基宽度 B（挖方地段包括两侧边沟宽度）和各种不同坡度的边坡线。使用时，将"模板"放在中桩的横断面上，使两者中线重合，上下移动"模板"，使填、挖面积大致相等，则"模板"上的路基顶面与该中桩的地面高之差就是经济填、挖值。将此差值的大小按比例点绘到纵断面图的相应中桩位置上，即为该断面经济点的位置。

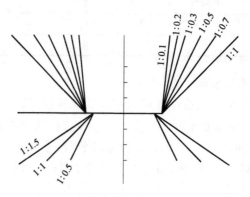

图 3-34　路基横断面透明模板

③ 地面横坡很陡，无法填土时，需砌筑挡土墙，此时采用全挖路基比填方修筑挡墙经济。

3）试定纵坡。在已标出"控制点""经济点"的纵断面图上，根据定线意图，全面考虑地面线起伏情况，纵坡线必须满足控制点及《公路路线设计规范》对坡长、坡度的要求，照顾多数"经济点"，通过的"经济点"越多，则工程量越小，投资越省，通过穿插与取直，试定出若干直坡段线。对各种可能坡度线方案反复比较，最后定出既符合技术标准，又满足控制点要求，且土石方最省的坡度线，将前后坡度线延长交会出变坡点的初定位置。

4）调整纵坡。将所定坡度与选线时坡度的安排比较，两者应基本相符，若有较大的差异，应全面分析，找出原因，决定取舍。对照技术标准，检查纵坡度、坡长、纵坡折减、合成坡度及平面与纵断面配合是否适宜；以及路线交叉、桥隧和接线等处的纵坡是否合理，不符合要求时应调整纵坡线。

5）核对。选择有控制意义的重点横断面，如高填深挖、地面横坡较陡峻地段路基、挡土墙、重要桥涵及其他重要控制点等，根据纵断面图上对应桩号填挖的高度，在横断面图上"戴帽子"检查是否填挖过大、坡脚落空或过远、挡土墙过大等情况，若有问题应及时调整纵坡线。

6）定坡。纵坡线经调整核对后，即可确定纵坡线。逐段将直坡线的坡度值、变坡点的桩号和高程确定下来。变坡点高程由纵坡度和坡长依次推算而得。由于现在业内设计都由道路 CAD 系统来完成，因此，纵坡坡度也可以由 CAD 系统确定的变坡点高程进行反算。

7）设置竖曲线，拉坡时已考虑了平、纵组合问题，根据技术标准、平纵组合均衡等确定竖曲线半径，计算竖曲线要素。

8）根据已定的纵坡和变坡点的设计高程及竖曲线半径，即可计算出各桩号的设计高程。中桩设计高程与对应原地面高程之差即为路基施工高度，当两者之差为"＋"则是填方；为"－"则是挖方。

（3）应注意的问题

1）设置回头曲线地段，拉坡时应按回头曲线技术标准首先定出该地段的纵坡，然后从两端接坡，应注意在回头曲线地段不宜设竖曲线。

2）大、中桥上不宜设置竖曲线，桥头两端竖曲线的起、终点应设在桥头 10m 以外（见图 3-35a）。

3）小桥涵允许设在斜坡地段或竖曲线上，为保证行车平顺，应尽量避免在小桥涵处出现"驼峰式"纵坡（见图 3-35b）。

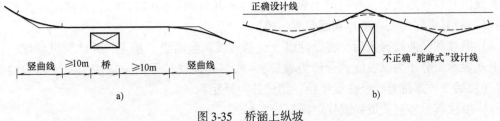

图 3-35　桥涵上纵坡

4）注意平面交叉口纵坡及两端接线要求。道路与道路交叉时，一般宜设在水平坡段，其长度应不小于最短坡长规定。两端接线纵坡应不大于 3%，山区工程艰巨地段不大于 5%。

5）拉坡时如受"控制点"或"经济点"制约，导致纵坡起伏过大或土石方工程量太大，经调整仍难以解决时，可用纸上移线的方法修改原定纵坡线。具体方法是按理想要求定出新的纵坡设计线，然后找出对应新设计线的填挖高度，用"模板"在横断面上以新填、挖高度左右移动，定出适宜的中线位置。新纵坡线上某点距原路中线的横距就是按新纵坡设计要求希望平面线形调整移动的距离，据此可绘出纸上平面移线，若为实地定线还应到现场改线。这种移线修正纵断面线形的方法，在山区和丘陵区道路的纵坡设计中是常遇到的。

6）注意平面、纵断面线形的组合，在不过分增加工程量的原则下，尽可能求得最佳的空间组合线形。

7）桥隧道地段应按照桥隧道路线纵坡的特殊要求执行。

8）通过城镇路段，应结合城镇规划，结合两侧建筑物的布置，合理确定纵坡和设计高程，使路线与两侧建筑相协调。

3.7.3　纵断面图的绘制

路线纵断面图由上、下两部分组成。

上半部分主要用来绘制地面线和设计线，主要内容包括：竖曲线位置及其要素；沿线桥涵及人工构造物的位置、结构类型及孔径；与公路、铁路交叉的桩号、路名及高程；沿线跨越的河流名称、位置、常水位及最高洪水位；水准点位置、编号和高程；断链桩位置、桩号及长短链关系等。

下半部分主要用来填写有关数据，其内容主要包括：直线与平曲线；里程及桩号；地面高程；设计高程；填挖高度；纵坡/坡长；土壤地质说明等内容。

纵断面图的绘制：

1）按照一定的比例，在透明毫米方格计算纸上标出与本图适应的横向和纵向坐标，横向坐标标出百米桩号，纵向坐标标出整十米高程。

2）在坐标系中按水准测量提供的各桩号地面高程与相应的桩号配合点绘制各桩号地面点，将各地面高程点用直线依次连接后就成为纵断面图的地面线。

3）在坐标图上绘出各水准点的位置、编号，并注明高程。

4）将桥涵位置绘制在坐标图上，并注明孔数、孔径、结构类型、桩号等。

5）在纵断面图下部表内分别注明土壤地质资料，绘出平面直线和平曲线的位置、转向（平曲线以开口梯形表示，开口向上表示向左转，开口向下为向右转），并注明平曲线有关资料（一般只需注明交点编号和圆曲线半径）。

6）纵坡和竖曲线确定后，将设计线（包括直线和竖曲线）绘出，并注明纵坡度、坡长（以分式表示，分子为纵坡度，分母为坡长），在各竖曲线范围内分别注明各竖曲线的基本要素（包括变坡点桩号、竖曲线半径、切线长、外距）。

7）填注其他各有关资料或特定需要的资料。

以上工作内容可用计算机专用软件辅助完成绘图任务。手工绘制时，描图或在透明毫米方格计算纸上直接上墨，待墨汁干后再将无用的铅笔字线擦净。

绘制的纵断面图，应按规定采用标准纸和统一格式，以便装订成册。

城市道路纵断面图与公路纵断面图类同，但要注意，纵断面设计线是指路中心线的路基标高。特别要注明沿线交叉口的位置标高、相交道路的路名、交叉口交点标高以及街坊重要建筑物出入口的地坪标高等。当城市道路设计纵坡小于0.3%时，道路两侧应做锯齿形街沟设计，以满足排水要求，并分别算出雨水进水口和分水点的设计标高，标注在纵断面图上。通常城市道路纵断面图，在技术设计文件中，一般采用水平比例尺为1∶500~1∶1000，垂直比例尺为1∶50~1∶100。公路路线纵断面图如图3-36所示，城市道路纵断面图如图3-37所示。

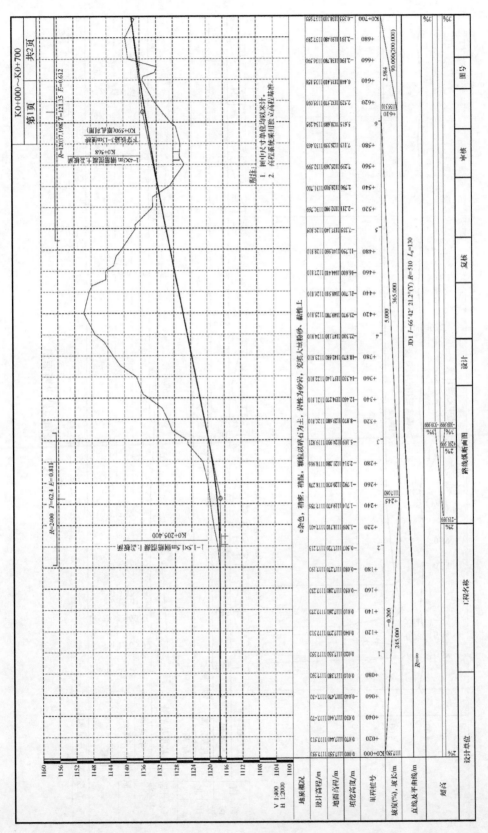

图 3-36 公路路线纵断面图

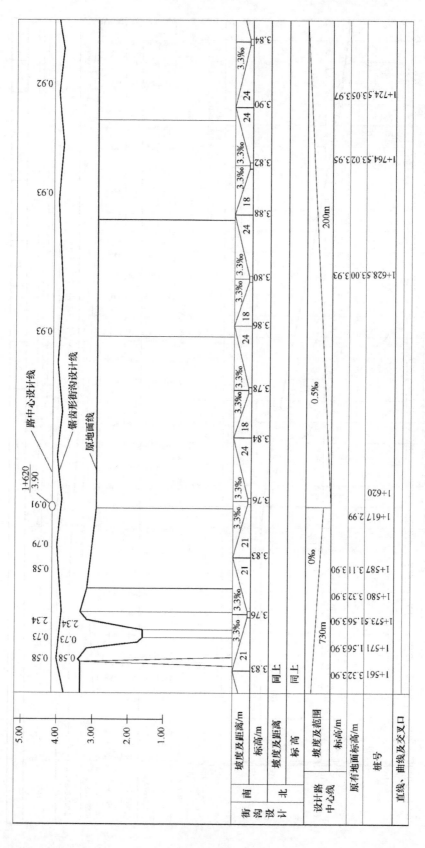

图 3-37　城市道路纵断面图

思考题与习题

3-1　什么是设计高程？我国对路基的设计高程有哪些规定？

3-2　最大纵坡是如何确定的？为什么要限定最大纵坡？

3-3　为什么要进行坡长限制？达到坡长限制值后如何设计？

3-4　设置爬坡车道和避险车道的目的是什么？设计时有哪些要求？

3-5　简述纵断面设计的一般步骤和方法。

3-6　某道路变坡点处相邻两纵坡分别为 $i_1 = -4.5\%$，$i_2 = 3.5\%$，变坡点桩号为 K6 + 360，高程为 320.78m，已知该竖曲线竖距 $E = 1.6$m，试计算：

1）竖曲线要素（L、R、T），并判断其凹凸性。

2）计算竖曲线起点、K6 + 330、K6 + 390 以及终点处的设计高程。

3-7　某城市 Ⅱ 级主干道，其纵坡分别为 $i_1 = -2.5\%$，$i_2 = +1.5\%$，变坡点桩号为 K2 + 600，设计高程为 352.00m。

1）试确定竖曲线最小半径并计算竖曲线上各点高程（桩号每隔 5m 计算一点高程）。

2）由于受地下管线和地形限制，竖曲线中点处高程要求不低于 352.30m，且不高于 352.40m，计算此时竖曲线半径。

第4章 横断面设计

4.1 横断面相关概念

道路横断面类似工程制图中的左视图，是指道路中心线的法线方向上的垂直剖面图，由地面线和设计线组成。公路横断面设计线主要包括行车道、路肩、分隔带、边沟、边坡、截水沟、护坡道、取土坑、弃土堆、环境保护设施等。对于高速公路、一级公路在一些特定地段和出入口须设置爬坡车道、避险车道和变速车道。城市道路的横断面设计线主要由机动车道、非机动车道、人行道、绿带、分车带等部分组成。横断面图中的地面线是反映地面起伏的线，可由现场测量得到或者从大比例尺地形图、航测照片、数字地面模型等途径得到。

4.1.1 公路横断面组成

公路横断面的组成和各部分的尺寸的确定是基于规划交通量、交通组成、设计速度、地形条件等因素。在确保必要的通行能力和安全顺畅的前提下，尽量做到占地少（特别是耕地），造价小，充分发挥社会和经济效益。

路幅是指公路路基顶面两路肩外侧边缘之间的部分。高速公路、一级公路等高等级公路通常是用分隔带将上行、下行车辆分开，其横断面如图4-1所示。分隔的方式有两种：一种是用分隔带分隔，即整体式路基；另一种是上行、下行车道在不同的水平面上，即分离式路基。整体式横断面包括双向行车道、中间带、路肩、紧急停车带、爬坡车道、避险车道等部分。二级公路、三级公路、四级公路等低等级公路一般不设分隔带（见图4-2），其由行车道、路肩及错车道等部分组成。城郊公路既有公路特点也同时具有城市道路的特点，步行、非机动车和机动车混合交通量大，有布置快、慢车道分开的必要，其横断面组成还需设置人行道、自行车道等，因此，应根据实际情况选用。

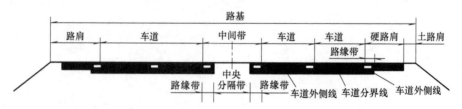

图 4-1 公路路基标准横断面（整体式）

公路路基横断面宽度为行车道和路肩宽度之和。当设置中间带、加减速车道、爬坡车道、紧急停车带、避险车道和错车道时，还应计入该部分宽度。在半径小于或等于250m的平曲线上，会产生路基加宽，该曲线段的路基宽度包括路基加宽的宽度。

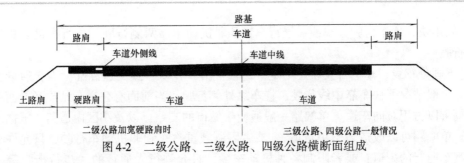

图 4-2 二级公路、三级公路、四级公路横断面组成

4.1.2 公路横断面类型

1. 单幅双车道

单幅双车道公路指整体式的供双向行车的双车道公路。二级公路、三级公路和一部分四级公路等低等级公路均属于这一类，这一类公路在我国公路等级构成中比重最大。这类公路适应的交通量从四级公路年平均日交通量的 4000 辆到二级公路年平均日交通量的 15000 辆，设计速度为 20 ~ 80km/h。由于此类公路未设分隔带，同时设计标准也较低，如果车辆各行其道，保证良好视距，也能保证交通安全和畅通。但当交道量逐渐增加，非机动车混入率增高、视距不够时，车速和通行能力则会大大降低，所以对混合行驶相互干扰较大的路段，可专设非机动车道，与机动车分离行驶。

2. 双幅多车道

多车道公路，如四车道、六车道和八车道的公路，一般设计成设置分隔带或分离式的路基的"双幅"路。分离式路基通常是为了利用地形或减少对风景区的破坏等而做成两条独立的单向行车的公路。双幅多车道公路车辆行驶车速高、通行能力大、行车顺适以及事故率低。高速公路和一级公路即属于此类。

3. 单车道

单车道公路一般是在四级公路上设置，是公路网的最末端，村级公路或者村连通镇的公路。只有交通量小、地形复杂、工程艰巨的山区公路或地方性道路，才采用单车道。这类公路仍然有双向交通，存在错车和超车，为此，选择有利地形设置错车道，使驾驶员能够看到相邻错车道。错车道处的路基宽度不小于 6.5m，有效长度大于等于 20m。

4.1.3 城市道路横断面布置类型

1. 单幅路

单幅路俗称"一块板"断面（见图 4-3）。一块板道路上人、机动车、非机动车混合行驶。此类道路的交通组织方式有：

图 4-3 单幅路横断面示意图

1）画出快、慢车行驶分车线。慢行车辆和非机动车靠两侧行驶，快行车辆和机动车辆在中间行驶。

2）不画分车线。车辆行驶轨迹不定，比较自由，容易导致交通混乱，当交通量少时可以采用。一般情况下快车靠中线行驶，慢车靠外侧行驶。当前面有公交车站或者前面有慢车时，车辆可以占用对向车道。单幅路一般适应于城市的支路，以及小区内道路。根据周围交通情况，单幅路可以改造为"单行道"；或者限制载重汽车和非机动车行驶，只允许小客车和公共汽车通行的街道；或者限制各种机动车辆，只允许行人通行的"步行街"等。上述措施，可以是相对不变的，也可以按规定周期变换。

2. 双幅路

双幅路俗称"两块板"断面（见图4-4），即用中央分隔带或分隔墩在道路中心线位置将行车道分为两部分，起到分隔上行、下行车辆的作用。根据交通组成和周围交通情况决定是否划分快、慢车道。

3. 三幅路

三幅路俗称"三块板"断面（见图4-5）。对于中间双向行驶的机动车辆，不对其进行分隔，而是把两侧的非机动车和机动车交通用分隔带或分隔墩分隔。该类型适合非机动车辆多的路段。

图4-4　双幅路横断面示意图

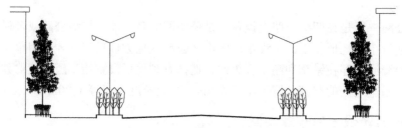

图4-5　三幅路横断面示意图

4. 四幅路

四幅路俗称"四块板"断面（见图4-6）。在三幅路的基础上，再用中央分隔带将中间上行、下行机动车车道一分为二。四幅路常见于非机动车和机动车交通大的主干路。

图4-6　四幅路横断面示意图

4.1.4 横断面形式的选用

单幅路路幅宽度小，设计标准低，造价低，但其上交通混乱，对交通安全不利，仅适用于机动车交通量不大且非机动车较少的次干路、支路及用地不足拆迁困难的旧城改建的城市道路上。

双幅路断面将上行、下行的车辆分开，减少了对向行车干扰，提高了车速和安全水平，分隔带上还可以用作绿化、布置照明和敷设管线，但因为同侧的机动车和非机动车没有分隔，导致同侧交通比较混乱，适用于各向至少具有两条机动车道，非机动车较少的道路。有平行道路可供非机动车通行的快速路、郊区道路及横向高差大或地形特殊的路段也可采用。

三幅路克服了双幅路同侧交通混乱的问题，将同侧机动车与非机动车分开，对交通安全有利，适用于机动车交通量大、非机动车多的城市道路。但三幅式断面占地较多，只有当红线宽度等于或大于 40m 时才能满足车道布置的要求。

四幅路将同向不同类型的交通（机动车和非机动车）及上行、下行的交通都用分隔带进行分隔，于安全和车速较三幅路更为有利，但占地更多，造价更高。它适用于机动车辆车速较高，各向两条机动车道以上，非机动车多的快速路与主干路。

在设计时，一条道路宜采用同一形式的横断面，如果因为其他原因道路横断面形式或横断面各组成部分的宽度需要变化时，应设过渡段。过渡段的起、终点宜选择在交叉口或结构物处。

4.2 机动车道、路肩与中间带

4.2.1 机动车道行车道宽度

机动车道是指供各种车辆纵向安全顺适地行驶的公路带状部分，是公路横断面中最主要的组成部分。公路各路段的车道数应根据预测交通量、设计速度和服务水平等确定。城市道路的横断面布置与公路有较大区别。下面取两者有代表性的交通状况加以分析，探讨机动车道行车道宽度的确定方法。

双车道公路设有上行、下行两条车道，一条行车道的宽度由汽车宽度和富余宽度组成。汽车宽度根据载重汽车车体的总宽度确定，一般取 2.5m。富余宽度主要是汽车行驶过程中所要求的安全宽度，如相邻两车之间保持的安全间隙及车轮胎至路面边缘的安全距离，如图 4-7 所示。双车道公路单向的车道宽度计算图示如图 4-7 所示，其计算公式如下

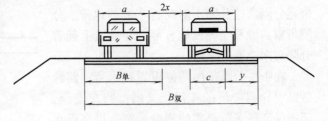

图 4-7 双车道公路单向的车道宽度计算

$$B_单 = \frac{a+c}{2} + x + y$$

双车道

$$B_双 = 2B_单 = a + c + 2x + 2y$$

式中 a——车体宽度（m）；

   c——汽车横向轮距（m）；

  $2x$——两车体安全间隙（m）；

   y——轮胎与路面边缘之间的安全距离（m）。

x、y 的值与行驶速度有关，根据有关专家的观测试验，得出其为经验公式为

$$x = y = 0.50 + 0.005v \tag{4-1}$$

式中 v——行车速度（km/h）。

从式（4-1）可知行车道的富余宽度主要与车速有关，此外还与路侧环境、驾驶员心理、车辆状况等有关。当双车道公路设计速度为 80km/h 时，取一条车道的宽度为 3.75m 是合适的。对车速较低、交通量不大的公路可取较小的宽度。各级公路行车道宽度的详细规定见表 4-1。

表 4-1 各级公路行车道宽度

公路等级	高速公路、一级公路					
设计速度/(km/h)	120、100			80		60
车道数	8	6	4	6	4	4
行车道宽度/m	2×15.0	2×11.25	2×7.5	2×11.25	2×7.5	2×7.0
公路等级	二级公路、三级公路、四级公路					
设计速度/(km/h)	80	60	40	30	20	
车道数	2	2	2	2	1 或 2	
行车道宽度/m	7.5	7.0	7.0	6.5	3.5 或 6.0	

4.2.2 有中间带的行车道宽度

高速公路、一级公路有四条以上的车道，一般设置中间带。分隔带两侧的行车道只有同向行驶的汽车。

1. 中间带的组成

中间带由中央分隔带和路线双向的两条左侧路缘带组成，如图 4-8 所示。中央分隔带是分隔高速公路上对向行车道的地带。分隔带以路缘石线等设施分界，在构造上起着分隔对向交通的作用。

在中央分隔带的两侧设置路缘带，路缘带既引导驾驶员的视线，又增加行车安全，还能保证行车所必需的侧向余宽，提高行车道的使用效率。

图 4-8 中间带示意图

2. 中间带的作用

1）将上行、下行车流分开，排除纵向干扰，防止对向车辆碰撞。

2）清晰显示内侧边缘，引导驾驶员视线。

3）防止行车任意转弯调头。

4）可作为设置安全护栏、标志、绿化及其他交通设施之用。

5）设置一定宽度的中间带并种植花草灌木或设置防眩网，可防止对向车辆灯光炫目，还可起到美化路容和环境的作用。

6）设于分隔带两侧的路缘带，由于有一定宽度且颜色醒目，既引导驾驶员视线，又增加行车所必需的侧向余宽，从而提高行车的安全性和舒适性。

3. 中间带宽度

中间带的宽度是根据行车道以外的侧向余宽，防止驶入对向行车道的护栏、种植、防眩网、跨线桥桥墩等所需的设施带宽度而定的。中间带一般分宽、窄两种中间带。中间带越宽作用越明显，但投资、占地多，对土地资源十分宝贵的地区要采用宽的中间带是有困难的。对于用地条件宽裕、环境设计要求高的国家或地区，多采用较宽的中间带，对布置优美的景观，减少噪声及空气污染，降低夜间行车眩光等都会起到良好的作用。对于用地紧张的国家和地区多采用较窄的中间带，同时采用了防撞护栏和防眩板等措施来起到防眩作用。我国用地紧张，设计规范规定一般均采用窄分隔带，在构造上高出行车道表面。

中间带宽度应等于设施带宽度和两边侧向余宽之和。如果采用较窄中间带的设计方式，设施带的宽度应考虑到植树及设置防撞护栏的需要，一般为 0.8m；侧向余宽应考虑到弯道视距、养护人员安全操作宽度、埋设地下管线等因素，以上这些需要 1.0m 的宽度；路缘带作为中间带的一部分与行车道相连接而设置，以显示行车道边缘，宽度为 0.50 或 0.75m。因此，侧向余宽总计应为每边 1.50m 或 1.75m。

《公路路线设计规范》取消对中央分隔带宽度的具体指标规定，要求根据中央分隔带的功能和护栏形式确定其宽度。《公路路线设计规范》对中间带左侧路缘带进行了规定，见表4-2。

表 4-2　左侧路缘带宽度

设计速度/（km/h）		120	100	80	60
左侧路缘带 宽度/m	一般值	0.75	0.75	0.50	0.50
	最小值	0.50	0.50	0.50	0.50

4. 分离式断面之间地带的处理

当高速公路采用分离式断面时，不同高度的分离式断面两相邻路基边缘之间的距离不做限制。各分离式断面行车道左侧应设置包括硬路肩与土路肩的左路肩。整体式路基过渡为分离式路基后，分离式路基间的间距应满足必要的排水和安全防护设施等的需要，且与地形和周围景观相配合。分离式路基两幅间的间距不必等宽，也不必等高，可随地形而变化，与周围景观相配合。分离式路基中的一幅以桥梁形式叠于另一幅之上时，其最小间距不受此限。整体式断面分离为分离式断面后和分离式断面汇合成整体式断面前的一段距离内，当分离式断面两相邻路基边缘之间的中间距离小于中间带宽度时，应设置不同宽度的中间带，其中间带的宽度增宽或减窄时，应设置过渡段，其过渡段以设置在圆曲线半径较大的路段为宜。

分离式路基应在适当位置设置横向连接道，以供养护、维修或抢险时使用。

5. 不同宽度中间带的过渡

整体式路基的中间带的宽度一般情况下应保持相同，当中间带宽度受地形条件及其他特殊情况限制需要变宽时，在宽度变化的地点，应设置过渡段，逐步过渡，避免突变。当中间带宽度在一般值与最小值之间变动时，过渡段以设在回旋线范围内为宜，其长度应与回旋线长度相等；条件受限制时，过渡段的渐变率不应大于1/100；宽度大于规定或宽度大于4.50m的中间带过渡段以设在半径较大的平曲线路段为宜，如图4-9所示。

6. 中央分隔带形式

中央分隔带的表面形式有凹形和凸形两种，中央分隔带宽度大于或等于3.0m时宜用凹形，一般植草皮；中央分隔带宽度小于3.0m时可采用凸形，可栽灌木或铺面封闭。

7. 中央分隔带开口

高速公路中央分隔带应按一定距离设置开口，使车辆在必要时可通过开口而到反方向车道行驶，以供维修、养护、应急抢险时使用。

1）互通式立体交叉、隧道、特大桥、服务区设施前后，以及整体式路基、分离式路基的分离（汇合）处，应设置中央分隔带开口。

2）中央分隔带开口间距应视需要而定，最小间距应不小于2km。

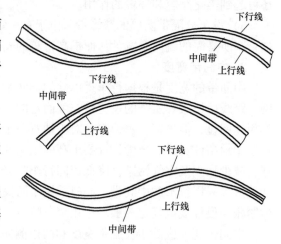

图4-9　宽度大于4.50m的中间带变宽过渡

3）中央分隔带开口长度不宜大于40m；八车道高速公路开口长度可适当增长，但不应大于50m。中央分隔带开口处应设置活动护栏。

4）中央分隔带开口应设置在通视良好的路段，若开口设于曲线路段，该圆曲线半径的超高值不宜大于3%。

5）中央分隔带开口端部的形状：中央分隔带宽度小于3.0m时可采用半圆形；中央分隔带宽度大于或等于3.0m时宜采用弹头形。开口处应设置活动护栏，严禁车辆U形转弯（掉头）。

4.2.3　路肩

1. 路肩的组成

路肩位于行车道外缘至路基边缘之间，是具有一定宽度的带状结构物。公路路肩由路缘带、硬路肩和土路肩三部分组成，如图4-10所示。

（1）路缘带　高速公路整体式路基应在硬路肩宽度内设右侧路缘带，作为硬路肩的一

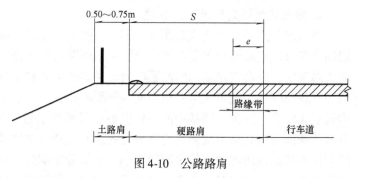

图4-10　公路路肩

部分，其宽度一般为0.50m。路缘带的作用主要是引导视线和分担侧向余宽功能，以利于行车安全。整体式路基路肩的路缘带在行车道右侧，称为右侧路缘带；当采用分离式路基时，则有左侧路缘带和右侧路缘带之分，左侧路缘带宽度为0.50m。

（2）硬路肩　高速公路采用整体式断面时，应在行车道的右侧设置硬路肩，用加固材

料处理，具有一定强度。高速公路采用分离式断面时，行车道左侧也应设硬路肩。

（3）土路肩 土路肩是指紧邻硬路肩的道路组成部分，是不加铺装的土质路肩，它起保护路面和路基的作用，并提供侧向余宽。

2. 路肩的作用

1）由于路肩紧靠在路面的两侧设置，具有保护及支撑路面结构的作用。

2）供发生故障的车辆临时停放之用，有利于防止交通事故和避免交通紊乱。

3）作为侧向余宽的一部分，能增加驾驶的安全和舒适感，这对保证设计速度是必要的，尤其在挖方路段，还可以增加弯道视距，减少行车事故。

4）提供道路养护作业、设置路上设施和埋设地下管线的场地。

5）精心养护的路肩，能增加公路的美观，并起引导视线的作用。

3. 路肩的宽度

高速公路的路肩宽度应考虑发生故障车辆临时在路肩上停放所需的宽度。《公路工程技术标准》规定了高速公路右侧路肩宽度，见表 4-3。

表 4-3　右侧路肩宽度

公路等级（功能）		高 速 公 路			一级公路（干线功能）		一级公路（集散功能）和二级公路		三级公路、四级公路		
设计速度/(km/h)		120	100	80	100	80	80	60	40	30	20
右侧硬路肩宽度/m	一般值	3.00 (2.50)	3.00 (2.50)	3.00 (2.50)	3.00 (2.50)	3.00 (2.50)	1.50	0.75	—	—	—
	最小值	1.50	1.50	1.50	1.50	1.50	0.75	0.25			
土路肩宽度/m	一般值	0.75	0.75	0.75	0.75	0.75	0.75	0.75	0.75	0.50	0.25（双车道） 0.50（单车道）
	最小值	0.75	0.75	0.75	0.75	0.75	0.50	0.50			

注：1. 表中各所列"一般值"为正常情况下的采用值；在设爬坡车道、变速车道及超车道路段，受地形、地物等条件限制及多车道公路特大桥，可论证采用"最小值"。

2. 高速公路和作为干线公路的一级公路以通行小客车为主时，右侧硬路肩宽度可采用括号内数值。

为保证行车安全，考虑到八车道高速公路小客车因事故等临时紧急停车的需要，有条件时应设置左侧硬路肩。鉴于内侧车道上行驶的车辆以小客车为主，故规定左侧硬路肩包括左侧路缘带的宽度采用 2.5m。

高速公路和一级公路采用分离式断面时，行车道左侧也应设硬路肩，其宽度规定见表 4-4。

表 4-4　高速公路和一级公路采用分离式路基的左侧路肩宽度

设计速度/(km/h)	120	100	80	60
左侧硬路肩宽度/m	1.25	1.00	0.75	0.75
左侧土路肩宽度/m	0.75	0.75	0.75	0.50

公路为路外排水，常通过边沟等排水；城市道路排水一般是路内排水，通过雨水管线排水，两侧设人行道。如果城郊部城市道路采用边沟排水则应在路面外侧设置路肩，分设硬路肩和保护性路肩。城市道路的设计速度大于或等于 40km/h 时，应设置硬路肩。保护性路肩

一般为土质或简易铺装，其作用是为城市道路的某些交通设施，如护栏、栏杆、交通标志牌等的设置提供场地，最小宽度为 0.50m。双幅路或四幅路中间具有排水沟的断面，应设置左侧路肩。

4.3 路拱、超高及加宽

4.3.1 路拱

为了利于路面横向排水，将路面做成中间高两边低的拱形，称为路拱。路拱的倾斜大小以百分率表示。路拱的形式一般有抛物线形、直线接抛物线形、折线形、双曲线形等。路拱对排水有利但对行车不利。对路拱大小的采用及形状的设计应兼顾两方面的影响。对于不同类型的路面由于其表面的平整度和透水性不同，再考虑当地的自然条件可选用不同的路拱坡度，见表 4-5 规定的数值。高速公路采用高级路面，其横坡度按表 4-5 规定的数值采用。

表 4-5 公路路拱横坡度

路 面 类 型	路拱横坡度（%）	路 面 类 型	路拱横坡度（%）
沥青混凝土、水泥混凝土	1.0 ~ 2.0	碎砾石、砾石等粒料路面	2.5 ~ 3.5
其他沥青路面	1.5 ~ 2.5	低级路面	3.0 ~ 4.0
半整齐石块	2.0 ~ 3.0		

1. 行车道横坡

高速公路、一级公路整体式路基的路拱宜采用双向路拱坡度，由中央分隔带两侧边缘向路基两侧边缘倾斜。位于中等强度降雨地区时，路拱坡度宜为 2%；位于降雨强度较大地区时，路拱坡度可适当增大。

高速公路、一级公路分离式路基的路拱，宜采用单向横坡，并向路基外侧倾斜，也可采用双向路拱坡度。积雪、冰冻地区，宜采用双向路拱坡度。

对于六车道、八车道高速公路，当超高过渡段的路拱坡度过于平缓时，可设置双向路拱坡度。

2. 路肩的横坡

路肩的横坡一般较路面横坡大 1% ~ 2%。

（1）硬路肩的横坡

1）直线路段的硬路肩应设置向外倾斜的横坡，其坡度值应与车道横坡值相同。路线纵坡平缓，且设置拦水带时，其横坡值宜采用 3% ~ 4%。

2）曲线路段内、外侧硬路肩横坡的横坡值及其方向：当曲线超高小于或等于 5% 时，其横坡值和方向应与相邻车道相同；当曲线超高大于 5% 时，其横坡值应不大于 5%，且方向相同。

3）硬路肩的横坡应随邻近车道的横坡一同过渡，其过渡段的纵向渐变率应为 1/330 ~ 1/150。

4）大中桥梁、隧道区段的硬路肩横坡值，应与车道相同。

（2）土路肩的横坡 位于直线路段或曲线路段内侧，且车道或硬路肩的横坡值大于或等于3%时，土路肩的横坡应与车道或硬路肩横坡值相同；小于3%时，土路肩的横坡应比车道或硬路肩的横坡值大1%或2%。位于曲线路段外侧的土路肩横坡，应采用3%或4%的反向横坡值。

4.3.2 超高

汽车在平曲线上行驶时，受横向力或离心力作用会产生滑移或倾覆，为抵消车辆在平曲线路段上行驶时所产生的离心力，将路面做成外侧高内侧低的单向横坡形式，称为平曲线超高。平曲线超高的作用是使汽车在平曲线上行驶时能获得一个指向内侧的横向分力，以克服离心力，减少横向力，从而保证汽车行驶的稳定性及乘客的舒适性。

1. 超高横坡度的计算

可由平曲线最小半径公式得到超高横坡度的计算公式，即

$$i_h = \frac{v^2}{127R} - \mu \qquad (4\text{-}2)$$

《公路路线设计规范》规定，圆曲线半径小于表2-2规定的不设超高圆曲线最小半径时，应在曲线上设置超高。超高的横坡度应根据设计速度、圆曲线半径、路面类型、自然条件和车辆组成等情况确定，必要时应按运行速度予以验算。高速公路的最大超高值，在一般地区，不超过8%或10%（一般正常情况下采用8%，交通组成小客车比例高时可采用10%）；在积雪冰冻地区，不超过6%。最小超高值应与直线部分的路拱横坡度值一致。

高速公路的纵坡较大处，其上行、下行车道可采用不同的超高值。

2. 超高的过渡方式

高速公路整体式路基的超高过渡方式有绕中间带的中心线旋转、绕中央分隔带边缘旋转和绕行车道中心线旋转三种，如图4-11所示。

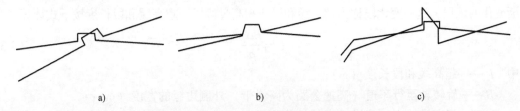

a)   b)   c)

图 4-11　高速公路整体式路基的超高过渡方式
a) 绕中间带的中心线旋转　b) 绕中央分隔带边缘旋转　c) 绕行车道中心线旋转

（1）绕中间带的中心线旋转　先将外侧行车道绕中央分隔带边缘旋转，待达到与内侧行车道构成单向横坡后，整个断面一同绕中心线旋转，直至超高横坡度值。此时中央分隔带呈倾斜状。中间带宽度较窄时(≤4.5m)可采用。

（2）绕中央分隔带边缘旋转　将两侧行车道分别绕中央分隔带边缘旋转，使之各自成为独立的单向超高断面，此时中央分隔带维持原水平状态。此种方式适合于各种宽度的中间带。

（3）绕行车道中心线旋转　将两侧行车道分别绕各自的中心线旋转，使之各自成为独立的单向超高断面，此时中央分隔带两边缘分别升高与降低而成为倾斜断面。对于车道数多于4条的公路可采用。

分离式断面高速公路由于上行、下行车道是各自独立的，其超高的设置及其过渡可按两

条无分隔带的道路分别处理，按无中间带的公路分别予以过渡。分离式断面高速公路的超高过渡如图4-12所示。

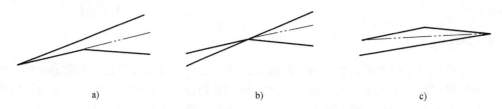

图 4-12 分离式断面高速公路的超高过渡

a）绕内侧车道边缘旋转 b）绕中线旋转 c）绕外侧车道边缘旋转

若超高横坡度等于路拱坡度，路面由直线上双向倾斜路拱形式过渡到曲线上具有超高的单向倾斜形式，只需行车道外侧绕中线逐渐抬高，直至与内侧横坡相等为止。

当超高横坡度大于路拱坡度时，可分别采用以下三种过渡方式：

（1）绕内侧车道边缘旋转 先将外侧车道绕路中线旋转，待达到与内侧车道构成单向横坡后，整个断面再绕未加宽前的内侧车道边线旋转，直至超高横坡度。一般新建工程多用此法。

（2）绕中线旋转 先将外侧车道绕路中线旋转，待达到与内侧车道构成单向横坡后，整个断面绕中线旋转，直至超高横坡度。旧路改建工程多用此法。

（3）绕外侧车道边缘旋转 先将外侧车道绕外边缘旋转，与此同时，内侧车道随中线的降低而相应降低，待达到单向横坡后，整个断面仍绕外侧车道边缘旋转，直至超高横坡度。路基外缘标高受限制或者路容美观有特殊要求时可采用此种方式。

3. 超高缓和段长度的确定

超高横坡度由直线段的双坡路拱过渡到与圆曲线半径相适应的单向横坡的路段，要有一个逐渐变化的区段，这一变化段称为超高缓和段或超高过渡段。超高缓和段长度按下式计算

$$l_c = \frac{B\Delta_i}{\rho}$$ (4-3)

式中 l_c——超高缓和段长度（m）；

B——旋转轴至行车道（高速公路为路缘带）外侧边缘的宽度（m）；

Δ_i——超高横坡度与路拱坡度的代数差（%）；

ρ——允许超高渐变率，即旋转轴（高速公路一般为路缘带边缘）与行车道外侧边缘间相对坡度，其值见表4-6。

表 4-6 超高渐变率

设计速度/(km/h)	超高旋转轴位置	
	中　　线	边　　线
120	1/250	1/200
100	1/225	1/175
80	1/200	1/150
60	1/175	1/125

（续）

设计速度/（km/h）	超高旋转轴位置	
	中　线	边　线
40	1/150	1/100
30	1/125	1/75
20	1/100	1/50

依据式（4-3）求得的超高缓和段长度，应取整为 5m 的倍数，并不小于 10m 的长度。

超高的过渡应在回旋线全长范围内进行。当回旋线较长时，其超高的过渡可采用以下方式：

1）超高缓和段可设在回旋线的某一区段范围内，其超高缓和段的纵向渐变率不得小于 1/330，全超高断面宜设在缓圆点或圆缓点处。

2）六车道及以上的公路宜增设路拱线。

对于高速公路，当采用中央分隔带外缘为旋转轴时，即便超高渐变率大于 1/330，在纵坡平缓的情况下，行车道排水也会因断面较宽而难以达到满意的效果。为避免这种不良现象，除采取减小超高缓和段长度、加大超高渐变率、在回旋线的某一区段内设置超高等措施外，还可以采用在行车道中间增设路拱线以减少流水行程，从而减轻路面积水的方法，以改善排水条件。

对于硬路肩超高其主要处理方式有：

1）硬路肩超高值与相邻车道超高值相同时，其超高缓和段应与车道相同，且采用与车道相同的超高渐变率。

2）硬路肩超高值比相邻车道超高值小时，应将硬路肩横坡过渡到与车道路拱坡度相同，再与车道一起过渡，直至硬路肩达到其最大超高坡值。

对线形设计要求较高的公路，应在超高缓和段的起、终点插入一段二次抛物线，使之连接圆滑、舒顺。

4. 超高值的计算

平曲线上设置超高以后，中央分隔带边缘和行车道外侧边缘与设计高程的高差，应予以计算并列于"路基设计表"中，以便于施工。对于整体式断面的高速公路超高的过渡方式有前文所述三种，在实际的设计中应用较多的是绕中央分隔带边缘旋转和绕行车道中心线旋转这两种方法。在超高过程中，内外侧同时从超高缓和段起点开始绕各自旋转轴旋转，外侧逐渐抬高，内侧逐渐降低，直到 HY（或 YH）点达到全超高。计算公式列于表 4-7 和表 4-8，计算点位置如图 4-13 所示。

表 4-7　绕中央分隔带边缘旋转超高值计算公式

超高位置		计　算　公　式	x 距离处行车道路拱坡度值	备　　注
外侧	C	$(b_1 + B + b_2) i_x$	$i_x = \dfrac{i_G + i_h}{L_c} x - i_G$	1. 计算结果为与设计高程之高差 2. 设计高程为中央分隔带外侧边缘的高程
	D	0		
内侧	D	0	$i_x = \dfrac{i_h - i_G}{L_c} x + i_G$	3. 加宽值 b_x 按加宽计算公式计算 4. 当 $x = L_c$ 时，为圆曲线上的超高值
	C	$-(b_1 + B + b_x + b_2) i_x$		

表4-8　绕各自行车道中心线旋转超高值计算公式

超高位置		计 算 公 式	x 距离处行车道路拱坡度值	备　注
外侧	C	$\left(\dfrac{B}{2}+b_2\right)i_x-\left(\dfrac{B}{2}+b_1\right)i_G$	$i_x=\dfrac{i_G+i_h}{L_c}x-i_G$	1. 计算结果为与设计高程之高差
	D	$-\left(\dfrac{B}{2}+b_1\right)(i_x+i_G)$		2. 设计高程为中央分隔带外侧边缘的高程
内侧	D	$\left(\dfrac{B}{2}+b_1\right)(i_x-i_G)$	$i_x=\dfrac{i_h-i_G}{L_c}x+i_G$	3. 加宽值 b_x 按加宽计算公式计算
	C	$-\left(\dfrac{B}{2}+b_x+b_2\right)i_x+\left(\dfrac{B}{2}+b_1\right)i_G$		4. 当 $x=L_c$ 时，为圆曲线上的超高值

表4-7 和表4-8 中符号含义如下：

B——左侧（或右侧）行车道宽度（m）；

b_1——左侧路缘带宽度（m）；

b_2——右侧路缘带宽度（m）；

b_x——x 距离处路基加宽值（m）；

i_h——超高横坡度；

i_G——路拱坡度；

x——超高缓和段中任意一点至超高缓和段起点的距离（m）。

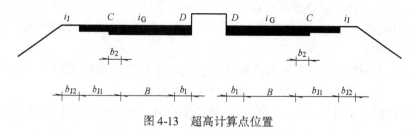

图 4-13　超高计算点位置

表中仅列出了行车道外侧边缘和中央分隔带边缘的超高计算，硬路肩外侧边缘、路基边缘的超高可根据路肩横坡和路肩宽度从车道外侧边缘推算。

4.3.3　加宽

1. 加宽原因

从图 4-14 可知，汽车在曲线上行驶时，每个车轮所走过的轨迹是不一样的。后轴内轮行驶轨迹的半径是很小的，而且偏向曲线内侧，前轴外轮的轨迹半径最大。因此，汽车在曲线上行驶要比直线上多占用一部分宽度。此外，汽车在曲线上行驶，其行驶轨迹并不完全与理论行驶轨迹相吻合，而是有一定的摆动偏移，为了保证汽车在曲线上和在直线上具有同样的富余宽度，故需要路面加宽来弥补，确保安全，这种在曲线上适当拓宽路面的形式称为平曲线加宽。

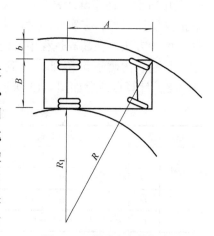

图 4-14　普通汽车的加宽

2. 加宽值的计算

（1）普通汽车行车道加宽值　由图 4-14 所示的几何关系，可得普通汽车一条车道的加宽值

$$b = R - (R_1 + B)$$

$$R_1 + B = \sqrt{R^2 + A^2} = R - \frac{A^2}{2R} - \frac{A^4}{8R^3} - \cdots$$

故

$$b = \frac{A^2}{2R} + \frac{A^4}{8R^3} + \cdots$$

上式第二项及其以后的数值极小，在计算中可以省略不计，故一条车道的加宽值为

$$b_{单} = \frac{A^2}{2R} \tag{4-4}$$

对于有 n 条车道的行车道加宽值

$$b = \frac{nA^2}{2R} \tag{4-5}$$

式中　A——汽车后轴至前保险杠的距离（m）；

　　　R——圆曲线半径（m）。

（2）半挂车的加宽值　半挂车的加宽值由图 4-15 所示的几何关系求得

$$b = b_1 + b_2 = \frac{A_1^2 + A_2^2}{2R} \tag{4-6}$$

式中　b_1——牵引车的加宽值（m）；

　　　b_2——拖车的加宽值（m）；

　　　A_1——牵引车保险杠至第二轴的距离（m）；

　　　A_2——第二轴至拖车最后轴的距离（m）。

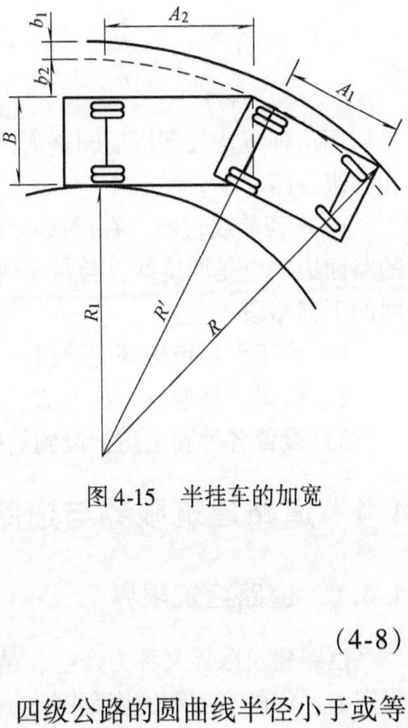

（3）加宽与车速的关系　汽车转弯加宽还与车速有关，一条车道摆动加宽值计算的经验公式为

$$b' = \frac{0.05v}{\sqrt{R}} \tag{4-7}$$

式中　v——设计速度(km/h)。

（4）考虑车速影响的加宽值计算公式

图 4-15　半挂车的加宽

$$b = n\left(\frac{A^2}{2R} + \frac{0.05v}{\sqrt{R}}\right) \tag{4-8}$$

《公路路线设计规范》规定，当二级公路、三级公路、四级公路的圆曲线半径小于或等于 250m 时，应设置加宽。双车道公路路面加宽值规定见表 4-9。

表 4-9　双车道公路路面加宽值　　　　　　　　　　　（单位：m）

加宽类别	设计车辆	圆曲线半径/m								
		250~200	150~200	100~150	70~100	50~70	30~50	25~30	20~25	15~20
第1类	小客车	0.4	0.5	0.6	0.7	0.9	1.3	1.5	1.8	2.2
第2类	载重汽车	0.6	0.7	0.9	1.2	1.5	2.0	—	—	—
第3类	铰接列车	0.8	1.0	1.5	2.0	2.7	—	—	—	—

注：单车道公路路面加宽值为表规定值的一半。

圆曲线上的路面加宽应设置在圆曲线的内侧，路面加宽后，路基也应相应加宽。

3. 加宽过渡段的长度

对于设置回旋线或超高过渡段时，加宽过渡段长度应采用与回旋线或超高过渡段长度相同的数值；对于不设回旋线或超高过渡段时，加宽过渡段应按渐变率为 1∶15 且长度不小于10m 的要求设置。

4. 加宽过渡方式

在加宽过渡段上，路面的宽度逐渐变化。二级公路、三级公路、四级公路的加宽过渡应在加宽过渡段全长范围内，按其长度成比例增加的方式设置。高速公路加宽过渡段的设置可采用以下不同的加宽过渡方式。

（1）高次抛物线过渡　在加宽缓和段上插入一条高次抛物线，抛物线上任一点的加宽值可按下式计算

$$b_x = (4k^3 - 3k^4)b \tag{4-9}$$

式中　b——圆曲线上的全加宽值（m）；

　　　k——系数，$k = \dfrac{L_x}{L}$，其中 L 为加宽缓和段全长，L_x 为加宽缓和段任一点到起点的距离（m）。

用这种方法处理以后的路面内侧边缘圆滑、美观，适用于对路容有一定要求的高速公路和一级公路。

（2）回旋线过渡　在过渡段上插入回旋线，这样不但中线上有回旋线，而且加宽以后的路面边线也是回旋线，与行车轨迹相符，保证了行车的顺适与线形的美观，适用于高速公路的下列路段：

1）位于大城市近郊的路段。

2）桥梁、高架桥、挡土墙、隧道等构造物处。

3）设置各种安全防护设施的路段。

4.4　道路建筑限界与道路用地范围

4.4.1　道路建筑限界

道路建筑限界又称为净空，是为保证车辆、行人的通行安全，对道路和桥面上及隧道中规定的一定的高度和宽度范围内不允许有任何障碍物侵入的空间界限。它由净高和净宽两部分组成。在横断面设计时，应充分研究各路幅组成要素与公路公共设施之间的关系，在有限的空间内合理安排、正确设计，道路标志、标牌、护栏、照明灯柱、电杆、行道树、桥墩、桥台等设施的任何部件不能侵入建筑限界之内。

《公路工程技术标准》规定了各级公路建筑限界，并对建筑限界有如下规定：当设置中间带、加减速车道、爬坡车道、紧急停车带、避险车道和错车道时，还应计入该部分宽度；路基、桥梁、隧道相互衔接处，其建筑限界应按过渡段处理；高速公路、一级公路、二级公路的净高应为 5.0m；三级公路、四级公路的净高应为 4.5m；检修道、人行道与行车道分开设置时，其净高应为 2.5m。各级公路的建筑限界规定如图 4-16 所示。

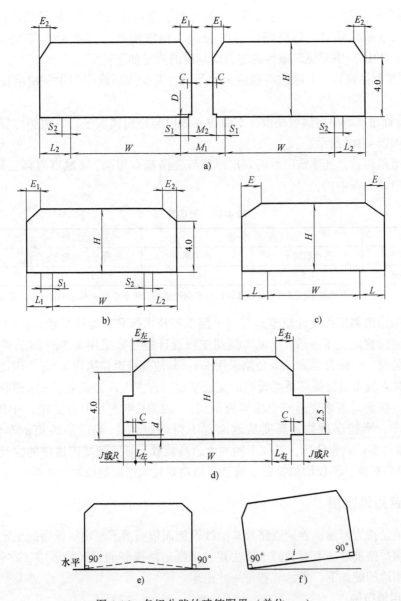

图 4-16　各级公路的建筑限界（单位：m）

a）高速公路、一级公路（整体式）　b）高速公路、一级公路（分离式）　c）二级公路、三级公路、四级公路

d）公路隧道　e）一般路拱路段　f）设置超高路段

W—行车道宽度　L_1—左侧硬路肩宽度　L_2—右侧硬路肩宽度　S_1—左侧路缘带宽度　S_2—右侧路缘带宽度　L—侧向宽度：

二级公路的侧向宽度为硬路肩宽度（L_1 或 L_2）；三级公路、四级公路的侧向宽度为路肩宽度减去 0.25m　$L_左$—隧道内左

侧侧向宽度　$L_右$—隧道内右侧侧向宽度　C—当设计速度大于 100km/h 时为 0.5m，等于或小于 100km/h 时为 0.25m

D—路缘石高度，小于或等于 0.25m　M_1—中间带宽度　M_2—中央分隔带宽度　J—隧道内检修道宽度　R—隧道内人

行道宽度　d—隧道内检修道或人行道高度　E—建筑限界顶角宽度，当 $L \leqslant 1\text{m}$ 时，$E = L$；当 $L > 1\text{m}$ 时，$E = 1\text{m}$

E_1—建筑限界左顶角宽度，当 $L_1 < 1\text{m}$ 时，$E_1 = L_1$，或 $S_1 + C < 1\text{m}$，$E_1 = S_1 + C$；当 $L_1 \geqslant 1\text{m}$ 或 $S_1 + C \geqslant 1\text{m}$ 时，$E_1 = 1\text{m}$

E_2—建筑限界右顶角宽度，$E_2 = 1\text{m}$　$E_左$—建筑限界左顶角宽度，当 $L_左 \leqslant 1\text{m}$ 时，$E_左 = L_左$；当 $L_左 > 1\text{m}$ 时，$E_左 = 1\text{m}$

$E_右$—建筑限界右顶角宽度，当 $L_右 \leqslant 1\text{m}$ 时，$E_右 = L_右$；当 $L_右 > 1\text{m}$ 时，$E_右 = 1\text{m}$　H—净空高度

不设超高段的建筑限界的上缘边界线为水平线,超高路段与超高横坡平行;不设超高段两侧边界线与水平线垂直,超高路段与路面超高横坡垂直。《公路立体交叉设计细则》(JTG/T D21—2014)中对建筑限界的边界线划定的规定如下:

1)在正常路拱路段,上缘边界线应为水平线,两侧边界线应与水平线垂直,如图4-16e所示。

2)在设置超高或单向横坡路段,上缘边界线应与路面横坡平行,两侧边界线应与路面横坡垂直,如图4-16f所示。

对城市道路而言,其建筑限界的划定原理与公路基本相同,《城市道路工程设计规范》规定的最小净高见表4-10。

表4-10 最小净高

道路种类	机 动 车 道		非机动车道	人行道
行驶车辆类型	各种机动车	小客车	自行车、三轮车	行人
最小净高/m	4.5	3.5	2.5	2.5

注:对通行无轨电车、有轨电车、双层客车等其他特种车辆的道路,最小净高应满足车辆通行的要求。

我国《城市道路工程设计规范》与《公路工程技术标准》设计车辆总高均为4m,而在最小净空高度的规定上不一致,《城市道路工程设计规范》采用4.5m;《公路工程技术标准》中高速公路、一级公路和二级公路采用5m;其他等级道路采用4.5m。因此,出现了许多起从公路驶入城市道路撞坏桥梁设施的交通事故,许多人认为是由于城市道路低于公路净高标准所致。根据《道路交通安全法实施条例》(2004年5月1日实施)中规定"重型、中型载货汽车,半挂车载物,高度从地面起不得超过4m,载运集装箱的车辆不得超过4.2m",并通过实际调查分析,事故车辆均为超高装载。考虑到城市道路的建设特点,若增加0.5m的净高标准,不仅增加投资,而且会影响到技术指标的选取和工程的可实施性。

4.4.2 道路用地范围

道路用地是指为修建、养护道路及其沿线设施而依照国家规定所征用的土地。道路用地的征用,必须严格遵守国家有关的土地法规,依据道路横断面设计的要求,在保证其修建、养护所必需用地的前提下,尽量节省每一寸土地。

1. 公路用地范围

填方地段为公路路堤两侧排水沟外边缘(无排水沟时为路堤或护坡道坡脚)以外,挖方地段为路堑坡顶截水沟外边缘(无截水沟为坡顶)以外,不小于1m的土地范围。在有条件的地段,高速公路、一级公路不小于3m,二级公路不小于2m的土地范围。

桥梁、隧道、互通式立体交叉、分离式立体交叉、平面交叉、交通安全设施、服务设施、管理设施、绿化及料场、苗圃等应根据实际需要确定用地范围。在风沙、雪害等特殊地质地带,设置防护设施(防护林、种植固沙植物、防沙、防雪栅栏)及设置反压护道等设施时,应根据实际需要确定用地范围。

对于改建公路,在原有的基础上,可参考以上有关规定执行。

2. 城市道路用地范围

城市道路用地范围为城市道路红线宽度。城市道路红线是指划分城市道路用地和城市建筑用地、生产用地及其他备用地的分界控制线。红线宽度为包括行车道、人行道、绿化带等在内的规划道路的总宽度，所以也称为规划路幅。城市道路的红线规划考虑道路的功能与性质、横断面形式及其各组成部分的合理宽度以及今后发展的需要，由城市规划部门确定。

4.5　路基横断面设计

横断面设计演示视频

进行路基横断面设计时，要求在各桩位的横断面地面线基线上，确定路基横断面设计线的形状、尺寸和结构，其主要作用是：为计算路基土石方提供资料；确定用地范围；为路基施工提供依据。

4.5.1　路基横断面设计的基本要求

超高旋转

路基横断面设计应使道路横断面布置及几何尺寸满足交通环境、用地经济等要求。路基是支撑路面，形成连续行车道的带状土、石结构物，它既要承受路面传来的车辆荷载，又要承受大自然因素的作用。因此，路基横断面设计必须满足以下基本要求：

1）稳定性：在荷载、自然因素的共同作用下，不倾覆、滑动、沉陷、塌方。

2）经济性：工程量小，节约资金。

3）规范性：断面的某些尺寸（如路基宽）必须符合公路规范和设计标准的要求。

4）兼顾性：要兼顾农田基本建设的需要，在取土、弃土及挡土墙设置等方面应与农田改造、水利灌溉相配合。

4.5.2　路基标准横断面

在具体设计每个横断面之前，先确定路基标准横断面（或称为"典型横断面"）。在路基标准横断面图中，一般要包括路堤、路堑、半填半挖、护肩路基、挡土墙路基、砌石路基等。断面中的边坡坡度、边沟尺寸、挡土墙断面等必须按《公路路基设计规范》（JTG D30—2015）的规定确定。

绘制标准横断面图时，应在整条公路全线范围内选择有代表性的典型横断面，绘出路基标准横断面图，并在图中标明用地界限、安全护栏、防护栅、绿化等的位置，绘出路堤和路堑边坡以及横断面各组成部分的详细尺寸和布置，作为施工标准图示，如图4-17所示。

4.5.3　路基横断面设计步骤及主要成果

1. 设计步骤

路基横断面设计在平面设计、纵断面设计完成后进行，其步骤如下：

1）在计算纸上绘制路基横断面的地面线。地面线是在现场测绘的，若是纸上定线，可从大比例尺的地形图上内插获得。在计算机辅助设计中，可通过数字化仪或数字地面模型自动获得。路基横断面图的比例一般是1:200。

2）根据路线和路基资料，逐桩标注相应的填挖高度、路基宽度、超高和加宽的数值。

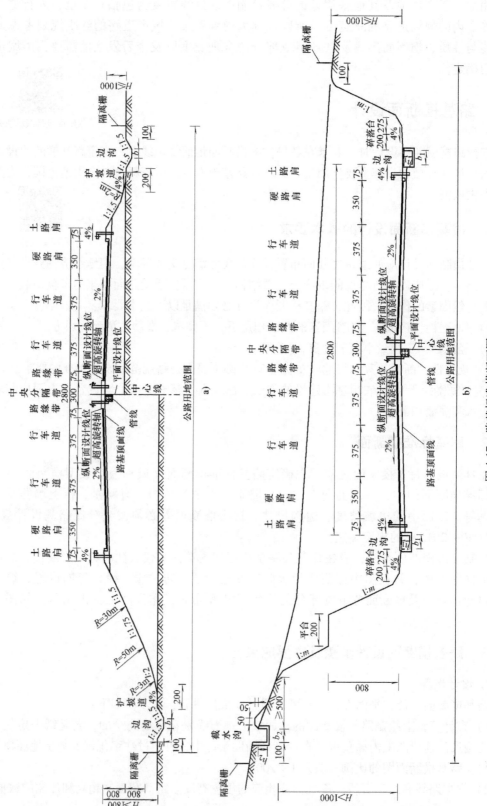

图 4-17 路基标准横断面图

a) 整体式填方路基 b) 整体式挖方路基

3）根据地质调查资料，标出各断面土、石分界线，确定路基边坡坡度及边沟、排水沟的形状和尺寸。

4）逐桩绘出路基横断面设计线，俗称"戴帽子"。设计线应包括路基、边沟、截水沟、加固及防护工程、护坡道、碎落台和视距台等。在弯道上的断面还应示出超高、加宽。直线段的断面可不示出路拱坡度。在需要设置各种支挡工程和防护工程的地方画出该工程结构的断面示意图。此外，对于取土坑、弃土堆、绿化等也尽可能画出。

5）分别计算各桩号断面的填方面积和挖方面积并标注于图上，完成全图。

对于分离式路基断面和具有变速车道、紧急停车道的断面，可参照上述步骤绘制。对于特殊路基还应单独设计，绘制特殊路基设计图。图中应示出地质、各种防护工程设施和构造物布置大样等。

在以上路基横断面设计时，尽管在路基横断面图上按比例绘出了边沟、截水沟、护脚、挡土墙等设施，但一般不标注详细尺寸，仅注明其起讫桩号，其设计的详细尺寸标注于设计路段的标准横断面图。

高速公路各车道的平面线形常以中央分隔带的中心线为基准向左右分别展开，做成整体式的路基横断面。但中央分隔带的宽度在特殊情况下不一定都是等宽的，特别是由于地形等条件，双向车道的设计线不一定在同一平面上，就会过渡到分离式的路基断面。此时，平面线和纵断面线都分别按上行车道、下行车道独立设计。但此时上行车道、下行车道的横断面往往互有影响，上行车道的边坡坡脚或挡土墙的布置都直接与下行车道的位置相干扰，因此就宜绘制贯通上行车道、下行车道的大横断面，把上行车道和下行车道的相对位置（水平距离和相对高差）清楚地绘制在路基横断面图上。

2. 主要成果

（1）路基横断面设计图　它反映了每个桩位处横断面的尺寸和结构，是路基施工、占地边界、土石方计算的依据。横断面设计图应按从下到上，从左到右的方式进行布置，比例尺一般用 1:200，每页图的右上角应标明横断面图的总页数和本页图的编码数，在横断面设计图上要标注桩号、填挖高度、填挖面积、边坡坡度，在有超高、加宽的断面还要标明其相应数值（见图 4-18）。绘制路基横断面设计图的工作量大且烦琐，一般都用计算机来完成。

桩号：	K0+020	
填：	0.09m	挖：	m
路基宽	左：12.00m	右：12.00m
超高	左：-0.22m	右：-0.22m
边坡	左：1:0.50	右：1:0.50
面积	填：0.22m²	挖：16.92m²

图 4-18　路基横断面设计图

（2）路基标准横断面图　路基标准横断面图（见图 4-17）是路基横断面设计图中所出现的所有路基典型形式的汇总。它示出了所有设计线（包括边沟坡、边沟、挡墙、护肩等）的形状比例及尺寸，用以指导施工。高速公路按整体式路基、分离式路基分别绘制，比例尺用 1 ∶ 100 ~ 1 ∶ 200。

（3）路基设计表　"路基设计表"是路线设计和路基设计成果的体现，在道路设计文件中占有重要地位。表中列出了桩号、平曲线要素、纵坡（坡度、坡长、变坡点桩号及高程）、竖曲线要素、地面高程、设计高程、填挖高度、路基宽度、各点与设计高程的差，并说明加宽、超高情况。边沟需特殊设计时，还应列出沟底纵坡设计资料、形状及尺寸、沟底高程等。其样式见表 4-11。

表 4-11　某高速

桩　号	平　曲　线		坡度及竖曲线		横坡（%）		地面高程/m	设计高程/m	填挖高度/m	
	左偏	右偏	凹	凸	左	右			填	挖
1	2	3	4	5	6	7	8	9	10	11
K6 + 760	ZY				2.00	−2.00	1.188	8.447	7.259	
ZY K6 + 782.363	……				2.00	−2.00	1.302	8.266	6.964	
K6 + 800.000	782.363				2.00	−2.00	1.551	8.123	6.572	
K6 + 820.000					2.00	−2.00	1.299	7.973	6.674	
K6 + 840.000					2.00	−2.00	1.353	7.844	6.491	
K6 + 860.000					2.00	−2.00	1.362	7.738	6.376	
K6 + 880.000					2.00	−2.00	1.337	7.655	6.318	
K6 + 900.000					2.00	−2.00	1.437	7.593	6.156	
K6 + 901.500					2.00	−2.00	0.904	7.589	6.685	
K6 + 904.400					2.00	−2.00	0.944	7.582	6.638	
K6 + 907.000					2.00	−2.00	1.884	7.577	5.693	
K6 + 908.400					2.00	−2.00	1.381	7.574	6.193	
K6 + 920.000			$i = -0.810\%$		2.00	−2.00	1.381	7.554	6.173	
K6 + 940.000			……		2.00	−2.00	1.624	7.537	5.913	
K6 + 953.500			6.989		2.00	−2.00	1.268	7.538	6.270	
K6 + 960.000			K6 + 940		2.00	−2.00	1.385	7.542	6.157	
K6 + 967.000			$i = 0.750\%$		2.00	−2.00	2.259	7.549	5.290	
K6 + 980.000			$R = 18000.000\text{m}$		2.00	−2.00	1.412	7.569	6.157	
K7 + 000			$T = 140.400\text{m}$		2.00	−2.00	1.444	7.619	6.175	
K7 + 020.000			$E = 0.548\text{m}$		2.00	−2.00	1.350	7.690	6.340	
K7 + 036.700					2.00	−2.00	1.489	7.767	6.278	
K7 + 039.400					2.00	−2.00	1.050	7.781	6.731	
K7 + 042.700					2.00	−2.00	1.378	7.799	6.421	
K7 + 060.000					2.00	−2.00	1.361	7.901	6.540	
K7 + 080.000					2.00	−2.00	1.251	8.039	6.788	
K7 + 100.000					2.00	−2.00	1.285	8.189	6.904	
K7 + 120.000					2.00	−2.00	1.900	8.339	6.439	
K7 + 127.3					2.00	−2.00	1.089	8.394	7.305	

（4）路基土石方计算表　路基土石方是公路工程的一项重要内容，在公路路线方案评价和比选中，路基土石方的多少是评价设计方案的主要经济指标之一，也是编制公路施工组织计划和工程概预算的主要依据。路基土石方数量计算和调配是计算工程数量的主要环节，它直接影响工程数量正确与否，因此，在填表和计算中要注意每一栏的相互关系，做到填表、计算、复核三个环节统一，以保证数据的准确。

公路路基设计表

路基宽/m					土路肩边缘（A 点）、硬路肩边缘（B 点）、行车道外边缘（C 点）、中央分隔带边缘（D 点）与设计高程之高差/m								备注
左路肩宽	左路面宽	中央分隔带	右路面宽	右路肩宽	左 路 幅				右 路 幅				
					A	B	C	D	D	C	B	A	
12	13	14	15	16	17	18	19	20	21	22	23	24	25
0.75	11.75	3.00	11.75	0.75	−0.145	−0.235	−0.165	0	0	−0.165	−0.235	−0.145	
0.75	11.75	3.00	11.75	0.75	−0.145	−0.235	−0.165	0	0	−0.165	−0.235	−0.145	
0.75	11.75	3.00	11.75	0.75	−0.145	−0.235	−0.165	0	0	−0.165	−0.235	−0.145	
0.75	11.75	3.00	11.75	0.75	−0.145	−0.235	−0.165	0	0	−0.165	−0.235	−0.145	
0.75	11.75	3.00	11.75	0.75	−0.145	−0.235	−0.165	0	0	−0.165	−0.235	−0.145	
0.75	11.75	3.00	11.75	0.75	−0.145	−0.235	−0.165	0	0	−0.165	−0.235	−0.145	
0.75	11.75	3.00	11.75	0.75	−0.145	−0.235	−0.165	0	0	−0.165	−0.235	−0.145	
0.75	11.75	3.00	11.75	0.75	−0.145	−0.235	−0.165	0	0	−0.165	−0.235	−0.145	
0.75	11.75	3.00	11.75	0.75	−0.145	−0.235	−0.165	0	0	−0.165	−0.235	−0.145	
0.75	11.75	3.00	11.75	0.75	−0.145	−0.235	−0.165	0	0	−0.165	−0.235	−0.145	
0.75	11.75	3.00	11.75	0.75	−0.145	−0.235	−0.165	0	0	−0.165	−0.235	−0.145	高程设计线在中央分隔带边缘
0.75	11.75	3.00	11.75	0.75	−0.145	−0.235	−0.165	0	0	−0.165	−0.235	−0.145	
0.75	11.75	3.00	11.75	0.75	−0.145	−0.235	−0.165	0	0	−0.165	−0.235	−0.145	
0.75	11.75	3.00	11.75	0.75	−0.145	−0.235	−0.165	0	0	−0.165	−0.235	−0.145	
0.75	11.75	3.00	11.75	0.75	−0.145	−0.235	−0.165	0	0	−0.165	−0.235	−0.145	
0.75	11.75	3.00	11.75	0.75	−0.145	−0.235	−0.165	0	0	−0.165	−0.235	−0.145	
0.75	11.75	3.00	11.75	0.75	−0.145	−0.235	−0.165	0	0	−0.165	−0.235	−0.145	
0.75	11.75	3.00	11.75	0.75	−0.145	−0.235	−0.165	0	0	−0.165	−0.235	−0.145	
0.75	11.75	3.00	11.75	0.75	−0.145	−0.235	−0.165	0	0	−0.165	−0.235	−0.145	
0.75	11.75	3.00	11.75	0.75	−0.145	−0.235	−0.165	0	0	−0.165	−0.235	−0.145	
0.75	11.75	3.00	11.75	0.75	−0.145	−0.235	−0.165	0	0	−0.165	−0.235	−0.145	
0.75	11.75	3.00	11.75	0.75	−0.145	−0.235	−0.165	0	0	−0.165	−0.235	−0.145	
0.75	11.75	3.00	11.75	0.75	−0.145	−0.235	−0.165	0	0	−0.165	−0.235	−0.145	

4.6 路基土石方数量计算与调配

在公路或者铁路建设中，路基土石方是一种工程量大、劳动量多、施工条件复杂多变的工程。路基土石方是修筑公路的主要工程项目之一，其工程投资约占总体工程投资的 1/3 或更多，是公路设计的主要技术经济指标之一。

由于地面形状是复杂随机的，填挖方断面是由没有规律的几何体构成的，所以计算时，只能对其分段，并假设两端之间的断面是逐渐线性变化的。土方计算的精确度取决于中桩间距、测绘横断面时采点的密度，以及计算公式与实际情况的接近程度等。一般情况，面积一般取小数点后一位，体积则取整数。对于土石方计算方法选取，一般应按工程的要求，在保证使用的前提下力求选择简单的方法。

4.6.1 路基横断面面积计算

路基土石方数量在计算时是按照填方和挖方分开进行计算。这时就需要分开计算断面的填方面积和挖方面积。

路基填挖的断面面积，是指断面图中原地面线与路基各组成部分所包围的面积，高于地面线者为填方，低于地面线者为挖方，其计算方法很多，现在下面介绍几种测设中常用的计算方法。

（1）积距法　积距法的原理是将所有的路基横断面面积分成横距相等的若干个三角形或者梯形条块，每个条块的面积等于其平均高度与横距的乘积，总面积为各条块之和，其计算图示如图 4-19 所示。

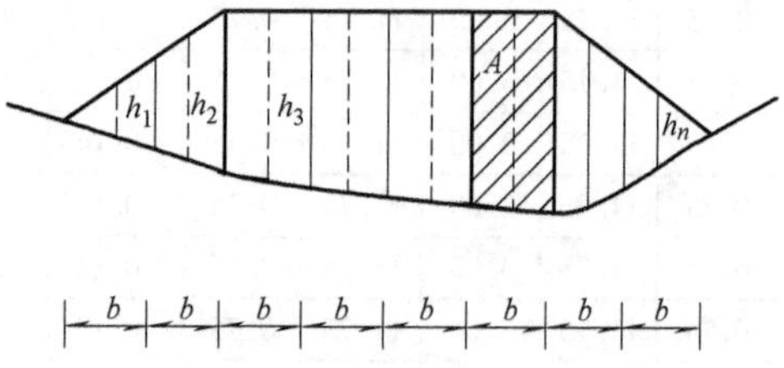

图 4-19　路基横断面面积计算（积距法）

每个小块的近似面积为

$$A_i = bh_i$$

则路基横断面面积

$$A = bh_1 + bh_2 + \cdots + bh_n = b\sum_{i=1}^{n} h_i$$

用积距法计算面积简单、迅速。若地面线较顺直，也可以增大 b 的数值。若要进一步提高精度，可增加测量次数最后取其平均值。目前公路设计一般都借助于 CAD 平台，通过内在的面域就能得其面积。

（2）坐标法　以路基横断面设计线或者地面线上某一点为坐标原点建立坐标系，给定多边形各转折点的坐标 (x_i, y_i)，如图 4-20 所示，由解析几何可得到多边形的面积，坐标法的精度较高，适宜于用计算机计算。其计算公式为

$$A = \frac{1}{2}\sum_{i=1}^{n}(x_i y_{i+1} - x_{i+1} y_i)$$

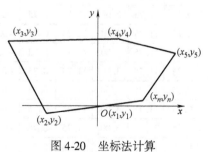

图 4-20　坐标法计算

4.6.2　土石方数量计算

（1）平均断面法　相邻两桩号间的体积即为两桩号断面间的土石方工程量。若相邻两断面均为填方或均为挖方且面积大小相近，则可假定断面之间为棱柱体，如图 4-21 所示，按照平均断面法求棱柱体体积为

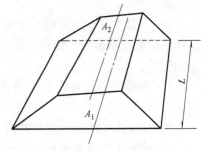

$$V = \frac{1}{2}(A_1 + A_2)L$$

式中　V——体积（m³），即土石方数量；

　　　A_1、A_2——相邻两断面的面积（m²）；

　　　L——相邻断面之间的距离（m）。

图 4-21　平均断面法

如果断面既有填方又有挖方，计算时分别计算其体积，此法计算简易，较为常用。

（2）棱台体积法　当两个横断面面积 A_1 和 A_2 相差很大时，棱台体积法计算误差相对较小。其计算公式为

$$V = \frac{1}{3}(A_1 + A_2)L\left(1 + \frac{\sqrt{m}}{1+m}\right)$$

$$m = \frac{A_1}{A_2}$$

棱台体积法计算精度较高，应尽量采用，适用于用计算机计算。

用上述方法计算的土石方体积中，是包含了路面体积的。由于在实际施工时，填方路基不会把土填到路面设计高度，而是预留了铺筑路面结构的路槽，因此，计算填方面积时填方路基需扣除路槽面积，而挖方路基挖土方时要向下挖到路槽底，计算挖方面积时需要增加路槽面积。

计算路基土石方数量时，应扣除大、中桥及隧道所占路线长度的体积；桥头引道的土石方，可视需要全部或者部分列入桥梁工程项目中，但主要的不要遗漏或重复；小桥涵所占体积一般可不扣除。路基工程中的挖方按照天然密实体积计算，填方按压实后的体积计算，假定压实方为 1，各级公路各类土石的天然密实方换算为压实方的换算系数见表 4-12。

表 4-12　天然密实方换算为压实方的换算系数

公路等级	松　　土	普通土	硬　　土	石　　方	土方运输
二级及二级以上公路	1.23	1.16	1.09	0.92	1.19
三级公路、四级公路	1.11	1.05	1.00	0.84	1.08

4.6.3　路基土石方调配

路基土石方调配就是为了确定填方用土的来源、挖方弃土的去向，以及计价土石方的数量和运量等。通过合理调配解决各路段土石方平衡与利用问题。从路堑挖出的土石方，在经济合理的调运条件下移挖作填，避免不必要的路外借土和弃土，从而减少耕地占用，降低公路造价，减轻对环境的破坏。

（1）路基土石方调配原则

1）路基土石方调配应尽量在本路段内移挖作填（横向调配），以减少废方和借方。

2）调配土石方应考虑桥涵位置，一般不做跨沟调运，也应考虑地形情况，一般不宜往上坡方向调运。

3）综合考虑不同的施工方法、运输条件、地形情况等因素，选用合理的经济运距。当然经济运距也不是唯一指标，因纵向调配同时还要考虑弃方或借方的占地、青苗补偿及对农业的影响。

4）不同性质的路基土石方应分别调配，以做到分层填筑及确保人工构造物的材料供应。

5）位于山坡的回头曲线路段，要优先考虑上下线的土石方竖向调运。

6）路基土石方调配对于借土和弃土应事先同地方商量，妥善处理。借土应结合地形、农田规划等选择借土地点，并综合考虑借土还田、整地造田等措施。弃土应不占或少占耕地，在可能条件下宜将弃土平整为可耕地，防止乱弃乱堆，或堵塞河流，损坏农田，也不应因废方堆积而引起积雪、积砂等病害。

（2）路基土石方调配方法　路基土石方调配方法有多种，如累积曲线法、调配图法及土石方计算表调配法等。公路测设多采用土石方计算表调配法，该方法简捷、调配清晰、精度符合要求。该表也可由计算机自动完成。具体调配步骤是：

1）在路基土石方数量计算表上的"挖方"和"填方"栏的计算复核无误后，将可能影响运输调配的桥涵位置、陡坡、大沟等注在表旁，供调配时参考。

2）计算并填写表中"本桩利用""填缺""挖余"各栏。当以石作为填土时，石方数应填入"土"中，并以符号区别。然后按填挖分别进行闭合核算，其核算式为

$$填方 = 本桩利用 + 填缺$$
$$挖方 = 本桩利用 + 挖余$$

3）根据"填缺""挖余"分布情况，结合路线纵坡和自然条件，本着技术经济和支农的原则，可大致看出调运的方向及数量，并按此进行初始调配。调配时应先按施工方法、运输方式选定经济运距，并以此确定最大调运距离。调配的计价运距（即平均超运运距）即所调运的挖方段断面中心到填方段断面中心的距离减去免费运距。经调配后，如填方不足，不足部分按借计；如有未调用的挖方，按废方计。

4）复核初试调配并符合上述要求后，在表中"远近利用纵向调配示意"栏上，用箭头线表示调配方向，并标注上调运土石方数量及平均超运运距"级"数。调配时，应将借方和废方数值、平均超运运距的"级"数填入相应的"借方数量及运距""废方数量及运距"栏内，最后计算运量，并填入"总运量"栏内。

5）调配完成后，应分页进行闭合核算，核算式为

$$填缺 = 远运利用 + 借方$$
$$挖余 = 远运利用 + 废方$$
$$横向调运 + 远运利用 + 借方 = 填方$$
$$横向调运 + 远运利用 + 弃方 = 挖方$$
$$挖方 + 借方 = 填方 + 弃方$$

通过复核可以发现调配与计算过程有无错误。经核证无误后，即可分别计算计价土石方

数量、运量和运距等，为编制施工预算提供土石方工程数量。

（3）关于调配计算的几个问题

1）免费运距。土方作业包括挖、装、运、卸等工序，在某一特定距离内，只按土石方数计价而不另计算运费，这一特定距离称为免费运距。施工作业方法不同，免费运距值也不一样，如人工作业为 20m，轻轨运输为 50m，推土机为 20m，铲运机为 100m。各种作业方法的免费运距由《公路工程概算定额》（JTG/T 3831—2018）《公路工程预算定额》（JTG/T 3832—2018）可以查到。

2）平均运距和超运运距。土方调配时，从挖方体积重心到填方体积重心的距离称为平均运距。路线工程中，为简化起见，平均运距通常按挖方断面间距的中心至填方断面间距的中心的距离计。在土石方调配时如果平均运距小于或等于免费运距，可不计运费。若平均运距大于免费运距，超出的运距为超运运距，超运运距的运土，应另加计运费。超运运距按运输方式不同有不同计算单位，如人工运输以超运 10m 为 1 超运运距单位，轻轨以每超 50m 为 1 超运运距单位，推土机以超运 10m 为 1 超运运距单位，铲运机以超运 50m 为 1 超运运距单位。各种运输方式的超运单位的规定可在《公路工程概算定额》和《公路工程预算定额》中查到。

3）经济运距。填方用土的来源：一是路堑挖方纵向调运；二是就近路外借土。一般情况下，纵向调运路堑挖方来填筑距离较近的路堤还是比较经济的。但如调运的距离过长，以致运费（超运运距的另加运费）超过了在路堤附近借土所需的费用时，不如在路堤附近就地借土经济。因此，采取"调"还是"借"，有个限度距离问题，这个限度距离称为经济运距，可按下式计算

$$L_{经} = \frac{B}{T} + L_{免}$$

式中　B——借土单价（元/m³）；

　　　T——远运运距费单价 [元/(m³·km)]；

　　$L_{免}$——免费运距（km）。

经济运距是确定借土或调运的限界，当调运距离小于经济运距时，采取纵向调运是经济的，反之，则可考虑就近借土。

《公路工程预算定额》中规定：土石方的运距，第一个 20m 为免费运距，不是 20m 按20m 计；此后每增加 10m 为 1 超运运距单位，位数不满 5m 者不计，满 5m 者按 10m 计。这个超运运距单位称为"级"。

4）运量。调配土石方运量是指平均运距与土石方调配数量的乘积。土石方调配时，超运运距的运土才另加计运费，故运量应按平均超运运距计。

工程定额将人工运输的平均运距按每 10m 划为一个运输单位，称为"级"，20m 为两个运输单位，称为二级，余类推。在土方计算表内可用符号①、②表示，不足 10m 时，仍按一级计算或四舍五入。于是得

$$总运量 = 调配（土石方）方数 \times n$$

$$n = \frac{L - L_{免}}{10}$$

式中　n——平均运距单位（级）；

L——平均运距（m）；

$L_免$——免费运距（m）；

10——人工运输的超运运距单位。

5）计价土石方数量。在土石方调配中，所有的挖方都应计价。但填方则根据用土来源来决定是否计价。如果是路外就近借土，那当然要计价，倘若是移挖作填调配利用，则不应再计价，否则形成双重计价。因此计价土石方必须通过土石方调配表来确定，其数量为

$$计价土石方数量 = 挖方数量 + 借方数量$$

或

$$计价土石方数量 = 挖方数量 + 填方数量 - 利用方$$

思考题与习题

4-1 公路横断面的组成、类型及其适用性是什么？

4-2 城市道路横断面的组成、类型及其适用性是什么？

4-3 各级公路都要设置路肩，路肩的作用是什么？

4-4 试述无中间带道路的超高过渡方式及适用条件。

4-5 在确定超高缓和段长度时应考虑什么？

4-6 各级公路对视距有何要求？

4-7 道路上可能存在视距不良的路段有哪些？如何保证？

第5章 选 线

5.1 概述

公路从立体空间看是一条带状立体结构物；从几何上看，公路中心线为一条蜿蜒曲折的立体线形。从公路起点、中间控制点到终点，会遇到各种不同的地形、地物、地貌、地质以及气候等条件。如何考虑多方面的因素，选择一条在经济技术上合理又能符合使用要求的道路中心线的工作就是选线。

为了保证选线和勘测设计质量，降低工程造价，必须全面考虑各方面的影响因素，由粗到细、由轮廓到具体、逐步深入、分阶段分步骤地加以分析比较（多方案比选），才能定出最合理的路线来。

本章内容主要适用于公路选线。城市道路路线则主要取决于城市干道网及红线规划，这已经在城市规划阶段就确定了。

5.1.1 选线原则

选线之前，首先要借助地形图、航拍图或者卫星图对路线的总体进行构思，然后进行具体的总体设计。总体设计是对路线进行总体布局，主要内容有：确定地形类别和计算行车速度；划定设计路段长度和衔接处的线形处理方案；确定车道数；确定主线与城镇的连接方式和地点；确定路线交叉的地点和方式；确定其他路政设施的位置和规模；制订分期改建方案，确定设计要求。

公路总体布局还应对公路景观、通视条件、引导视线的措施、景观协调和建筑风格等做出具体的设计要求，使公路沿线成为一个相互协调的建筑整体。

公路总体布局是为具体的选线提出要求、提出方向和确定规模。选线是总体设计的具体化，确定道路的走向，在实际选线工作中，为了选出一条在技术、经济和满足使用要求的路线，往往提出几条不同走向的线路，通过方案比选，选出一条最佳路线。因此，选线必须遵循如下的原则：

1）公路选线必须考虑后续的线形设计。选线是线形设计的先导，因此，必须满足线形设计的要求，使设计的公路满足安全、迅速、经济、舒适和美观的要求。

2）在路线设计的各个阶段，应运用各种先进手段对路线方案做深入、细致的研究，在多方案论证、比选的基础上，选定最优路线方案。

3）在工程量增加不大时，应尽量采用较高的技术指标。不要轻易采用最小指标或极限指标，也不应不顾工程量的大幅增加片面追求高指标。路线设计应在保证行车安全、舒适、迅速的前提下，做到工程小、造价低、营运费用省、效益好，并有利于施工和养护。

4）选线应注意同农田基本建设相配合，做到少占田地，并应尽量

道路工程量多方案
快速比选

不占高产田、经济作物田或穿过经济林园（如橡胶林、茶林、果园）等。对沿线必须占用的田地，应按国家有关法规，做好造地还田等规划和必要的设计。

5）通过名胜、风景、古迹地区的线路，应注意保护原有自然状态，其人工构造物应与周围环境、景观相协调，避免大填大挖，处理好重要历史文物遗址。

6）选线时应对工程地质和水文地质进行深入勘测调查，弄清它们对道路工程的影响。对严重不良地质路段，如滑坡、崩坍、泥石流、岩溶、泥沼等地段和沙漠，多年冻土等特殊地区，应慎重对待，一般情况下路线应设法绕避。当必须穿过时，应选择合适位置，缩小穿越范围，并采取必要的工程措施。

7）选线应重视环境保护，注意由于修建道路及汽车运行所产生的影响和污染等问题，应加强其对环境影响的预测，彻底改掉工程建设不顾环境保护的陋习。

8）特大桥、特长隧道、路线起终点和必须连接的城镇等作为路线基本走向的控制点；一般大桥、隧道、互通式立体交叉、铁路交叉点等位置，原则上应服从路线基本走向，同时也可作为路线走向的控制点；中小桥涵和一般构造物应服从路线走向。

5.1.2　选线的步骤和方法

一条路线的起点、终点确定以后，可以用多种路线走向，如山岭区路线是沿河还是越岭，沿河线是左河岸还是右河岸，越岭线是隧道穿越还是展线等。选线的任务就是在这众多的方案中选出一条符合设计要求、经济合理的最优方案。因为影响选线的因素很多，这些因素有的互相矛盾，有的又相互制约，各因素在不同场合的重要程度也不相同，不可能一次就找出理想方案来。最有效的做法是通过分阶段，由粗到细反复比选来求最佳解。选线一般按工作内容分全面布局、逐段安排、具体定线三步进行。

1. 全面布局

全面布局解决路线基本走向，即在起点、终点和中间控制点之间按选线原则寻找出最合理的"通过点"（垭口、河岸、村镇），确定"通过点"后，就构成了大致的路线方案。这一步工作通常在视察时已初步确定。也可以通过小比例尺（1∶2.5万～1∶10万）地形图从较大面积范围内找出各种可能的方案，收集各可能方案的有关资料，进行初步评选，确定数条有进一步比较价值的方案。当没有地形图时，也可以通过航空视察，或用遥感与航摄资料进行选线。

2. 逐段安排

在路线基本方向选定的基础上，进一步加强"通过点"，根据地形、地质、水文、气候等因素逐段定出具体的小控制点。例如，路线是走垭口的左侧还是右侧，用回头展线下山还是绕道下山，是一次过河还是多次过河等。选定出一些细部控制点，连接这些控制点，即构成路线带，也称为路线布局。这一步工作是在"初测"时进行。这些细部控制点的取舍，仍是通过比选来确定的。路线布局也可以在1∶1000～1∶5000比例尺的地形图上进行，只有在地形简单、方案明确的路段，才可以现场直接选定。

3. 具体定线

经过上述两步的工作，路线雏形已经明显勾画出来。具体定线就是在逐段安排的小控制点之间，反复插点、穿线，经比较后确定出导线，这一步工作是在"定测"中由定线完成。

5.2　平原区选线

5.2.1　平原区路线特点

平原地区主要指一般平原、山间盆地、高原等地形平坦地区，其坡度平缓，一般自然坡度都在3°以下，除草原、戈壁外，一般人烟稠密，农业发达。村镇、农田、河流、湖泊、水塘、沼泽、盐渍土等为平原地区较常遇到的自然障碍。所以，平原地区选线的主要特征是克服平面障碍。

平原区地形对路线的限制不大。路线的基本线形应是短捷顺直。两控制点之间，如无地物、地质等障碍和应屈就的风景、文物及居民点等，则与两点直接连线相吻合的路线是最理想的。但这只有在戈壁滩里和大草原上，才有此可能。在一般地区，农田密布，灌溉渠道网纵横交错，城镇、工业区较多，居民点也较稠密，由于这些原因，按照公路的使用任务和性质，有的需要靠近它，有的需要绕避，从而产生了路线的转折，虽增长了距离，但这是必要的。因此，平原区选线，先是把路线总方向内所规定经过的地点（如城市、工厂、农场和乡镇以及文物风景地点）作为大控制点，然后在大控制点之间进行实地勘察，了解农田优劣及地物分布情况，确定哪些可穿，哪些该绕及怎样绕避，从而建立起一系列中间控制点。路线一般应由一个控制点直达另一个控制点，不做任意的扭曲。为了增进路容的美观，需要把路线的平面、纵断面配合好，在坡度转折处设置适当的竖曲线也是必要的。

路线总体特征为：平面线形顺直、以直线为主体，弯道转角较小，平曲线半径较大；在纵断面上，坡度平缓、以矮路堤为主。

5.2.2　平原区路线选线要点

平原区路线，因地形平坦开阔，起伏不大，纵断面技术指标容易满足，因此路线可采用较高的技术指标，尽量避免采用长直线或小转角，尤其不应为避免长直线而随意转弯。由于平原地区城镇较多，居民集中，选线时不论通过或绕避，都要注意与当地处理好关系，注意技术上的合理性。在平原河网地区，由于地下水位较高，除应注意尽量避开软土地基外，还应注意根据干、支河流及通航情况，选择适当地点用较高的技术指标通过，并使跨干、支流交角适当，平面、纵断面线形组合良好，跨河构造物最少。综合平原地区的特点，选线应考虑如下几个方面：

1. 正确处理路线与农业的关系

修建道路占用土地是在所难免的，解决好路线与农田规划、农业灌溉水利设施的关系，是平原区选线的重要课题。平原区新建公路要占用一些农田，这是不可避免的，但要尽量做到少占和不占高产田。布线要从路线对国民经济的作用、对支农运输的效果、地形条件、工程数量、交通运输费用等方面全面分析比较，既不能片面求直占用大片良田，也不能片面强调不占某块田，使路线弯曲，造成行车条件恶化。图5-1所示为某跨河路线方案比较，公路通过某河附近时，如按虚线方案从田中间穿过，路线短，线形好，但多占好田，填筑路基取土困难；如将路线移向填脚（实线），里程虽略有增长，但避开了大片高产田，而且沿坡脚布线，路基可为半填半挖，既节省了土方，又避免了填方借土的远运。

路线应与农田水利建设相配合，有利农田灌溉，尽量不要破坏灌溉系统（除高等级公路外），尽可能少和灌溉渠道相交，把路线布置在渠道上方非灌溉的一侧或渠道尾部。当路线走向与渠道方向基本一致时，可沿渠（河）堤布线，堤路结合，桥闸结合，以减少占田和便利灌溉。路线必须跨水塘时，可考虑设在水塘的一侧，并拓宽水塘取土填筑路堤，使水塘面积不致缩小。

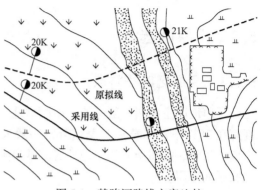

图 5-1 某跨河路线方案比较

当路线靠近河边低洼的村庄或田地通过时，应争取靠河岸布线，利用公路的防护措施，兼作保村护田之用。

2. 合理考虑路线与城镇居民点的联系

平原区有较多的城镇、村庄、工业及其他设施，选线应以绕避为主，尽量不破坏或少破坏，并采用较高的技术指标通过。在避让局部障碍时，要注意线形的连续舒顺。结合城镇中长期规划，正确处理路线与城镇的关系。

1）国防公路和高等级公路，交通量大，噪声大，同时对速度和安全要求高，因此应尽量避免穿越城镇、工矿区及较密集的居民点，减少对其干扰。但又要考虑到便利支农运输，便利群众，便利与工矿的联系，路线不宜离开太远，必要时还可修建支线联系，做到"靠村不进村，利民不扰民"，既方便运输又保证安全。

2）较高等级的公路也应尽量避免直穿城镇、工矿区和居民区。一般沟通县、乡、村直接为农业运输服务的公路，经地方同意也可穿越城镇，但应有足够的路基宽度和行车视距，以保证行人、行车的安全。

3）路线应尽量避开重要的电力、电信设施，当必须靠近或穿越时，应保持足够的距离和净空，尽量不拆或少拆各种电力、电信设施。

3. 处理好路线与桥位的关系

1）特大桥由于技术复杂，是路线基本走向的控制点，大桥原则上应服从路线总方向并满足桥头接线的要求，桥路综合考虑。通常情况下，为减少水流对桥两侧影响的河岸的冲刷，桥位中线应尽可能与洪水的主流流向正交，桥梁和引道最好都在直线上。位于直线上的桥梁，当两端引道必须设置曲线时，首先应考虑桥梁及其引道的位置对线形设计的影响，要使桥梁与线形的配合视野开阔，视线引导良好。当条件受限制时，也可设置斜桥或曲线桥。要注意防止两种偏向：一种是单纯强调桥位，造成路线过多地迂绕，或过分强调正交桥位，出现桥头急弯影响行车安全；另一种是只顾线形顺直，不顾桥位，造成桥位不合适或斜交过大，增加建桥困难。图 5-2 所示为某路线与桥位的关系，路线跨河有三个方案：就桥梁而言，乙线较好，但路线较长；就路线而言，甲线里程最短，但桥梁多，且都为斜交；丙线则各桥都近于正交，线形也较舒顺美观。三个方案都有可取之处，因这条路交通量很大，且有超车需要，故采用甲线，即除了考虑工程量和冲刷问题外，还要考虑通行能力和交通安全。

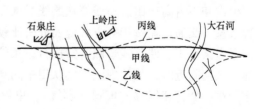

图 5-2 某路线与桥位的关系

2）中、小桥和涵洞位置应服从路线走向，但遇到斜交过大（一般在桥轴线与洪水流向的夹角小于 45°时）或河沟过于弯曲的情况，可采取改河措施或改移路线，调整桥轴线与流向的夹角，以免过分增加施工困难和加大工程投资，选线时应全面比较确定。

3）路线通过洪泛区时，对桥涵，路基应根据水文资料留有足够的孔跨和高度，使其有足够的泄洪能力，以免造成洪水溢出淹没村庄和农田。如有条件，线路应高于洪水泛滥线以外。

4）路线跨河修建渡口时，应在路线走向基本确定后选择渡口位置。渡口要避开浅滩、暗礁等不良地段，两岸地形应适宜修建码头。

4. 注意土壤水文条件

平原地区的土壤水文条件较差，取土比较困难。河网湖区，地势低平，地下水位高，路基稳定性差，因此应尽可能沿接近分水岭的地势较高处布线。当路线遇到面积较大的湖塘、泥沼和洼地时，一般应绕道；如需要穿越，应选择最窄最浅和基底坡面较平缓的地方通过，并采取有效措施，保证路基的稳定。在排水不良地段修建公路时，需要保证路基的最小填土高度，以免受到地下水和地表水的影响。

5. 正确处理新、旧路的关系

平原地区通常有较宽的人行大路或等级不高的公路，新建公路尽可能加以利用。不能利用的可以恢复为耕地或者改为通行农业机械的道路。

6. 注意农田取土和建筑材料

路基取土不能乱挖乱取乱弃，路基用土应根据取土数量、用地范围、运距长短，进行全面规划。可以结合农田改造、农田水利建设取土。平原地区一般缺乏砂石建筑材料，路线应尽可能靠近建筑材料产地，充分利用当地材料和工业废料，桥涵可采用定型预制构件。

5.3 山岭区选线

山岭地区包括山岭、凸起的山脊、凹陷的山谷、陡峻的山坡、悬崖、峭壁等，地形复杂，地面自然坡度一般在 20°以上。从地形看，山岭区山高谷深、坡陡流急、地形复杂，但山脉水系清晰。从地质条件看，山岭区岩石多、土层薄、地质复杂。由于山区地质层理和地壳性质变化突然，岩层产状和地质构造复杂，不良地质现象（泥石流、坍塌等）较多，选线时要注意其对路线位置和路基的影响，在设计时要采取必要的防护措施。从水文看，山区河流曲折迂回、河岸陡峻、河底比降大，水流和洪水速度快、冲刷大、破坏力大，选线时，要考虑路线和河流的关系。从气温看，山区气温较低，冬季多冰雪，向阳和背阴对冰雪融化有一定影响，路线选线应有利于冰雪融化、吹走和清除。

路线的走向大致有两种：顺山沿水和横越山岭方向。顺山沿水的路线按行经地带的部位又可分为沿河（溪）、山腰、山脊等。由于各种线形所处的部位不同，地形特征、地质条件决定了选线过程中要解决的主要问题也不一样。

本节重点介绍沿河（溪）线、越岭线、山脊线三种路线的选线布局。至于山腰线，由于沿河（溪）线的高线和越岭线，山脊线的大部分路线都处于山腰，已涉及山腰线的内容，为避免重复，不再单独论列。

5.3.1　沿河（溪）线

1. 沿河（溪）线特征

沿河（溪）线是沿着河（溪）谷布置的路线。

沿河（溪）线的有利条件是路线走向明确，两岸台地较窄，谷坡时缓时陡，间或为浅滩和悬崖峭壁。河流多具有弯曲的特点，凹岸较陡而凸岸较缓，如沿一侧而行，常常是陡岸缓岸相间出现。两岸均为陡崖处即为峡谷，开阔处常有较宽台地，多是山区仅有的良好耕地。

沿河（溪）线的不利条件是：河谷地质情况复杂，常有滑塌、岩堆、泥石流等病害存在；寒冷地区的峡谷因日照少，常有积雪、雪崩和涎流冰等现象；山区河流，平时流量不大，但一遇暴雨，山洪暴发，洪流常夹带泥沙、砾石、树木等急速下泄，冲刷河岸，毁坏桥涵，淹没田园，危害甚大。

与山区其他线形相比较，沿河（溪）线只要善于利用有利地形，克服不良的地质、水文等不利因素，在路线标准、工程造价等方面都有可能胜于其他线形。因此山区选线，往往把沿河（溪）线作为优先考虑的方案。

2. 布线要点

沿河（溪）线的路线布局，主要任务是充分利用有利条件，避让不利条件。需要解决的问题有：路线选择走河流的哪一岸，线位放在什么高度，路线在何地点跨河。这三个问题往往是互相联系和互相影响的，选线时要抓主要矛盾，结合路线性质、等级标准，因地制宜地去解决。

（1）河岸选择　由于河谷两岸情况往往不同，选线时应调查了解，掌握路线所经河谷地区的自然特征和村镇的分布情况，充分利用有利的一岸，在适当情况下过河，绕避因地形、地质和水文条件造成的复杂艰巨的工程，这是河岸选择的一个基本原则。当建桥工程不复杂时，为了避开不利地形和不良地质地带，或为了争取缩短里程，提高线形标准，可考虑跨河换岸设线；但河流越宽，建桥工程也越大，跨河换岸就越要慎重考虑。河岸的选择一般应结合下列主要因素经过技术经济比较决定：

1）地形、地质和水文条件。这是影响河岸选择的主要因素。要深入调查，摸清其特点和规律，使路线处于既稳妥安全，工程运营费又最省的位置。路线应优先选在地形宽坦，有台地可利用，支沟较少、较小，地质条件良好，不易被水流冲刷或冲刷较轻的一岸。需要展线时，应选在支沟较大、利于展线的一岸。这些有利的条件常交错出现在河流的两岸，选线时应深入调查、综合比较、全面权衡、决定取舍。图5-3所示为某跨河换岸比较线，乙方案为避让河左岸的两处断续陡崖，跨河利用右岸的较好地形，但过夏村后，右岸出现更陡更长悬崖，路线又须跨回左岸，在3km内，两次跨河，须建中桥两座。甲方案一直走左岸，虽要集中开挖一段石方，但较建两座中桥经济得多，因此不宜跨河换岸。对区域性地质构造、滑坡、岩堆、崩塌、泥石流、岩溶等严重不良地质地段，应认真调查清楚其特征、

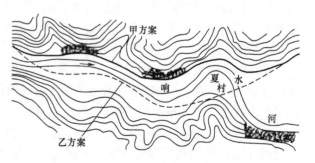

图5-3　某跨河换岸比较线

范围及对路线的影响。如不易处理，应跨河绕避。

2）积雪和冰冻地区的选岸。积雪和冰冻地区的阳坡和阴坡、迎风面和背风面的气候差异很大，在不影响路线整体布局的前提下，尽可能选择阳坡和迎风的一岸，便于积雪融化和吹散。有时即使阳坡工程大些，也应当从行车安全权衡，尽量选择阳坡方案。

3）考虑居民点分布。除国防公路、高速公路、一级公路外，路线一般应尽可能选择在村镇较多、人口较密、工矿企业所在的一岸，以方便群众。但有时为了避免大量拆迁民房和妨碍城镇发展，也应跨河绕避，选线时应根据具体情况进行比选。

4）其他因素。根据两岸农田情况，尽量做到少占农田。在少占农田和选择有利地形有矛盾时，要深入调查，征求地方意见，综合比选，慎重取舍。当公路与铁路频繁干扰，应根据具体情况，考虑分设两岸。河谷中遇有灌溉干渠与路线平行时，公路最好位于干渠上方，并离开适当距离，以免互相干扰。如不易妥善处理，且河谷两岸地形、地质类似，宜尽量使公路与干渠各走一岸。尽量便捷与革命胜地、历史遗迹、风景区等的联系。

（2）线位高度　线位高度属于路线纵断面线布局的问题。按路线高度与设计洪水位的关系，有低线和高线两种。

1）低线。低线是指高出设计洪水位（包括浪高加安全高度）不多，路基临水一侧很近的路线。低线的优点：一般具有较宽的台地可以利用；平面、纵断面线形比较顺直、平缓，易争取到较高标准，路基土石方工程也较省，边坡低，易稳定；路线活动余地较大，便于利用有利地形和避让不良的地形、地质；养护和施工用水、材料运输较方便。低线的缺点：受洪水威胁，防护工程较多；多在沟口附近跨越支沟，桥涵较多；路线与农田矛盾较大，弃方较为困难。

2）高线。高线是指高出设计水位较多，基本不受洪水威胁或完全不受洪水威胁的路线。一般多用在利用大段较高台地，或傍山临河低线易被积雪掩埋及为避让艰巨工程而提高线位等情况。它的优点是不受洪水侵袭，废方较易处理。但由于高线一般位于山坡上，路线必然随山势曲折弯曲，线形差，工程大；遇缺口时，常需设置较高的挡土墙或其他构造物；此外如避让不良地质和路线跨河，都较低线困难。

综上所述，沿河（溪）线的线位高低需综合两岸地形、地质条件以及水流情况、路线等级和工程经济等多种因素，对方案进行选定。沿河线的路肩设计高程既要保证路肩高程高出规定洪水频率的设计水位，又要避免路线高悬于山坡之上，造成跨河困难，不能灵活选择线路位置和充分利用两岸的有利地形、地质条件。路线一般以低线为主，但必须做好洪水位的调查，以保证路基稳定和安全。

图 5-4 所示为某峡谷路线的低线和高线，原线为避让沿河 1.7km 的断续陡崖，采用了高线方案。由低线过渡到高线的升坡段很长且弯急坡陡、行车不安全，经局部改线，坡度虽有所改善，但增加了小半径曲线、线形更加弯曲，最后改走低线直穿陡崖，路线平、纵标准显著改善，还缩短 760m、行车顺畅，说明不应当采用高线。

（3）桥位选择　山岭区支沟比较多，线路也需换岸，因此需要修建跨支沟和主河的桥梁。跨支沟的桥位选择一般属于局部方案问题，而跨主河的桥位选择多属于路线布局的问题。跨主河的桥位往往是决定路线走向的控制点，它与河岸选择相互依存，相互影响，进行河岸选择的同时要认真研究好跨河桥位的选择。如果桥位选择不好，勉强跨河，不是造成桥头线形差，影响交通安全和通过能力，就是增大桥梁工程，导致路线造价高。因此在选择河

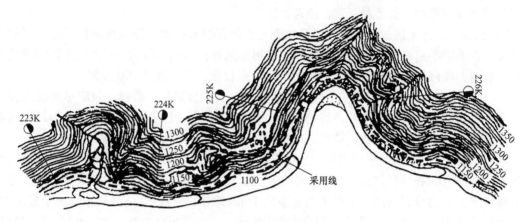

图 5-4 某峡谷路线的低线和高线

岸的同时，要研究处理好桥位及桥头路线的布设问题。

路线跨越主河，由于路线与河流接近平行，桥头布线一般比较困难，因此，在选择桥位时除应考虑桥位本身水文、地质条件外，还要注意桥头路线的舒顺，处理好桥位与路线的关系，常见有以下几种情况：

1）尽量争取在 S 形河段腰部跨河（见图 5-5），使桥轴线与河流成较大交角。除此之外，还要考虑桥梁等级，中小型桥梁可以采用斜桥。图 5-5 所示的桥梁属于中小桥，技术难度小，可采用斜桥方案，更有利于跨桥配合。

2）在河弯附近选择有利位置跨越，这时桥位刚好处于河流流水的切线冲刷方向上，所以应注意河弯水流对桥的影响，采取防护措施，如图 5-6 所示。

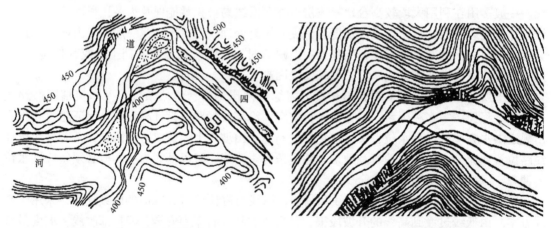

图 5-5 在 S 形河段腰部跨河   图 5-6 在河湾附近跨河

3）在与路线接近平行的顺直河段上跨河，通常会形成之字形路线，桥头引道难以舒顺。图 5-7a 所示桥位应尽量避免。当必须在这种河段跨越时，中、小桥可考虑设置斜桥以改善桥头线形；如为大桥，当不宜设斜桥时，宜把桥头路线做成勺形或布置一段弯引桥，如图 5-7b 所示，或两者兼用。总之，桥头曲线要争取较大半径，以利行车。

路线跨支流的桥位，有从支河（沟）口直跨和绕进支沟上游跨越两种方案，如图 5-8 所示。支河口低线跨越，桥涵工程量小，但是路线可能迂回；支沟上游跨越，桥梁工程量大，但线路顺直。具体要根据路线等级和桥位处的地质、地形条件，经过技术经济比较确定采用哪种桥位，不可未经比较而轻率决定。

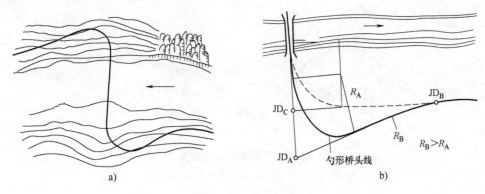

图 5-7 桥头线形处理

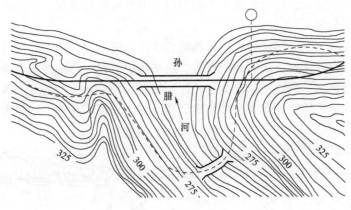

图 5-8 跨支流桥位

5.3.2 河谷地形条件下的路线布设

1. 开阔河谷

这种河谷谷底地形简单、平缓，河岸与山坡之间有较宽的台地，且多为农田，这类地形的路线有三种走法：

1）沿河岸，如图 5-9a 中虚线所示，坡度均匀平缓，线形好，但临河一侧受洪水威胁，须做防护工程。

2）靠山脚，如图 5-9a 中实线所示，路线略有增长，纵断面会有起伏，但可不占或少占良田，是常采用的一种布线方案。

3）直穿田间，线形标准高，但占田最多，在稻田地区，为使路基稳定，有时还需换土，除高速公路和一级公路外，一般不宜采用。

2. 狭窄河谷

狭窄河谷，平面受到限制，选线时应做沿河绕行线和取直路线的比选。路线遇到山嘴时，有以下两种布线方式，如图 5-10a 所示。

1）沿山嘴自然地形绕行。这种路线由于线路沿长，在坡度受限地段有利于通过展线争取高度（隧道情况除外），但易受不良地质的危害和河流冲刷的威胁，路线安全条件较差。

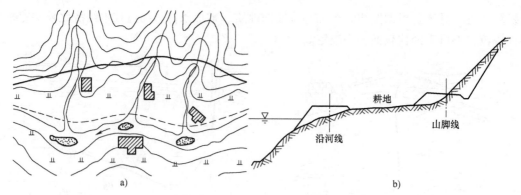

图 5-9　开阔河谷路线方案

a) 沿河与山脚线平面　b) 沿河与山脚线横断面

2) 以路堑或隧道取直通过。这种布线方式线短顺直，安全条件较好，但隧道较长时，工程费较大，应全面分析，综合比选。一般当取直方案与绕行方案工程量相等或接近的情况下，采用取直方案为宜。

路线遇到河湾时，有沿河绕行、建桥跨河和改移河道三种方案。一般情况下，沿河绕行方案，路线迂回，岸坡陡峭，水流冲刷严重，路基防护工程大，路线安全条件差；建桥跨河和改河方案，裁弯取直，路线短，安全条件好，如图 5-10b 所示。无论改河方案或建桥跨河方案，均应根据地形、地质、水文条件细致研究，结合农田水利建设一并考虑。

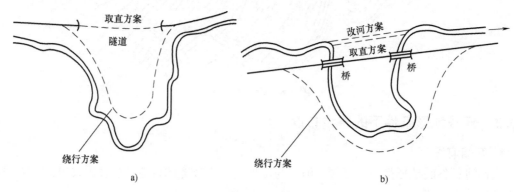

图 5-10　山嘴、河湾路线方案示意图

a) 山嘴　b) 河湾

对于个别有宽浅河滩的大河湾，为了提高路线标准，可在河滩布线。只要处理得当，还可起护田、造田的作用，但要注意路基防护和加固，防止水流对路基的冲刷破坏。

对于个别凸出的山嘴，可用切嘴填弯的办法处理，如图 5-11 所示。设线时应注意纵向填挖平衡，不要使大量废方弃置河中，堵塞河道。

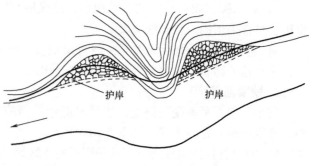

图 5-11　切嘴填弯示意图

3. 陡崖峭壁河段

山区河谷常有陡崖峭壁错综地交替出现，两岸都是陡崖峭壁的河段，即为峡谷，峡谷一般河床狭窄，水流湍急。路线通过这种地段不外乎绕避和穿过两种方案。具体选用哪种应根据峡谷的水文、地质条件和路线性质、路线标准、工程大小、施工条件等因素通过比较确定。

（1）绕避 对低等级公路而言，绕避的方法有三种：选择对岸；翻上峡谷陡崖顶部选择有利地带通过；找合适越岭垭口路线。第一种需要对岸具有比较好的布线条件；第二种需要崖顶有可供布线的合适地形；第三种需要附近有基本符合路线走向的低垭口。后两种绕避方法的共同点是纵断面上而复下，都需要适合布设过渡段的地形。过渡段的纵坡应缓于该路等级所允许的最大纵坡，这就往往需要一个相当长的过渡段。上下线位高差越大，路线就越长，而且过渡段的工程一般又多比较集中。因此，崖顶过高，就不宜翻崖顶绕避。峡谷不长，只要不是无法通过，两种绕避方法（翻越崖顶和建岭绕避）均不宜采用。图5-4所示的高线即是绕避不当的例子。但当峡谷较长，且地形困难，工程艰巨，有条件绕避时，则应予考虑。图5-12所示为某越岭绕避峡谷的路线，河谷曲折迂回，且有近5km长的陡崖，布线困难，而越岭

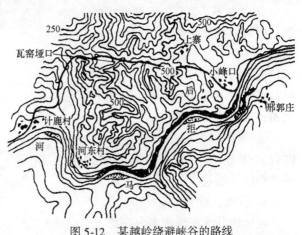

图5-12 某越岭绕避峡谷的路线

线的瓦窑垭口，方向很顺，且两侧地形、地质条件较好，越岭绕避则是一个可取的方案。对于高等级公路，因线形指标较高，路线的位置可考虑与向山体内移建隧道或向外移设桥的方案进行比选。

（2）直穿陡崖峭壁 直穿陡崖峭壁河段和峡谷的路线，其平面、纵断面受岸壁形状和洪水位限制，选择余地不大。路线的线位主要根据河床宜泄洪水情况而拟定的合理横断面而定。路线一般以低线为宜，如洪水位过高或有严重积雪的情况，则不宜采用这种方案。

直穿峡谷的路线，可根据河床宽窄、水文状况、岸壁陡缓等不同因素采用以下方法通过：

1）与河争路，侵河筑堤。当河床较宽，水流不深，压缩部分河床不致引起洪水位抬高过多时，路线可在崖脚下按低线设计通过。根据河床可能压缩的程度，有以下两种情况：

① 河床宽阔，压缩后洪水位抬高不多时，路基可全部或大部分设在紧靠崖脚的水中或滩地上，借石或开小部分石崖填筑，路基临水一侧应做防护工程。

② 河床狭窄，压缩后将使洪水位有较大的抬高时，采取筑路与沿河相结合的办法。路基也可部分占用河床，"开""砌"结合，以砌为主。开的是对岸凸出的山嘴，砌的材料主要取自清理河床的漂石及削除对岸凸出山嘴的石料。这样就使路基占用河床的泄水面积能从清理河床中得到补偿，如图5-13所示。

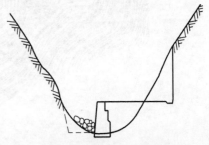

图5-13 路基部分占用河床

2）硬开石壁。当两岸峭壁逼近，河床很窄，不能侵占河床时，可硬开石壁通过，如图 5-14a 所示，措施如下：

① 在石壁上硬开路基（见图 5-14b），造成的大量废方，必须妥善处理，尽可能将大部分废方利用到附近路段，如有散失在河中的废方，及时清除河道。

② 岸壁石质良好，可开凿半隧道，以减少石方和废方，如图 5-14c 所示。

③ 硬开石壁的路基，对个别缺口或短段不够宽的路段，可用半边桥或悬出路台处理。

④ 当两岸石壁十分逼近（有时仅几米宽），不宜硬开路基时，可建顺水桥通过。

a)

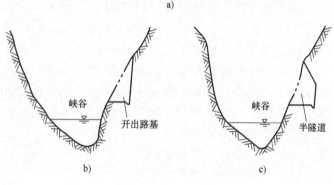

b) c)

图 5-14　石壁上硬开路基

4. 急流、跌水河段

河床纵断面在短距离内突然下落几米以至几十米，形成急流或跌水。路线由急流、跌水的上游延伸到其下游时，线位就高出谷底很多，路线纵断面纵坡指标无法满足，为了尽快降低线位，避免继续走陡峻的山腰线，可利用急流、跌水下游的支沟或平缓的山坡展线下降，如图 5-15 所示。

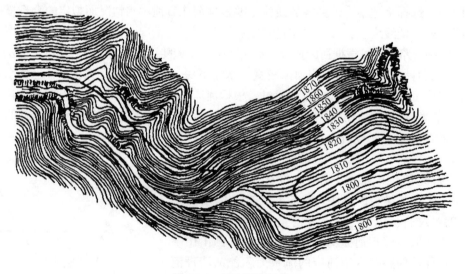

图 5-15　急流河段展线

除了短距离的急流或跌水河段，河床纵坡连续陡峻的河段的路线也需要特别安排。河床纵坡连续陡峻的河段多出现在山区河流的上游，是沿河（溪）线和越岭线之间的过渡段。河床纵坡是越上溯越陡，当陡到路线技术标准不允许时，就需要进行展线，选线要点详见"越岭线"。

5.3.3 越岭线

1. 越岭线特点

越岭线是指公路走向与河谷及分水岭方向横交时所布设的路线。越岭线沿分水岭一侧山坡爬上山脊，在适当地点穿过垭口，再沿另一侧山坡下降。它的特点是路线需要克服很大的高差，地形、地质条件复杂，工程艰巨、集中，路线的长度和平面位置主要取决于路线纵坡的安排。因此，在越岭线的选线中，须以路线纵断面为主导。

越岭线布设时主要应解决的问题有：垭口选择、过岭高程的确定和垭口两侧路线的展线。这三者是相互联系、相互影响的，布设时应结合水文及地质情况，处理好三者的关系。对于山岭海拔较高、气候恶劣、雾雪严重的越岭线选线，应结合公路的使用任务及功能区别对待，要求常年保持畅通的主要干线公路，应与在雪线以下或气候较好的地区，以隧道方案通过进行比较。高速公路、一级公路因纵坡控制较严，路线要求短捷，越岭线必须根据地形、地质情况，以越岭隧道与越岭展线进行详细的技术、经济比较。

2. 垭口选择

垭口是分水岭山脊上的凹形地带，又称为鞍部，高差相对较低，是越岭线方案的重要控制点，应在基本符合路线走向的较大范围内选择，要全面考虑垭口的位置、高程、地形、地质条件和展线条件等。

（1）垭口位置选择　垭口位置在基本符合路线走向的前提下，与两侧山坡展线方案结合在一起考虑。首先考虑高程较低的垭口，而且展线降坡后能与山下控制点直接地衔接，不需无效延长路线。其次考虑稍微偏离路线方向，但接线较顺，里程增加不多的其他垭口。

（2）垭口高程选择　垭口海拔高低及其与山下控制点的高差，对路线长短、工程量大小和运营条件有直接的影响，一般应选择高程较低的垭口。在高寒地区，特别是积雪、结冰地区，海拔高的路线，由于冰冻和积雪，有时会威胁到常年通车的能力，同时也对行车很不利。因此，有时为了走低垭口，即使方向有些偏离，距离有些绕远，也是比较好的路线。但如积雪、结冰不是太严重，对于基本符合路线走向、展线条件较好、接线方向较顺、地质条件较好的垭口，即使稍高，也不应轻易放弃。

（3）垭口展线条件选择　山坡线是越岭线的主要组成部分，而山坡坡面的曲折程度、陡缓、地质好坏等情况直接关系到线形标准和工程量。因此，垭口的选择必须综合考虑两侧山坡展线条件。如果有地质条件较好、地形平缓、利于展线降坡的山坡，即使垭口位置略偏或较高，也应比较，不要轻易放弃。

（4）垭口的地质条件选择　垭口一般地质构造薄弱，常有不良地质存在，为防止出现滑坡和崩塌的病害，应深入调查研究其地层构造（见图 5-16），摸清其性质和对公路的影响。对软弱层型、构造型和松软层型的垭口，只要注意到岩层产状及水的影响，路线通过一般问题不大。对断层破碎带型及断层陷落型垭口，一般应尽量避开；必须通过时，应查清破碎带的大小及程度，选择有利部位通过，并采取可靠工程措施（如设置挡土墙、明洞）以保证路基稳定。对地质条件恶劣的垭口，局部移动路线或采取工程措施也不解决问题时，应予放弃。

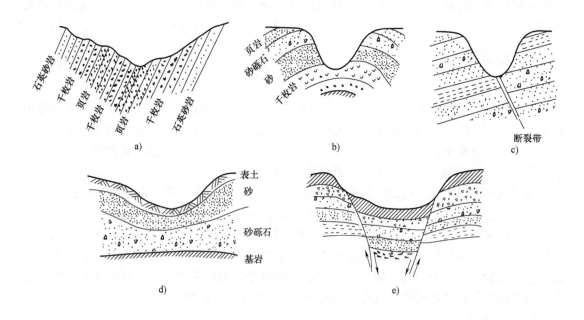

图 5-16　垭口的地层构造

a) 软弱层型　b) 构造型　c) 断层破碎带型　d) 松软层型　e) 断层陷落型

3. 过岭高程的确定

过岭高程是越岭线布局的重要控制因素。路线过岭，不外采用路堑或隧道通过。过岭高程直接影响到路线长短、线形标准和工程量大小，也关系到两侧的展线布局。因此过岭高程应结合路线等级、越岭地段的地形、地质以及两侧展线方案、过岭方式等因素经过技术经济比较来选定，这些因素是互相影响的，必须全面分析研究各种可能的比较方案，做出合理的选择。过岭方式主要有浅挖低填、深挖垭口、隧道穿越三种。

（1）浅挖低填　遇到过岭地段山坡平缓、垭口宽而厚（有的达到 1 ~ 2km，有时还有沼泽出现）的地形，展线容易，只宜采用浅挖低填的方式过岭，过岭高程基本上就是垭口高程。

（2）深挖垭口　当垭口比较瘦薄时，常用深挖的方式过岭。深挖垭口，虽然土石方工程较集中，但由于降低了过岭高程，相应缩短了展线长度，总工程量并不一定增加。即使有所增加，也可从改善行车条件得到补偿。至于深挖程度，应视地形、地质、气象条件以及展线对垭口高程的要求等因素而定，一般挖深在 20m 以内，地质情况良好时，还可深些。垭口越瘦，越宜深挖。但要注意垭口以及周围的地质和水文条件的影响，保证其路基和边坡的稳定性，否则可采取隧道穿越。

过岭高程是越岭线布局的重要控制因素，不同的过岭高程就有不同的展线方案。如图 5-17 所示，路线通过垭口，由于选用不同的挖深出现了三个可能方案。甲方案挖深 9m，需要设两个回头曲线；乙方案挖深 13m，需一个回头曲线；丙方案挖深 20m，即可顺山势布线，不需回头曲线。丙方案线形好、路线最短、有利于行车和节约运营费用。

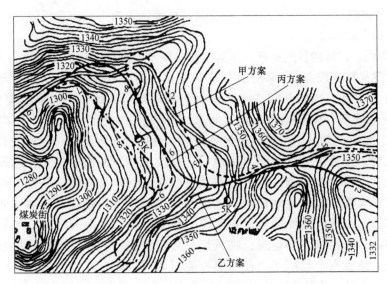

图 5-17　垭口采用不同挖深的展线方案

（3）隧道穿越　当垭口挖深在 30m 以上时，应与隧道方案进行比较。特别是垭口瘦薄时，采用不长的隧道能大大降低路线爬升高度、缩短里程、提高路线线形指标，在经济上非常合算。另外，为了避让严重不良地质，以及减轻或消除高山严重积雪、结冰对公路的不良影响时，也应考虑采用隧道方案。采用隧道通过的方案，也应结合施工条件及施工期限。

一般情况，隧道高程越低、路线越短，技术指标也越易提高，对运营也越有利。隧道高程的选定通常根据越岭地段的地质条件，并以临界高程作为研究的基础。临界高程是隧道造价和路线造价总和最小的过岭高程。设计高程高于临界高程，则路线展长费用将多于隧道缩短的费用；设计高程低于临界高程，则隧道加长费用将多于路线缩短费用。降低设计高程可节约运营费用。这对交通量大的路线意义重大，也应作为比选的因素。

隧道高程的选定不能单纯着眼于经济一方面，还应考虑以下因素：

1）地质和水文地质条件是选择隧道高程有决定意义的因素，要尽可能把隧道放在较好的地层中。

2）隧道高程应设在常年冰冻线和常年积雪线以下，以保证施工和行车安全。

3）隧道长度要考虑施工期限和施工技术条件等。

4）在不过多增加工程造价的情况下，要适当考虑远景的发展，尽可能把隧道高程降低一些。

4. 垭口两侧路线的展线

（1）展线布局　展线就是采用延展路线长度的方法，逐渐升降坡克服高差的布线方式，盘山公路就是一种展线形式。越岭线的高程主要是通过垭口两侧山坡上的展线来克服的。虽然山坡地形千差万别，线形多种多样，但路线的布局首先要以纵坡为指引，即平面、纵断面、横断面的结合要以纵断面为主导。越岭线利用有利地形、地质，避让不良地形、地质，是通过合理调整坡度和设置必要的回头曲线来实现的，而回头曲线的布置也要根据纵坡来选定。只有符合纵坡标准的路线方案才能成立。因此，展线布局必须从纵坡的安排开始，其工作步骤如下：

1）先拟定路线大致走法。在调查或踏勘阶段确定的主要控制点间，进行广泛勘察，调查周围地形及地质情况，以带角手水准粗略勘定坡度作为指引，注意利用有利地形、地质，拟定路线可能的大致走法。

2）试坡布线。试坡的目的是进一步落实初步拟定的路线走法的可能性，发现和加密中间控制点，发现局部比较方案，拟定路线布局。试坡由已定的控制点开始。越岭线通常先固定垭口，由上而下，视野开阔，便于争取有利地形。因此，一般多由垭口向下试坡。试坡选用的平均坡度，应根据《公路工程技术标准》的规定（展线的平均坡度一般取5%~5.5%），地形曲折，小半径曲线多的地段，可略低于规定值。在试坡过程中，遇到必须避让的地物、工程艰巨及地质不良地段，以及拟用作回头的地点，选择适宜的可通过的地点作为暂时中间控制点。如果它和试坡线接近，并与前面一个暂定控制点之间的坡度不致超过最大坡度，就及时记录下这个点的大致里程、高程及可活动的范围，否则应返回重新试坡，或修改前面的暂定控制点，认为合适后再向前试坡。如果经过修改后的纵断面或路线行经地带不够理想，则只好另寻比较线。当一系列中间控制点暂定下来后，路线布局大体就有个轮廓了。在主要控制点间，可能有几个方案，要经过比选，剩下一两个较好的方案，接着进行下一步工作。

3）决定最终布局方案。控制点有固定和活动之分有以下三种情况：

① 位置和高程都不能改变，如工程特别艰巨地点的路线和某些受限制很严的回头地点，必须利用的桥梁，必须通过的街道等。

② 位置固定、高程可以活动，如垭口、重要桥位等。

③ 位置、高程都有活动余地的，如侧沟展线的跨沟地点、宽阔平缓山坡的回头地点等。

第一种情况较少，第二、三种情况居多。也就是说控制点大多是有活动余地的，但活动范围有大有小。对活动范围小的控制点，可视为固定控制点，把位置、高程确定下来，然后再去研究固定控制点之间的、活动范围较大的那些控制点，以便通过适当调整，达到既不增大工程而又能使线形更加合理的目的。

活动控制点的调整落实，有下面两种情况和做法：

① 活动性较大的回头地点，可从前后两个固定控制点以适当的坡度分头放坡交会得出。

② 两固定控制点间的非回头的活控制点，应在其可活动的范围内调整，以使固定控制点间的坡度尽量均匀些。

（2）展线方式　越岭线的展线方式主要有自然展线、回头展线、螺旋展线三种。

1）自然展线。自然展线是以适当的坡度，顺着自然地形，绕山嘴、沿侧沟来延展距离，克服高差。自然展线适合地形条件比较好的地段，自然展线的优点是走向符合路线基本方向，路线坡度与地形坡度大致一致，路线最短。与回头展线相比，自然展线的线形简单，技术指标一般也较高，特别是路线不重叠，对行车、施工、养护均有利。如路线所经地带地质稳定，无割裂地形阻碍，布线应尽可能采用这种方案。其缺点是难以避让艰巨工程或不良地质地段，不得不调整坡度。如遇到高崖、深谷或大面积地质病害很难避开，而不得不采取其他展线方式。

2）回头展线。当相邻控制点间的高差大，靠自然展线无法取得需要的距离以克服高差，或因地形、地质条件限制，不宜采用自然展线时，可利用有利地形设置回头曲线进行展线。回头展线的缺点是在同一坡面上，上下线重叠，尤其是靠近回头曲线前后的上下线相距很近，对于行车、施工、养护都不利。回头展线的优点是短距离能克服较大高差，便于利用有利地形，避让不良地形、地质和艰巨工程。

回头曲线又称"之字线"或"发针形曲线"，它适合在同一个坡面上做方向相反的180°左右的转角急剧改变方向，并具有一定纵坡度的小半径平曲线（见图5-18）。地点对于回头曲线工程大小和使用质量关系很大，回头曲线的形状取决于回头地点的地形，一般利用以下三种地形设置：

① 半径较大、横坡较缓、相邻有较低鞍部的山包（见图5-19a）。穿垭口、绕山包展长路线，有利于吻合地形，缺点是视距差。

② 地质、水文地质良好的平缓山坡（见图5-19b）。优点是视距好，可充分利用向阳缓坡地形。

③ 地形开阔，横坡较缓的山沟或山坳（见图5-19c和图5-19d）。优点是工程量较省，视野开阔；缺点是由于汇水，排水和涵洞工程，路基水稳定性防护要求提高。

④ 平坦的山脊（图5-19e）。山脊上的平坦地形或平缓坡地，也是适合布设回头曲线的良好地点。

图5-18 回头曲线实例

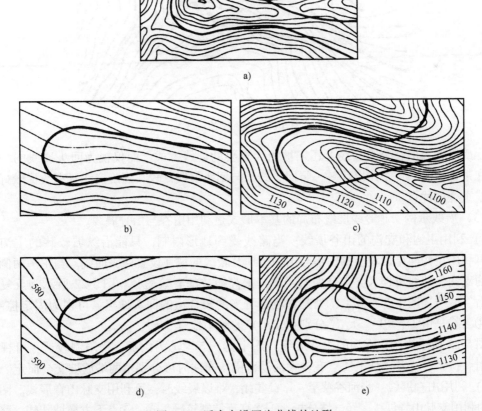

图5-19 适合布设回头曲线的地形

a）利用山包回头 b）利用平缓山坡回头 c）利用山沟回头 d）利用山坳回头 e）利用山脊回头

为了尽可能消除或减轻回头展线对于行车、施工、养护的不利影响，要尽量把回头曲线间的距离拉长，以分散回头曲线，减少回头个数。回头展线对不良地形、地质的避让有较大的自由度。但不要遇见艰巨的工程，不分困难大小和能否克服就轻易回头，致使路线在小范围内重叠盘绕。对障碍要进行具体分析，当突破一点儿有利于全局时，就要做些工程突破它。

3）螺旋展线。当路线受到地形和地址等限制，需要在有限地段内急剧地提高或降低某一高度才能充分利用前后有利地形时，可考虑采用螺旋展线。螺旋展线一般多在山脊利用山包盘旋，以旱桥或隧道跨线（见图5-20）；也有的在峡谷内，路线就地迂回，利用建桥跨沟跨线，如图5-21所示实线。

图 5-20　螺旋展线实例

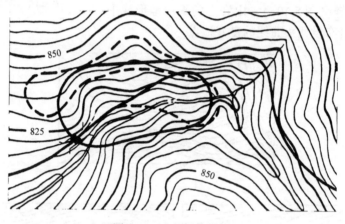

图 5-21　山谷螺旋展线

螺旋展线目前在公路选线上还未被用为重要的展线方式，而仅视为回头展线的一种变化，在某种地形条件下用以代替一组回头线。与回头展线比较，螺旋展线具有线形较好，避免路线重叠的优点。

（3）展线示例　越岭线展线布局的基本形式是利用山谷与山脊展线。

1）利用主沟和支沟的山谷展线。当路线受到地形限制，只能沿纵坡较陡的主沟布设时，可利用主沟两岸山坡上的山嘴与山坳台地及较缓的坡地设置回头曲线。当主沟两侧有较开阔的支沟，路线可伸入支沟是增长距离，提高线位的有效途径。图5-22所示为反复跨主沟的山谷展线，图中③、⑤、⑦处是试坡定下来的较合适的回头地点，可视为固定控制点；②、④、⑥是由①、③、⑤、⑦分别相交出来的跨沟地点。

图5-23所示为利用支沟的山谷展线，图中③、⑤、⑦为山嘴，受限制较严，可视为固定控制点；②、⑥及侧坡上④点有较大活动范围，布线时可分别由两端放坡交会而定。

2）利用山脊展线。当河谷狭窄，岸壁陡峭，难以展线时，可利用支脉山脊展线。图5-24所示为利用支脉山脊展线。经试坡分析，①受高程控制较严，③、⑤点下方横坡陡峻，路线不宜再低，视为固定控制点，②、④能稍许活动，布线时分别由①、③、⑤交会出来。采用这种方式布线，要求选择宽肥的山脊或山嘴，否则路线重叠次数很多。有条件时，应选择适当地点突破右侧山沟，将路线引向其他坡面去布设。

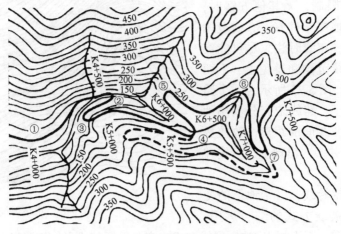

图 5-22 反复跨主沟的山谷展线

图 5-23 利用支沟的山谷展线

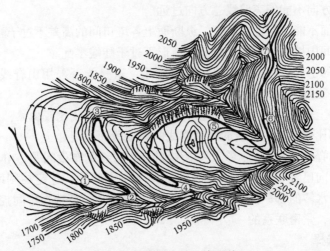

图 5-24 利用支脉山脊展线

3）利用山坡展线。利用一面山坡往返盘绕，往往叠线过多，一般应尽量避免。但在受地形限制，无其他方案时，选择横坡平缓、地质条件好、布线范围较大的山坡设线。布线时注意尽可能突破难点，扩大布线范围和避免上、下两个回头曲线并头。图 5-25 所示为一个路线布局不好的例子，路线未充分利用地形尽量拉长回头曲线间的距离，致使叠线多达 5~6 次，并多次出现上、下线并头的现象。

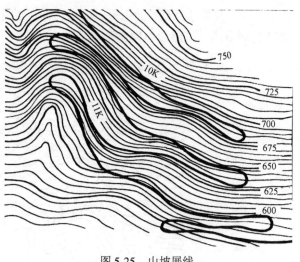

图 5-25　山坡展线

一条较长的越岭线，由于地形的变化，常常是各种展线方式的综合运用，布线时要抓住地形特点因地制宜选用展线方式，充分发挥其优点，把路线布局工作做好。

5.3.4　山脊线

1. 山脊线的特点及选择条件

山脊线是指大体上沿分水岭布设的路线。分水线顺直平缓，起伏不大，岭脊肥厚的分水岭是布设山脊线的理想地形，路线可大部或全部设在分水岭上，路线平面线形随分水岭的曲折而弯曲。但高山地区的分水岭常常是峰峦、垭口相间排列，有时相对高差很大，这种地形的山脊线，则被一些较低垭口所控制，路线须沿分水岭的侧坡在垭口之间穿行，线位大部分设在山腰上。

山脊线一般具有土石方工程小，水文和地质情况好，排水桥涵构造物较少等优点。山脊线的缺点主要有：线位高，远离居民点，服务性能差；地势较高，空气稀薄，有云雾、积雪、结冰等对行车和养护不利等；筑路材料及水源缺乏，增加施工困难。

山脊线方案主要应考虑以下条件决定取舍：

1）分水岭的方向不能偏离路线总方向过远。

2）分水岭平面不能过于迂回曲折，纵断面上各垭口间的高差不过于悬殊。

3）控制垭口间山坡的地质情况较好，地形不过于陡峻零乱。

4）上下山脊的引线要有合适的地形可以利用，这是能否采用山脊线的主要条件之一，往往山脊本身条件很好，但上下引线条件差而不得不放弃。

由于完全具备上述条件的分水岭不多，所以很长的山脊线比较少见，而往往是作为沿河线或山腰线的局部比较线及越岭线的两侧路线的连接段而出现。

当决定采用山脊线方案以后，剩下要解决的是山脊线的布设问题。由于山脊线基本沿分水岭而行，大的走向已经明确，布线主要解决以下三个问题：选定控制垭口；在控制垭口间，决定路线走分水岭的哪一侧；决定路线的具体布设（包括选择中间控制点）。三者是互相依存，互为条件，紧密联系的。

2. 控制垭口选择

连绵起伏的山脊上有许多垭口。每一组控制垭口代表着一个山脊线的方案。因此选择控制垭口是山脊线选线的关键。当分水岭方向顺直，起伏不大时，几乎每个垭口都可暂定为控制点。如地形复杂，起伏较大且较频繁，各垭口高低悬殊，则高垭口之间的低垭口一般即为路线的控制点，凸出的高垭口可舍去；在有支脉横隔的情况下，相距不远的、并排的几个垭口，则只选择其中一个与前后联系条件较好的垭口。

控制垭口的选择时必须联系分水岭两侧山坡的布线条件综合考虑，而在侧坡选择和试坡布线的过程中，对初步选定的控制点加以取舍、修正，最后落实。

3. 侧坡选择

分水岭的侧坡是陡峻山脊线的主要布线地带，要选择布线条件较好的一侧，这样可使平面、纵断面线形好，工程量小和路基稳定。坡面整齐、横坡平缓、地质情况好、无支脉横隔的向阳山坡较为理想。除两个侧坡优劣十分明显的情况外，两侧都要进行比较以定取舍。同一侧坡也可能还有不同的路线方案，可通过试坡布线决定。多数初选的控制垭口，在侧坡选择过程中即可决定取舍，少数则需在试坡布线中落实。

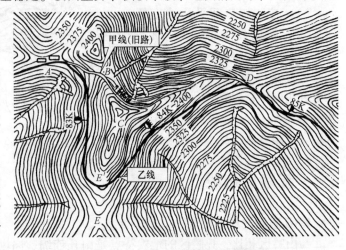

图 5-26　山脊线布局比较示意图

如图 5-26 所示，A、D 两垭口是由前后路线所决定的固定控制点，其间有 B、C、E 等垭口，哪个选为中间控制点，首先取决于路线布设在分水岭的哪一侧。显然，位于左侧的甲线应舍 C、E 而取 B。

位于右侧的乙线应舍 B 而取 C 或 E。至于 C、E 的取舍以及甲、乙线的比选问题，则有待于试坡布线时解决。

4. 试坡布线

在两固定控制点间布线，应力求距离短捷，坡度缓和。山脊线有时因控制点间高差很大，需要展线，也有时为避免路线过于迂绕，要采用起伏坡，以缩短距离。从总体看，山脊线难免有曲折、起伏，但不可使其过于急促、频繁，平曲线、竖曲线和视距等指标也要掌握得高些，以利行车。

山脊布线常见有三种情况：

（1）控制垭口间平均坡度不超过规定　如两控制垭口中间，地形、地质方面没有太大障碍，应以均匀坡度沿侧坡布线。如控制垭口间平均坡度较缓，而其间遇有障碍或艰巨工程时，可加设中间控制点，调整坡度来避让，中间控制点和各垭口之间仍应以均匀坡度布线。如图 5-26 所示的甲线，AB、BD 两段，地面自然坡度一上一下已经很陡，当适当挖深垭口 B 后，才分别获得 +5.5% 和 -5% 较合理的坡度。BD 段两次碰到冲沟，需要防治，工程稍大；如欲减小防治工程，要在冲沟头上方加设中间控制点，这将使 B 到 D 的一段纵坡过陡，不宜采用。

（2）控制垭口间有支脉横隔　路线穿过支脉，要在支脉上选择合适的垭口作为中间控制点。该垭口应不致使路线过于迂绕，合理深挖后两翼路线坡度都不超过规定，并使路线能在较好的地形、地质地带通过。有时在支脉上选择的控制垭口虽能满足纵坡要求，但线形过于迂绕，为了缩短距离，控制点就不一定恰好设在垭口上。图 5-26 中的乙线是穿支脉的路线，支脉上有两个垭口，选中间控制点时，先考虑 C，因其位置过高，合理深挖后两翼路线坡度仍超过规定，只好放弃而选择垭口 E。E 的两翼自然纵坡均低于规定值，为了既保证坡度符合要求，又能尽量缩短距离，从低垭口 D 以 5% ~ 5.5% 的坡度沿山坡向垭口 E 试坡，定出控制点具体位置 E'，使乙线得到合理的最短长度。AE' 之间则按均匀坡度（约 3%）布线。乙线虽较甲线长 740m，但工程小，施工较易，当交通量小时，宜予采用。

（3）控制垭口间平均坡度超过规定　根据具体地形、地质条件，采用填挖、旱桥、隧道等工程措施来提高低垭口，降低高垭口，也可利用侧坡、山脊有利地形设置回头展线或螺旋展线，如图 5-27所示。选线方法详见本节越岭线。

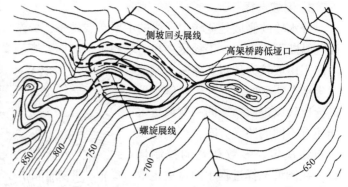

图 5-27　山脊展线示意图

5.4　丘陵区选线

1. 丘陵区地形特征

与山岭区相比，丘陵区的地貌特点是山丘连绵、岗坳交错、此起彼伏、山形迂回曲折、岭低脊宽、山坡较缓、丘谷相对高差不大。丘陵区包括微丘区和重丘区两种。

微丘区地形起伏较小，地面自然坡度在 20°以下，山丘、沟谷分布稀疏，坡形缓和，相对高差在 100m 以内，而且有较宽的平地可以利用。重丘区起伏频繁，相对高差较大，地面自然坡度在 20°以上，山丘沟谷分布较密，而且具有较深的沟谷和较高的分水岭，路线平纵部分受限。

重丘区与山区不易划出明确界线，就如同一般山区与重山区不易划出明确界线一样。微丘区与平原也同样难以区别，可见丘陵区包括了又缓又陡峻的地形。

丘陵区的地形决定了通过丘陵区的路线特点是局部方案多，且为了充分适应地形，路线纵断面将会有起伏，路线平面也必将是以曲线为主体。

2. 丘陵区路线布设原则

丘陵地区选线，要根据丘陵地区地形起伏、丘岗连绵、相对高差不大的特点，摸清地形、地质和水文条件，选出方向顺直，工程量少的路线方案。微丘区选线应充分利用地形，处理好平面、纵断面线形的组合；不应迁就微小地形，造成线形迂回曲折；也不宜采用长直线，造成纵线形起伏。重丘区由于有点类似山岭区，平面、纵断面受限较大，在选线时应该注意如下问题：

1）利用有利条件减少工程量。路线应随地形变化布设，在确定路线平面、纵断面线位的同时，应注意横向填挖的平衡。横坡较缓的地段，可采用半填半挖或填多于挖的路基；横坡较陡的地段，可采用全挖或挖多于填的路基。应注意挖方边坡的高度，不致因挖方边坡过高而失去稳定。同时还应注意纵向土石方平衡，以减少废方与借方。

2）平面、纵断面、横断面应综合设计。不应只顾纵坡平缓，而使路线弯曲，平面标准过低；或者只顾平面直捷，纵面平缓，而造成高填深挖，工程过大；或者只顾经济，过分迁就地形，而使平面、纵断面过多地采用极限或接近极限的指标。

3）少占耕地、不占良田。

① 线路宜靠近山坡，以少占耕地，但应避免因靠近山坡增大工程，要设计出不同方案，征求地方意见后选定。

② 当线路通过个别高台地或山鞍时，应结合地质、水文条件，进行深挖与隧道方案的比选，以节约耕地或避免病害。

③ 当线路跨越宽阔沟谷或洼地时，应结合节约用地的要求，进行旱桥与高填方案的比选。

④ 应结合灌溉系统及流量要求，修建相应的桥涵。注意避免引起水害，冲毁或淹没农田。

5.4.1　路线布设方式

丘陵区地形形态复杂，布线方法应随路线行经地带的具体地形而采用不同的布线方式。

1. 平坦地带——走直连线

两个已知控制点间，地势平坦，应按平原区以方向为主导的原则布设。如其间无地物、地质障碍或应屈就的风景、文物及居民点，路线应走直连线；如有障碍或应屈就的地点，则加设中间控制点，相邻控制点间仍以直线相连，路线转折处设长而缓的曲线。这样的路线是平坦地形上平面、纵断面、横断面最好的统一体，如果无故拐弯，就成为不合理的了。

2. 具有较陡横坡的地带——沿匀坡线布线

"匀坡线"是两点之间，顺自然地形，以均匀坡度定的地面点的连线，如图 5-28 所示。这种坡线常须多次试坡才能求得。

在具有较陡横坡的地带，两个已定控制点间，如无地物、地形、地质上的障碍，路线应沿匀坡线布线。

如有障碍，则在障碍处加设控制点，相邻控制点间仍沿匀坡线布线。

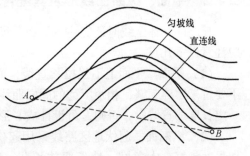

图 5-28　匀坡线示意图

上述两类地带的布线方式，与前已论述的平原和山岭区并无明显区别，只在此加以总括，不再详述。起伏地带是丘陵区所特有的，下面对起伏地带的布线原则和方法做重点讨论。

3. 起伏地带——走直连线和匀坡线之间

起伏地带也属于具有横坡的地带，特点是地面横坡较缓，匀坡线很迂回。其布线原则和方法按起伏多少分述如下：

（1）两个已定控制点间包括一组起伏时　在这种情况下，路线要交替跨越丘陵和坳谷，在两个相邻的梁顶（或谷底）之间，即出现一组起伏。在这种地形上布设路线，如沿直线走，路线最短，但起伏很大，为了减缓起伏，将出现高填深挖、增大工程；如沿匀坡线走，坡度最好，但路线绕长太多，工程一般也不会省。这种"硬拉直线"和"弯曲求平"的做法，都是不正确的。如果路线走在直连线和匀坡线之间，比直连线的起伏小，比匀坡线的距离短，而工程使用质量有所提高，工程造价有所降低，故在起伏地带应在直连线与匀坡线之间寻找最合理的路线方案。至于路线在平面上的具体位置，应根据路线等级结合地形做具体分析，做到路线平面、纵断面、横断面最恰当地结合。

对于较小的起伏，首先要坡度缓和，再考虑平面与横断面之间的关系。低等级公路工程宜小，路线可离直连线远些；高等级公路尽可能减短一些距离，把路线定得离直连线近些。

较大的起伏，两侧的高差常不相同，高差大的一侧的坡度常常成为决定因素，要根据应采用的合理坡度并结合梁顶的挖深和谷底的距离来确定路线的平面位置。当距离增长不多或切梁填谷增加工程不大而能显著改善纵坡时，宜采用缓和的纵坡度。

直连线和匀坡线给起伏地带指出一个布线范围。梁顶处匀坡线在直连线下方，谷底处匀坡线在直连线上方，而且匀坡线在梁顶应是暗弯和凸曲线，在谷底应是明弯和凹曲线。

（2）两个已定控制点间有多组起伏时　两个已定控制点间有多组起伏时，需要在每个梁顶（或每个谷底）都定出控制点，然后按上述方法处理各组起伏。如何选定这些控制点要考虑许多因素，上述"起伏地带路线走直连线和匀坡线之间"的原则，可以为寻找这些控制点提供一个线索。已定控制点间包括的起伏组数越多，直连线和匀坡线所包范围越大，路线的方案也越多。布线可分头从两个已定控制点向中间进行，逐步减少包括的起伏组数，因而也缩小了直连线和匀坡线所包范围，直到最后合拢。两个已定控制点间，有时因地形、地质、地物上的障碍，路线会突破直连线与匀坡线的范围。这种为避让障碍所定的中间控制点，应视为又增加一个已定控制点，即这一控制点定下来后，实际上是把原来两定点间的路线分割成两段，上述"走直连线和匀坡线中间"的原则分别适用于两段内。

5.4.2　平面、纵断面线形及其配合

丘陵区具体定线时还应注意平面、纵断面线形及其配合。总结丘陵区选线的实践经验，应注意以下几点：

（1）平面　平面上不强拉长直线，而要尽量利用与地形协调的长缓平曲线，路线转折不要过于零碎频繁，相距不远的同向曲线尽可能并为一个单曲线或复曲线，反向曲线间应有一定长度的直线段，否则，可设计成 S 形。

（2）纵断面　起伏地区路线采用起伏坡形是缩短里程或节省工程的有效方法。但起伏切忌太频繁，太急剧，坡长要放长些，坡度要用得缓些，避免形成锯齿坡形和短距离的"驼峰"和"陷洼"；陡而长的坡道中间要利用地形插设缓坡段。竖曲线也应像平曲线那样，要长而缓，距离不远的同向曲线尽量连接起来，反向曲线间最好有一段匀坡。

（3）平面、纵断面的配合　长陡下坡尽头避免设小半径平曲线。平曲线、竖曲线的位置，在两者半径很大的情况下，各设在什么地方对行车并无太大影响，但在起伏地形（如梁顶、沟底等）处使暗弯与凸曲线、明弯与凹曲线结合起来，则能增进行车安全感和路线的美观。但要注意两者的半径都应尽可能大些，特别是明弯与凹曲线重合处，因为这种地段车速一般都比较高，半径太小增加驾驶困难。最不好的情况是凸形竖曲线与一个小半径平曲线相隔很近，因为凸形竖曲线阻碍视线，驾驶员不能预先看到前方的平曲线，以早做转弯准备，可能措手不及，发生事故。为避免这种情况，要把平曲线、竖曲线重合起来，即使多费些工程也是应该的。

思考题与习题

5-1　道路选线的原则、方法和步骤是什么？

5-2　道路选线的新理念与总体设计内容有哪些？

5-3　路线方案选择的方法步骤是什么？

5-4　简述平原选线要点。

5-5　简述越岭线布设要点。

5-6　简述山脊线布设要点。

第6章 定　　线

6.1　概述

定线是选线的第三个步骤，是根据既定的技术标准和路线方案，结合地形、地质条件，综合考虑平面、纵断面、横断面三方面的合理安排，具体定出道路中线的确切位置。要求在平面上定出路线的交点和平曲线半径，在纵断面上定出变坡点和设计坡度，在横断面上定出中线填挖尺寸和边坡坡度。定线是道路设计中关键的一步，它不仅受地形、地物、地质等的限制，需要解决工程和经济问题，而且要受到技术标准、国家政策、社会影响、道路美学、风俗习惯等因素制约，需要充分考虑道路自身线形的美观与协调、驾驶员的视觉和心理反应、道路与周围环境的协调、道路与生态平衡的关系及道路与人文的和谐等问题。

定线质量在很大程度上还取决于采用的定线方法。常用的定线方法主要有纸上定线和直接定线两种。纸上定线适用于技术标准高或地形、地物复杂的路线，定线过程是先在大比例尺地形图上室内定线，然后把纸上路线敷设到地面上；直接定线适用于技术标准低或地形、地物简单的路线，是在现场直接定出路线中线的位置。

本章内容主要用于公路定线，但各种线形的组合设计、坐标计算及实地放线等也适用于城市道路。平坦地区城市道路的定线作业比较简单，但高差较大的山城道路定线比较复杂，可以参照公路定线方法进行。

6.2　纸上定线

纸上定线是在 1∶1000～1∶2000 大比例尺地形图上确定道路中线位置的方法。定线必须满足技术标准的有关规定，同时又要参照初拟的路线位置进行。

6.2.1　纸上定线的步骤

（1）收集资料与准备工作　需要收集的资料主要有：地形图、卫星照片、航测照片等，初拟的路线方案及所确定的控制点，沿线地质情况，不良地质地段，城市规划，地下电缆，文物古迹，自然保护区及气候、气象等资料。准备工作包括在地形图上标绘出各个控制点、应避让的地段和区域。

（2）根据地形和地物初定路线的位置　在相邻控制点之间，根据所经过的不同地形和地物分布情况，参照准备工作标绘应避让的地段和区域，满足一定标准和要求，选择合适的路线位置，沿着前进方向加密中间控制点。采用徒手勾绘，将这些控制点顺滑地连成曲线，初定路线位置。

（3）纵断面设计　路线的平面线形确定以后，可按照规定要求，在地形图上设置中桩。设置的中桩，除起、终点桩，曲线主点桩，百米桩，公里桩，大中桥桥位桩，隧道起、终点桩及通道、涵洞和立体交叉中心桩等外，还应有地形和地物加桩。平原微丘区桩距一般取 50m，山岭重丘区取 20m。在地形图上读取各桩位的地面高程，绘制路线纵断面地面线，标注竖向控制高程及平面线形，试定纵坡设计线，纵坡设计线定出后，应检查修正。

（4）最佳横断面修正　在路线的平面、纵断面基本确定后，还要检查横断面是否适当。应绘制出地面横坡较陡地段及其他可能高填深挖处的横断面，找出最佳横断面位置，据此再对平面或纵断面线形予以修正。必要时，采用分离式横断面，重新调整平面和纵断面线形。

（5）现场核对　在室内利用地形图进行纸上定线后的平面、纵断面、横断面的成果，应再到现场进行实地检查核对。核查无误后，方可最后定案，然后实地敷设中线控制桩，以便进行水文、地质勘探调查等工作。

纸上定线的过程是一个反复试线、比较、逐步趋于完善的过程。定线时要在满足标准的前提下结合自然条件，综合考虑平面、纵断面、横断面，反复试线，直到无论采取什么措施都不能显著节省工程或增进美感时，才可以认为纸上定线工作已完成。

6.2.2　纸上定线的方法

根据不同地形特点，定线方法有"直线形定线法"和"曲线形定线法"两种。

1. 直线形定线法

直线形定线法是根据控制点或导向线和相应的技术指标，试穿出一系列与地形相适应的直线作为基本线形单元，然后在两直线转折处用曲线予以连接的定线方法，即传统的以直线为主的穿线交点定线法。平面线形以直线为主，适用于地形简单的平原微丘区。

（1）路线标定　道路中线确定以后，必须采集交点坐标，并由此计算转角 α 和交点间距 D；确定圆曲线半径 R 和缓和曲线长度 L，计算平曲线要素和推算主点桩号；最后计算逐桩坐标。通常交点坐标的采集方法有直接采集法和定前后直线间接推算法两种。

1）直接采集法是在绘有格网的地形图上读取各交点的坐标，一般只能估读到米，适用于交点前后直线方向和位置限制不严的情况。

2）定前后直线间接推算法是在绘有格网的地形图上先固定交点前后的直线（即在直线上读取两个点的坐标），再用相邻直线相交的解析法计算交点坐标，一般适用于交点前后直线方向和位置限制较严的情况。

当已知交点前直线上两点的坐标 (X_1, Y_1) 和 (X_2, Y_2)，后直线上两点 (X_3, Y_3) 和 (X_4, Y_4)，则交点坐标 (X, Y) 可由下式计算

$$\begin{cases} k_1 = \dfrac{(Y_2 - Y_1)}{(X_2 - X_1)},\ k_2 = \dfrac{(Y_4 - Y_3)}{(X_4 - X_3)} \\ X = \dfrac{k_1 X_1 - k_2 X_3 - Y_1 + Y_3}{(k_1 - k_2)} \\ Y = k_1(X - X_1) + Y_1 \end{cases} \tag{6-1}$$

当 $X_1 = X_2$ 时　　　　$X = X_1 = X_2,\ Y = k_2(X - X_3) + Y_3$

当 $X_3 = X_4$ 时　　　　$X = X_3 = X_4,\ Y = k_1(X - X_1) + Y_1$

（2）坐标计算　经纸上定线确定了交点坐标后，应先计算出路线转角、交点间距、平曲线要素以及主点桩桩号，根据路线地理位置和几何关系计算出道路中线上各桩点的坐标，编制逐桩坐标表，然后根据逐桩坐标实地放线。

1）路线转角、交点间距、平曲线要素及主点桩桩号计算。设起点坐标 $JD_0(X_{J_0}, Y_{J_0})$，第 i 个交点坐标为 $JD_i(X_{J_i}, Y_{J_i})$，$i = 1, 2, \cdots, n$，则坐标增量

$$dX = X_{J_i} - X_{J_{i-1}}, \quad dY = Y_{J_i} - Y_{J_{i-1}} \tag{6-2}$$

交点间距

$$S = \sqrt{(dX)^2 + (dY)^2} \tag{6-3}$$

象限角

$$\theta = \arctan \left| \frac{dY}{dX} \right| \tag{6-4}$$

计算方位角 A

$$\begin{cases} dX > 0, \ dY > 0 \ 时，A = \theta; \ dX < 0, \ dY > 0 \ 时，A = 180° - \theta \\ dX < 0, \ dY < 0 \ 时，A = 180° + \theta; \ dX > 0, \ dY < 0 \ 时，A = 360° - \theta \end{cases} \tag{6-5}$$

转角

$$\alpha_i = A_i - A_{i-1} \tag{6-6}$$

一般情况下，α_i 为"＋"，曲线为右偏；α_i 为"－"，曲线为左偏。平曲线要素及主点桩桩号计算公式与传统方法相同。高速公路对精度要求较高，计算时应注意取舍误差，否则会影响计算精度。

2）直线上中桩坐标计算。如图 6-1 所示，设交点坐标为 $JD(X_J, Y_J)$，交点相邻直线的方位角分别为 A_1 和 A_2，则 ZH 点坐标

$$\begin{cases} X_{ZH} = X_J + T\cos(A_1 + 180°) \\ Y_{ZH} = Y_J + T\sin(A_1 + 180°) \end{cases} \tag{6-7}$$

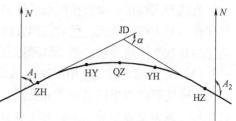

图 6-1　中桩坐标计算示意图

HZ 点坐标

$$\begin{cases} X_{HZ} = X_J + T\cos A_2 \\ Y_{HZ} = Y_J + T\sin A_2 \end{cases} \tag{6-8}$$

设直线上任意桩里程为 L，ZH、HZ 表示曲线起、终点里程，则前直线上任意点坐标（$L \leqslant ZH$）为

$$\begin{cases} X = X_J + (T + ZH - L)\cos(A_1 + 180°) \\ Y = Y_J + (T + ZH - L)\sin(A_1 + 180°) \end{cases} \tag{6-9}$$

后直线上任意点坐标（$L > HZ$）为

$$\begin{cases} X = X_J + (T + L - HZ)\cos A_2 \\ Y = Y_J + (T + L - HZ)\sin A_2 \end{cases} \tag{6-10}$$

3）单曲线内中桩坐标计算。

① 不设缓和曲线的单曲线。设曲线起、终点坐标分别 ZY (X_{ZY}, Y_{ZY})，YZ (X_{YZ}, Y_{YZ})，则圆曲线上坐标为

$$\begin{cases} X = X_{\text{ZY}} + 2R\sin\left(\dfrac{90°l}{\pi R}\right)\cos\left(A_1 + \xi\dfrac{90°l}{\pi R}\right) \\ Y = Y_{\text{ZY}} + 2R\sin\left(\dfrac{90°l}{\pi R}\right)\sin\left(A_1 + \xi\dfrac{90°l}{\pi R}\right) \end{cases} \tag{6-11}$$

式中 l——圆曲线内任意点至 ZY 点的曲线长;

R——圆曲线半径;

ξ——转角符号,右转为" + ",左转为" - ",下同。

② 设缓和曲线的单曲线。缓和曲线上任意点的切线横距

$$x = l - \frac{l^5}{40R^2L_s^2} + \frac{l^9}{3456R^4L_s^4} - \frac{l^{13}}{599040R^6L_s^6} + \cdots \tag{6-12}$$

式中 l——缓和曲线上任意点至 ZH (或 HZ) 点的曲线长;

L_s——缓和曲线长度。

a. 第一缓和曲线 (ZH ~ HY) 内任意点坐标计算。

$$\begin{cases} X = X_{\text{ZH}} + \left[x/\cos\left(\dfrac{30°l^2}{\pi RL_s}\right)\right]\cos\left(A_1 + \xi\dfrac{30°l^2}{\pi RL_s}\right) \\ Y = Y_{\text{ZH}} + \left[x/\cos\left(\dfrac{30°l^2}{\pi RL_s}\right)\right]\sin\left(A_1 + \xi\dfrac{30°l^2}{\pi RL_s}\right) \end{cases} \tag{6-13}$$

b. 圆曲线内任意点坐标计算。

HY ~ YH 时

$$\begin{cases} X = X_{\text{HY}} + 2R\sin\left(\dfrac{90°l}{\pi R}\right)\cos\left[A_1 + \xi\dfrac{90°(l + L_s)}{\pi R}\right] \\ Y = Y_{\text{HY}} + 2R\sin\left(\dfrac{90°l}{\pi R}\right)\sin\left[A_1 + \xi\dfrac{90°(l + L_s)}{\pi R}\right] \end{cases} \tag{6-14}$$

式中 l——圆曲线内任意点至 HY 点的曲线长;

X_{HY}、Y_{HY}——HY 点的坐标,由式 (6-13) 计算。

YH ~ HY 时

$$\begin{cases} X = X_{\text{YH}} + 2R\sin\left(\dfrac{90°l}{\pi R}\right)\cos\left[A_2 + 180° - \xi\dfrac{90°(l + L_s)}{\pi R}\right] \\ Y = Y_{\text{YH}} + 2R\sin\left(\dfrac{90°l}{\pi R}\right)\sin\left[A_2 + 180° - \xi\dfrac{90°(l + L_s)}{\pi R}\right] \end{cases} \tag{6-15}$$

式中 l——圆曲线内任意点至 YH 点的曲线长。

c. 第二缓和曲线 (HZ ~ YH) 内任意点坐标计算。

$$\begin{cases} X = X_{\text{HZ}} + \left[x/\cos\left(\dfrac{30°l^2}{\pi RL_s}\right)\right]\cos\left(A_2 + 180° - \xi\dfrac{30°l^2}{\pi RL_s}\right) \\ Y = Y_{\text{HZ}} + \left[x/\cos\left(\dfrac{30°l^2}{\pi RL_s}\right)\right]\sin\left(A_2 + 180° - \xi\dfrac{30°l^2}{\pi RL_s}\right) \end{cases} \tag{6-16}$$

式中 l——第二缓和曲线内任意点至 HZ 点的曲线长。

4) 复曲线坐标计算。

① 复曲线中间缓和曲线 L_F 上任意点坐标。复曲线中间有设缓和曲线和不设缓和曲线两种情况，设缓和曲线时即构成卵形曲线。该缓和曲线仍然采用回旋线，但它曲率不是从零开始，而是截取曲率 $1/R_1 \sim 1/R_2$ 这一段作为缓和曲线。如图 6-2 所示，缓和曲线 AB 的长度为 L_F，A、B 点的曲率半径分别为 R_1、R_2，M 为缓和曲线 AB 上曲率为零的点，AB 段内任意点的坐标从 M 点推算。

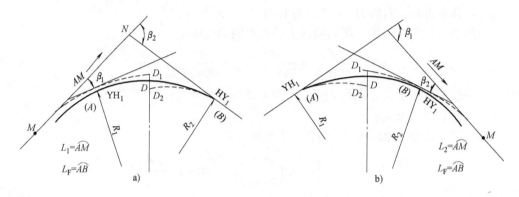

图 6-2　复曲线坐标计算示意图

a) $R_1 > R_2$　b) $R_1 < R_2$

根据回旋线几何关系，因 $L_F = \sqrt{\dfrac{24R_1R_2P_F}{R_1-R_2}}$，而 $P_F = p_2 - p_1 = \dfrac{L_{s2}^2}{24R_2} - \dfrac{L_{s1}^2}{24R_1}$，故

$$L_F = \sqrt{\frac{|R_2L_{s1}^2 - R_1L_{s2}^2|}{|R_1 - R_2|}} \tag{6-17}$$

式中　L_{s1}、L_{s2}——第一、第二缓和曲线长度；

　　　R_1、R_2——L_F 两端的圆曲线半径。

a. 当 $R_1 > R_2$ 时（见图 6-2a），设 A 点（YH_1）的坐标为 (X_A, Y_A)，由式（6-14）计算得到，切线方位角 A_A 用下式计算

$$A_A = A_1 + \xi\left[\frac{90°(L_{s1} + 2l)}{\pi R_1}\right] \tag{6-18}$$

式中　l——半径为 R_1 的平曲线 HY_1 至 YH_1 的曲线长。

M 点的坐标 (X_M, Y_M) 为

$$\begin{cases} X_M = X_A + \left[\left(l_1 - \dfrac{l_1^3}{40R_1^2}\right)\Big/\cos\left(\dfrac{30°l_1}{\pi R_1}\right)\right]\cos\left(A_A + 180° - \xi\dfrac{2}{3}\beta_1\right) \\ Y_M = Y_A + \left[\left(l_1 - \dfrac{l_1^3}{40R_1^2}\right)\Big/\cos\left(\dfrac{30°l_1}{\pi R_1}\right)\right]\sin\left(A_A + 180° - \xi\dfrac{2}{3}\beta_1\right) \end{cases} \tag{6-19}$$

式中，$l_1 = \dfrac{R_2L_F}{R_1 - R_2}$；$\beta_1 = \dfrac{90°l_1}{\pi R_1}$；$M$ 点的切线方位角 $A_M = A_A - \xi\beta_1$。

b. 当 $R_1 < R_2$ 时（见图 6-2b），M 点的坐标为

$$\begin{cases} X_M = X_A + \left[\left(l_2 - \dfrac{l_2^3}{40R_1^2} \right) \Big/ \cos\left(\dfrac{30°l_2}{\pi R_1} \right) \right] \cos\left(A_A + \xi\dfrac{2}{3}\beta_1 \right) \\[3mm] Y_M = Y_A + \left[\left(l_2 - \dfrac{l_2^3}{40R_1^2} \right) \Big/ \cos\left(\dfrac{30°l_2}{\pi R_1} \right) \right] \sin\left(A_A + \xi\dfrac{2}{3}\beta_1 \right) \end{cases} \quad (6\text{-}20)$$

式中，$l_2 = \dfrac{R_2 L_F}{R_2 - R_1}$；$\beta_1 = \dfrac{90°l_2}{\pi R_1}$；$M$ 点的切线方位角 $A_M = A_A + \xi\beta_1$。

c. 计算出 M 点的坐标及切线方位角后，当 $R_1 > R_2$ 时，用式（6-13）计算 L_F 上任意点坐标；$R_1 < R_2$ 时，用式（7-11）计算 L_F 上任意点坐标。应注意的是，式中的 l 应为中间缓和曲线上计算点至 M 点的曲线长，A_1、A_2 相应换成 A_M。

② 复曲线内 L_F 段以外的任意点坐标。复曲线内除 L_F 段外其他部位上任意点坐标计算公式同式（6-12）~式（6-16）。

2. 曲线形定线法

根据导向线和地形条件及相应技术指标，先用一系列圆弧去拟合控制较严的地段或部位，然后把这些圆弧用适当的直线或缓和曲线连接起来，形成以曲线为主的连续线形。平面线形以曲线为主，适用于地形、地物复杂的山区和丘陵区，以及地物障碍较多的平坦地区。

（1）定线步骤

1）参照导向线或控制点，画出线形顺适、平缓并与地形相适应的概略线位。

2）用直尺或不同半径的圆曲线弯尺拟合概略线位，形成一条由圆弧和直线组成的具有错位（即设缓和曲线后圆曲线的内移值）的间断线形。

3）在圆弧和直线上各采集两点坐标或在计算机上拾取圆弧和直线对象固定位置，通过试定或试算，用合适的缓和曲线将它们顺滑连接，形成连续的平面线形。

（2）确定回旋线参数　确定回旋线参数 A 值是采用曲线形定线法的关键。过去多采用回旋曲线尺或表法，即用不同整数的回旋线参数 A 值制作回旋线长度与曲率半径具有对应关系的尺或表，供使用时查对。随着计算机的广泛应用，目前主要采用解析法确定 A 值。解析法是根据几何关系，建立含有参数 A 的方程式，通过计算精确求解 A 值。下面分三种情况介绍。

1）直线与圆曲线连接。如图 6-3 所示，已知直线上两点 $D_1(X_{D1}, Y_{D1})$、和 $D_2(X_{D2}, Y_{D2})$ 和圆上两点 $C_1(X_{C1}, Y_{C1})$、$C_2(X_{C2}, Y_{C2})$ 以及圆曲线半径 R。

① 求圆心坐标。由图 6-3 得 $\theta = \cos^{-1}\dfrac{S}{2R}$，$C_1 M$ 方位角 $\alpha_{C1M} = \alpha_{C1C2} + \xi\theta$，其中 α_{C1C2} 为 $C_1 C_2$ 的方位角。圆心坐标为

$$\begin{cases} X_M = X_{C1} + R\cos\alpha_{C1M} \\ Y_M = Y_{C1} + R\sin\alpha_{C1M} \end{cases} \quad (6\text{-}21)$$

式（6-21）中 $R = |R|$，下同。

② 直线与圆曲线间距 D。

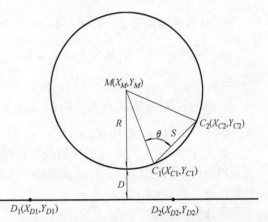

图 6-3　直线与圆曲线连接计算图

令

$$D = \frac{|k(X_M - X_{D1}) - (Y_M - Y_{D1})|}{\sqrt{1 + k^2}} - R \tag{6-22}$$

式中，$k = \dfrac{Y_{D2} - Y_{D1}}{X_{D2} - X_{D1}}$。

③ 回旋线参数 A 及长度 L_s。由回旋线的几何关系，其内移值为

$$p = y + R\cos\tau - R \tag{6-23}$$

式中，$y = \dfrac{L_s^2}{6R}\left(1 - \dfrac{L_s^2}{56R^2} + \dfrac{L_s^4}{7040R^4} - \cdots\right)$；$\tau = \dfrac{L_s}{2R}$。

因 $p = D$，故式（6-23）只含未知数 L_s，可采用牛顿求根法解出 L_s，一般精确到 10^{-4}。则参数 A 值计算公式为

$$A = \sqrt{L_s R} \tag{6-24}$$

2）两反向曲线连接。如图 6-4 所示，已知两圆曲线上两点坐标及相应半径 R_1 和 R_2，用上述计算方法求出两圆心坐标 M_1（X_{M1}，Y_{M1}）和 M_2（X_{M2}，Y_{M2}）后，按下述步骤计算参数 A 值：

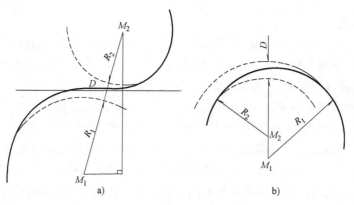

图 6-4 S 形和卵形曲线计算图

a）S 形曲线 b）卵形曲线

① 计算两圆间距 D。如图 6-4a 所示，有

$$M_1 M_2 = R_1 + R_2 + D = \sqrt{(X_{M2} - X_{M1})^2 + (Y_{M2} - Y_{M1})^2} \tag{6-25}$$

则

$$D = |M_1 M_2 - R_1 - R_2| = \left|\sqrt{(X_{M2} - X_{M1})^2 + (Y_{M2} - Y_{M1})^2} - R_1 - R_2\right|$$

式（6-25）中 $R_1 = |R_1|$，$R_2 = |R_2|$，下同。

② 计算回旋线参数。《公路路线设计规范》规定，S 形两个回旋线参数 A_1 与 A_2 宜相等。当采用不同参数时，A_1 与 A_2 之比宜小于 2.0，有条件时应小于 1.5。这里用 k 表示回旋线参数的比值，即 $k = A_1/A_2$。

由几何关系知

$$M_1 M_2 = \sqrt{(R_1 + R_2 + p_1 + p_2)^2 + (q_1 + q_2)^2} \tag{6-26}$$

$$p_i = y_i + R_i\cos\tau_i - R_i \qquad (i = 1, 2, \text{下同})$$

$$q_i = x_i - R_i\sin\tau_i$$

$$x_i = 2R_i\tau_i\left(1 - \frac{\tau_i^2}{10} + \frac{\tau_i^4}{216} - \frac{\tau_i^6}{9360} + \cdots\right)$$

$$y_i = \frac{2}{3}R_i\tau_i^2\left(1 - \frac{\tau_i^2}{14} + \frac{\tau_i^4}{440} - \frac{\tau_i^6}{25200} + \cdots\right)$$

$$\tau_2 = \frac{1}{k^2}\left(\frac{R_1}{R_2}\right)^2\tau_1$$

由式 (6-25) 和式 (6-26) 可建立含 τ_1 的方程 $F(\tau_1) = 0$，解算出 τ_1 并求得 τ_2 后按下式计算参数

$$A_1 = R_1\sqrt{2\tau_1}, \ A_2 = R_2\sqrt{2\tau_2} \tag{6-27}$$

3）两同向曲线连接。如图 6-4b 所示，按上述方法求得圆心 $M_1(X_{M1}, Y_{M1})$ 和 $M_2(X_{M2}, Y_{M2})$ 坐标后，同样可建立含 τ_1 的方程，解算出 τ_1 后按下式计算 τ_2 和 A

$$\tau_2 = \left(\frac{R_1}{R_2}\right)^2\tau_1, \ A = R_1\sqrt{2\tau_1} \tag{6-28}$$

解析法精度高，适用于精细定线，但计算过程复杂，一般可利用计算机进行。

（3）坐标计算　采用曲线形定线法定出的路线平面线形仍然是由直线、圆曲线和回旋线三种线形元素所组成的。当各线形元素衔接点的坐标一经确定，路线平面线形的形状和位置便完全确定了。下面分别介绍各种组合线形元素衔接点的坐标和线形元素上任意点的坐标计算。

1）各线形元素衔接点坐标计算。

① 直线与圆曲线的连接。如图 6-5 所示，ZH、HZ 点到圆心 M 的方位角为

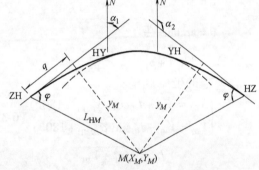

$$\alpha_{ZM} = \alpha_1 + \xi\varphi_1$$

$$\alpha_{HM} = \alpha_2 + 180 - \xi\varphi_2$$

式中，$\varphi = \arctan\dfrac{Y_M}{q}$，$Y_M = |R| + p$，$q = x -$

图 6-5　直线与圆曲线的连接

$|R|\sin\tau$，$\tau = \dfrac{90L_s}{\pi R}$。

各衔接点坐标计算式为

$$
\begin{cases}
X_{ZH(HZ)} = X_M + L_{HM}\cos(\alpha_{ZM(HM)} + 180°) \\
Y_{ZH(HZ)} = Y_M + L_{HM}\sin(\alpha_{ZM(HM)} + 180°) \\
X_{HY} = X_{ZH} + x\cos\alpha_1 + \xi y\sin\alpha_1 \\
Y_{HY} = Y_{ZH} + x\sin\alpha_1 + \xi y\cos\alpha_1 \\
X_{YH} = X_{HZ} - x\cos\alpha_2 - \xi y\sin\alpha_2 \\
Y_{YH} = Y_{HZ} - x\sin\alpha_2 + \xi y\cos\alpha_2
\end{cases}
\tag{6-29}
$$

式中

$$L_{HM} = \sqrt{q^2 + Y_M^2}$$

$$\begin{cases} x = L_s\left(1 - \dfrac{L_s^2}{40R^2} + \dfrac{L_s^4}{3456R^4} - \dfrac{L_s^6}{599040R^6} + \cdots\right) \\ y = \dfrac{L_s^2}{6\,|R|}\left(1 - \dfrac{L_s^2}{56R^2} + \dfrac{L_s^4}{7040R^4} - \cdots\right) \end{cases} \tag{6-30}$$

各衔接点的桩号

$$S_{ZH} = S_0 + 起点至 ZH 点的距离$$

$$S_{HY} = S_{ZH} + L_s$$

$$S_{YH} = S_{HY} + L_c$$

$$S_{HZ} = S_{YH} + L_s$$

式中 L_c——HY 点至 YH 点的圆弧长度。

② 两反向曲线的连接。如图 6-6 所示，由几何关系得

$$\tan\varepsilon = \frac{q_1 + q_2}{R_1 + R_2 + p_1 + p_2} \tag{6-31}$$

则公切线 Q_1Q_2 的方位角

$$\alpha_Q = \alpha_M + \xi\ (90° - \varepsilon)$$

$$\xi = \mathrm{SGN}(R_1)$$

衔接点 D_1、D_2、D_3 坐标计算：

D_2 到 M_1 的方位角 $\quad \alpha_{D2M1} = \alpha_Q + 180° - \xi\theta$

$$\xi = \mathrm{SGN}\ (R_1)$$

$$\theta = \arctan\frac{Y_{M1}}{q_1}$$

$$Y_{M1} = |R_1| + p_1$$

D_2 点的坐标

$$\begin{cases} X_{D2} = X_{M1} + L_D\cos(\alpha_{D2M1} + 180°) \\ Y_{D2} = Y_{M1} + L_D\sin(\alpha_{D2M1} + 180°) \end{cases} \tag{6-32}$$

$$L_D = \sqrt{q_1^2 + Y_{M1}^2}$$

D_1 点的坐标

$$\begin{cases} X_{D1} = X_{D2} - x\cos\alpha_Q - \xi y\sin\alpha_Q \\ Y_{D1} = Y_{D2} - x\sin\alpha_Q + \xi y\cos\alpha_Q \end{cases} \tag{6-33}$$

$$\xi = \mathrm{SGN}(R_1)$$

D_3 点的坐标

$$\begin{cases} X_{D3} = X_{D2} + x\cos\alpha_Q - \xi y\sin\alpha_Q \\ Y_{D3} = Y_{D2} + x\sin\alpha_Q + \xi y\cos\alpha_Q \end{cases} \tag{6-34}$$

$\xi = \mathrm{SGN}\ (R_2)$，$x$、$y$ 由式（6-30）计算。

③ 同向圆曲线的连接。由图 6-7 可知（$R_1 > R_2$）

$$\tan\alpha_0 = \tan(\varepsilon_1 + \tau_1) = \frac{q_2 - q_1}{R_1 + p_1 - R_2 - p_2}$$

$$\varepsilon_1 = \alpha_0 - \tau_1$$

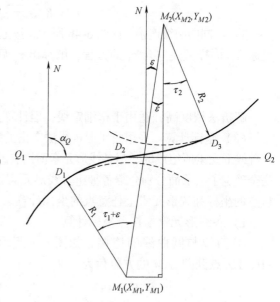

图 6-6 两反向曲线的连接

$$\varepsilon_2 = \alpha_0 - \tau_2$$

当从大圆过渡到小圆时方位角

$$\alpha_{M1D1} = \alpha - \xi_1 \varepsilon_1$$
$$\alpha_{M2D2} = \alpha + \xi_2 \varepsilon_2$$

当从小圆过渡到大圆时方位角

$$\alpha_{M1D1} = \alpha + 180° - \xi_1 \varepsilon_1$$
$$\alpha_{M2D2} = \alpha + 180° + \xi_2 \varepsilon_2$$

$\xi_1 = \mathrm{SGN}(R_1)$，$\xi_2 = \mathrm{SGN}(R_2)$，$\alpha$ 为 M_1M_2 的方位角。

则衔接点 D_1 和 D_2 的坐标计算公式为

$$\begin{cases} X_{Di} = X_{Mi} + |R_i| \cos\alpha_{MiDi} \\ Y_{Di} = Y_{Mi} + |R_i| \sin\alpha_{MiDi} \end{cases} (i=1、2)$$

(6-35)

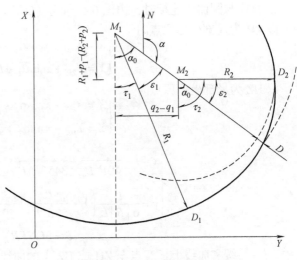

图 6-7　同向圆曲线的连接

2）各线形元素上加桩坐标计算。

① 直线上加桩坐标。如图 6-8 所示，设 $S_0(X_0, Y_0)$ 为直线上已知点，S 为任意点桩号，α 为该直线的方位角，则

$$\begin{cases} X = X_0 + (S - S_0)\cos\alpha \\ Y = Y_0 + (S - S_0)\sin\alpha \end{cases}$$

(6-36)

② 圆曲线上加桩坐标。如图 6-9 所示，α_0 为 S_0 点的切线方位角，α 为 S 点的切线方位角，则

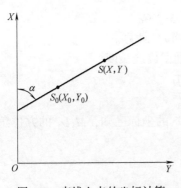

图 6-8　直线上点的坐标计算

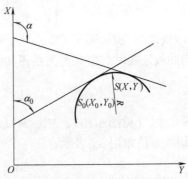

图 6-9　圆曲线上点的坐标计算

$$\begin{cases} X = X_0 + R\left[\sin\left(\alpha_0 + \dfrac{S-S_0}{R}\dfrac{180°}{\pi}\right) - \sin\alpha_0\right] \\ Y = Y_0 + R\left[\cos\left(\alpha_0 + \dfrac{S-S_0}{R}\dfrac{180°}{\pi}\right) - \cos\alpha_0\right] \end{cases}$$

(6-37)

式中　R——圆曲线半径，右转为正，左转为负。

圆曲线上任意点坐标也可以参照式（6-11）、式（6-15）计算。

③ 缓和曲线上加桩坐标。

a. 直线与圆曲线连接时，由图6-5和式（6-29）可得

以 ZH 为局部坐标原点时

$$\begin{cases} X = X_{ZH} + x\cos\alpha_1 - \xi y\sin\alpha_1 \\ Y = Y_{ZH} + x\sin\alpha_1 + \xi y\cos\alpha_1 \end{cases} \tag{6-38}$$

以 HZ 为局部坐标原点时

$$\begin{cases} X = X_{HZ} - x\cos\alpha_2 - \xi y\sin\alpha_2 \\ Y = Y_{HZ} - x\sin\alpha_2 + \xi y\cos\alpha_2 \end{cases} \tag{6-39}$$

$$\begin{cases} x = l - \dfrac{l^5}{40R^2 L_s^2} + \dfrac{l^9}{3456R^4 L_s^4} - \dfrac{l^{13}}{599040R^6 L_s^6} + \cdots \\ y = \dfrac{l^3}{6\,|\,R\,|\,L_s}\left(1 - \dfrac{l^4}{56R^2 L_s^2} + \dfrac{l^8}{7040R^4 L_s^4} - \cdots\right) \end{cases} \tag{6-40}$$

$$\xi = SGN(R)$$

式中　l——缓和曲线上任意点至 ZH 或 HZ 点的曲线长。

同样，直线与圆曲线之间的回旋线上任意点坐标也可按式（6-13）和式（6-16）计算。

b. 反向曲线连接时。对于反向圆曲线之间的回旋线（见图6-6），当公切线方位角 α_Q 以及拐点 $D_2(X_{D2}, Y_{D2})$ 确定以后，回旋线上任意点的坐标可参照直线形定线法的有关公式计算。下面介绍另一种计算方法，由式（6-33）和式（6-34）得

由 D_2 过渡到 D_1

$$\begin{cases} X = X_{D2} - x\cos\alpha_Q - \xi_1 y\sin\alpha_Q \\ Y = Y_{D2} - x\sin\alpha_Q + \xi_1 y\cos\alpha_Q \end{cases} \tag{6-41}$$

由 D_2 过渡到 D_3

$$\begin{cases} X = X_{D2} + x\cos\alpha_Q - \xi_2 y\sin\alpha_Q \\ Y = Y_{D2} + x\sin\alpha_Q + \xi_2 y\cos\alpha_Q \end{cases} \tag{6-42}$$

$\xi_1 = SGN(R_1)$，$\xi_2 = SGN(R_2)$，x、y 按式（6-40）计算。

c. 同向曲线连接时。由几何关系得知同向曲线间回旋线长度

$$L_F = \sqrt{\dfrac{24R_1 R_2 D}{R_1 - R_2}}$$

当 $R_1 > R_2$ 时（见图6-10），M_1、M_2 以及 D_1、D_2 的坐标已知，$M_1 D_1$ 的方位角为 α_{M1D1}，若 D_1 点的切线方位角用 α_{D1} 表示，则

$$\alpha_{D1} = \alpha_{M1D1} + 90°\xi$$

回旋线起点 M 的切线方位角

$$\alpha_M = \alpha_{D1} - \xi\beta_{D1}$$

$$\beta_{D1} = \dfrac{90°l_{D1}}{\pi R_1}; \quad l_{D1} = \dfrac{R_2 L_F}{R_1 - R_2}$$

M 点的坐标为

$$\begin{cases} X_M = X_{D1} + \left[\left(l_{D1} - \dfrac{l_{D1}^3}{40R_1^2}\right)\Big/\cos\left(\dfrac{30°l_{D1}}{\pi R_1}\right)\right]\cos\left(\alpha_{D1} + 180° - \xi\dfrac{2}{3}\beta_{D1}\right) \\ Y_M = Y_{D1} + \left[\left(l_{D1} - \dfrac{l_{D1}^3}{40R_1^2}\right)\Big/\cos\left(\dfrac{30°l_{D1}}{\pi R_1}\right)\right]\sin\left(\alpha_{D1} + 180° - \xi\dfrac{2}{3}\beta_{D1}\right) \end{cases} \tag{6-43}$$

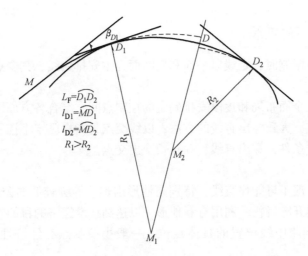

图 6-10 同向圆曲线之间的回旋线上点坐标计算

当 $R_1 < R_2$ 时（见图 6-2b），M 点的切线方位角

$$\alpha_M = \alpha_{D1} + \xi\beta_{D1}$$

$$\beta_{D1} = \frac{90°l_{D2}}{\pi R_1}; \quad l_{D2} = \frac{R_2 L_F}{R_2 - R_1}$$

M 点的坐标为

$$\begin{cases} X_M = X_{D1} + \left[\left(l_{D2} - \dfrac{l_{D2}^3}{40R_1^2}\right) \middle/ \cos\left(\dfrac{30°l_{D2}}{\pi R_1}\right)\right]\cos\left(\alpha_{D1} + \xi\dfrac{2}{3}\beta_{D1}\right) \\[4mm] Y_M = Y_{D1} + \left[\left(l_{D2} - \dfrac{l_{D2}^3}{40R_1^2}\right) \middle/ \cos\left(\dfrac{30°l_{D2}}{\pi R_1}\right)\right]\sin\left(\alpha_{D1} + \xi\dfrac{2}{3}\beta_{D1}\right) \end{cases} \quad (6\text{-}44)$$

计算出 M 点的坐标和切线方位角后，当 $R_1 > R_2$ 时，按式（6-38）计算 L_F 上点坐标；当 $R_1 < R_2$，按式（6-39）计算。

6.2.3　航测定线

纸上定线必须要测绘大比例尺地形图，这种方法需要大量人力、物力，劳动强度大，选线周期长。航测定线是利用航测照片选线，或者通过航测成图在图纸上定线，这样可以把大量的野外工作搬到室内来做，选线人员可以在照片和图纸上找出许多比较方案，从而提高选线质量。我国领土的绝大部分地区，已有不同比例尺的航空摄影照片，容易收集。将照片拼接成地貌略图，通过立体观察，可以了解选线地区的山脉、水系以及工程地质情况。对于在特别困难的山岭、森林、沙漠、草原地带定线时，航测资料具有特别重要的实用价值。

6.3　直接定线

直接定线是设计人员在实地现场确定道路中线位置的方法。直接定线的指导原则与纸上定线相同，不同之处是交点坐标或转角及交点间距应经实测获得。按地形条件难易程度与复杂程度不同，定线大体上可分为一般情况下的定线和放坡定线两种。

6.3.1 一般情况下的定线

当路线不受纵坡限制时，定线以平面和横断面为主安排路线，其要点是以点定线、以线交点。

以点定线是指在全面布局和逐段安排确定的控制点间，结合各方面因素进一步确定影响中线位置的小控制点，大致穿出直线的方法；以线交点是指在已定小控制点的基础上，结合路线标准和前后路线条件，穿出直线，并延长交出交点。

1. 加密控制点

两控制点之间一般不可能作直线，特别是地形困难、等级较低的公路，常需设置交点，使路线转向，从而避开障碍物、利用有利地形，以达到技术经济的目的。加密控制点就是在实地寻找控制和影响路中线位置的具体点位。一般小控制点有经济性控制点和控制性控制点。

经济性控制点主要在路线穿过斜坡地带，考虑横向填挖平衡或横向施工经济因素而确定的小控制点。这类控制点只能作为穿线定点的参考位置。

控制性控制点主要是受艰巨工程、不良地质、地物障碍、路基边坡稳定等因素限制所确定的路中线位置而确定的小控制点。定线时应综合考虑这些因素。

2. 穿线定点

考虑平面线形受各种因素限制，导致平面位置控制点比较多，而且这些点在平面上的分布又没有一定的规律，路线受技术标准和平面线形组合的限制，不可能照顾到每一个控制点。因此，穿线定点就是根据技术标准和线形组合的要求，满足控制点和照顾多数经济点，前后考虑，用穿线的办法延长直线，交出转角点。交点坐标或转角及交点间距应经实测获得。

6.3.2 放坡定线

在山岭、重丘区路线受纵坡限制，定线以纵断面为主安排路线，其直接定线的指导原则与纸上定线相同，但定线条件不同，工作步骤有所变化。山岭、重丘区直接定线是采用带角手水准（见图 6-11）进行的。带角手水准坡度测量使用方法为：先用手水准瞄准前方目标，然后旋转游标使气泡居中，此时游标所指的度数即为视线倾角，该倾角可换算为纵坡度，$1° \approx 1.75\%$，此法用于量测已知两点间的坡度。手水准的另一种用法是已知一点和坡度，寻找满足该坡度上的另一目标点，即放坡测量。下面以山区越岭线为例说明直接定线的工作步骤。

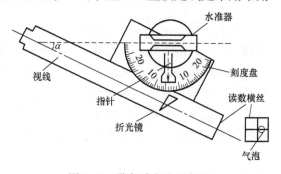

图 6-11 带角手水准示意图

1. 分段安排路线

直接定线主要在现场进行定线，由于视野或视力及其他障碍物等因素的限制，一般把路线按选线布局阶段选定的大控制点分段考虑，逐段解决路线位置。在主要控制点之间，沿拟定方向用试坡方法粗定出沿线应穿应避的一系列中间控制点，拟定路线轮廓方案。

2. 放坡、定导向线

放坡就是利用手水准在现场定出坡度点的作业过程，相当于现场大致设计出纵坡。其目的是要解决控制点间纵坡的合理安排问题。如图 6-12 所示，A 和 B 为必须经过的控制点，放坡的任务就是在 AB 中寻找 D 点，使其地面坡度正好等于设计坡度（或平均纵坡 i_p），这样既可使路线坡度平缓，又可使填挖数量最小。

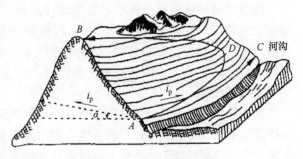

图 6-12　放坡原理示意图

在纵坡设计时应考虑以下几点要求：

1）纵坡线形要满足《公路工程技术标准》要求，如坡长限制、设置缓坡、合成坡度等要求，并力求两控制点间坡度均匀，避免出现反坡而导致纵断面线形质量差，不平顺的问题。

2）应结合地形选用坡度。尽可能不用最大纵坡，但坡度也不宜太缓，以接近两控制点间匀坡线（平均坡度）为宜，在地形整齐地段可稍大些，曲折多变处宜稍缓些。

3）安排纵坡掌握"阳坡陡、阴坡缓；岭下陡、岭上缓；控制回头曲线地点纵坡不大于4%"，在其前后均应放缓坡的原则。

4）按平均坡度放坡，即根据《公路工程技术标准》规定二级公路、三级公路、四级公路越岭线平均坡度的坡度值，一般用 5.0% ~ 5.5% 放坡。当以 5.0% ~ 5.5% 为平均纵坡放坡不合适时，可以按该级道路最大纵坡的 2/3 作为平均坡度。

放坡由受限较严的控制点开始，按手水准的第二种用法，即已知平均纵坡，找目标点。一人持手水准，把手水准倾斜角调到选用已知的角度，在控制点处指挥另一持花杆的人在山嘴或山坳等地形变化处、计划变坡处以及顺直山坡每隔一定距离处上下横向移动，找到二人距地面同高点后定点，插上坡度旗或在地面做标记，以该点为固定点继续向前放坡。如果一边放坡一边进行后续工作，应先放完一定长度（一般不应小于 4 ~ 5 条导线边长）的坡度点后，利用返程进行下一步操作。通过放坡定出的这些坡度点的连线（图 6-13 中的 A_0，A_1，A_2，…）相当于纸上定线的修正导向线，起到指引路线方向的作用，称其为导向线。

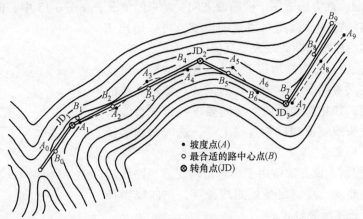

● 坡度点(A)
○ 最合适的路中心点(B)
⊗ 转角点(JD)

图 6-13　放坡定线示意图

放坡时前面找点的人应能估计平曲线的大概位置和半径，对计划要跨过的山沟和要穿越的山嘴或山脊，放坡时应"跳"过去；计划绕行时，坡度要放缓，距离要折减。

3. 修正导向线

放坡后的坡度点就是概略的路基设计高程，由于各点的地面横向坡度陡缓不一，平面线位横向移动对路基的稳定和填挖工程量影响很大，故应根据路基设计要求，考虑横向经济点、可活动点，在各坡度点的横断方向上选定最佳中线位置，插上标记。如图 6-13 所示，B_0，B_1，B_2，…的连线称为修正导向线，相当于纸上定线的二次修正导向线。

4. 穿线交点

修正导向线是具有合理纵坡、横断面上位置最佳的一条折线。穿线工作就是根据修正导向线确定平面线形直线的位置和长度、定出路线导线并考虑平纵组合问题。所穿直线应尽可能多地靠近或穿过修正导向线上的坡度点，特别要满足控制较严的点，适当裁弯取直，使平面、纵断面、横断面合理组合，试穿出与地形相适应的若干直线，延长这些直线交会出交点，即为路线导线，图 6-13 中 JD_1，JD_2，JD_3，…的穿线工作需要定线人员反复试穿和修改才能定出合理的路线。

5. 插设曲线

经过穿线交点确定了交点位置后，结合地形、地物以及其他因素确定适宜的曲线半径，控制曲线线位。

直接定线相对于纸上定线而言，插设曲线要困难许多。地形复杂的山区道路，曲线在路线总长中占很大比重。在地形困难处，为争取有利地形、克服高差，导线不时变化方向，从而插设曲线。路线曲线可分为单交点、双交点（虚交点）曲线和回头曲线。单交点、双交点（虚交点）曲线的插设和调整相对简单，插设方法与纸上定线方法相同，但回头曲线在现场插设比较复杂，应按一定的步骤插设。

（1）单交点法　单交点法是实地定线最常用且简单的方法之一。它是用一个交点来确定一段平曲线的插设曲线的方法，方法简便，适用于转角不大、实地能直接定交点的情况。

如图 6-14 所示，半径 R 的大小，直接影响曲线线位，当转角较大，不同半径可能使曲线线位相差几米甚至几十米。线位的移动将直接影响线形、工程数量及工程稳定。确定半径一般结合地形和其他因素按以下控制条件来选择：

1）外距控制。该方法适用于横断面方向受约束的情况。在图 6-15 中，曲线内侧已有建筑物，考虑到路幅宽度及道路对建筑的影响，可以得出 E 的最大距离，然后反推出曲线最大半径值。

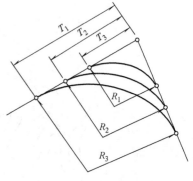

2）切线长控制。该方法适用于交点间距或直线长度受约束的情况。在某些路段，由于设计的需要，要求曲线的切线长为一定值，如相邻的同向曲线间要求一定的直线长度，或者要求桥头或隧道洞口在直线上等，这时曲线半径就由控制的切线长来选定。

3）曲线长控制。该方法适用于小转角情况。当路线转角较小时，为使曲线长度满足最短曲线长度，则曲线半径最小值可由曲线长度反算确定。

4）曲线上任意点控制。如图 6-16 所示，有时路线由

图 6-14　半径对曲线线位影响

于桥涵人工构造物位置或原路改建的要求，控制曲线必须从控制点 A 通过时，可用试算法选择半径。其办法是：先实地量出 JD 至 B 点的距离和要求的支距（即 BA），初选半径，用试算法确定。

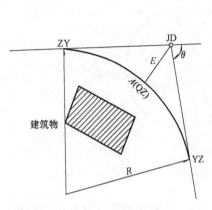

图 6-15　外距反推曲线半径

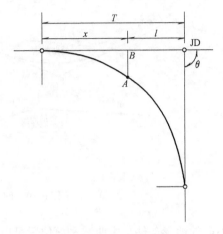

图 6-16　曲线上任意点控制

5）按纵坡控制。当路线纵坡紧迫时，为使弯道上合成坡度不因曲线半径大小而超过规定，这时应根据已定的纵坡和合成纵坡标准值的关系式来反算出超高横坡，再按控制的超高横坡反算得最小控制半径。

（2）双交点法（即虚交点法）　当路线转角很大及交点受地形或地物障碍限制，无法定设交点时，可在前后直线上选两个辅助交点 JD_A、JD_B，代替交点 JD，敷设曲线半径，如图 6-17 所示。JD_A 和 JD_B 之间的连线叫基线。具体做法有以下两种：

1）切基线法。假设道路曲线要求必须与拟定的基线相切，这样的控制曲线方法称为切基线法。如图 6-17 所示，GQ 为公切点，量出 JD_A 和 JD_B 处的转角以及基线长度 AB 后反算半径。选择半径后还要检查是否合乎标准的要求。切基线法简便，容易控制线位，计算容易，是生产中较常用的方法。

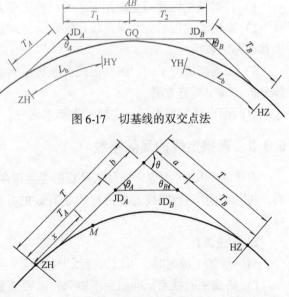

图 6-17　切基线的双交点法

2）非切基线法。当选择基线不能控制曲线线位或切基线计算的半径不能满足标准的要求时，则所设曲线不能与基线相切，只能按非切基线的方法来选择半径。如图 6-18 所示，其方法是：先根据标准要求初选半径，测量 θ_A 和 θ_B、基线长度，计算出 T_A 和 T_B，由计算出的 T_A 和 T_B，量距定出曲线的起、终点 ZH、HZ，并用切线支距 x 和 y，检查曲线上任一点线位，如与实际情况相符，则所定半径合理，反之则应再调整、计算。

（3）回头曲线法　凡设回头曲线的

图 6-18　非切基线法

地方，地形对路线都带有强制性。如图 6-19 所示，主曲线和前后的辅助曲线的纵断面、平面相互约束很严，稍有不慎，不是线形受影响，就是造成大量的填挖方，插线必须反复试插试算，才能得到满意的结果。回头曲线定线的方法很多，一般采用切基线的双交点法。

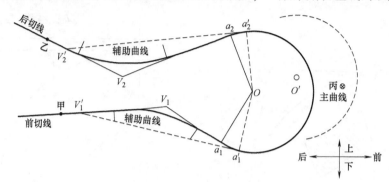

图 6-19　回头曲线插设示意图

不同的地形条件，主曲线平面位置可以活动的范围大小有所不同。当利用山包或山脊平台回头时，可活动的范围就比较小，插线应先根据坡度点把主曲线位置定下来，然后定前后切线线位及辅助曲线，插法视具体地形选用虚交、双交点或多交点形式均可。当利用山坳、山坡回头时，主曲线位置一般有较大活动余地，其大体位置参照导向线选定，确切线位要根据纵坡。

6. 设计纵断面

在现场平面位置确定之后，经过量距钉桩和测得各桩地面高程，就可以进行纵坡设计，该工作一般由选线人员完成。要求设计纵坡不仅满足工程经济和技术标准的规定，还应考虑平面、纵断面线形配合的问题。因此必须反复试验修改，才能做出满意的结果。检查修改时应注意以下几点：

1) 只需调整纵坡即能满足要求时，按需要调整纵坡线形。

2) 靠调整纵坡的方法无法满足需要时，应综合考虑决定调整方案，平面线形可采用纸上移线办法解决。

3) 工程经济与平面、纵断面配合矛盾很大时，应结合路线等级、工程量大小等因素具体分析，确定调整方案。

纵断面设计完成以后，定线工作基本完成，"放坡、定线、拉坡"是三位一体的。

6.3.3　直接定线的局部移线

直接定线因地形复杂、定线人员视野受到限制和可能产生错觉，难免出现个别路段线位不当，利用地形图进行路线的局部移线是有效的办法。因此，直接定线的局部移线也称为纸上移线。

1. 移线条件

当出现如下情况时，可以进行纸上移线：

1) 路线平面技术标准前后不协调，需要调整交点位置和改变半径，或室内纵断面定坡后发现局部地段工程量过大时。

2）路线位置过于靠山使挖方过大，或过于靠外使挡土墙较高时。

3）增加工程量不大，但能显著提高平面、纵断面线形标准时。

2. 方法步骤

1）绘制移线地段的大比例尺（一般用 1∶200～1∶500）路线图，标注导线交点和平曲线各桩位，如图 6-20 中实线所示。

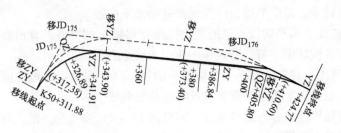

原曲线表

JD	a_x	a_y	R/m	T/m	L/m	E/m
175		68°49′	25	17.12	30.03	5.30
176		21°44′	100	19.20	37.93	1.83

移线曲线表

JD	a_x	a_y	R/m	T/m	L/m	E/m
175		68°49′	25	17.12	30.03	5.30
176		21°44′	100	19.20	37.93	1.83

移距表(m)

桩号	移距 左	移距 右
+311.88	0	0
+326.89	2.7	
+341.89	4.9	
+360	5.0	
+380	4.8	
+386.84	4.2	
+400	2.4	
+405.80	1.8	
+424.77	0	0

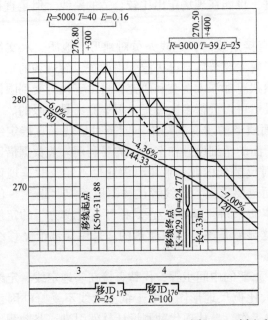

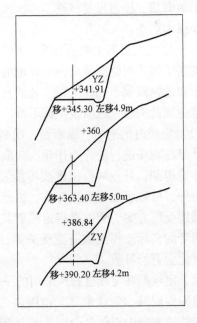

图 6-20　纸上移线

2）根据移线目的，在纵断面图上定出新的局部路线的合理纵坡，通过插值方法得到各桩填挖值。

3）根据各桩的填挖值，用路基模板在横断面图上找出最经济或控制性的路基中线位置，量出偏离原中线的距离即移距，分别用不同符号标在路线图上。参照这些标记，在保证重点照顾多数的原则下，经多次反复试定修改，直到定出满足移线要求、线形合理的导线，如图6-20虚线所示。

4）用正切法量算各交点转角，移线与原线角度要闭合，否则应进行调整，先应调整短边和角度值小的转角。拟定半径，计算元素并绘出平曲线。

5）根据新曲线要素和切线长度的变化，推算移线上的桩号，算出断链长度，记于接线桩号处；量原线各桩移矩，与新旧桩号一并记入移距表。

6）按各桩移距，在横断面图上读取新、旧桩标高，据此用虚线在原纵断面图上点绘出移线后的新线地面线和平曲线，重新设计纵坡和竖曲线。

纸上移线后如果随即进行现场改线，可只做1）~4）步工作。纸上移线的主要数据资料是从原线横断面图上获得，而一般横断面施测范围有限，且离中线越远精度越低，故移线距离不能过大，一般以小于5m为宜。当移线距离很大时，应在定出改移导线后实地放线重测。纸上移线具有一定的作用，但移线后对外业勘测、内业设计及施工等都带来不便。因此，纸上移线只是一种不得已时的补救措施，不应该依赖纸上移线解决问题，而应在直接定线中深入调查研究，全面分析比较，把问题在现场解决，尽量避免纸上移线。

6.3.4 直接定线与纸上定线的比较

现场地形、地物、地质及水文等实际条件通常比较复杂，人的视野有限，只能观察到局部范围，直接定线有时很难考虑全面，但只要定线人员具有一定的选线经验，肯多跑、多看，不怕麻烦，经过反复试线，多次改进，也能在现场定出比较合适的路线。但是直接定线有两个根本弱点：

（1）定线人员不太熟悉地形环境　直接定线时，定线人员对地形、地质、水文等情况不能彻底了解。对路线及周围的环境的了解主要全靠自己去跑、去调查，而现场的工作条件及地形和地物限制不允许对每一处的自然状况都深入调查和研究，再由于视野受到限制，定线时难免顾此失彼、疏漏及把握不准，虽然可以进行多次修正，但毕竟还是有限的。

（2）定线时的平面、纵断面、横断面线形的改变的结果不能及时呈现　直接定线的平面设计是在现场进行的外业作业，而纵断面的精细设计在室内，需要利用外业数据借助绘图工具才能得到，外业的数据改变不能及时反馈到内业作业中，内业也不能及时呈现设计成果。另外，修改平面要重新钉桩，纵断面也要重做，定线者往往不愿承担"返工"的压力而勉强接受原方案。所以直接定线就其本质来讲，基本上是要求"一次成功"的定线，它与选线者的实际工作经验有直接关系，这显然是不能确保质量的。采用局部纸上移线的办法，对此会有所补救。

纸上定线是在定线过程中采用的一种重要的中间步骤，代替直接在实地定线。定线者或定线组先要取得"定线走廊"范围内的大比例尺地形图。由于纸上定线不受野外因素的限制，定线者在室内想做多少就做多少修改工作。自从现代勘测设计软件引进道路勘测设计以来，过去一向被认为烦琐而耗时的工作，如土石方计算、透视图绘制等已轻而易举了，这为利用地形图进行定线和方案优选开辟了更加美好的前景。同时，纸上定线有利于发挥定线组的集体作用，其他专业人员的有益观点都能反映到方案中来，不像直接定线，大量的工作都依靠个别定线者现场的简单判断与技术能力。

直接定线虽有其不足之处，但在一定的条件下，如地形障碍不多的平坦地区或路线等级不高时，只要定线人员肯下功夫，用比较的办法也能定出比较满意的线来。直接定线现在是我国常用的一种方法，在今后一个相当长的时期内，也仍将是地方道路一个重要的定线方法。

6.4 实地放线

实地放线是根据纸上路线与导线（或地物特征点）间的位置关系，将路线敷设到实地上，供详细测量和施工用的作业过程。常用的方法有穿线交点法、直接定交点法、坐标法等。应根据路线复杂程度、精度要求高低、测设设备及地形难易等具体条件选用。

6.4.1 穿线交点法

穿线交点法是利用施测地形图时敷设的导线，根据平面图上路线与导线间的位置关系，将纸上路线的每条边逐一而独立地放到实地上，并延伸这些直线交出交点。由于放线方法不同，又可分为支距法和解析法两种。

1. 支距法

支距法通常适用于地形不太复杂、地物障碍物少，路线离开控制导线不远的地段。支距法简便易行，是穿线交点放线常用方法，其工作方法如下：

（1）量支距　在图上量得纸上路线与控制导线的支距，如图 6-21 中导 1-*A*、导 2-*B* 等。要求纸上每条路线导线边至少应取三个点，并尽可能使这些点在实地能互相通视。

（2）放支距　在现场找出各相应的控制导线点，根据量得的支距用皮尺和方向架定出各点，如图 6-21 中 *A*、*B*、*C* 等点，插上旗子。

（3）穿线交点　由于量距和放线工作的误差，放出的各点不可能恰好在一条直线上，必须穿直。对于短直线或者视野好的地段路线，穿直线多用花杆进行，对于长直线或地形起伏很大的路线，可用经纬仪。穿出

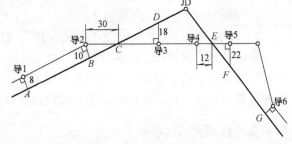

图 6-21　支距示意图

直线后要根据实际地形审查路线是否合理，否则现场修改，改善线路位置。两相邻直线的交叉点即为交点，如交点距路线很远或交在不能架设仪器的地方，可插成虚交形式。所有交点和转点都应钉桩以标定路线。

2. 解析法

解析法是用坐标计算纸上路线与控制导线的关系。解析法计算精度较高，但较烦琐，适用于地形复杂、直线较长、线位控制要求较高的路线，其步骤如下：

（1）计算路线与导线之间的夹角　以图 6-22 所示为例，从平面图上量得纸上路线的交点 JD$_A$、JD$_B$ 的坐标（X_A，Y_A）、（X_B，Y_B），则 JD$_A$—JD$_B$ 的象限角为

$$\tan\alpha = \frac{Y_B - Y_A}{X_B - X_A} = \frac{\Delta Y}{\Delta X}$$

(6-45)

导1—导2的象限角 β 为已知，JD_A—JD_B 与导1—导2的夹角为

$$\gamma = \alpha - \beta \tag{6-46}$$

为了判明象限角的名称，需注意坐标的正负号，即横坐标东正西负，纵坐标北正南负。

（2）计算距离　JD_A—JD_B 与导 1—导2的交点 M 的坐标 (X_M, Y_M) 可解下列联立方程式求得

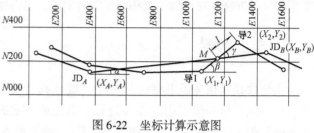

$$\begin{cases} \dfrac{Y_2 - Y_M}{X_2 - X_M} = \dfrac{Y_2 - Y_1}{X_2 - X_1} \\[2mm] \dfrac{Y_B - Y_M}{X_B - X_M} = \dfrac{Y_B - Y_A}{X_B - X_A} \end{cases} \tag{6-47}$$

图 6-22　坐标计算示意图

式中　Y_1、X_1、Y_2、X_2——导1、导2的坐标，已知；

Y_A、X_A、Y_B、X_B——JD_A、JD_B 的坐标，可从平面图上量得。

由此，即可计算出导2至 M 的距离

$$l = \frac{X_2 - X_M}{\cos\beta} = \frac{Y_2 - Y_M}{\sin\beta} \tag{6-48}$$

或

$$l = \sqrt{(X_2 - X_M)^2 + (Y_2 - Y_M)^2} \tag{6-49}$$

（3）放线

1）置经纬仪于导1，后视导2，丈量距离 l 得 M 点。

2）移经纬仪于 M，后视导2，转 γ 角定 $JD_A \sim JD_B$ 方向。

3）延长直线，用骑马桩交点法求出 JD_A，钉上小钉。

此法计算比较麻烦，但精度较高，实际工作中也可用比例尺从平面图上直接量取距离 l。另外，若采用具有坐标放样功能的全站仪放线时，只要量得 JD_A 和 JD_B 的坐标，不需要进行上述计算，可按后述的坐标放线法直接放出交点。

6.4.2　直接定交点法

在地形平坦、视线开阔、路线受限不严、路线位置能根据地面目标明显决定的地区，可依据纸上路线和地貌地物的关系，现场直接将交点定出。如图 6-23 所示，从图上得知 JD 离河岸约 200m，位于已有公路曲线内侧，一端直线距公路桥头 50m，另一端直线距房屋 25m，这样便可根据这些关系，直接于现场定出 JD。

以上两种方法的放线资料都来自于图解。准确度不高，当路线活动余地较大时可以采用。另外，只用在路线导线的标定，路线的曲线部分还须用传统的曲线敷设方法标定。因此，穿线交点法和直接定交点法只适用于直线形定线法。

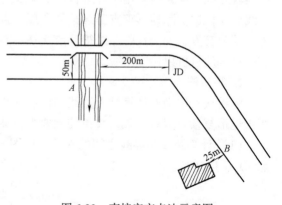

图 6-23　直接定交点法示意图

6.4.3 坐标法

坐标法就是先建立一个贯穿全线统一的坐标系，这个坐标系一般采用国家坐标系统。根据路线地理位置和几何关系计算出道路中线上各桩点的统一坐标，编制逐桩坐标表，然后根据逐桩坐标实地放线。本方法的关键是坐标如何计算。由于直线形定线法与曲线形定线法的定线过程和成果表达方法不同，坐标计算方法也有所区别。

按各级道路对放线精度的要求和测设仪器条件选用不同的放线方法。一般地，坐标放线法使用常规测设仪器（指普通经纬仪、钢卷尺等）十分困难，且效率低、质量差，难以达到精度要求。这里只介绍以全站仪为测设手段的两种方法。

1. 极坐标放线法

极坐标放线法的基本原理是以控制导线为根据，以角度和距离定点。如图 6-24 所示，在控制导线点 T_i 置仪，后视 T_{i-1}（或 T_{i+1}），待放点为 P。图 6-24a 所示为采用夹角 J 的放点，图 6-24b 所示为采用方位角 A 的放点。只要算出 J 或 A 和置仪点 T_i 到待放点 P 的距离 D，就可在实地放出 P 点。放样时置仪点至待放点的距离不应大于后视距离的 1.5 倍。采用支导线放样时，支导线的边数不得超过 2 条，并应与控制点闭合。

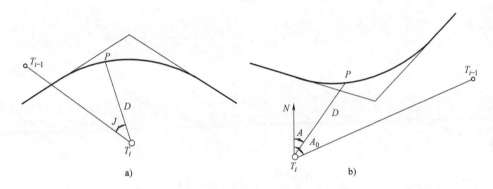

图 6-24 极坐标放线法示意图

设置仪点的坐标为 T_i $(X_0，Y_0)$，后视点的坐标为 T_{i-1} $(X_h，Y_h)$，待放点的坐标为 P $(X，Y)$。放线数据 D、A、J 可按直线形定线法计算。据此角测距即可放出待定点 P。

2. 坐标放线法

此法的基本原理与极坐标法相同，它是利用现代自动测量仪的坐标计算功能，只需输入有关点的坐标值即可，现场不需做任何手工计算，而是由仪器自动完成有关数据计算。放线的具体操作步骤如下：

1）在置仪点 T_i 安置仪器，后视 T_{i-1} 点。

2）键入置仪点和后视点坐标 T_i $(X_0，Y_0)$、T_{i-1} $(X_h，Y_h)$，完成定向工作。

3）键入待放点坐标 P $(X，Y)$。

4）转动照准头使水平角为 $0°00'00''$，完成待放点 P 定向。

5）置反射镜于 P 点方向上，并使面板上显示 0.000m 时，即为 P 点的精确点位。

重复第 3）~ 5）步，可放出其他中桩点位。当改变置仪点的位置后，要重复第 1）~ 5）步。

　　坐标法放线数据全部来自于精确计算，放线精度高，可用于直线或曲线的标定。因此，坐标法适用于直线形定线法和曲线形定线法。

思考题与习题

6-1　纸上定线有哪两种方法？分别适用于哪种情况？

6-2　简述纸上定线的一般步骤及要点。

6-3　试推导设缓和曲线时圆曲线上任意点的坐标计算公式。

6-4　已知某二级公路三个交点 JD_1、JD_2、JD_3 的坐标分别为（60936.25，51142.36）、（60351.53，51381.85）、（60826.43，51934.23）。JD_1 的里程桩号为 K7 + 423.67，该曲线的校正值（切曲差）为 12.35。JD_2 的圆曲线半径 $R = 250m$，缓和曲线 $L_s = 80m$。试计算：

1）JD_2 的曲线主点里程桩号及 JD_3 的桩号。

2）每隔 50 m 整桩号的坐标及计算方位角。

6-5　已知一个圆曲线的圆心 M 坐标为（21821.27，13449.57），拟通过缓和曲线与两条直线连接。其中第一条直线边上两点坐标为 D_1（22176.21，13800.71）、D_2（21986.06，13259.67），第二条直线上两点坐标为 D_3（21694.51，13192.87）、D_4（21475.38，13672.24）。其中 D_1 点的里程桩号为 K53 + 277.82，要求计算确定缓和曲线长度，并计算曲线主点里程桩号。

第7章 平面交叉设计

7.1 概述

道路与道路（或其他线形工程）在同一平面上的相互交叉称为平面交叉（或交叉口）。它是道路系统中的重要组成部分，是道路交通的咽喉，相交道路的各种车辆和行人都要在交叉口处汇集，转换方向，相继通过。由于交叉口车多、人多，车辆和车辆之间、车辆和过街行人之间，特别是机动车和非机动车之间的抢道、干扰，不但会降低车速、阻滞交通，而且也容易发生交通事故。国内外的交通事故统计资料表明，有35%~59%的交通事故发生在交叉口。此外，车辆在通过交叉口时，由于受到红灯的影响，车辆在交叉口上的延误时间就占了全程行车时间的31%；其中因信号而引起的延误时间约占全部交叉口延误时间的60%。由此可见，如何正确设计交叉口，合理组织交通，对于提高交叉口的车速和通行能力，减少延误和交通事故，避免交通阻塞，保障交叉口行车通畅，都具有很重要的意义。

7.1.1 平面交叉口的特征

1. 交叉口的交通特征

（1）交通流线 交叉口是不同方向的多条道路相交或连接的地点，有的道路要通过交叉形成相交点，而有的道路到交叉口就终止，形成连接点。每条道路各个方向来车到交叉口后有的要直行通过，有的则要改变方向（左转或右转），车辆相互之间干扰很大，使行车速度减小，通行能力降低。把汽车作为一个质点，行驶时所走的轨迹称为交通流线（又称为行车路线）。在十字交叉口入口处，每一交通流线都将分成直行、左转、右转三个方向的交通流线，这一分一合形成了交通流线间十分复杂的关系，如图7-1所示。

（2）交错点 交错点是指交通流线相互发生交错的连接点。由于行车路线在交错点发生交错，给行车安全带来影响。按交通流线交错的不同形式，又分为分流点（又称为分岔）、合流点（又称为汇合、交汇）、冲突点（又称为交叉点）及交织段四种情况，如图7-1所示。

1）分流点。分流点是指交叉口内同一行驶方向的车辆，向不同方向分开行驶的地点。在车速较慢时，或前进中没有其他方向的车流、人流干扰时，转向的车辆很容易驶出，对分流点的交通几乎没有什么影响；但在车速较高的快速路上，转向车辆要减速，或在道路上因转向时受非机动车和行人的影响，也要减速，以策安全，就会影响到分流点的车速和车流密度。分流点主要产生在交叉口入口处，直行、右转、左转交通流线之间。

2）合流点。合流点主要是指来自不同行驶方向的车辆，以较小的角度向同一方向汇合行驶的地点。对于已过交叉口的转向车流，要与横向的直行车流汇合在一起，驶离交叉口，车流产生一个交汇点。在车流密度较小时，转向车辆可以顺利地汇入直行车流；当直行车流密度很大时，尤其是在快速路上，转向车辆难以汇入直行车流，就需要在较长、较宽的交汇

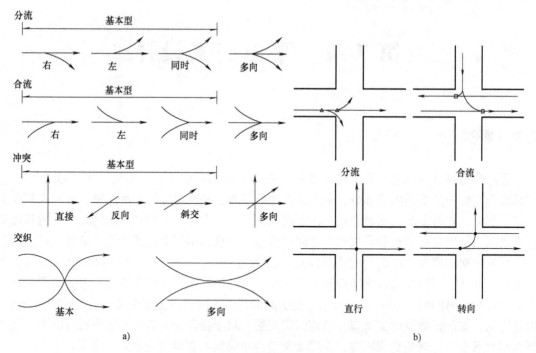

图 7-1 交叉口交通流线的基本情况

路段等候驶入。否则，车辆强行插入，会造成直行车流紧急制动，迫使在它后面的一系列车辆都制动减速，降低交叉口的通行能力。合流点主要产生在交叉口出口处，直行、右转和左转交通流线之间。

3）冲突点。冲突点是指来自不同方向的交通流线以较大角度或接近 90° 相互交叉的地点。冲突点处，由于交通流线角度很大，发生撞车的可能性最大，对交通干扰影响很大。冲突点主要产生在交叉口相交的公共区内，左转、直行交通流线之间。三路、四路、五路交叉口三种危险点分布如图 7-2 和图 7-3 所示。

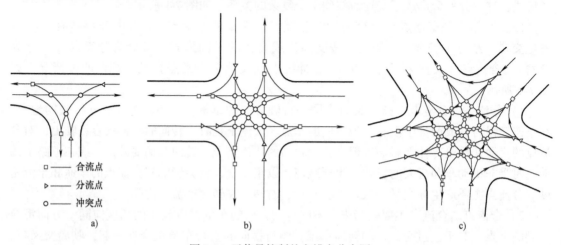

图 7-2 无信号控制的交错点分布图

a）三路交叉　b）四路交叉　c）五路交叉

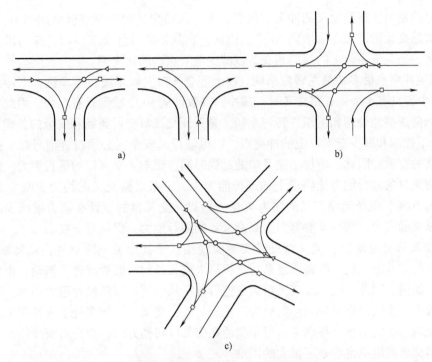

图 7-3　有信号控制的交错点分布图
a) 三路交叉　b) 四路交叉　c) 五路交叉

4）交织段。交织段是分流和合流的组合情况，当两方向的交通流线合流后，交换车道又分流则形成了交织段，长度是交织段的基本参数。当交织段长度为零时即形成了冲突。

交叉口的交错点数量与交叉口相交道路数、车道数以及有无信号控制有关，见表7-1。

表 7-1　交叉口的交错点数量

交错点类型	无交通管制			有交通管制		
	相交道路的条数			相交道路的条数		
	3 条	4 条	5 条	3 条	4 条	5 条
分流点	3	8	15	2 或 1	4	4
合流点	3	8	15	2 或 1	4	6
左转车流冲突点	3	12	45	1 或 0	2	4
直行车流冲突点	0	4	5	0	0	0
交错点总数	9	32	80	5 或 2	10	14

从以上图表可得到以下三点结论：

1）在无信号控制的交叉口上，都存在着冲突点、合流点和分流点，并随相交道路条数的增加而显著的增加。交错点按下式计算

$$\begin{cases} 分流点 = 合流点 = n(n-2) \\ 冲突点 = \dfrac{n^2(n-1)(n-2)}{6} \end{cases} \tag{7-1}$$

式中　n——交叉口相交道路的条数。

无信号控制时，三路交叉的冲突点只有 3 个；四路交叉的冲突点就增加到 16 个，合流点 8 个；五路交叉的冲突点猛增到 50 个。因此，在规划和设计交叉口时，应力求减少相交道路的条数，避免五条以上的道路相交，以减少危险点，简化交通。

2）产生冲突点最多的是左转弯车辆。在十字交叉口上如无左转弯车辆，则冲突点就可从 16 个减少到只有 4 个；五路交叉时，其冲突点数可从 50 个减到只有 5 个。因此，在交叉口设计中如何正确地处理和组织左转弯车辆，是保证交叉口交通通畅和安全的关键所在。

3）为了控制和减少交叉口上的冲突点，以保证行车安全，必须设置信号灯，按顺序开放各条道路的交通。因此，增加了交叉口的延误时间，影响了交叉口的通行能力。设有信号灯控制的交叉口的通行能力比路段上的通行能力少，三条道路交叉的约为 30%，四条道路交叉的约为 50%，五条道路交叉的约为 70%。所以，交叉口的设计必须力求减少或消除冲突点，保障交通安全，同时又要努力提高交叉口的通行能力，保证行车畅通。

（3）交叉口交通复杂　交叉口处除交通流线相互干扰形成危险点外，就每辆车而言，在交叉口处行车状态也比一般路段复杂。车辆进入交叉口时一般要减速、制动，出交叉口时又要起步、加速。因此，汽车在交叉口为变速行驶，从而使行车的惯性阻力增加，车损及轮耗增大，噪声、空气污染对环境影响较为严重。另外，交叉口一般多处于人口集中的繁华地区，行人交通、非机动车，特别是自行车交通在交叉口转换方向，使交通流线相互干扰更为复杂，这给交通的组织也带来了很大的困难。

2. 交叉口的构造特征

具有公共面是交叉口的主要构造特征。由于是在平面上相交，各条道路在交叉口处就形成了共有的公共平面，如图 7-4 所示。一个十字路口的公共面上，有四个出口，集中到公共面上，形成了十分复杂的交通状况。另外，公共面为各相交道路的组成部分之一，在几何上应满足各条道路的平面、纵断面线形和排水的要求。因此，如何设计好交叉口的公共面，确保交叉口排水畅通和路容美观是平面交叉口的设计任务之一。

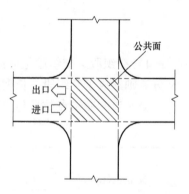

图 7-4　平面交叉口的公共面

7.1.2　改善交叉口的基本途径

1. 使交通流线在时间上分离

用交通组织和管理的办法，对交叉口的交通进行管制，在某一时间内，只允许某一方向的车流通过，这样在交叉口的危险点就大大减少。通常在交叉口装置自动交通信号灯，或由交警指挥，或设置让路交叉口，或定时不准左转车通行等，都是属于在时间上分离的措施。

2. 使交通流线在平面上分离

在交叉口采用各种交通设施或进行交通组织，使交通流线在平面上分离。这也是减少交叉口危险点的重要途径。通常采用的措施和方法如下：

1）在交叉口进口处设置专用车道，将不同方向车辆在过交叉口前分离，重新合理分布在各专用车道上，减少进入交叉口后的相互间行车干扰。

2）合理组织交通路线，变左转为右转。如设置中央岛组织环形交通，规定交通路线，绕街坊组织大环形交通，设置远引交叉，都属于这一类型。

3）组织渠化交通。在交叉口用画线、绿带、交通岛和各种交通标志等方法，限制交通路线，使交通流线在平面上分离。

3. 使交通流线在空间上分离

设置立体交叉，可从根本上分离交通流线，解决交叉口交通问题。通过建造立体交叉结构物设施（跨线桥或下穿地下通道），把不同行驶方向的车流分别布置在不同空间高度上，使之互不干扰。这一方法是通过工程手段设置立体交叉来消灭或减少交通危险点。

将平面交叉改为立体交叉，虽然可以解决因平面交叉而产生的交通问题，但实际上把所有平面交叉都改为立体交叉是不现实的：

1）相对于平面交叉，立体交叉工程浩大，建造费用高，占地面积大，修建工期长。因此，如能通过对平面交叉的优化设计、改造而达到改善交通的目的，就不宜修建立体交叉。

2）由于相交道路的性质、占地面积、工程投资等因素的限制，不可能全部修建全互通式的立体交叉，有时还要建造部分互通式立体交叉，如菱形、部分苜蓿叶式等。此类立体交叉仍保留了部分平面交叉，平面交叉问题依然存在，而且此类平面交叉问题得不到较好的处理，立体交叉也不能发挥理想的改善交通的作用。因此，在规划、设计、建造立体交叉的同时，仍然需要解决好平面交叉口的设计问题。

与公路立体交叉工程相比，城市立体交叉还会在一定程度上带来分割城区、影响日照条件、干扰电波、妨碍视线、破坏景观和给行人带来不便等问题。

7.1.3 交叉口的类型及构成

平面交叉的形式应根据相交道路的功能、等级、交通量、交通管理方式、用地条件和工程造价等因素确定。常见的平面交叉形式有十字形、T字形，及其演变而来的 X 形、Y 形、错位、多路交叉等。这些交叉口在平面上的几何图形，由规划道路网和街坊建筑的形状所决定，一般不易改变。在具体设计中，常因相交道路的功能、交通量、交通管理和组织方式，将交叉口设计成各具交通特点的形式，可归纳为加铺转角式、分道转弯式、扩宽路口式及环形交叉四类。

（1）加铺转角式 加铺转角式是用适当半径的单圆曲线或复曲线平顺连接各个转角构成的平面交叉，如图 7-5 所示。此类交叉口形式简单、占地面积少、造价低、设计方便，但行车速度低、通行能力小，适用于车速低、交通量小、转弯车辆少的次要道路或地方道路，若斜交不大，也可用于转弯交通量较小的主要道路与次要道路交叉。设计时主要注意确定合适的转角曲线半径和足够视距。

（2）分道转弯式 分道转弯式是指采用设置导流岛、划分车道等措施，使转弯车辆分道行驶的平面交叉，如图 7-6 所示。此类交叉口转弯车辆，尤其是右转弯车辆行驶速度高和通行能力较强，适用于车速较高、转弯车辆较多的主要道路。设计时主要解决分道转弯半径、保证足够的视距和满足导流岛端部半径的要求。

（3）扩宽路口式 扩宽路口式是指在接近交叉口的道路两侧展宽或增辟附加车道的平面交叉。可单增右转或左转车道，也可同时增设左、右转车道，如图 7-7 所示。此类交叉口可减少转弯交通对直行交通的干扰、车速较高、事故率低、通行能力大，但占地多、投资较大。此类交叉口适用于交通量较大、转弯车辆较多的干线公路和城市主干路。设计时主要解决扩宽的车道数和位置，也要满足视距和转角曲线半径的要求。

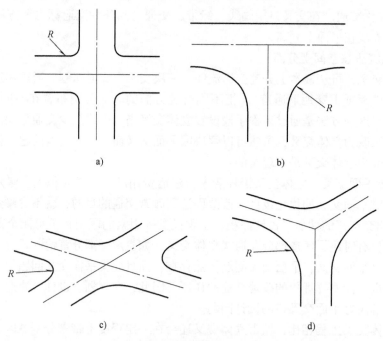

图 7-5　加铺转角式交叉口

a）"十"字形　b）"T"字形　c）"X"形　d）"Y"形

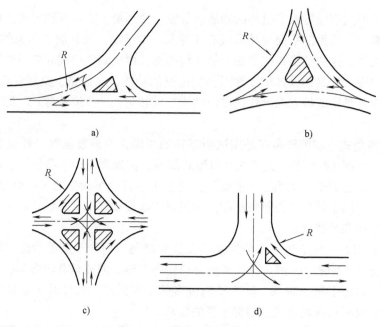

图 7-6　分道转弯式交叉口

（4）环形交叉　环形交叉是指多条道路交汇处设有中心岛的平面交叉。在交叉口中央设置中心岛，用环道组织渠化交通，使进入环道的所有车辆一律按逆时针方向绕岛单向行驶，直至所要去的路口离岛驶出，如图 7-8 所示。

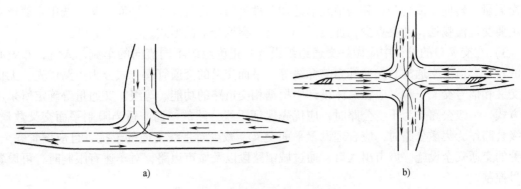

图7-7 扩宽路口式交叉口

环形交叉的优点：驶入交叉口的各种车辆可连续不断地单向运行，没有停滞，减少了车辆在交叉口的延误时间；环道上行车只有分流和合流，消灭了冲突点，提高了行车的安全性；交通组织简便；对多路交叉和畸形交叉，用环道组织渠化交通更为有效；中心岛绿化可美化环境。缺点：占地面积大，城区改建困难；增加了车辆绕行距离，特别是左转弯车辆；一般造价高于其他平面交叉口。

环形交叉适用于多条道路相交或转弯交通量较大，且地形较平坦的交叉口。在快速道路和交通量大的干线道路上、有大量非机动车和行人交通、位于斜坡较大地形及桥头引道上均不宜采用。按规划需修建立体交叉处，近期可采用环形平面交叉作为过渡形式，并预留远期改建为立体交叉的可能性。

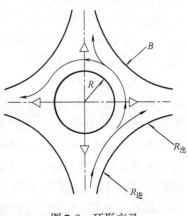

图7-8 环形交叉

"入口让路"的环形交叉，驶入车辆要等候环行车流出现间隙时才插入行驶。一般适用于一条四车道道路和一条双车道公路相交或两条高峰小时不明显的四车道道路相交且行人和非机动车较少的交叉口。

环形交叉设计时主要解决中心岛的形状和半径、环道的布置和宽度、交织段长度、交织角、进出口曲线半径和视距要求等问题。

7.1.4 交叉口设计的原则

交叉口的行车安全和通行能力，在很大程度上取决于交叉口的形式和交通组织。因此，在设计交叉口时，必须首先考虑交叉口形式的选择和交通组织问题。为此，设计时应遵循下列原则：

1）道路交叉口的位置受道路网规划控制，两条道路相交以正交为宜；当必须斜交时，交叉角应不小于70°（受地形条件或其他特殊情况限制时，应大于45°），并避免错位交叉、多路交叉和畸形交叉。平交范围内的相交道路路段宜采用直线；当采用曲线时，其半径宜大于不设超高的圆曲线半径。纵断面应力求平缓，并符合视觉所需的最小竖曲线半径值。

2）交叉口的形状、类型应根据相交道路的功能、性质、等级、计算行车速度、设计小时交通量、转向车流的分布和当地地形地物条件等因素进行设计。平面交叉应选用主要道路或主要交通流畅通，冲突点少，冲突区小，且冲突区分散的形式。

3）在交叉口的设计中应做好交通组织设计，正确组织不同流向的车流、人流，布设必要的转弯车道、交通岛、交通标志与标线等。平面交叉的交通管理方式分为主路优先、无优先交叉和信号交叉三种，应在总体设计中根据相交道路的功能、等级、交通量等确定所采用的方式。一级公路作为干线公路时，应优先保证干线公路的畅通，适当限制平面交叉数量；一级公路作为集散公路时，应合理设置平面交叉，减少对主线交通的干扰，且应设置齐全、完善的交通安全设施。城市出入口、通过城镇路段以及城市道路，对车速有限制时，可设置信号控制。

4）交叉口如位于行人较多的城市地区，宜将交叉口转角处的人行道适当加宽。人流量大的快速路或主干路相交的重要路口宜修建人行天桥或地下通道。

5）交叉口的竖向布置应符合行车舒适、排水迅速和美观的要求。

6）为保证行车通畅和提高路口通行能力，可采取压缩进口车道、分隔带和路侧带宽度，增加车道条数等措施。

7）路口计算行车速度：两相交公路的等级或交通量相近时，平面交叉范围内的设计速度可适当降低，但不得低于路段设计速度的70%。平面交叉右转弯车道的设计速度不宜大于40km/h（设置分隔）；左转弯曲线应采用载重汽车的行迹控制设计，左转弯车道的设计速度不宜大于5～15km/h；环形交叉口设计速度不宜大于20km/h。对于城市道路信号控制的平交路口的计算车速，一般按各级道路计算车速的0.5～0.7倍来进行计算。通常，直行车车速可取高限，左转、右转车速宜取低限。

对于公路平面交叉，还应遵循下列要求：

1）平面交叉应优先保证主要公路或交通量大的一方的通畅，其几何设计应能满足视距、平面交叉连接部衔接等要求，并结合交通管理方式考虑。当公路功能、等级、交通量有明显差别的两条公路相交或交通量较大的T形交叉，应采用主路优先的交通管理方式。当两条相交公路的等级均低且交通量较小时，应采用无优先交叉的交通管理方式。当下述情况时，应采用信号交叉的交通管理方式：

① 两条交通量均大，且功能、等级相同的公路相交，难以用"主路优先"的规则管理时。

② 两相交公路虽有主次，但交通量均较大（主要公路双向交通量≥750辆/h，次要公路单向≥300辆/h）、采用"主路优先"会出现交通事故和交通延误时。

③ 主要公路交通量相当大（双向交通量≥900辆/h），次要公路交通量不大，采用"主路优先"，次要公路会引起交通延误或危及安全时。

④ 因有相当数量的行人和非机动车而引起交通阻塞、延误或交通事故时。

⑤ 环形交叉入口因交通量大而出现交通延误时，入口应采用信号交叉管理。

2）平面交叉范围内必须通视，有碍视线的障碍物应予清除。应保证必要的停车视距及信号（或标志）的识别距离。当条件受限制时，必须采取设置限速标志等措施。

3）平面交叉的最小间距，应根据交织长度、左转车道长度、视距及识别距离等因素确定。间距应尽量大，以提高通行能力，保证行车安全。间距较小且密度较大的路段应采取修建辅道、适当合并交叉或设分离式立体交叉等措施以减少平面交叉的数量。一级公路、二级公路平面交叉的最小间距应符合表 7-2 规定。

表7-2　公路平面交叉最小间距

公路等级	一 级 公 路			二 级 公 路	
公路功能	干线公路		集散公路	干线公路	集散公路
	一般值	最小值			
间距/m	2000	1000	500	500	300

4）当乡村道路与公路平面交叉时，交叉应选在视距良好的地点。规定要求为：交叉处公路边缘的两侧应分别设置不小于 10m 的水平段。紧接水平段的纵坡一般不大于 3%，困难地段应不大于 6%。交叉处的视距应保证驾驶员在距交叉处不小于 20m 的范围内能看到两侧各 50m 范围内的车辆。如图 7-9 所示，视线范围内不得有障碍物，并在公路路基边缘外应各有不小于 6m 的路面加固段。

① 高速公路、一级公路与乡村道路相交时必须设置通道或天桥。

② 二级公路与乡村道路相交叉一般设置平面交叉；地形条件有利或公路交通量大时宜设置通道或天桥。

③ 二级及其以上公路位于城镇或人口稠密的村落或学校附近时，宜设置专供行人通行的人行地下通道或天桥。

④ 车行通道的净空应符合以下规定：人行通道净高应大于或等于 2.20m，净宽应大于或等于

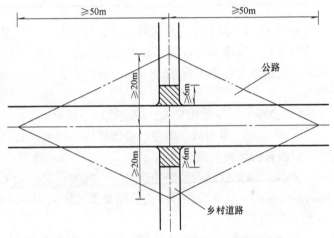

图7-9　公路与乡村道路视距三角形和加固段

4.00m；人行天桥桥面净宽应大于或等于 3.00m，其人群荷载应符合规定。

⑤ 三级公路、四级公路与乡村道路交叉时，一般采用平面交叉。

5）公路与铁路的平面交叉，应遵循以下要求进行设计：

① 公路与铁路平面交叉时，以正交为宜。当必须斜交时，交叉角应大于 45°。

② 道口应设置在瞭望条件良好的地点，不得设置在铁路站场、道岔、有调车作业的范围内，并严禁设置在道岔尖轨处。驾驶员侧向最小瞭望视距是指在距道口相当于该级公路停车视距（不小于 50m）处，应能看到两侧铁路上火车的范围。驾驶人最小瞭望视距见表 7-3。

表7-3　驾驶人最小瞭望视距

路段旅客列车设计速度/(km/h)	火车驾驶员最小瞭望视距/m	汽车驾驶员侧向最小瞭望视距/m
140	1200	470
120	900	400
100	850	340
80	850	270

③ 道口处的铁路路线以直线为宜，公路路线应为直线。道口两侧公路的直线长度，由铁路钢轨外侧算起，不得小于 50m，并应有不小于 16m 的水平段（不包括竖曲线）。紧接水平路段的纵坡，一般不大于 3%，困难地段应不大于 5%。

④ 道口铺砌长度，应延伸至铁路钢轨外侧以外 0.5 ~ 2.0m 处；道口铺砌采用坚固、耐用、平整、稳定且易于翻修的材料；道口铺砌宽度应与路基宽度相同（人口稀少区可与路面宽度相同）。

⑤ 当公路与铁路（单股或多股）交叉时，应在车辆驶向道口方向的右侧或上方，设置铁路道口标志。铁路道口标志或多股铁路道口标志至道口冲突点的距离规定见表 7-4。设置道口标志处至道口之间路段范围内，不得另有平面交叉。

表 7-4　道口标志至道口冲突点的距离

公路设计速度/(km/h)	100	80	60	≤40
道口标志至道口冲突点的距离/m	200	150	100	60

⑥ 当道口两侧公路为路堤时，应设置护栏。电气化铁路在距钢轨外侧 30m 处，应设置公路限界架，其净高为该路等级规定的净高。公路、铁路相邻时，铁路用地界与高速公路、一级公路用地界相距不应小于 10m；与二级公路、三级公路、四级公路用地界相距不应小于 5m。

6）公路、管线等相交叉，应遵循以下规定：

① 电信线、电力线、电缆、管道等均不得侵入公路建筑限界，不得妨害公路交通安全，并不得损害公路的构造和设施。

② 架空送电线路与公路相交叉时，宜为正交；必须斜交时，不应小于 45°。架空送电线路跨越公路时，送电线路导线与公路交叉处距路面的最小垂直距离必须符合相应送电线路标称电压规定的要求。

③ 原油管道、天然气输送管道与公路相交叉时，应为正交；必须斜交时，不应小于 60°。

④ 管道与高速公路、一级公路相交叉且采用下穿方式时，应埋置地下通道；管道与二级及二级以下公路相交叉时，应埋置套管。通道与套管应按相应公路等级的汽车荷载等级进行验算。

⑤ 严禁天然气输送管道、输油管道利用公路桥梁跨越河流。

7.1.5　交叉口设计的基本要求和内容

1. 交叉口设计的基本要求

1）保证车辆与行人在交叉口能以最短的时间顺利通过，使交叉口的通行能力能适应各条道路的行车要求。

2）正确进行交叉口竖向设计，保证转弯车辆的行车稳定，同时符合排水要求。

2. 交叉口设计的内容

1）选择交叉口的交通管理方式和交叉口的类型。

2）进行交通组织，合理布置各种交通设施，包括设置专用车道和组织渠化交通。

3）交叉口的平面设计，确定各组成部分的几何尺寸，包括行车道的宽度、转角曲线的转弯半径、各种交通岛及绿化带的尺寸等。

4）验算交叉口的行车视距，保证安全通视条件。

5）交叉口竖向设计和排水设计。

7.2 平面交叉口的管理与控制

7.2.1 概述

平面交叉的交通安全和畅通，既取决于平面交叉的几何构造，同时又受交叉口处的交通管制手段的影响，而且在一定条件下，平面交叉的规划与设计总是在某种交通管制方法的条件下进行。在大多数情况下，某种交通管制手段是否实用，也要考虑平面交叉的几何条件。

例如，当使用交通信号控制时，如在交叉口信号显示中设置左转专用显示，就必须在这一方向的入口道路上，设左转专用车道。又如，在单向具有双车道的交叉口处，或相交道路的设计速度均达 60km/h 或以上时，在交叉入口处使用"停""让"标志进行交通管制则是十分危险的。另外，相邻交叉口的间距，交叉口相交道路的交叉角度，交叉口路口的道路条数等，也都对组织单向交通、禁行等交通管制方法的实施有直接影响。由此可见，平面交叉口的规划设计与交通管制两者之间相互制约、相互依存、相互补充。因此，平面交叉设计必须了解平面交叉的交通管制方法的使用效果及其对交叉口道路构造的要求。

1. 交叉口交通管制的目的

对平面交叉口处的交通进行管理与控制，是为了最大限度地发挥现有道路设施的交通功能。通过对平面交叉口处的交通管理与控制，可达到以下目的：

1）缓解交通拥挤，使车辆通过交叉口时平顺畅通，从而提高其服务水平。

2）减少和消除发生交通事故的危险。

3）在现代交通中，交通管制还有防止噪声和减少废气排放等交通公害的目的。

上述目的，仅凭交通管制手段很难达到，还需配合道路构造条件的改善、道路交通规划的实施、新交通系统的开发与利用等。在城市范围内，还需要同城市交通与道路的总体规划一并实施。

2. 常用的交通管制方法

平面交叉口处的交通管制是通过强制性指令和疏导的方法，使交通秩序井然，从而提高通行能力及车辆通过的安全性。

常用的管制方法有限制车辆行驶方向、设置"停""让"标志、渠化交通、信号控制等。

交通控制中的限制车辆行驶方向的方法，是在交叉口处通过对某些行车方向的限制以简化交通流，从而减少车流干扰，取得改善交通条件的效果。限制交通方向的做法一般有：

1）将交叉处的连接道路改为单向行驶道路。

2）在交叉口内禁止车辆左转。

3）当交叉口附近有车单位的车辆进出时禁止左转。

在交叉口入口处设置"停""让"标志对交通进行控制的方法，是指令驾驶员在进入交叉口前，必须在此标志前减速缓行或停候，以确认通过条件，当条件允许时方可通过交叉口,否则需要让另一方向的车辆优先通过。

限制交通方向及设"停""让"标志的方法均为通过交通指令进行交通管制,无须大量的工程及交通设施,常作为其他方式的配合手段,或交通量小时使用。当用上述方法不能奏效时,则要采用渠化交通或信号控制方法。

究竟选用何种交通管制方法,要根据交叉口的具体情况而定。选择时应考虑以下要求:

1) 通行能力。采用信号控制方式时,平面交叉口的通行能力大。因此,当交通量较大时,一般应选用信号控制。

2) 安全性。从现有交通状况出发,选择安全性最好的方式。信号控制虽可减少交叉口内碰撞事故,但往往增加交叉口入口处的追尾事故。因此,当交通量大时,无疑应选择信号控制;但当交通量小时,由于选用信号控制会带来更多追尾可能,则认为是不合适的。

3) 方便性。限制交通方向,会使交通秩序改善,但会使行人、行车不便,甚至影响到沿路土地的开发使用,对此也应慎用。

4) 交叉口道路构造条件。有些交通管制措施的实施需要有一定的道路条件配合,如增设转弯车道等。当无此条件时,此种管制方式即无使用的可能。

5) 道路性质及标准。有些道路由于其性质和标准决定不能选用某些管制方式。如高速道路不允许设信号控制,也不能选用"停""让"标志来控制。

7.2.2　交叉口的交通组织设计

1. 机动车交通组织方法

(1) 设置专用车道　组织不同行驶方向的车辆在各自的车道上分道行驶,互不干扰。根据行车道宽度和左、直、右行车辆的交通量大小可做出多种组合的车道划分,如图7-10所示。某转向交通实际车道数应根据交通量来确定。

1) 左、直、右方向车辆组成均匀,各设一专用车道,如图7-10a所示。

2) 直行车辆很多且左、右转也有一定数量时,设两条直行车道和左、右转各一条车道,如图7-10b所示。

3) 左转车多而右转车少时,设一条左转车道,直行和右转车共用一条车道,如图7-10c所示。

4) 左转车少而右转车多时,设一条右转车道,直行和左转共用一条车道,如图7-10d所示。

5) 左、右转车辆都较少时,分别与直行车合用车道,如图7-10e所示。

6) 行车道宽度较窄,不设专用车道,只划快、慢车分道线,如图7-10f所示。

7) 行车道宽度很窄时,快、慢车也不划分,如图7-10g所示。

(2) 左转弯车辆的交通组织　如前所述,左转弯车辆是引起交叉口车流冲突的主要原因,合理地组织左转弯车辆的交通,是保证交通安全,提高交叉口通行能力的有效方法。左转弯车辆交通组织方法可采用以下几种形式:

1) 设置左转专用车道。左转车辆在交叉口等候通过时,为了避免影响其后直行和右转车辆的通过,在行车道内紧靠中线划分出一条车道供左转车辆专用,如图7-10a、b、c所示,设置专用左转车道后,左转车辆须在左转专用车道上等候和行驶。

2) 实行交通管制。通过信号灯控制或交警手势指挥,在规定时间内不准左转。

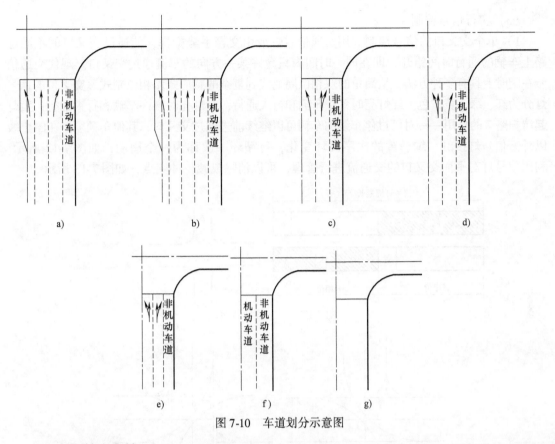

图 7-10 车道划分示意图

3) 变左转为右转。

① 环形交通。在交叉口中央设置交通岛,利用环道组织逆时针单向交通,变左转为右转,使冲突车流变为分流与合流,如图 7-11a 所示。

② 绕街坊变左转为右转。使左转车辆环绕邻近街坊道路右转行驶实现左转,如图 7-11b 所示。这种方法行程增加很多,通常仅用于左转车辆所占比例不大,街坊较规整,旧城道路扩宽困难,或在桥头引道坡度大的十字形交叉口,为防止车辆高速下坡时直角转弯发生事故而采用。

③ 绕远左转,如图 7-11c 所示,利用中间带开口绕行实现左转。

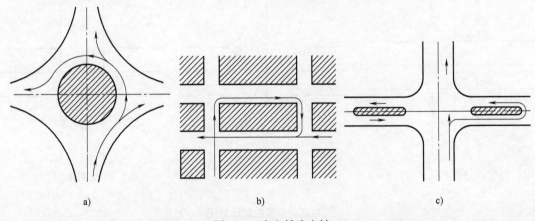

图 7-11 变左转为右转

（3）实行信号控制

1）单个交叉口的信号控制。用交通信号灯或由交警手势指挥，使通过交叉口的不同道路上车辆的通行时间错开，即在同一时间内只允许某一方向的车流通过交叉口。现代交通信号在配时上具有多种方法，从简单的双相位周期式到复杂的感应式多相位制式。交叉口的信号灯分为红、绿、黄三色。红灯亮时禁止车辆和行人通行；绿灯亮时准许车辆和行人通行；黄灯起清扫路口的作用——对已过停车线的车辆可以继续前进通过交叉口，其他车辆须停在停止线以外。信号灯按红、绿、黄的次序循环变化，每循环一次称为一个周期，如图 7-12 所示。利用信号灯对平面交叉口的交通流进行管理，可以消除或减少冲突点，如图 7-13 所示。

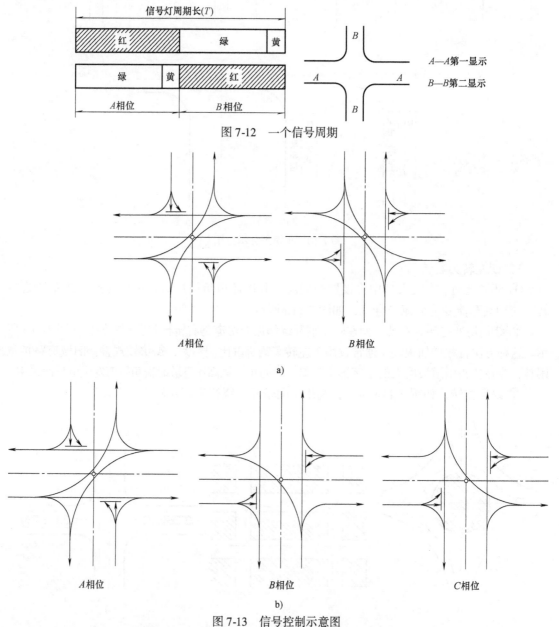

图 7-12　一个信号周期

图 7-13　信号控制示意图

a）两相位信号系统的交通运行图　b）三相位信号系统的交通运行图

交通信号控制的基本参数有三个：周期长、绿信比和相位差。

① 周期长。周期长是绿灯信号显示两次之间（一周期）所需要的时间，即红、绿、黄灯显示时间之和。对于通常的两相控制信号（即具有两个交通信号相位的控制）来说，周期长如图 7-12 所示。信号相位简称相，它表示在信号化交叉口给予车辆与行人通行权的程序。东西通，南北停止，这是一相；南北通行，东西停止，是另一相，如图 7-13a 所示，所以称为两相控制。这是最常用的控制方式。另外还有三相、四相直到八相的控制方式，如图 7-14 和图 7-15 所示。前者包括 A、B、C、D 四个相位控制。A 相位东西直行；B 相位东西左转；C 相位南北直行；D 相位南北左转。后者包括东西直行，东西左转（东直行及其左转，西直行及其左转）；南北直行，南北左转（南直行及其左转，北直行及其左转）等八个相位。不过应该注意，信号相位越多，交通虽安全，但在一个周期内分到每个相位可通行的时间就越少，交叉口的通行能力则越低。若延长相位的时间，则周期太长，车辆排队会很长，一般周期以小于 120s 为宜。

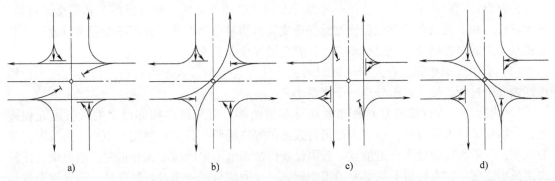

图 7-14　四相信号

a) A 相位　b) B 相位　c) C 相位　d) D 相位

② 绿信比。绿信比即在一个周期内显示的绿灯时间与周期长之比，用百分比（%）表示。根据美国德克萨斯交通研究所的研究，对于分道行驶的交叉口，可以通过下式来确定绿灯时间长短

$$n_入 = \frac{T_绿 - D}{H} + 2 \qquad (7-2)$$

式中　$n_入$——绿灯时间内从某个车道进入交叉口的车辆数；

　　　D——车队中头两个车辆进入交叉口所需的时间；

　　　H——头两个车辆以后的各个车辆的平均车头时间间隔；

　　　$T_绿$——绿灯时间。

③ 相位差。相位差一般用于线控制或面控制，表示相邻两个交叉口同一方向或同一相的绿灯起始时间之差，用 s 表示。

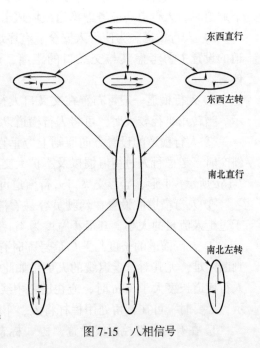

图 7-15　八相信号

2)"绿波"交通。所谓"绿波"交通，就是在一系列交叉口上，安装一套具有一定周期的自动控制的联动信号，使主干道上的车流依次到达前方各交叉口时，均会遇上绿灯。这种"绿波"交通减少了车辆在交叉口的停歇，提高了平均行车速度和通行能力。不过，采用此种交通组织的要求极为严格：交叉口的间距要大致相等，双向行驶车辆的车速要相近，或呈一定倍数的比例关系，才能保证双向车辆到达交叉口时都遇到绿灯。如果某一方向车速过快或过慢，就会提前或延迟到达交叉口，都会遇到红灯，要等候才能进入"绿波"交通。单向交通的道路组织"绿波"交通，由于没有对向交通的约束，就比较容易实现。

在我国城市的机动车与非机动车并行的三幅路中，机动车与非机动车的车速相差悬殊，转向时相互干扰很大，因而不易组织"绿波"交通。此外，对行人过街也要严格管理，不能影响"绿波"的行车速度。

2. 行人及非机动车交通组织

公路设计以机动车为主，往往不考虑行人和非机动车交通。城市道路尤其是交叉口处，因大量行人和非机动车的存在，使道路交通变得极为复杂。因此，合理组织交叉口处行人和非机动车交通对提高交叉口通行能力，保障交通安全非常重要。

（1）行人交通组织　行人交通组织的主要任务是组织行人在人行道上行走，在人行横道线内安全过街，使人、车分离，干扰最小。

1）人行道。人行道通常对称布置在行车道两侧。交叉口内相邻道路的人行道互相连通，除须保证行人通过外，还应为过街行人提供等待场所，其宽度原则上不小于路段人行道的宽度，一般将转角处人行道加宽。若因设置附加车道不得已压缩人行道时，应根据人流量决定最小宽度。在人行道上除必要的道路标志、交通信号、照明及栏杆等外，不允许布置其他设施，以保证人行道的有效宽度。当交叉口宽阔、人流量多、车流量大且车速高时，可考虑设置人行天桥或地下通道，这是行人交通组织最彻底、最有效的办法。拟设人行天桥或地下通道时，人行道还应考虑梯道或坡道出入口宽度。

2）人行横道。为使行人安全、有序地横穿行车道，应在交叉口设置人行横道。人行横道的设置主要考虑其与交叉口的距离、设置方向、横道宽度、长度以及与停车线的相对位置。

① 人行横道一般可布置在交叉口人行道的延续方向后退 4～5m 的地方，如图 7-16a 所示。当转角半径较大时，可将人行横道设在圆弧段内，如图 7-16b 所示。

② 人行横道的设置方向原则上应垂直于道路设置，可使行人过街距离最短。但当道路斜交时，考虑行人过街习惯以及不扩大交叉口交通面积，人行横道可与相交道路平行，如图 7-16c 所示。T 形、Y 形交叉口人行横道可按图 7-16d、e 所示设置。

③ 人行横道应设置在驾驶员容易看清的位置，标线应醒目，人行横道的宽度主要取决于过街人流量的大小，其最小宽度为 4m，当过街人流量较大时，可适当加宽。

④ 人行横道的长度与路口信号配时有关。一次横穿过长的距离会使过街行人思想紧张、判断困难，尤其对行走迟缓的人更是如此，不利于安全。当机动车车道数大于或等于 6 条或人行横道长度大于 30m 时，应在道路中线附近设置宽度不小于 1m 的安全岛，如图 7-16e 所示；必要时，可在转角处用栏杆将人、车隔离，人行横道两端设置信号灯。

⑤ 在有信号灯控制或设置"停"标志的交叉口，应在路面上标绘停车线，指明停车位

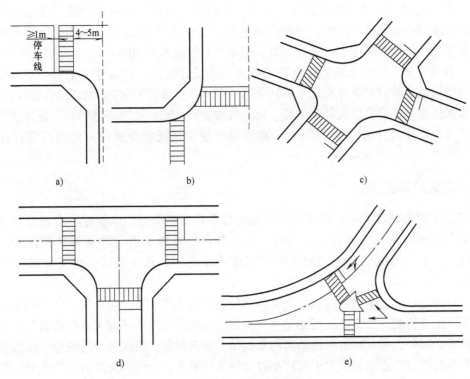

图 7-16　人行横道的布置

置。当有人行横道时，停车线应布置在人行横道线后至少 1m 处，并应与人行横道平行，如图 7-16a 所示。无人行横道的交叉口，在不影响相交道路交通的条件下，停车线应尽量靠近交叉口，以减少交叉口的范围，提高通行能力。

（2）非机动车交通组织　在交叉口，非机动车道通常布置在机动车道和人行道之间。

1）在交叉口内，一般车流量下，非机动车随机动车按交通规则在右侧行驶，不设分离设施。而车流量较大时，为减少非机动车对机动车的干扰，常在交叉口设置非机动车左转候车区，使左转通过二次直行过街来实现。

2）当车流量大，机动车、非机动车之间干扰严重时，可考虑采用立体非机动车交通组织，并与人行天桥或地下通道一起考虑。上下人行天桥或地下通道可用梯道、坡道或混合式。一般行人宜用梯道型升降方式；非机动车应采用坡道型；非机动车较多，又因地形或其他理由不能设坡道时，可用梯道带坡道的混合型升降方式。

7.3　平面交叉口的通行能力

7.3.1　交叉口设计速度

设计速度是决定交叉口几何尺寸、交通组织与管理的基本依据。交叉口的设计速度与路段设计速度密切相关，当两者相差较大时会因减速过大而影响行车安全，相差小而路段车速又高时仍有行车危险，对环形交叉又有用地过多和左转绕行过长等问题。

（1）直行交通　交叉口范围直行交通的设计速度，原则上应与路段设计速度相同。城市道路若受限制必须降低车速时，与路段速度之差不应大于20km/h。两相交公路等级相同或交通量相近时，设计速度也可适当降低，但不得低于路段的70%。

（2）转弯交通　转弯车道的速度应根据道路的设计速度、交通量、交叉类型、交通管理方式和用地情况等因素合理确定。右转交通一般不受交通信号和标志的限制，但由于交叉口用地紧张往往很难设置较大转弯半径，加上右转受行人和非机动车的影响，设计速度应适当降低，可比路段设计速度低20km/h，路段设计速度较低的交叉口可为路段设计速度的0.7倍。

7.3.2　交叉口车道数

从渠化交通的要求来看，交叉口最好能设置几条专用车道，以便左、右转弯和直行的机动车辆和非机动车辆在驶近交叉口时，能在各自的专用车道上排列等候和行驶，避免互相干扰。但在交通量较小的道路上设置过多的车道，显然不经济，则可考虑在车道中混合行驶。

交叉口各进口道的车道数是确保交叉口通行能力的主要因素，应根据交通控制方法、交通量、车道的通行能力及交叉处用地条件等决定。在城市道路上还应考虑城市自行车交通日益发展的客观需要，尽可能组织机动车和非机动车分流行驶，以保证交通安全。所设置的车道数，其通行能力的总和必须大于高峰小时交通量的要求，否则，交叉口会产生交通拥挤和阻塞的现象。

交叉口各进口车道车道数可按以下方法确定：在选定交叉口形式的基础上，根据所预测的设计年限的高峰小时交通量和不同行驶方向的交通组成，进行交通组织设计，由此初步定出车道数。按照所确定的交通组织设计方案，对初定的车道数进行通行能力验算，如通行能力总和小于高峰小时交通量的要求，则必须增加车道重新验算，直到满足交通量的要求为止。

由于受信号控制的影响，在相同车道数下，交叉口车道的通行能力总是比路段上要小，所以交叉口的车道数不应少于路段上的车道数。为了充分发挥整条道路的通行能力，交叉口的设计通行能力应与路段通行能力相适应，一般情况，交叉口的车道数宜比路段上多设一条。

7.3.3　交叉口通行能力

平面交叉口设计，必须使其设计服务水平下的通行能力满足交叉口的规划交通量要求。不同的交通管制方式，交叉口的通行能力不同，其计算方法也不相同。

1. 有信号控制交叉口的通行能力

有信号控制交叉口的通行能力可采用"停车线断面法"计算，即已知交叉口处车道使用规定、信号显示周期及配时，以进口车道停车线为基准断面，凡通过该断面的车辆即认为已通过交叉口。据此来计算通过停车线断面上不同行驶方向车道上的小时最大通过量，即该车道通行能力。各进口车道通行能力之和即为交叉口的可能通行能力。除"停车线断面法"外，还有"冲突点法"等其他方法，可参见有关书籍。

交叉口停车线断面上不同车道的通行能力按以下公式计算：

（1）一条直行车道的通行能力 $N_{直}$（辆/h）

$$N_{直} = \frac{3600}{T} \frac{T_g - \frac{v_s}{2a}}{t_s} \qquad (7\text{-}3)$$

式中 T——信号周期（s）；

　　T_g——一个周期内的绿灯时间（s）；

　　v_s——直行车辆通过交叉口的车速（m/s）；

　　a——平均加速度（m/s²），据观测，小型车为 0.6~0.7m/s²，中型车为 0.5~0.6m/s²，大型车为 0.4~0.5m/s²；

　　t_s——直行车平均车头时距（s）。据观测，车多时为 2.2~2.3s，车少时为 2.7~2.8s，平均为 2.5s，大型车为 3.5s。

（2）一条右转车道的通行能力 $N_{右}$（辆/h）

$$N_{右} = \frac{3600}{T_r} \qquad (7\text{-}4)$$

式中 T_r——右转车平均车头时距（s）。

根据观测，各种机动车在连续通过交叉口的情况下，$T_r = 3.0~3.5$s，即在无行人过街干扰时，一条右转车道通行能力最大为 1000~1200 辆/h；一般过街人流量为 500~600 辆/h；过街人流量大时可降至 300 辆/h。

（3）一条左转车道的通行能力 $N_{左}$（辆/h）

1）有左转专用信号时

$$N_{左} = \frac{3600}{T} \frac{T_1 - \frac{v_1}{2a}}{t_1} \qquad (7\text{-}5)$$

式中 T_1——一个周期内的左转显示时间（s）；

　　v_1——左转车通过交叉口的车速（m/s）；

　　t_1——左转车平均车头时距（s），取 $t_1 = 2.5$s。

2）无左转专用信号时，左转车可在绿灯亮时利用对向直行车流中出现可穿越空挡以及黄灯时间实现左转。据实测，左转车可穿越时距约为 8s，直行车头时距为 3.5~4s 时左转车与直行车可间隔通过，这时穿越时距约为直行车头时距的 2 倍。考虑多辆左转车跟随穿越等因素，假设平均两个直行车位的空间可供一辆左转车穿越，则每个周期利用绿灯时间可穿越的左转车辆 n_1 最多等于一条直行车道一个周期的通行能力 $N'_{直}$，减去每个周期实际到达的直行车 $N''_{直}$ 除以 2，即绿灯亮时通车数（辆/周期）

$$n_1 = \frac{N'_{直} - N''_{直}}{2} \qquad (7\text{-}6)$$

式中 $N'_{直}$——取 $\dfrac{T_g - \dfrac{v_1}{2a}}{t_1}$（辆/周期），符号意义同前。

黄灯亮时通过车数 n_2 为

$$n_2 = \frac{T_y - \frac{v_1}{2a}}{t_1} \qquad (7\text{-}7)$$

式中 T_y——每周期黄灯时间（s）。

其余符号同前。

因此，一条左转车道的通行能力为 $N_左$（辆/h）

$$N_左 = \frac{3600}{T}(n_1 + n_2) \tag{7-8}$$

（4）一条直左混行车道的通行能力为 $N_{直左}$（辆/h）

$$N_{直左} = N_直\left(1 - \frac{1}{2}\beta_1\right)K \tag{7-9}$$

式中 β_1——直左车道中左转车所占比例；

K——折减系数，取 $K = 0.7 \sim 0.9$。

一条直右混行车道的通行能力等于一条直行车道的通行能力。一条直左右混行车道的通行能力等于一条直左混行车道的通行能力。

2. 无信号控制交叉口的通行能力

无信号控制交叉口一般是指主要道路与次要道路相交时，因次要道路交通量不大，可不设交通信号控制，根据主要道路优先通行的交通规则，次要道路上的车辆必须等待主要道路上的车辆之间出现足够长的间隔时间而通过交叉口。

主要道路上的车流可视为无交叉的连续交通流，则车辆间出现的间隔服从负指数分布。但并非所有间隔都可供次要道路上车辆汇入或穿越，只有当出现的间隔大于临界间隔 α（即50% 的驾驶员可以接受）时才有此可能。当出现大的间隔时，次要道路上的第二辆及后续车辆可跟随进入交叉口，其相隔的车头时距为 β，则次要道路单向可通过的最大车辆数 $Q_次$ 为

$$Q_次 = \frac{Q_主 \, e^{-q\alpha}}{1 - e^{-q\beta}} \tag{7-10}$$

式中 $Q_主$——主要道路双向交通量（辆/h）；

q——主要道路交通流率（辆/s），$q = Q_主/3600$；

α——主要道路临界间隔时间（s），对停车标志控制的交叉口为 $6 \sim 8s$；对让路标志为 $5 \sim 7s$；

β——次要道路最小车头时距（s），对停车标志为 5s；对让路标志为 3s。

主要道路的双向交通量 $Q_主$ 与次要道路最大交通量 $Q_次$ 之和即为无信号控制交叉口的可能通行能力。

7.4 平面交叉口的视距及转弯设计

7.4.1 交叉口的平面线形

道路交叉口平面设计的范围是指从行车道展宽渐变段末端 5m 以外，或道路规划红线展宽渐变段末端 5m 以外开始的道路规划红线所围合的平面区域，如图 7-17 所示。

交叉口范围内，道路平面线形一般宜用直线；当取曲线时，其曲线半径不宜小于不设超高的最小圆曲线半径，且必须加以导行。

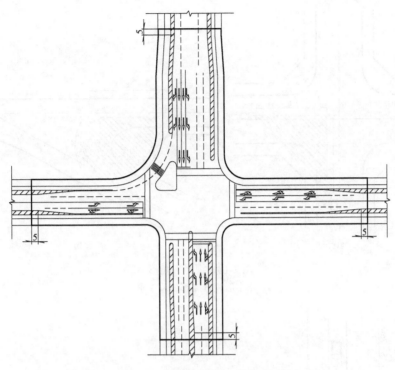

图 7-17　交叉口范围（单位：m）

7.4.2　交叉口的视距设计

1. 视距三角形

为保证交叉口行车安全，驾驶员在进入交叉口前的一定距离内，应能看到相交道路上的行车情况，以便能及时采取措施顺利驶过或安全停车。这段必要的距离应该大于或等于停车视距 S_T。

由相交道路上的停车视距所构成的三角形称为视距三角形。在该范围内不能有任何阻挡驾驶员视线的障碍物，如图 7-18 所示。视距三角形应以最不利的情况绘制，绘制的方法和步骤如下：

1）确定停车视距 S_T。可用停车视距计算公式计算或根据相交道路的设计速度按表 7-5 选用。

2）找出行车最危险冲突点。不同形式交叉口的最危险冲突点不尽相同。常见十字形和 T 形（或 Y 形）交叉口的最危险冲突点可按下述方法确定：对十字形交叉口（见图 7-18a），最靠右侧第一条直行机动车道的轴线与相交道路最靠中线的第一条直行车道的轴线所构成的交叉点为最危险冲突点；对 T 形（或 Y 形）交叉口（见图 7-18b），直行道路最靠右侧第一条直行车道的轴线与相交道路最靠中线的一条左转车道的轴线所构成的交叉点为最危险冲突点。

3）从最危险冲突点向后沿行车轨迹各量取停车视距 S_T。

4）连接末端构成视距三角形。

条件受限不能保证由停车视距构成的视距三角形时，应保证主要道路的安全交叉停车距离和次要道路至主要道路边车道中线 5～7m 所组成的视距三角形，如图 7-19 所示。安全交叉停车视距值规定见表 7-5。

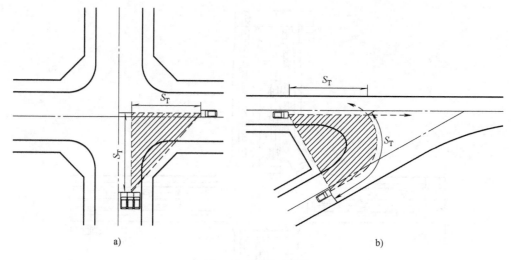

图 7-18   视距三角形

a）十字形   b）T 形（或 Y 形）

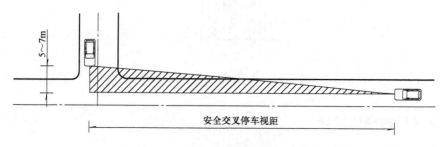

图 7-19   安全交叉停车视距三角形

表 7-5   安全交叉停车视距

设计速度/（km/h）	100	80	60	40	30	20
停车视距/m	160	110	75	40	30	20
安全交叉停车视距/m	250	175	115	70	55	35

　　对信号交叉口，各进口道的车辆受信号控制，速度低且直接冲突少，信号交叉口的视距只要满足任一条车道路口停车线前第一辆车的驾驶员看到相邻路口第一辆车即可，如图 7-20 所示。

2. 识别距离

　　为了保证车辆能够安全顺利地通过交叉口，应使驾驶员能够在交叉口之前的一定距离内识别交叉口的存在及交通信号和交通标志等，这一距离称为识别距离。识别距离随交通管制条件而异。

　　（1）无信号控制交叉口　对无信号控制的交叉口，多是等级低、交通量小及车速不高的次要交叉

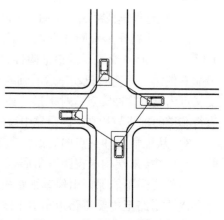

图 7-20   信号交叉通视三角区

口,识别距离可采用各相交道路的停车视距。

（2）有信号控制交叉口 对有信号控制的交叉口,识别距离为使正常行驶车辆的驾驶员能看清交通信号和显示内容,有足够时间制动减速直至停车,但这种制动停车并非紧急制动,识别距离可用下式计算

$$S_s = \frac{v}{3.6}t + \frac{v^2}{26a} \tag{7-11}$$

式中 S_s——交叉口的识别距离（m）;

　　　v——路段设计速度（km/h）;

　　　a——减速度（m/s²）,取 $a = 2\text{m/s}^2$;

　　　t——识别时间（s）。

识别时间 t 包括驾驶员的反应时间和制动生效时间。在公路上识别时间可取 10s;在城市道路上因交叉口较多,驾驶员对其存在已有思想准备,识别时间可取 6s。

（3）停车标志控制交叉口 对停车标志控制的交叉口,一般为主要道路与次要道路交叉,主次关系明确,且对标志的识别要比对信号容易,可采用式（7-11）及识别时间为 2s 计算。信号控制及停车标志控制交叉口的识别距离见表 7-6,在此范围内不应有任何障碍物。

表 7-6 交叉口识别距离

设计速度/ （km/h）	信号控制交叉口				停车标志控制交叉口	
	公 路		城 市 道 路		计算值/m	采用值/m
	计算值/m	采用值/m	计算值/m	采用值/m		
80	348	350	—	—	—	—
60	237	240	171	170	104	105
40	143	140	99	100	54	55
30	102	100	68	70	35	35
20	64	60	42	40	19	20

7.4.3 交叉口转弯设计

1. 缘石转弯半径

为了保证各种右转弯车辆能以一定速度顺利地转弯,城市道路交叉口处的缘石宜做成圆曲线或复曲线,圆曲线的半径 R_1 称为缘石转弯半径,如图 7-21 所示。

在未考虑机动车道加宽的情况下,缘石转弯半径 R_1 为

$$R_1 = R - \left(\frac{B}{2} + F\right) \tag{7-12}$$

$$R = \frac{v_1^2}{127(\mu \pm i)} \tag{7-13}$$

式中 B——右转弯机动车道宽度（m）,一般采用 3.5m;

　　　F——转弯处的非机动车道宽度（m）;

　　　R——右转弯车道中心线半径（m）;

　　　v_1——右转弯设计速度（km/h）,可取路段设计速度的 0.5~0.7 倍;

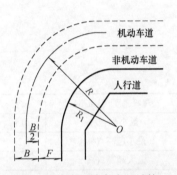

图 7-21 缘石转弯半径计算

μ——横向力系数，在 $0.15 \sim 0.20$ 之间取值；

i——交叉口路面横坡度，一般采用 2%。

最小转弯半径不得小于汽车的最小转弯半径。城市道路单、双幅路交叉口的缘石转弯最小半径见表7-7，城市道路三、四幅路交叉口的缘石转弯最小半径应满足非机动车行车要求。我国非机动车转弯最小半径宜大于3m，一般最小半径为5m，在条件允许时应尽量采用较大转弯半径。

表 7-7　交叉口的缘石转弯最小半径

右转弯设计速度/(km/h)	30	25	20	15
交叉口的缘石转弯最小半径/m	33 ~ 38	20 ~ 25	10 ~ 15	5 ~ 10

2. 路面内缘曲线半径及线形

（1）路面内缘曲线半径　各级公路平面交叉口的转弯设计以 16m 总长的鞍式列车进行控制设计，如图7-22 所示。鞍式列车在各种转弯速度情况下，转弯曲线路面内缘的最小半径见表7-8。

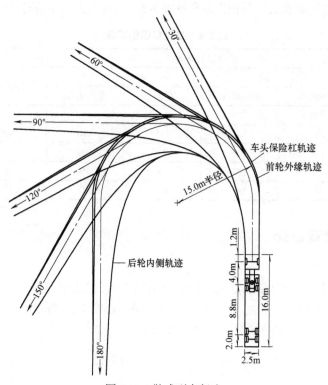

图 7-22　鞍式列车行迹

表 7-8　路面内缘的最小半径

转弯速度/(km/h)	≤15	20	25	30	40	50	60	70
最小半径/m	15	20（15）	25（20）	30	45	60	75	90
最小超高（%）	2	2	2	2	3	4	5	6
最大超高（%）				一般值：6；绝对值：8				

注：条件受限时可采用括号内的值。

（2）路面内缘线形 公路交叉口转弯曲线路面内缘的线形应符合车辆转弯时的行驶轨迹。简单的非渠化交叉口中，在半挂车比例很小（小于 10%）的情况下，可在相交的路面边缘设半径不小于 15m 的圆曲线或带有缓和曲线的圆曲线；以鞍式列车控制设计时，相交路面的边缘应采用图 7-23 所示的复曲线，相应半径 R_1、R_2 的取值见表 7-9。渠化的右转弯车道，其转弯曲线路面边缘的线形一般采用三心圆复曲线，渠化左转弯的内缘以一单圆弧来控制分隔岛端的边缘线。

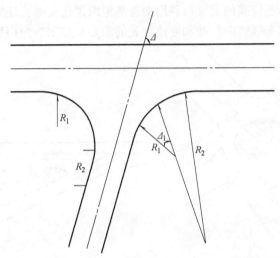

图 7-23 以鞍式列车控制设计时简单交叉口的转弯设计

表 7-9 R_1、R_2 的取值

$\Delta/(°)$	R_1/m	R_2/m	$\Delta_1/(°)$
70~74	18	80	53°30′~58°50′
75~84	17	80	58°55′~68°00′
85~91	16	80	69°00′~75°00′
92~99	15	80	76°00′~83°00′
100~110	14	90	84°00′~95°00′

7.5 平面交叉口的渠化设计

7.5.1 概述

在交叉口设置交通标志、标线和交通岛等，引导车流和行人各行其道的措施称为渠化交通。

1. 渠化的作用

渠化交通在一定条件下可有效提高道路通行能力，减少交通事故，对解决畸形交叉口的交通问题较为有效。

1）利用分车线或分隔带、交通岛等，将不同方向和速度的车辆划分车道行驶，使行人和驾驶员容易看清互相行驶的方向，避免车辆相互侵占、抢占车道和干扰行车路线，减少车辆相互碰撞的机会，增加行车安全，如图7-24a所示。

2）利用交通岛，限制车辆行驶方向，使斜交对冲的车流为直角交叉或锐角交叉，如图7-24b、c所示。

3）利用交通岛，限制车道宽度，控制车速，防止超车，如图7-24d、e所示。

4）利用交通岛或分隔带，设置各种交通标志，并可作为行人过路时避让车辆的安全岛。

在交通量较大、车速较高的交叉口利用交通岛组织渠化交通，还需要考虑设置变速车道和候驶车道，以利左转车辆转向行驶和变速行驶的需要，如图7-24f所示。

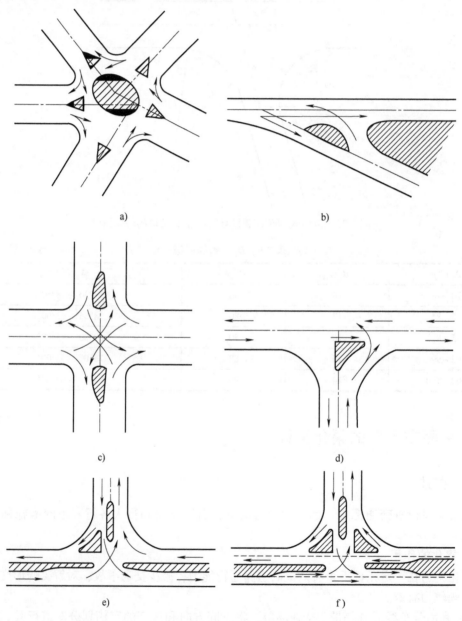

a) b)

c) d)

e) f)

图7-24　渠化交通

2. 渠化设计的原则

1）渠化设计的路线应简单明了，过于复杂的设计容易使车辆误行，反而降低其使用效果。

2）应避免交通流的分流、合流集中于一点。

3）导流车道的宽度应适当，过宽会引起车辆并行，容易引起碰撞事故。

4）驾驶员驶进导流设施前能醒目地觉察到导流设施的存在。交通岛的端部应视情况设置标志、标线和照明等设施。

7.5.2　交通岛设计

为控制车辆行驶方向和保障行人安全，在车道之间设置的岛状设施称为交通岛。交通岛是组织渠化交通的主要设施，其构造可用缘石围砌或画线做成隐形结构。交通岛按其功能不同可有分隔岛、安全岛、中心岛、导流岛等形式。

分隔岛又称为分隔带，是用来分隔机动车和非机动车、快速车和慢速车，以及对向行驶的车流，保证行车速度和交通安全的长条状交通岛，有时也可在路面上画线来代替分隔岛，如图 7-25a 所示。

安全岛供行人过路时避让车辆使用。在宽阔、交通繁忙的道路上，宜在人行横道线中央设置安全岛，以保证行人过路安全，如图 7-25b 所示。

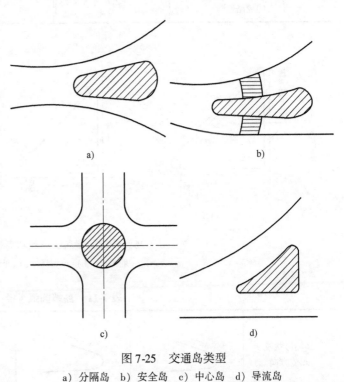

图 7-25　交通岛类型
a）分隔岛　b）安全岛　c）中心岛　d）导流岛

中心岛是设在交叉口中央，用来组织左转弯车辆和分隔对向车流的交通岛，如图 7-25c 所示。

导流岛又称为方向岛，用以指引行车方向，在渠化交通中起着重要作用，一些复杂的交叉口，只需几个简单的导流岛，就能组织好交通，减少或消灭冲突点。导流岛还可用于约束车道，使车辆减速转弯，保证行车安全，如图 7-25d 所示。

交通岛的形状为直线与圆曲线的组合图形，分隔岛的宽度见表 7-10。交通岛边缘的线形取决于相邻车道的路缘线形，直行车道边缘的岛缘线应根据缘石构造做不同值的偏移，交通岛迎车流一端的边应偏移且圆滑化。转弯导流岛的形状和岛端后退量如图 7-26 所示，岛端圆弧半径见表 7-11，缘石后退量见表 7-12。表 7-12 中，栏式路缘石为具有一定形状和高度，能够阻碍车辆驶离路面的界石；半可越式路缘石为在紧急情况下车辆可以驶过或在特殊情况下对车辆无损害的一种路缘石；可越式路缘石为车辆可以驶过且对车辆无损害的一种路缘石。导流岛端部内移距在主要道路一侧按 1/10 ~ 1/20 过渡，次要道路一侧为

$1/5 \sim 1/10$。

表 7-10　分隔岛的宽度

用　　途	宽度/m	用　　途	宽度/m
设置标志	1.2	左转车道及剩余分隔带	4.3 ~ 5.5
个别行人避险以及今后可能设信号	1.8	标线式左转弯分隔带	至少为车道宽度
多车道公路的信号交叉中较多行人的越路避险	2.4	二次等候左转或穿越	7m 或设计车辆长度

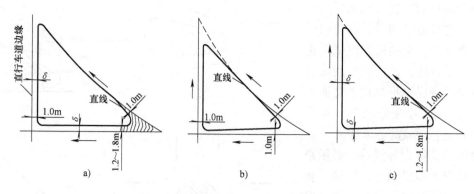

图 7-26　转弯导流岛的形状和岛端后退量
a) 一般形式　b) 小型岛　c) 变通形式

表 7-11　岛端圆弧半径

岛端形状及车流方向				
半径/m	0.3	0.6	0.6	1.0

表 7-12　缘石后退量

缘石类型	δ/m
栏式	0.6
半可越式	0.3
可越式	0

交叉中主要道路上的分隔岛如图 7-27 所示,其设计参数见表 7-13;次要道路或支路上的分隔岛如图 7-28 所示,其设计参数见表 7-14,图中 R_2 一般等于 R_1,但有时需变动,以保证岛端至主要公路行车道边缘底距离为 2 ~ 4m 和岛底宽度为 2 ~ 5m。

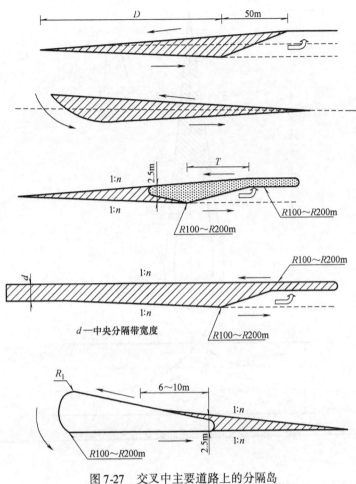

图 7-27　交叉中主要道路上的分隔岛

表 7-13　主要道路上分隔岛的设计参数

设计速度/(km/h)	40	50	60	80
渐变参数 n	15	20	25	30
D/m	40	50	60	80
T/m	40	45	55	70

表 7-14　次要道路或支路上分隔岛的设计参数

θ/(°)	70	80	90	100	110	W/m	≤10	11	≥14
d/m	1.5	2.0	2.5	2.0	1.5	R_1/m	12	14	20

交通岛按其构造分为用缘石围成而高出周围行车道路面的实体岛、路面上用标线画出的隐形岛和无缘石的浅碟式岛三种。各种交通岛的面积在城区不小于 $5m^2$，其他地区不小于 $7m^2$。

1）当被交通岛分隔的行车道有不少于两条的车道或虽为一条车道但设有避绕故障车辆的加宽时应采用实体岛，岛缘宜采用斜式缘石或半可越式缘石。岛缘与车道边线间应有 0.3 ~

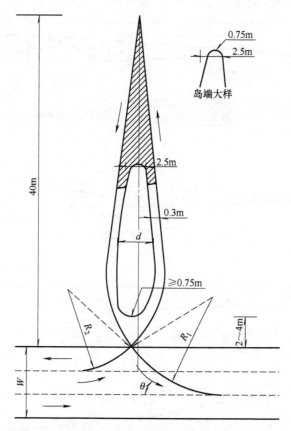

图 7-28 交叉中次要道路或支路上的分隔岛

0.5m 宽的路缘带。

2）岛的面积较小，或不需要，或不宜采用强行分隔时，宜采用隐形岛。

3）岛的面积很大或可不依赖缘石导向（如速度较高的右转车道的导流岛）时，可设置宽度不小于 0.5m 路缘带的行车道围成的浅碟式岛。

4）夜间交通量较大且交通岛复杂的渠化交叉应设置照明。

5）不具备设置照明条件时，应采用反光路标勾出岛界轮廓。路缘线、隐形岛的所有标线，迎流岛端缘石的立面上，均应采用反光涂料。

7.5.3 附加车道布设

平面交叉范围内设置的附加车道有变速车道和转弯车道两种。

1. 变速车道

平面交叉在需要加速合流和减速分流处，应设置加速或减速的变速车道（见图 7-29）。变速车道的线形应满足车辆在合流、分流和变速行驶过程中，各处对车速的要求。变速车道的宽度为 3.0～3.5m。变速车道长度应根据公路等级、使用性质、速度变化范围、车辆特性和纵坡等因素经计算确

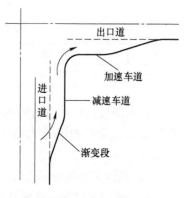

图 7-29 变速车道

定，一般情况下可采用表7-15所列值，变速车道渐变段长度见表7-16。

表 7-15 变速车道长度

公路类型	设计速度/(km/h)	减速车道长度/m			加速车道长度/m		
		末速/(km/h)			始速/(km/h)		
		0	20	40	0	20	40
主要公路	100	100	95	70	250	230	190
	80	60	50	32	140	120	80
	60	40	30	20	100	80	40
	40	20	10	—	40	20	—
次要公路	80	45	40	25	90	80	50
	60	30	20	10	65	55	25
	40	15	10	—	25	15	—
	30	10	—	—	10	—	—

注：表列变速车道长度包括渐变段的长度。

表 7-16 变速车道渐变段长度

设计速度/(km/h)	100	80	60	40
渐变段长度/m	60	50	40	30

注：当整个变速车道为一渐变段时，其长度可按减速时为1.0m/s和加速时为0.6m/s的车辆行驶时变换车道的侧移率进行计算。

2. 转弯车道

（1）平面交叉符合下列情况时，应设置右转弯车道

1）平面交叉角小于60°时，右转弯交通量较大时。

2）右转弯交通量大，所需车速较高时。

3）有特殊需要时。

（2）平面交叉除下列情况外，应设置左转弯车道

1）不允许左转弯时。

2）设计通行能力有富余时。

3）设计速度为40km/h以下的双车道公路，设计小时交通量小于200辆/h时。

（3）转弯车道的设置方法　转弯车道的设置方法是指交叉口的进口道上如何实现增加车道的方法。

1）右转车道的设置方法。右转车道的设置方法比较简单，而且方法固定，就是在进口道的右侧或同时在出口道的右侧拓宽右转车道。

2）左转车道的设置方法。

① 宽型中间带。当设有较宽中间带（一般不小于4.5m）时，将进口道一定长度的中间带压缩，由此增设出左转车道，如图7-30a所示。

② 窄型中间带。当设有较窄中间带（宽度小于4.5m）时，可利用的中间带宽度不够，可将道口单向或双向车道线向外侧偏移，增加不足部分宽度。向外侧偏移车道线后，在路幅总宽度不变的情况下，视具体条件可压缩人行道、两侧带或进口道车道宽度，如图7-30b所示。

③ 无中间带。当相交道路不设中间带时，可通过两种途径增设左转车道：一是向进口道的一侧或两侧扩宽，增加进口道路幅总宽度，在进口道路中心线附近辟出左转车道，如图 7-30c 所示；二是不扩宽进口道，占用靠近中心线的对向车道作为左转车道。

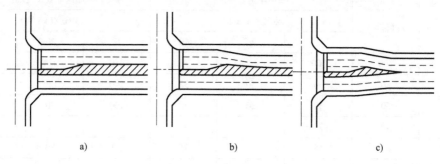

图 7-30　拓宽左转车道

左转车道的宽度见表 7-17。

表 7-17　左转车道的宽度

剩余分隔带类型	车道分划线	宽度大于 0.5m 的标线带	实 体 岛	
左转车道宽度/m	3.5①	3.25	3.0	3.25
左路缘带宽度/m	0	0	0.5	0.3

① 既有公路增设左转车道时，若直行车道右侧有非分隔的并且宽度不小于 2.5m 的非机动车道时，可采用 3.25m 或 3.0m（公路设计速度≤60km/h 时），并同时将其右侧直行车道的宽度减为 3.5m。

7.5.4　公路平面交叉的渠化设计

相交公路等级较高或交通量较大的平面交叉，应采用由分隔岛、导流岛来指定各向车流行径的渠化交叉。

1）主要公路为二级公路的 T 形交叉，当直行交通量不大，而与次要公路间的转弯交通量占相当比例时，可采用图 7-31a 所示的只在次要公路上设分隔岛的渠化 T 形交叉。当主要公路的直行交通量较大时，则采用图 7-31b 所示的在主要公路和次要公路上均设分隔岛的渠化 T 形交叉。

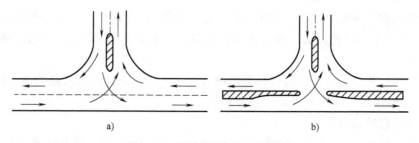

图 7-31　只设分隔岛的 T 形交叉

2）主要公路为四车道公路，或设计速度≥60km/h 且有相当比例转弯交通量的二级公路，或是与互通式立体交叉直接沟通的双车道公路的 T 形交叉应采用图 7-32c 所示的设置导流岛的渠化 T 形交叉。当主要公路为双车道公路时，应根据左、右转弯交通量的平衡与否而选用图 7-32a、b、c 所示的某种渠化布置方式。主要公路上的分隔岛宜为隐形岛。当主要公路为四车道时，应采用图 7-32d 所示的渠化布置形式。次要公路上的导流岛可根据左、右转弯交通量情况采用图 7-32a、b 所示的变通处理。主要公路上的分隔岛应为实体岛。

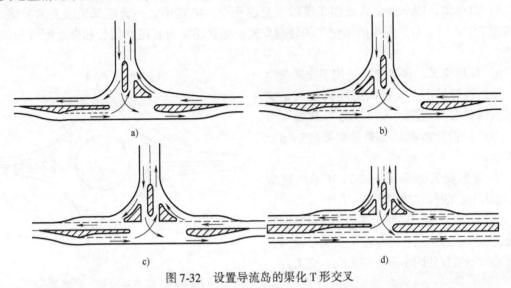

图 7-32　设置导流岛的渠化 T 形交叉

3）主要公路为四车道公路以及设计速度为 80km/h 的双车道公路，或虽然设计速度为 60km/h，但属于区域干线的双车道公路，其上的十字交叉应采用图 7-33 所示的渠化十字交叉。

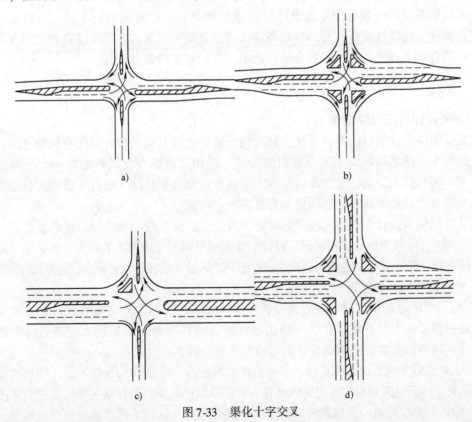

图 7-33　渠化十字交叉

4）当主要公路为四车道公路，或虽为双车道公路，但交叉所在的局部路段为四车道，次要公路为双车道公路且转弯交通量不平衡时，可采用图 7-33c 所示的十字交叉形式；若转弯交通量较大且各向转弯较平衡时，则应按图 7-33b 那样布置完善的渠化岛。

5）双车道、四车道公路或四车道以上公路相交，或其中之一为四车道以上的公路时，应按图 7-33d 所示布置完善的渠化岛和转弯车道，而且还应设置足够相数和合适配时的信号系统。

6）环形交叉。环形交叉适用于交通量适中，经过验算后出、入口间的距离能满足交织长度的要求，或按"入口让路"规则（非交织原理）设计能满足交通量需要的 3~5 岔的交叉。

① 环形交叉宜采用图 7-34 所示的适应"入口让路"的行驶规则形式。

② "入口让路"环形交叉适用于一条四车道公路和一条双车道公路相交的交叉以及两条高峰小时不明显的四车道公路相交的交叉。

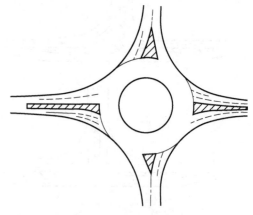

图 7-34 "入口让路"环形交叉

7.6 平面交叉口的竖向设计

交叉口竖向设计（也称为立面设计）是通过调整交叉口范围的行车道、人行道及附近地面等有关各点的设计高程，合理确定各相交道路之间及交叉口和周围建筑物之间共同面的形状，以符合行车舒适、排水迅速和建筑艺术三方面要求的设计工作。

7.6.1 概述

1. 竖向设计的目的和要求

交叉口竖向设计的目的是：要统一解决相交道路之间及交叉口和周围建筑物之间在立面位置上的行车、排水和建筑艺术三方面的要求，使相交道路在交叉口能有一个平顺的共同面，便利车辆和行人交通；使交叉口范围内的地面水能迅速排除，使行车道和人行道的各点高程能与建筑物的地面高程相协调而具有良好的空间感。

交叉口的竖向设计，在很大程度上取决于相交道路的等级、交通量、横断面形状、纵坡的方向和大小，以及当地的地形情况。设计时首先应照顾主要道路上的行车方便，在不影响主要道路行车方便的前提下，也应当改变主要道路的纵坡、横坡，以照顾次要道路的行车方便。

2. 竖向设计的一般原则

1）相同等级道路相交时，一般维持各自的纵坡不变，而改变其横坡度。通常改变纵坡较小道路的横断面形状，将路脊线（路拱顶点的连线）逐渐向纵坡较大道路的行车道边线移动，使其横断面的横坡度与纵坡较大道路的纵坡一致。

2）主要道路与次要道路相交时，主要道路的纵断面、横断面均维持不变，而将次要道路双坡横断面，逐渐过渡到与主要道路纵坡相一致的单坡横断面，以保证主要道路的交通便利。

3）设计时至少应有一条道路的纵坡方向背离交叉口，以利于排水。如遇特殊地形，所有道路纵坡方向都向着交叉口时，必须在交叉口内设置雨水口和排水管道，以保证排水要求。

4）在交叉口布置进水口，不应使地面水流过交叉口的人行横道，也不应使地面水在交叉口内积水或流入另一条道路。因此，进水口应设在交叉口人行横道的前面能截住来水的地方和竖向设计的低洼处。

5）路口设计纵坡不宜太大，一般不大于 2%，困难情况下不大于 3%。

6）交叉口竖向设计高程应与周围建筑物的地坪高程协调一致。

7.6.2　竖向设计的基本形式

交叉口竖向设计的形式在很大程度上取决于地形，以及和地形相适应的相交道路的纵断面、横断面。以十字形交叉口为例，根据相交道路纵坡方向的不同，竖向设计有以下六种基本形式：

1）相交道路的纵坡全由交叉口中心向外倾斜（见图 7-35），设计时把交叉口上的坡度做成与相交道路同样的坡度，往往只需调整一下接近交叉口时的道路横坡即可，不需设置雨水口。

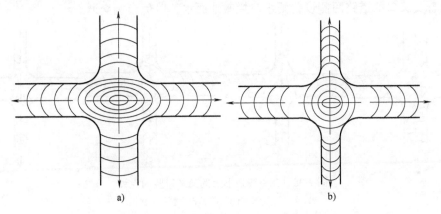

图 7-35　在凸形地形处交叉口的竖向设计
a）主—主相交　b）主—次相交

2）相交道路的纵坡全向交叉口中心倾斜（见图 7-36），在这种情况下，地面水都向交叉口集中。因此，必须设置地下排水管排泄地面水。为避免雨水积聚在交叉口，除应尽可能抬高交叉口高程外，还应在交叉口四个角上的低洼处设置雨水口。此时对行车和排水都不利，应尽量避免，最好能争取一条主要道路的纵坡向交叉口外倾斜，即把其纵坡的转折点设在远离交叉口的地方。

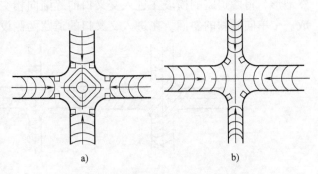

图 7-36　在凹形地形处交叉口的竖向设计
a）主—主交叉　b）主—次交叉

3）三条道路纵坡由交叉口向外倾斜，而另一条道路纵坡向交叉口倾斜（见图 7-37）。设计时应将纵坡向着交叉口的道路的路脊线在交叉口处分三个方向，相交道路的横断面均不变。同时在纵坡向着交叉口的道路两侧设置雨水口拦截地面水，以免影响交通。

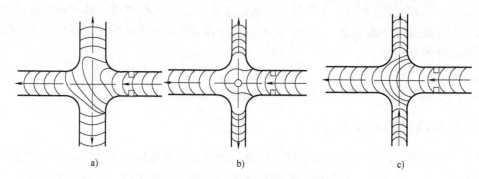

图7-37　在分水线地形上的交叉口竖向设计
a）主—主交叉　b）、c）主—次交叉

4）三条道路的纵坡向交叉口倾斜，而另一条道路的纵坡由交叉口向外倾斜（见图7-38）。在纵坡向着交叉口的道路两侧设置雨水口拦截地面水，以免影响交通。

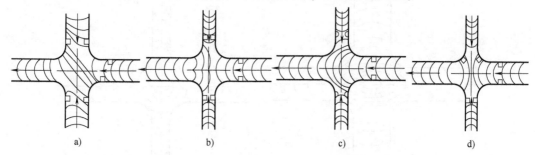

图7-38　在谷线地形上的交叉口竖向设计
a）主—主交叉　b）、c）、d）主—次交叉

5）相邻两条道路纵坡向交叉口倾斜，而另外两条道路纵坡由交叉口向外倾斜（见图7-39）。交叉口位于斜坡地形上就形成这种形式。设计时相交道路的纵坡均不变，依照天然地形，将两道路的横坡在进入交叉口前逐渐向相交道路的纵坡方向倾斜，而在交叉口上形成一个单向倾斜的斜面。在进入交叉口的道路两侧设置雨水口。

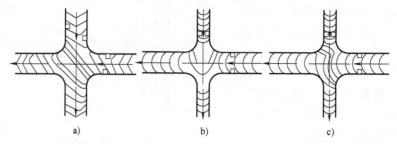

图7-39　在斜坡地形上的交叉口竖向设计

6）相对两条道路纵坡向交叉口倾斜，而另外两条道路纵坡由交叉口向外倾斜（见图7-40）。位于马鞍地形上交叉口就是这种形式。

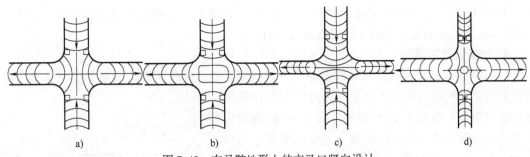

图 7-40 在马鞍地形上的交叉口竖向设计
a)、b) 主—主交叉 c)、d) 主—次交叉

7.6.3 竖向设计的方法和步骤

交叉口竖向设计的方法有方格网法、设计等高线法及方格网设计等高线法三种。

方格网法是在交叉口范围内以相交道路中心线为坐标基线打方格网，测出方格点上的地面标高，求出其设计标高，并标出相应的施工高度。设计等高线法是在交叉口范围内选定路脊线和标高计算线网，并计算其上各点的设计标高，勾绘交叉口设计等高线，最后标出各点施工高度。比较上述两种方法，其中设计等高线法比方格网法更能清晰地反映出交叉口的立面设计形状，但等高线上的标高点在施工放样时不如方格网法方便，因此，通常把以上两种方法结合使用，称为方格网设计等高线法，它既能直观地看出交叉口的立面形状，又能满足施工放样方便的要求。

对于普通交叉口，多采用方格网法或设计等高线法，其中混凝土路面宜采用方格网法，而沥青路面宜采用设计等高线法；对于大型、复杂的交叉口和广场的竖向设计，通常采用方格网设计等高线法。下面以方格网设计等高线法为例来介绍交叉口立面设计的方法和步骤（注：如采用方格网法，则不需勾画设计等高线；如采用设计等高线法，可不画方格网，只要加注一些特征点的设计标高即可）。

1. 收集资料

1）测量资料。交叉口的控制标高和控制坐标；收集或实测 1：500 或 1：200 地形图，详细标注附近地坪及建筑物标高。

2）道路资料。相交道路的等级、宽度、半径、纵坡、横坡等平纵横设计或规划资料。

3）交通资料。交通量及交通组成（直行、左转、右转的比例）。

4）排水资料。区域排水方式，已建或拟建地下、地上排水管渠的位置和尺寸。

2. 绘制交叉口平面图

按比例绘出道路中心线、行车道、人行道及分隔带的宽度，缘石转弯曲线和交通岛等。以相交道路中心线为坐标基线打方格网，斜交道路的方格网线应选在便于施工放线测量的方向，方格的大小一般采用 5m×5m～10m×10m，并量测方格点的地面标高。

3. 确定交叉口的设计范围

交叉口的设计范围一般为缘石转弯圆曲线的切点以外 5～10m（相当于一个方格的距离），主要用于路段与交叉口的纵横坡过渡处理以及标高的衔接等。

4. 确定竖向设计图示和等高距

根据相交道路的等级、纵坡方向、地形情况以及排水要求等，确定所采用的竖向设计图示（即图7-35～图7-40所示的各种图示）。根据纵坡的大小和精度要求选定等高线间距h，一般$h = 0.02 \sim 0.10 \mathrm{m}$，为便于计算取偶数为宜。

5. 勾绘设计等高线

（1）路段设计等高线的计算和画法　当道路的纵坡、横断面形式及路拱横坡确定以后，可按照所需要的等高线间距h，计算路段上设计等高线的水平距离。如图7-41所示，图中i_1和i_3分别为行车道中心线和边线的设计纵坡（通常情况下$i_1 = i_3$）（%）；i_2为行车道的路拱横坡（%）；B为行车道的宽度（m）；h_1为行车道的路拱高度（m）。

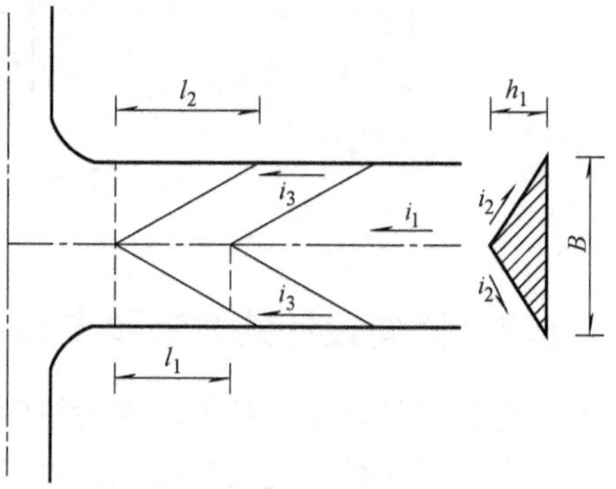

中心线上相邻等高线的水平距离l_1为

$$l_1 = \frac{h}{i_1} \qquad (7\text{-}14)$$

考虑路拱的设置，等高线在行车道边线上的位置沿纵向上坡方向偏移的水平距离l_2为

$$l_2 = h_1 \frac{1}{i_3} = \frac{B}{2} \frac{i_2}{i_3} \qquad (7\text{-}15)$$

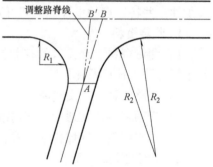

图7-41　路段上设计等高线的绘制

计算出l_1和l_2后，由l_1定出中心线上其余等高线的位置，再由l_2定出沿边线上相应等高线的位置，最后连接相应等高点，即得用设计等高线表示的路段立面设计图。实际上，如路拱形式为抛物线时，等高线应以曲线勾绘，只有直线形路拱可用折线连成等高线，为简化起见，图7-41用折线表示。

（2）交叉口上设计等高线的计算和画法

1）选定路脊线和控制标高。路脊线的选定，直接影响交叉口上的行车、排水和立面美观。路脊线通常是对向行车轨迹的分界线，即行车道的中心线，路脊线的交点即为控制标高点。对于斜交过大的T形交叉口，其路中心线不宜作为路脊线，应加以调整。如图7-42中AB'所示，调整路脊线的起点A一般为转弯曲线切点断面处，而B'的位置原则上应选在双向车流的中间位置。

交叉口的控制标高应以整个道路系统的立面规划标高为依据，并综合考虑相交道路的纵坡、交叉口周围的地形、路面厚度和建筑物的布置等来确定。在确定控制标高时不宜使相交道路的纵坡相差太大，一般要求差值不大于0.5%，可能时尽量使纵坡大致相等，以利于立面设计处理。

图7-42　路脊线的确定

2）确定标高计算线网。只有路脊线上的设计标高还不足以反映交叉口的立面形状，依靠它来勾绘交叉口的等高线比较困难，必须增加一些辅助线，即标高计算线网。实践证明，交叉口立面设计的关键是正确选择路脊线和标高计算线网，如果妥善解决这两个问题则各点的标高计算也就迎刃而解了。标高计算线网主要有方格网法、圆心法、等分法和平行线法四种。

①方格网法。如图7-43所示，方格网法标高计算线网就是前述已打了方格的交叉口平面图，该法适用于道路正交的交叉口。

根据路脊线交叉点 A 的控制标高 h_A，可逐一推算出某些特征点的设计标高。转弯曲线切点横断面上的三点标高为

$$h_G = h_A - AGi_1 \tag{7-16}$$

$$h_{E_3}（或\ h_{E_2}）= h_G - \frac{B}{2}i_2 \tag{7-17}$$

同理，可求得其余三个切点横断面上的三点标高。

由 E_3 点和 F_3 点的标高可推算出行车道边线延长线交叉点 C_3 的标高，即

$$h_{C_3} = \frac{(h_{E_3} + Ri_1) + (h_{F_3} + Ri_1)}{2} \tag{7-18}$$

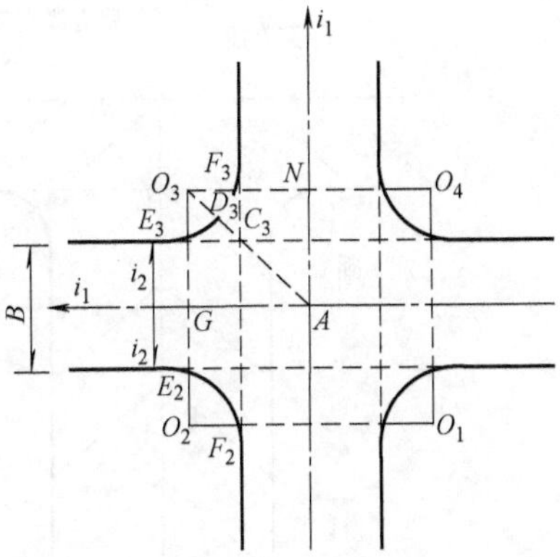

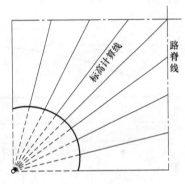

图 7-43　方格网法设计标高计算图示

过 C_3 点的 AO_3 连线与转弯曲线相交于 D_3 点，则 D_3 点的标高为

$$h_{D_3} = h_A - \frac{h_A - h_{C_3}}{AC_3}AD_3 \tag{7-19}$$

转弯曲线 E_3F_3 和路脊线上 AG、AN 上所需其他各点标高，可根据已算出的特征点标高，用内插法求得。同理可推算出其余转弯所需各点的设计标高。

② 圆心法。如图 7-44 所示，在路脊线上，按施工要求每隔一定距离或等分定出若干点，并与转弯曲线的圆心连成直线（只连到转弯曲线上），即得圆心法标高计算线网。

③ 等分法。如图 7-45 所示，将路脊线分为若干等分，相应地把转弯曲线也作相同等分，连接对应点，即得等分法标高计算线网。

④ 平行线法。如图 7-46 所示，先把路脊线的交叉点与各转弯曲线的圆心连成直线，然后按施工要求在路脊线上分若干点，过这些点作该直线的平行线交于行车道边线，即得平行线法标高计算线网。

以上四种标高计算线网方法中，对于正交的十字形或 T 形交叉口，各种方法都可采用，而对斜交的交叉口宜采用圆心法和等分法。应该指出，标高计算线所在的位置就是用于计算该断面路拱设计标高的依据，而标准的路拱横断面是与车辆行驶方向垂直的。如果所定标高计算线位置不与行车方向垂直，那么按路拱方程计算出的标高将不能准确地反映路拱形状。所以，应尽量使标高计算线与路拱横断面的方向一致，同时也要便于计算。为此，推荐采用等分法或圆心法标高计算线网。

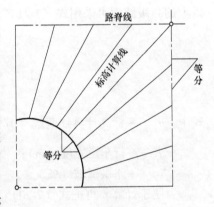

图 7-44　圆心法

图 7-45　等分法

当主要道路与次要道路相交而主要道路在交叉口的横坡不变时，应将路脊线的交点 A 移到次要道路路脊线与主要道路行车道边线的交点 A' 处，如图 7-47 所示。此时，无论采用哪一种标高计算线网，都必须以移后的交点 A' 为准。

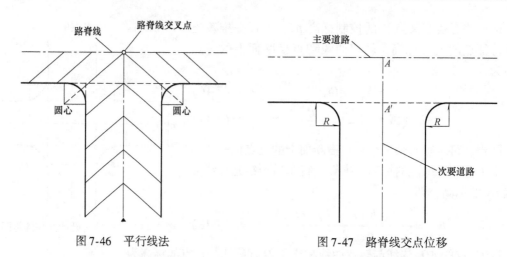

图 7-46　平行线法　　　　　　　　图 7-47　路脊线交点位移

3）计算标高计算线上的设计标高。每条标高计算线上标高点的数目，可根据路面宽度、施工需要以及等高线间距来确定。对路宽、坡陡、施工精度要求高的，标高点可多些；反之，则少些（见图 7-48 和图 7-49）。

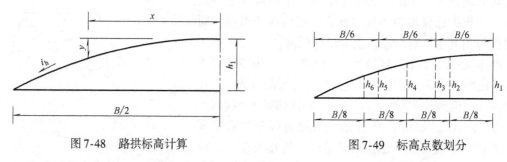

图 7-48　路拱标高计算　　　　　　图 7-49　标高点数划分

标高计算线上标高点的方程与所选用的路拱形式有关，当采用抛物线形路拱时，一般根据所选路面类型不同，宽 14m 以下的次高级路面和中级路面可用式（7-20）计算，宽 14m 以上的高级路面可采用式（7-21）计算

$$y = \frac{h_1}{B}x + \frac{2h_1}{B}x^2 \tag{7-20}$$

$$y = \frac{h_1}{B}x + \frac{4h_1}{B^3}x^3 \tag{7-21}$$

式中　h_1——标高计算线两端（其中一端在路脊线上）的高差或路拱高度（m），$h_1 = \frac{B}{2}i_h$；

　　　B——行车道宽度（m）；

　　　i_h——路拱横坡（%）。

为便于计算，可把式（7-20）和式（7-21）按照图 7-49 所示标高点数的划分制成计算表（见表 7-18）。

确定了路脊线和标高计算线网，根据所定的控制标高，即可算出每条标高计算线两端点的设计标高。因为标高计算线的位置是作为计算路拱的断面位置，所以标高计算线两端点（其中一端位于路脊线上）的标高之差，即是路拱的高度 h_1（见图 7-48）。根据 h_1 值和所选用的路拱形式，即可利用表 7-18 或路拱方程式算出每条标高计算线上各等分点的设计标高。

（3）勾绘和调整等高线

1）根据已知的竖向设计图示和形状，把各等高点连接起来，即得初步的、以设计等高线表示的交叉口竖向设计图。

2）按行车平顺和排水迅速的要求，调整等高线的疏密（一般是中间疏，边沟密）和均匀纵坡、横坡的变化，调整个别不合理的标高，补设进水口。

检查方法：用大三角板或直尺沿行车方向、横断面方向或任一方向，检查设计等高线的分布是否合理，以判别纵坡、横坡和合成坡度是否满足行车和排水要求。最后再检查街沟线上的纵坡能否顺利排水，以及进水口的布置是否合理。

3）根据等高线的标高，用内插法求出方格点上的设计标高。

6. 计算施工高度

根据设计等高线图，用内插法求出方格点上的设计标高，用设计标高减去地面标高则得施工高度。

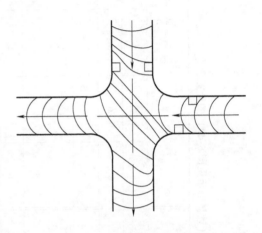

图 7-50 竖向设计图示

【**例 7-1**】 已知某正交的十字形交叉口位于斜坡地形上，路面为沥青混凝土。相交道路行车道的中心线及边线的纵坡 i_1、i_3 均为 3%，路拱横坡 i_2 为 2%，行车道宽度 B 为 15m，转弯曲线半径 R 为 10m。交叉口控制标高为 2.05m，若等高线间距 h 采用 0.10m，试绘制交叉口的立面设计图。

【**解**】 本例采用方格网设计等高线法进行设计，竖向设计图示如图 7-50 所示，交叉口的立面设计图如图 7-51 所示。主要设计及计算步骤如下：

（1）路段上设计等高线的绘制

$$l_1 = \frac{h}{i_1} = \frac{0.10}{3\%} \text{m} = 3.33 \text{m}$$

$$l_2 = h_1 \frac{l}{i_3} = \frac{B}{2} \cdot \frac{i_2}{i_3} = \frac{15}{2} \times \frac{2\%}{3\%} \text{m} = 5.00 \text{m}$$

由 l_1 和 l_2 即可绘制路段上的设计等高线。

（2）交叉口上设计等高线的绘制

1）根据交叉口控制标高推算 F_3、N、F_4 三点标高

$$h_N = h_A - ANi_1 = 2.05 \text{m} - 17.5 \times 3\% \text{m} = 1.52 \text{m}$$

$$h_{F_3} = h_{F_4} = h_N - \frac{B}{2} i_2 = 1.52 \text{m} - 7.5 \times 2\% \text{m} = 1.37 \text{m}$$

同理，可求得其余道口切点横断面的三点标高分别为

$$h_M = 2.58 \text{m}, \quad h_{E_4} = h_{E_1} = 2.43 \text{m}$$

$$h_K = 2.58 \text{m}, \quad h_{F_1} = h_{F_2} = 2.43 \text{m}$$

$$h_G = 1.52 \text{m}, \quad h_{E_2} = h_{E_3} = 1.37 \text{m}$$

表 7-18　路拱标高点（计算图示见图 6-49）的计算表

（单位：cm）

$$y = \frac{h_1}{B}x + \frac{2h_1}{B}x^2 \qquad\qquad y = \frac{h_1}{B}x + \frac{4h_1}{B^3}x^3$$

h_1	h_2	h_3	h_4	h_5	h_6	h_1	h_2	h_3	h_4	h_5	h_6
h_1	$0.844h_1$	$0.778h_1$	$0.625h_1$	$0.445h_1$	$0.344h_1$	h_1	$0.867h_1$	$0.815h_1$	$0.688h_1$	$0.518h_1$	$0.414h_1$
3	2.5	2.3	1.9	1.3	1.0	3	2.6	2.4	2.1	1.6	1.2
4	3.4	3.1	2.5	1.8	1.4	4	3.5	3.3	2.8	2.1	1.7
5	4.2	3.9	3.1	2.2	1.7	5	4.3	4.1	3.4	2.6	2.1
6	5.1	4.7	3.8	2.7	2.1	6	5.2	4.9	4.1	3.1	2.5
7	5.9	5.4	4.4	3.1	2.4	7	6.1	5.7	4.8	3.6	2.9
8	6.8	6.2	5.0	3.6	2.8	8	6.9	6.5	5.5	4.1	3.3
9	7.6	7.0	5.6	4.0	3.1	9	7.8	7.3	6.2	4.7	3.7
10	8.4	7.8	6.3	4.5	3.4	10	8.7	8.2	6.9	5.2	4.1
11	9.3	8.6	6.9	4.9	3.8	11	9.5	9.0	7.6	5.7	4.6
12	10.1	9.3	7.5	5.3	4.1	12	10.4	9.8	8.3	6.2	5.0
13	11.0	10.1	8.1	5.8	4.5	13	11.3	10.6	8.9	6.7	5.4
14	11.8	10.9	8.8	6.2	4.8	14	12.1	11.4	9.6	7.3	5.8
15	12.7	11.7	9.4	6.7	5.2	15	13.0	12.2	10.3	7.8	6.2
16	13.5	12.4	10.0	7.1	5.5	16	13.9	13.0	11.0	8.3	6.6

7.0	8.8	11.7	13.9	14.7	17
7.5	9.3	12.4	14.7	15.6	18
7.9	9.8	13.1	15.5	16.5	19
8.3	10.4	13.8	16.3	17.3	20
8.7	10.9	14.4	17.1	18.2	21
9.1	11.4	15.1	17.9	19.1	22
9.5	11.9	15.8	18.7	19.9	23
9.9	12.4	16.5	19.6	20.8	24
10.4	13.0	17.2	20.4	21.7	25
10.8	13.5	17.9	21.2	22.5	26
11.2	14.0	18.6	22.0	23.4	27
11.6	14.5	19.3	22.8	24.3	28
12.0	15.1	20.0	23.6	25.1	29
12.4	15.5	20.6	24.5	26.0	30
12.8	16.1	21.3	25.3	26.9	31
13.2	16.6	22.0	26.1	27.7	32
13.7	17.1	22.7	26.9	28.6	33
14.1	17.6	23.4	27.7	29.5	34
14.5	18.1	24.1	28.5	30.3	35

5.8	7.6	10.6	13.2	14.3	17
6.2	8.0	11.3	14.0	15.2	18
6.5	8.5	11.9	14.8	16.0	19
6.9	8.9	12.5	15.6	16.9	20
7.2	9.3	13.1	16.3	17.7	21
7.6	9.8	13.8	17.1	18.6	22
7.9	10.2	14.4	17.9	19.4	23
8.3	10.7	15.0	18.7	20.3	24
8.6	11.1	15.6	19.5	21.1	25
8.9	11.6	16.3	20.2	21.9	26
9.3	12.0	16.7	21.0	22.8	27
9.6	12.5	17.5	21.8	23.6	28
10.0	12.9	18.1	22.6	24.5	29
10.3	13.4	18.8	23.3	25.3	30
10.7	13.8	19.3	24.1	26.2	31
11.0	14.2	20.0	24.9	27.0	32
11.4	14.7	20.7	25.7	27.9	33
11.7	15.1	21.3	26.5	28.7	34
12.0	15.6	21.9	27.2	29.5	35

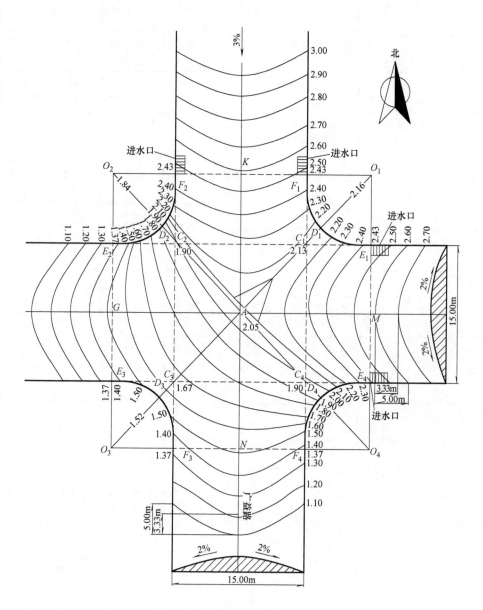

图 7-51 方格网设计等高线法交叉口立面设计图示例

2) 根据 A、F_4、E_4 点标高，求 C_4、D_4 等点的设计标高

$$h_{C_4} = \frac{(h_{F_4} + Ri_1) + (h_{E_4} - Ri_1)}{2} = \frac{(1.37 + 10 \times 3\%) + (2.43 - 10 \times 3\%)}{2}\text{m} = 1.90\text{m}$$

$$h_{D_4} = h_A - \frac{h_A - h_{C_4}}{AC_4} AD_4$$

$$= 2.05\text{m} - \frac{2.05 - 1.90}{\sqrt{7.5^2 + 7.5^2}} \times \left[\sqrt{(7.5 + 10)^2 + (7.5 + 10)^2} - 10 \right] \text{m} = 1.84\text{m}$$

同理可得

$$h_{C_1} = 2.13\text{m}, \quad h_{C_2} = 1.90\text{m}, \quad h_{C_3} = 1.67\text{m}$$

$$h_{D_1} = 2.16\text{m}, \quad h_{D_2} = 1.84\text{m}, \quad h_{D_3} = 1.52\text{m}$$

3）根据 F_4、D_4、E_4 点标高，求转弯曲线上各等高点标高。采用平均分配法。

F_4D_4 及 D_4E_4 的弧长为 $L = \dfrac{1}{8} \times 2\pi R = \dfrac{1}{8} \times 2 \times \pi \times 10\text{m} = 7.85\text{m}$

F_4D_4 间应有设计等高线为 $\dfrac{1.84 - 1.37}{0.10} = 4.70$，约为 5 根。

等高线的平均间距为 $\dfrac{7.85}{5}\text{m} = 1.57\text{m}$。

D_4E_4 间应有设计等高线为 $\dfrac{2.43 - 1.84}{0.10} = 5.90$，约为 6 根。

等高线的平均间距为 $\dfrac{7.85}{6}\text{m} \approx 1.31\text{m}$。

同理可得其他弧上等高线根数及等高线间距，见表 7-19。

表 7-19　等高线根数及等高线间距计算表

弧	E_1D_1	D_1F_1	F_2D_2	D_2E_2	E_3D_3	D_3F_3	F_4D_4	D_4E_4
等高线（根）	3	3	6	5	2	2	5	6
等高线间距/m	2.62	2.62	1.31	1.57	3.93	3.93	1.57	1.31

4）根据 A、M、K、G、N 各点标高及纵坡 i_1，可分别求出路脊线 AM、AK、AG、AN 上的等高点的位置（计算从略）。

5）按所选定的立面设计图示，将对应等高点连接起来，即得初步立面设计图。

6）根据交叉口等高线中间应疏一些、边缘应密一些，且疏与密过渡应均匀的原则，对初定立面设计图进行调整，即得如图 7-51 所示的交叉口立面设计图。

【例 7-2】　某正交十字形交叉口布置示例，如图 7-52 所示。

对简单交叉口的立面设计也可采用特征断面法，即过路缘石曲线切点作相交道路的横断面，过曲线中点作与交叉点连线断面，或绘制其他便于施工放样的典型断面，然后根据相交道路的纵坡、横坡，由交叉口控制标高出发，依次推算出各断面的左、中、右点设计标高，由此构成交叉口系列标高控制点。

本例特征断面如图 7-52 所示。根据交叉点标高及相交道路纵坡，推算四个切点断面中线上的标高（图中未标注）；由相交道路的横坡，推算各切点断面两边线的标高；由各转弯曲线两端点的标高，内插出曲中点的标高。

【例 7-3】　某正交十字形水泥混凝土路面交叉口布置示例，如图 7-53 所示。

采用方格网设计等高线法进行设计。由于水泥混凝土路面为刚性板体，每块板不能有凹凸折面，板边必须是直线，故等高线是直线或折线，折点均应设在板缝处，设计标高按混凝土板分块式样在板角标注。

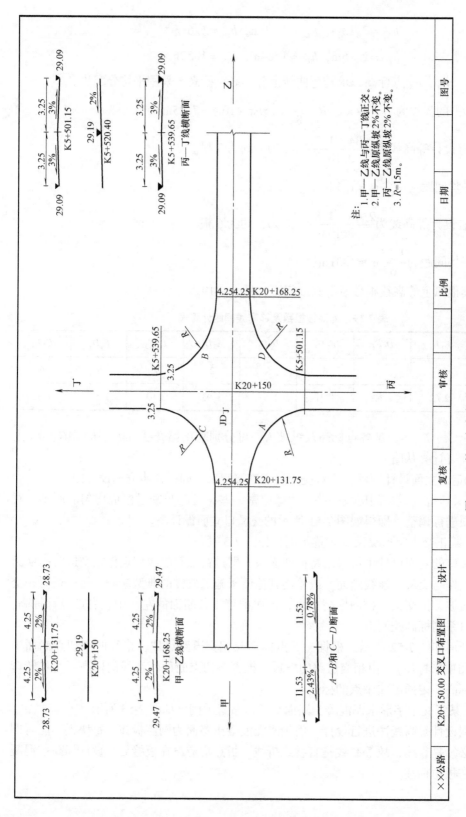

图 7-52 某正交十字形交叉口布置示例

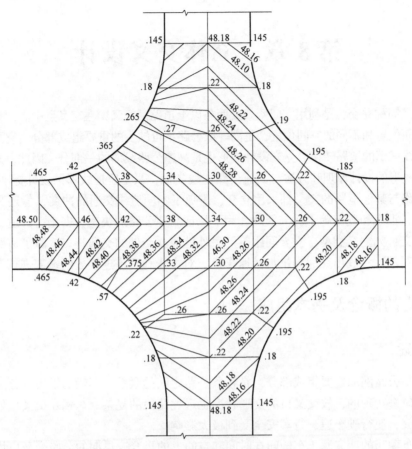

图 7-53 某正交十字形水泥混凝土路面交叉口布置示例

思考题与习题

7-1 平面交叉口的交通特征有哪些？

7-2 消灭或减少交叉口的基本途径有哪些？

7-3 车辆在交叉口运行过程中产生哪些交错点？对交通会产生什么影响？

7-4 对交叉口管理与控制的目的是什么？有哪些基本途径？

7-5 视距三角形如何确定？简述其绘制步骤和方法。

7-6 什么是渠化设计？试区别各类交通岛的作用。

7-7 平面交叉口竖向设计的目的和要求是什么？有哪些基本形式？

7-8 图 7-54 所示为正交十字形交叉口，相交道路的设计速度为 60km/h，双向六车道，每条车道宽 4.0m，人行道宽 4.0m，进口道右侧车道供直右方向行驶，缘石转弯曲线半径为 15.0m，拟在转弯处设置一处高 2.0m 的售报亭 A，是否合适？

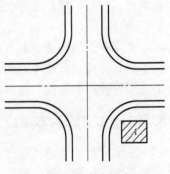

图 7-54 正交十字形交叉口

第8章 立体交叉设计

  立体交叉简称立交，是利用空间两条或两条以上道路的交叉，在交叉点中心，多条道路具有相同的平面位置和不同的空间位置，是高等级公路不可缺少的重要组成部分。它可以完成高速公路与沿线城镇的道路转换。立交设计线形也是高速公路线形的一部分。因此，立交的主线线形和匝道线形的设计原理和方法与高速公路主线类似，只是匝道线形的设计标准有所区别。虽然高速公路与其他道路的交叉都采用立交，避免了不同流线交通的冲突，但还是存在一定程度的交织、汇入和驶出等干扰。因此，为了保证高速公路的快速、安全、舒适，需要科学合理规划立交，如立交类型、立交间距等。另外针对立交处的交通特点，除了道路线形设计外，还需要对汇入和驶出交通提供加减速车道、对主线和匝道连接处的端部进行设计等。

8.1 立交的概念及基本组成

8.1.1 概述

  交叉口是公路网的重要组成部分，是各条公路之间的联系。车辆的汇集、分叉、转向都是通过交叉口来实现的，故交叉口的交通状况也远比路段的复杂。车辆在交叉口处交汇造成车辆间的冲突，使行驶车速、行车安全受到极大影响。

  交叉口车辆间的冲突源于车辆间在时间和空间上的重合。早期的公路交叉口均采用平面交叉的形式，车辆间的冲突只能靠时间的错位加以解决。与城市道路不同，公路交叉口基本上无信号灯，交叉口的车辆基本上靠自然的组织行驶。这种方式对车速不高、交通量不大的普通公路尚能适应，而对于交通量大、车速很高的高速公路或一级公路，平面交叉口就会给整个公路的安全、通畅、快速带来极大的影响。如果在高速公路上采用信号灯交叉口，不仅在供电、控制、维护上存在困难，而且停车等候也会极大地影响高速公路行车的连续、快速和安全。

  立交在道路交通中起着非常重要的作用。它取代了平面交叉口处的信号管理，基本上消除了所有冲突点，使车辆能连续不断地通过交叉口，大大提高了道路的通行能力。同时，也节省了驾驶员的时间、燃料等，为高等级公路快速、安全、经济、舒适提供了保证。

8.1.2 立交的基本组成

  一个完整的互通式立交，通常由主线、跨线桥（或地下通道）、引道、匝道、出入口、变速车道、集散车道、辅助车道等部分组成。图8-1所示为苜蓿叶形立交，它是一个比较典型的全互通式立交。

  （1）主线　主线是指两条相交道路的直行车道，有上线和下线之分。

  （2）跨线桥（或地下通道）　跨线桥（或地下通道）是分隔主线和相交道路的直行车流的主体结构物，主线相交道路可选择以桥梁上跨或以地下通道下穿的方式实现两者分离。

（3）引道　引道是跨线桥（或地下通道）主体结构至正常道路之间的路段。

（4）匝道　匝道是连接上下交叉的道路或两条不同高度的道路而设置的行车道。在立交中，车辆转向通常是用专用或合用的匝道来解决。

（5）出入口　出入口是匝道与主线的连接部。相对主线而言，驶离匝道与主线的连接部为出口，驶入匝道与主线的连接部为入口。

（6）变速车道　变速车道是在匝道与主线之间的附加车道，供驶离或驶入主线的车辆变速，以调节主线与匝道上的车速差。出口处应为减速车道，入口处应为加速车道。

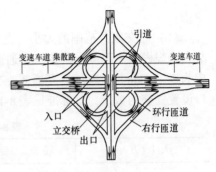

图 8-1　苜蓿叶形立交 1

（7）集散车道　集散车道是为了减少主线上出入口车辆对直行车辆的干扰而设置的平行于主线的附加车道。

（8）辅助车道　辅助车道是在出入口附近为了保持主线和匝道的车道数平衡要求和基本车道数要求所增设的附加车道。

8.2　立交的规划与布局

8.2.1　立交的布置规划

立交的布置规划应以现有道路网或已批准的规划为依据，综合考虑交通因素、社会因素和自然因素等确定，为交通流发生源提供便捷出入口。

1. 立交位置的选择

立交位置一般应选择在地势平坦开阔、地质良好、拆迁较少及两相交道路均具有较高的平面、纵断面线形指标处。

公路立交位置的确定是立交规划与设计中的一个重要内容，在对立交进行规划时，除考虑立交在整个道路网中的作用外，还需考虑现状公路网，规划公路网，地形与地物条件，立交前后的其他立交、桥梁、隧道等构造物，立交附近的城镇规划，立交周围其他运输设施等因素。

立交造价高，占地大，是高速公路与其他集散道路联系的最重要的手段。因此，立交位置的确定首先要考虑公路网的规划要求。在现状公路网与规划公路网不一致时，立交的位置通常根据规划确定，用修建连接线的方法与现状公路网沟通。

此外，在丘陵和山岭区，立交的位置和形式应充分利用地形，以减少桥梁等结构物，从而降低造价。

在平原区或靠近村镇的地方，应考虑少占农田和避让村庄，减少立交对居民生产、生活及环境的影响。

2. 立交的间距

为了既保证公路主线的行车质量，又满足为周边地区服务的要求，立交的间距应适当，间距过大，对周边地区的服务作用就小，同时高速公路本身的使用效益也会降低；间距过小，车辆进出高速公路过于频繁，会影响主线上的行车质量和安全。具体可从以下几个方面考虑：

（1）立交服务范围的大小　立交间距首先要考虑交通需求，立交所服务的城镇或其他节点的规模很大程度上决定了交通需求。通常，大城市和重要工业区周围的互通式立交间距应为 5～10km，一般地区互通式立交的间距为 15～25km。日本按照高速公路所经城市的人口设置立交的数量，其标准见表 8-1。

表 8-1　日本的立交数量设置标准

人口（万人）	立交数量标准（个）	人口（万人）	立交数量标准（个）
<10	1	30～50	2～3
10～30	1～2	≥50	3

（2）相邻立交之间的交织段最小长度要求　在立交入口匝道的合流点到下一个立交出口匝道的分流点之间，车辆有交织行驶的情况，这段道路的长度必须不小于车辆交织所需的交织段最小长度。日本设计规范要求最小交织段长度应为 150～200m，德国设计规范则规定这段长度不应小于 2700m。

（3）驾驶员判别交通标志的时间　为了使驾驶员能在一定距离内预先看到前方的交通标志，德国设计规范规定驾驶员能够反应所需的路线长度为 600m。

（4）我国规范规定　《公路路线设计规范》规定互通式立交最小间距不应小于 4km，最大间距不应大于 30km。

3. 立交与其他设施的间距

互通式立交与相邻的其他有出入口的设施和隧道之间的距离规定如下：

1）互通式立交与服务区、停车区和长途汽车停靠站之间的距离应能满足设置一系列出口预告标志的需要。当条件受限时，间距可适当减小，而入口渐变段终点至下一个出口渐变段起点的距离不得小于 1000m。

2）隧道出口与前方互通式立交间的距离应满足设置一系列出口预告标志的需要。当条件受限时，隧道出口至前方互通式立交出口渐变段起点的距离不得小于 1000m。

3）互通式立交与前方隧道入口间的距离应满足标志设置和标志以后对洞口判断的需要。

互通式立交与相邻的其他设施间的最小间距见表 8-2。

表 8-2　互通式立交与相邻的其他设施间的最小间距

设施名称	最小间距/km	
	一般值	低限值
互通式立交与服务区	5	3
互通式立交与停车场		
互通式立交与公交停靠站	4	1.5
互通式立交与隧道		

4. 复合式互通式立交处理方式

当相邻互通式立交的净距小于 1000m，且又必须设置时，将两者合并设置的复合式互通式立交有三种基本处理方式：

1）用辅助车道将两互通式立交的上一入口至下一出口连通。

2）采用与主线分隔的集散车道将主线一侧的所有出口、所有入口连通，形成在主线上一次流出、一次汇入的方式。

3）采用交织分离车道，将在集散车道上的主要交织车流分离，形成两互通式立交间无交织运行的方式。

复合式互通式立交的处理方式按如下原则选择：

1）两处一般互通式立交构成的复合式立交可选择第一种方式。

2）一处一般互通式立交和另一处枢纽互通式立交构成的复合式立交应选择第二种方式，交通量大、交织距离短、有双车道出入匝道时应选择第三种方式。中西部地区且转向交通量较小时，经过充分论证并对通行能力分析验算后，可采用第一种方式。

3）两处枢纽互通式立交构成的复合式立交应选择第三种方式。

8.2.2　立交设置的条件

立交的设置使交叉口范围的车辆在空间上分隔开来，车辆经过交叉口时可以不停车连续行驶，同时，立交又是一个大型的构造物，与平面交叉相比，立交的占地、造价和对环境的影响都要大得多，而且立交一旦建成，改造的难度也远比平面交叉大，因此，在公路规划设计中对立交的设置及其形式的选择都应慎重考虑。通常，立交设置应考虑的因素有相交道路的类别和等级、设计速度、交通流量和流向、周边土地利用现状与规划、工程技术与经济、交通安全、环境与生态等。

依据相交道路的性质，公路上的立交可分为公路与公路立交、公路与铁路立交、公路与城市道路立交、公路与乡村道路立交等。在没有特别的说明时，以下所指的立交为公路与公路立交，且包括分离式立交和互通式立交两类。

1. 高速公路上设置立交的条件

1）高速公路与其他各级公路交叉，必须采用立交。交叉类型除在控制出入的地点设互通式立交之外，均采用分离式立交。

2）高速公路与各级城市道路交叉时，必须采用立交。

3）一级公路与其他公路相交，应尽量采用立交，交叉类型可根据具体情况采用互通式立交或分离式立交。

2. 公路上设置互通式立交的条件

1）高速公路、一级公路间相互交叉，以及高速公路、一级公路同交通繁忙的其他等级公路相交处，应设置互通式立交。

2）高速公路、一级公路同通往大城市、重要政治与经济中心、重点工矿区的公路相交处，应设置互通式立交。

3）高速公路、一级公路同通往重要港口、机场、车站和游览胜地的公路相交处，应设置互通式立交。

4）高速公路、一级公路同通往重要交通源的支线起点相交处，应设置互通式立交。

尽管有了以上的一些设置条件，但在一个具体的场合要完全明确地确定立交的设置及形式仍十分困难，而且在以上设置条件中也有许多不确定的因素。因此，要具体确定一个立交的设置还应从前面提到过的多方面进行分析、论证。

8.3 立交的类型、特点与选择

8.3.1 立交的分类

立交的形式很多，立交的分类方法也是多种多样的，通常可以按跨越形式、交通功能、相交道路条数或立交层次数等方式来分类。

1. 按主线与相交道路的跨越方式分类

按照主线与相交道路的跨越方式来分类，立交可分为上跨式和下穿式，如图8-2所示。

上跨式与下穿式通常是以原地面为参照，以主线（或相交道路）跨线桥的方式上跨相交道路（或主线），称为上跨式。上跨式立交结构均高出原地面，其优点是：线形视距条件好，施工方便，工期较短，对地下管线影响小，排水容易处理。缺点是：对环境影响较大，污染相对严重。

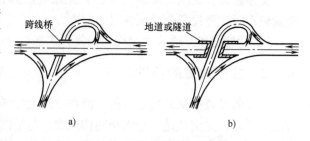

图 8-2 上跨式和下穿式立交

主线（或相交道路）以下挖的地下通道方式穿越相交道路（或主线），称为下穿式。下穿式立交的主体结构在地面以下，其最大的优点是对环境的影响较小，但排水困难，需增加水泵等排水设施，且需日常维护，地下通道的施工周期较长，对地下管线的影响较大。

上跨式与下穿式的选用通常根据用地状况、施工要求、环境要求和具体地形来决定。对高速公路而言，除非在与铁路立交，与另一条高速公路立交或穿越城镇时改变线形，一般主线应保持原线形不变，而由相交道路上跨或下穿。

2. 按交通功能分类

立交按交通功能可分为分离式立交和互通式立交两大类。分离式立交仅将主线与相交道路分离，两者之间无匝道联系，因此，分离式立交不能组织转向交通。分离式立交的作用是保证直行车的通畅，可用于高速公路与铁路的立交，与等级相对较低的公路立交，与低速机动车和人行通道立交。互通式立交又可分为全互通式立交、部分互通式立交和环形立交三种。

（1）全互通式立交 全互通式立交是能够满足全部转向交通要求，各方向车流间无任何冲突点的立交，如三路交叉中的喇叭形立交、四路交叉中的苜蓿叶形立交和双喇叭形立交以及所有的定向式立交。

1）喇叭形立交（见图8-3）。喇叭形立交用于三路交叉，是目前我国高速公路最常使用的立交形式之一。A、B型分别适用于左转交通的不同情况，对其中较大左转交通量的方向，采用半定向匝道，另一个左转采用苜蓿叶式匝道，整个立交只需一座桥梁结构物，没有交织。在相

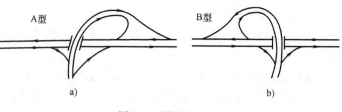

图 8-3 喇叭形立交

交道路上设置一个收费口即可解决全部方向的收费，适用于全封闭收费方式。喇叭形立交的缺点是：匝道绕行距离相对较长，当相交道路下穿时视距常受限制。

2）苜蓿叶形立交。一个完全苜蓿叶形立交常用于四路交叉，如图 8-4 所示。其特点是功能齐全、通行能力较大、安全、车速较高，另外，最少可用一座桥梁（或地下通道）结构，层次低（仅两层）。各方向对称，常用于高速公路与高速公路或与其他等级较高的道路的立交。其缺点是占地大、左转绕行距离稍长，当为节约用地而减小苜蓿叶匝道的半径后左转的车速会受限制。除上述缺点外，在相邻的苜蓿叶匝道之间有交织，须设置集散车道，同时，不利于集中设置收费口。苜蓿叶形立交适用于两条高等级公路相交及开放式收费方式。

3）双喇叭形立交。双喇叭形立交是从单喇叭形立交演变过来的，用于四路交叉，如图 8-5 所示。其最大的特点是便于集中设置收费口，因此，也是目前收费高速公路常用的形式。

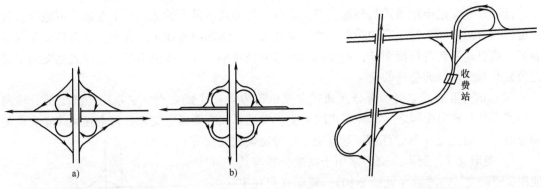

图 8-4　苜蓿叶形立交 2　　　　　　图 8-5　双喇叭形立交

4）定向式立交。定向立交每个方向的车辆均行驶在直顺的专用单向行驶的车道上，与其他方向的行车道相交时，均采用立交，无交织和交叉。因此，定向式立交是立交中行驶条件最好的一种，转向匝道行车方向直接明确、线形顺畅，车速高、通行能力大，占地小。其缺点是立交层次多、结构物多、造价高，另外，也不便于集中设置收费口。通常用于行车要求较高的高速公路与高速公路或与其他等级较高的道路的立交。图 8-6 ~ 图 8-9 分别为三路全定向式立交、四路全定向式立交、半定向式立交和迂回式立交。

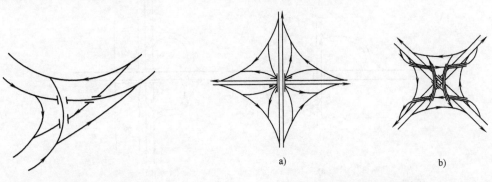

图 8-6　三路全定向式立交　　　　　　图 8-7　四路全定向式立交

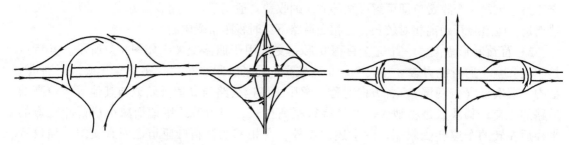

图 8-8　半定向式立交　　　　　　　　　　图 8-9　迂回式立交

半定向式立交是定向式立交中的一种，将直接式的定向匝道适当绕行，以避免多条匝道（或主线）集中相交，从而降低立交层次，减少结构造价。缺点是立交的纵断面线形起伏较大，半直接式匝道的行车条件稍差。半定向式立交用于某些方向交通量较小、行车要求稍低的立交。

迂回式立交是半定向式与环形立交结合的一种形式。最大的优点是全互通、占地少，且匝道位置可离开交叉口一定的距离，便于灵活布置，结构物也比定向式少，收费口设置也较容易。缺点是左转绕行特别长，有交织且转弯半径较小，行车质量不高。迂回式立交用于高速公路与等级较低的公路的交叉。

（2）部分互通式立交　部分互通式立交也称为半互通式立交，它是仅能满足部分转向交通或者某些转向交通之间有冲突点的立交。常见形式有菱形立交和各种全互通式立交取消部分匝道后的立交（部分苜蓿叶形立交、部分定向式立交等）。

1）菱形立交。菱形立交通常用于高速公路与其他次要道路交叉的情形（见图 8-10）。菱形立交在主要道路上直行畅通，左转交通通过次要道路上的平面交叉口组织交通。其最大的优点是占地、层次和结构物均很少，造价低，是立交中最为经济的一种。其缺点是次要道路上交通有冲突，不利于集中收费。

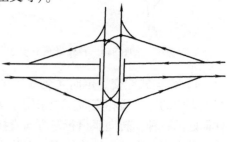

2）部分苜蓿叶形立交。部分苜蓿叶形立交（见图 8-11）、部分定向式和四路交叉中的单喇叭形立交都是由对应的全互通式立交取消某些方向的匝道而形成的。其优点是充分结合实际交通

图 8-10　菱形立交

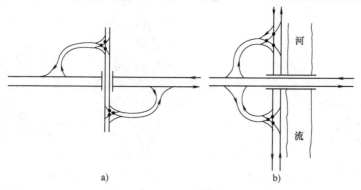

a)　　　　　　　　　　　b)

图 8-11　部分苜蓿叶形立交

a）A 型　b）B 型

需求，节约造价；缺点是次要方向的交通要绕行。部分苜蓿叶形立交适用于转向交通不平衡且差别较大的交叉口。

3) 部分定向式立交。部分定向式立交如图 8-12 所示。

4) 四路交叉中的单喇叭形立交。四路交叉中的单喇叭形立交如图 8-13 所示。

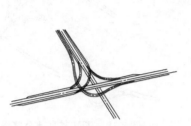

图 8-12　部分定向式立交

图 8-13　单喇叭形立交

(3) 环形立交　图 8-14 所示环形立交是从平面环形交叉口发展而来的，它将主线和相交道路中的一条或全部的直行用跨线桥（或地下通道）方式与转向交通分离，全部的转向交通（或加上某些方向的直行交通）放在单独一层，以环岛形式组织交通。

环形立交的优点是占地少、层次相对少、结构简单；其最大的缺点是环岛上行驶车速慢、通行能力不大。环形立交适用于高速公路与一条或多条次要道路相交的情况。

在实际使用中，各种立交方式可以组合，形成组合式立交，如上海金桥立交（见图 8-15）、上海罗山路立交（见图 8-16）。同时，当多条道路在较少的范围内形成多个交叉点时，可形成立交枢纽，如上海莘庄立交（见图 8-17）、浙江某高速公路立交（见图 8-18）。

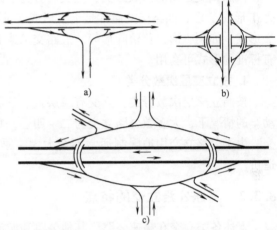

图 8-14　环形立交

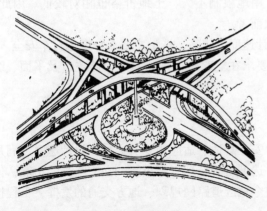

图 8-15　上海金桥立交

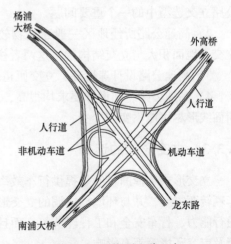

图 8-16　上海罗山路立交

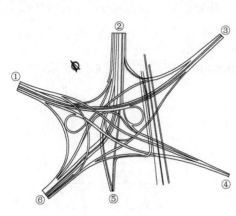

图 8-17　上海莘庄立交

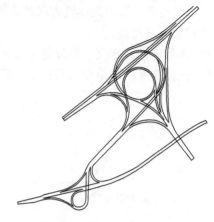

图 8-18　浙江某高速公路立交

3. 按相交道路条数分类

按照相交道路的条数分类，立交可分为三路交叉、四路交叉和多路交叉。三路交叉可以是 T 形或 Y 形，四路交叉通常是十字形或 X 形，三路和四路交叉一般可采用某种标准的立交形式，如喇叭形、苜蓿叶形等。五路交叉或五路以上交叉，除了采用环形立交外，一般没有标准的形式可套用。

4. 按立交层次数分类

按照立交层次数分类，立交有二层式、三层式、四层式和多层式。在不考虑行人和非机动车的情况下，大多数公路立交为二~四层，只有多路立交或立交枢纽会形成四层以上的立交。由于公路立交用地限制通常不会太大，原则上高速公路立交不希望层次太多，以节省造价。

8.3.2　高速公路立交的特点

上述各类立交在高速公路、其他公路和城市道路中都可使用，高速公路立交特有的性质如下：

1）高速公路立交在我国大多数附设收费口，如何有利于收费口的设置与管理，是高速公路立交选型中的一个重要问题。

2）高速公路所经地区一般建筑物较稀，用地限制不大，土地价格也相对较低。因此，立交占地面积大与立交结构物多这两者往往取前者。

3）高速公路设计速度高，立交匝道的设计速度也较高，选型中要充分考虑行车安全。

4）高速公路各项设计要求均很高，通常要求在立交范围内，高速公路主线及平面、纵断面线形尽可能不变或少变。

8.3.3　立交形式的选择

立交形式选择的目的是提供行车效率高、安全舒适、适应规划交通量和设计速度、满足车辆转弯需要，并与环境相协调的立交形式。选型是否合理，不仅影响立交本身的功能，如通行能力、行车安全和工程经济等，而且对整个地区道路网规划、地方交通的发挥、工程投资及市容环境等都有影响。

1. 影响立交形式选择的因素

影响立交形式选择的因素可概括为道路、交通、环境及自然条件等，如图 8-19 所示。

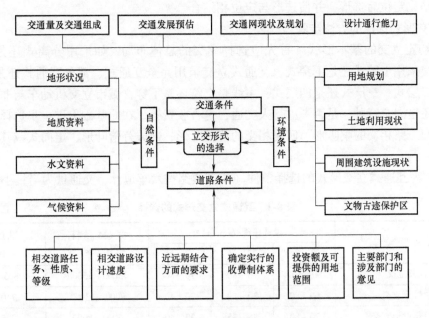

图 8-19 影响立交形式选择的因素

2. 立交形式选择的基本原则

立交形式的选择应根据道路条件、交通条件，结合自然、环境条件等综合考虑而定，并遵循下列基本原则：

1）立交形式的选择应考虑相交道路的等级、性质、任务和交通量等，确保行车安全通畅和车流的连续。相交道路等级高时应采用互通式立交；交通量大、设计速度高的行车方向，要求线形指标高、路线短捷、纵坡平缓；车辆组成复杂时要考虑个别交通特性的需要。

2）立交形式的选择应与立交所在地的自然条件和环境条件相适应，充分考虑区域规划、地形地质条件、可能提供的用地范围、周围建筑物及设施分布等。在满足交通要求的前提下综合分析研究，力求合理利用地形、地质条件，减少征地、拆迁，与周围环境相协调，造型美观，结构新颖而合理。

3）立交形式的选择应全面考虑近远期结合，既要满足近期交通的要求，减少投资，又要考虑远期交通发展的需要和改建提高的可能，前期工程能为后期工程所利用。

4）立交形式的选择应考虑是否收费和实行的收费体制。

5）立交形式的选择要考虑工程的实施，使立体交叉造型和工程投资两者兼顾。从有利施工、养护和排水角度出发，尽量采用新技术、新工艺、新结构，以提高工程质量、缩短工期和降低成本。

6）立交形式的选择要和匝道布置全面考虑，分清主次。立交形式在考虑相交道路平面、纵断面线形的同时，应考虑匝道平面线形的布设和竖向标高的要求。选形要与立交线形、构造物、总体布局及环境相配合。高速道路与其他道路相交，原则上高速道路不变或少变，其他道路抬高或降低；城市道路立交非机动车道不变或少变，以利于行人和自行车通行。

7）立交形式的选择应与定位相结合。立交形式随所在位置的地形、地物及环境条件而异，通常是先定位后选形，并使选形与定位相结合。

3. 立交形式选择的方法步骤

（1）初定立交的基本形式　首先应选择立交的总体布局，如采用分离式还是互通式，分离式立交采用上跨式还是下穿式，互通式立交采用完全互通式、部分互通式还是交织形，立交采用二层式、三层式还是四层式，主线是上跨还是下穿，城市立交机动车与非机动车是分离行驶还是混合行驶，是否考虑行人交通，是否收费等。在此基础上进一步选择立交的基本形式，如三路相交的喇叭形、四路相交的苜蓿叶形、部分苜蓿叶形、定向式或其他组合形式等。

表8-3为互通式立交形式的选择条件（相交道路按六车道计，交通量为当量小客车数）。

表8-3　互通式立交形式的选择

立 交 形 式	设计速度/(km/h)			交叉口总通行能力/(辆/h)	占地面积/10⁴m²
	直 行	左 转	右 转		
定向式立交	80～100	70～80	70～80	13000～15000	8.5～12.5
苜蓿叶形立交	60～80	30～40	30～40	9000～13000	7.0～9.0
部分苜蓿叶形立交	30～80	25～35	30～40	6000～8000	3.5～5.0
菱形立交	30～80	25～35	25～35	5000～7000	2.5～3.5
三层、四层式环形立交	60～80	25～35	25～35	7000～10000	4.0～4.5
喇叭形立交	60～80	30～40	30～40	6000～8000	3.5～4.5
三路环形立交	60～80	25～35	25～35	5000～7000	2.5～3.0

对公路互通式立交在确定基本形式时，应根据各方向的交通量，结合地形、地物、当地交通条件综合考虑而定，并遵循以下几点：

1）直行和转弯交通量均大，相交公路的设计速度较高，并要求用较高的速度集散时，可采用定向式或半定向式立交。

2）不设收费站的高速公路、一级公路相交时，宜采用组合式立交。

3）高速公路及一级公路与一般公路相交，不设收费站时，应优先采用菱形；若设收费站而主线转弯交通量较小时，可采用喇叭形和部分苜蓿叶形等。

4）一级公路之间相交时，三路相交可采用喇叭形，四路相交可采用苜蓿叶形、环形或部分苜蓿叶形立交。

5）一级公路与较低等级公路相交且需设互通式立交时，宜采用菱形、部分苜蓿叶形立交等。

（2）立交几何形状及结构的选择　立交的几何形状及结构对整个立交的车辆运行速度、运行距离、行车的安全和舒顺、行车视距、视野范围、交通功能、服务水平和通行能力等影响很大。在立交基本形式的基础上，通过仔细研究，对立交的总体结构布局和匝道布设进行安排，如跨线构造物的布置，出入口的位置，匝道布设的象限，内外匝道采用整体式或分离式断面，匝道的平面、纵断面、横断面几何形状及尺寸，变速车道的布置等。

（3）立交方案比选 经过立交基本形式和几何线形及结构选择，会产生多个有比较价值的立交方案，必须经过对多方案的技术、经济、效益比较，选择合理的立交形式和适当的规模，以做出满足交通功能要求、适合现场条件、工程量小、造型美观而投资少的立交方案。方案比选的方法较多，下面简要介绍综合评价法和技术经济比较法。

1）综合评价法。对建立的综合评价指标体系，借助运筹学的层次分析法或模糊数学的方法或两者结合使用，通过各影响因素权重的计算和综合分析比较，以寻求整体最优或较优的立交方案，作为决策的依据。

建立一个合理、实用和科学的综合评价指标体系，对评价结构的全面性、公正性及可靠性至关重要。图 8-20 所示为立交方案的综合评价指标体系之一，它是一个三级递阶结构，方案评价由下而上逐级进行，将低一级评判结果作为高一级评判的输入，直到最终得到结果。

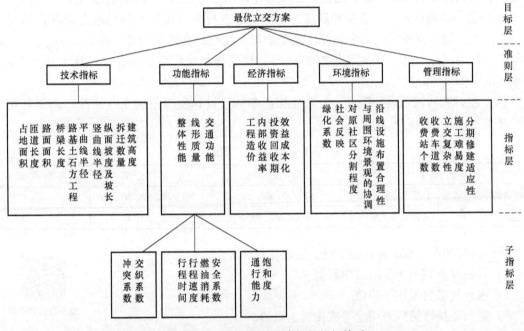

图 8-20 立交方案的综合评价指标体系

权重是各因素之间相对重要程度的反映。为使权重取值科学，不过分偏差，常采用系统工程中的特尔斐法，即发放专家调查表。该表应有选择地向专家发放，收回后还应进行正态分布的假设检验，以保证调查质量。

为能统一比较，需要把有量纲或无量纲的各指标换算成 0~1 之间的实数，称为评价指标的量化处理。对定量的指标（如匝道长度、通行能力等）通过计算直接或间接得到；对定性的指标（如社会反映、分期修建适应性等）很难计算获得，可用模糊数学的方法得到。

2）技术经济比较法。直接计算各立交方案的技术、使用及经济指标值，逐项进行对比分析，选出最佳方案。各指标的具体内容为：

① 技术指标，包括占地面积 F，以单车道计的匝道总长度 L_1，以单车道计的立交范围内主线全部车道长度 L，匝道路面面积 S_1，主线路面面积 S，以单车道计的跨线桥总长度

L_0，路基土石方体积 W。

②使用指标，包括汽车在相邻道路上两固定点间以设计速度左转运行时间 $T_左$ 和右转运行时间 $T_右$，以最佳车速计算的左转运行时间 $t_左$ 和右转运行时间 $t_右$。

③经济指标，包括立交范围的路基、路面及跨线构造物等的总造价 C，立交一年的养护费用 A，一年运输费用 B。

8.4 互通式立交设计

立交设计简介

8.4.1 设计速度

在立交范围内，由于主线、相交道路、匝道和环形立交中的环道等各部分的行车条件各不相等，其设计要求也不一样，因此，各部分设计速度可以根据以下原则确定：

（1）直行的设计速度 立交的设置首先应保证直行车（包括主线与相交道路）的行车条件。因此，通常互通式立交中的设计速度取与主线或相交道路相等，即 $v_{直行} = v_{路段}$。在菱形等部分互通式立交中，受左转影响的直行（往往是相交道路）的设计速度可适当折减，可取 $v_{直行} = (0.5 \sim 0.7) v_{路段}$。

（2）左、右转匝道设计速度 公路立交匝道的设计速度可根据主线的设计速度与立交等级来确定，具体规定见表8-4。

表8-4 匝道设计速度

匝道类型		直 连 式	半 直 连 式	环 形 匝 道
匝道的设计速度 /(km/h)	枢纽互通式立交	80、70、60、50	80、70、60、50、40	40
	一般互通式立交	60、50、40	60、50、40	40、35、30

另外，在选用匝道的设计速度时，应遵循以下原则：

1）右转匝道宜采用上限或中间值。

2）内环匝道宜采用下限值。

3）定向连接匝道宜采用上限或接近上限值。

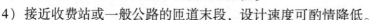

立交设计简介-1

4）接近收费站或一般公路的匝道末段，设计速度可酌情降低。

5）驶出匝道分流端的设计速度不得小于主线设计速度的 50% ~ 60%。

6）驶入匝道与加速车道连接处的设计速度应保证车辆驶至加速车道末端的速度能达到主线行车计算速度的 70%。

（3）环形立交中环道的设计速度 环形立交中环道的设计速度与平面环形交叉口类似，考虑到占地和交织中的行车安全，车速不宜太高，通常取 20 ~ 40km/h。

8.4.2 公路立交的线形指标

立交设计简介-2

1. 主线和相交道路的线形指标

立交主线和相交道路的设计速度一般与路段相同，但立交范围的匝道出入口、集散车道甚至桥梁结构等对主线行车有影响，为了保证立交范围内主线的行车质量不降低，其主线的线形指标通常要高于路段。互通式立交主线的主要线形指标规定见表8-5。

表 8-5　互通式立交主线的主要线形指标

设计速度/（km/h）		120	100	80	60
最小圆曲线半径/m	一般值	2000	1500	1100	500
	极限值	1500	1000	700	350
最小竖曲线半径/m	凸形 一般值	45000	25000	12000	6000
	凸形 极限值	23000	15000	6000	3000
	凹形 一般值	16000	12000	8000	4000
	凹形 极限值	12000	8000	4000	2000
最大纵坡（%）	一般值	2	2	3	4.5（4）
	最大值	2	2	4（3.5）	5.5（4.5）

注：当主要公路以较大的下坡进入互通式立交，且所接的减速车道为下坡，同时，后随的匝道线形指标较低时，主要公路的纵坡不得大于括号内的值。

2. 匝道的主要线形指标

（1）平面线形指标　为了保证车辆连续、安全行驶，匝道的平面线形应适应车辆行驶速度从主线（匝道）进入匝道（主线）的变化规律，并结合地形、地物，力求达到工程及运营的经济性要求。

立交设计简介-3

匝道平面设计应遵循以下原则：

1）匝道平面线形应与交通量相适应，即交通量大的方向的匝道应有较好的平面线形。

2）匝道平曲线的曲率应与行车速度相适应。

3）同一匝道中，接近主线（或相交道路）部分通常车速较高，应有较好的平面线形。

4）驶离主线的匝道上的行驶车速一般比驶入主线匝道的车速高，应有较好的平面线形。

5）合流、分流处的行驶状况比较复杂，为安全起见，应具有较好的线形和通视条件。

匝道的圆曲线最小半径通常不应小于表 8-6 中规定的一般值。当受到地形条件或其他特殊情况限制时，方可采用极限值。

表 8-6　匝道圆曲线的最小半径

匝道设计速度/（km/h）		80	70	60	50	40	35	30
圆曲线最小半径/m	一般值	280	210	150	100	60	40	30
	极限值	230	175	120	80	50	35	25

匝道中，在曲率变化较大处应设置缓和曲线，表 8-7 是《公路路线设计规范》规定的最小回旋线参数值和对应的回旋线长度，一般 $A \leqslant 1.5R$ 为宜，同时原则上不应小于表中数值。

表 8-7　匝道回旋线参数值及长度

匝道设计速度/（km/h）	80	70	60	50	40	35	30
回旋线参数 A/m	140	100	70	50	35	30	20
回旋线长度/m	70	60	50	40	35	30	25

另外，反向曲线间的两个回旋线，其参数宜相等，不相等时其比值应小于 1.5；同时，回旋线的长度还应满足超高过渡的需要。对驶出匝道，尽管设有减速车道，但通常匝道分流

点处的车速仍会较高，因此，分流点附近应具有较大的曲率半径（见图8-21），分流鼻处匝道平曲线的最小曲率半径见表8-8。

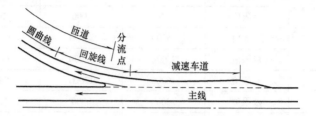

立交设计简介-4

图 8-21　主线分流点曲率过渡

表 8-8　分流鼻处匝道平曲线的最小曲率半径

主线设计速度/(km/h)		120		100	80	60
分流鼻处的设计速度/(km/h)		80	70	65	60	55
最小曲率半径/m	一般值	450	350	300	250	200
	极限值	400	300	250	200	150

（2）纵断面线形指标　纵断面主要线形指标包括纵坡、竖曲线半径及长度。立交匝道的纵断面线形指标对立交的规模、占地、结构物规模等都有很大影响，特别是在用地紧张的地区修建立交，匝道纵断面线形指标往往还会影响到匝道的平面线形。匝道纵断面设计一般应遵循以下原则：

1）匝道及其同主线相连接的部位，其纵断面线形应尽可能地连续，避免线形的突变。

2）匝道应尽可能采用较缓的纵坡以保证行驶的舒适与安全。特别是加速上坡匝道和减速下坡匝道应采用较缓的纵坡，严禁采用等于或接近于最大纵坡值的纵坡。

立交设计简介-5

3）匝道及其端部纵坡变化处应采用较大半径的竖曲线以保证足够的停车视距。合流、分流及其附近的竖曲线，除应满足停车视距的要求外，还应能看见前方公路的状况。匝道的最大纵坡值见表8-9。

表 8-9　匝道最大纵坡值

			80、70	60、50	40、35、30
	匝道设计速度/(km/h)				
最大纵坡（%）	出口匝道	上坡	3	4	5
		下坡	3	3	4
	入口匝道	上坡	3	3	4
		下坡	3	4	5

注：因地形困难或用地紧张时可增大1%。非冰冻积雪地区在特殊困难情况下出口匝道的上坡和入口匝道的下坡可增长2%。

匝道的最小坡长，在《公路路线设计规范》中未做规定，可参照路线上相同的设计速度时的纵断面最小坡长的规定。匝道竖曲线的最小半径及最小长度的规定见表8-10。

表 8-10　匝道竖曲线的最小半径及最小长度

匝道设计速度/(km/h)			80	70	60	50	40	35	30
竖曲线最小半径/m	凸形	一般值	4500	3500	2000	1600	900	700	500
		极限值	3000	2000	1400	800	450	350	250
	凹形	一般值	3000	2000	1500	1300	900	700	400
		极限值	2000	1500	1000	700	450	350	300
竖曲线最小长度/m		一般值	100	90	70	60	40	35	30
		最小值	75	60	50	40	35	30	25

同匝道的平面线形指标一样，在匝道分流点附近的竖曲线最小半径和最小长度，除满足表 8-10 的规定外，还应满足表 8-11 的规定。

表 8-11　鼻端附近竖曲线最小半径及长度

主线设计速度/(km/h)			120	100	80	60
竖曲线最小半径/m	凸形	一般值	3500	2800	2000	1800
		极限值	2000	1800	1400	1200
	凹形	一般值	2000	1800	1500	1200
		极限值	1000	1200	1000	850

（3）匝道横断面

1）横断面宽度。匝道横断面由车道、路缘带、硬路肩和土路肩组成，对向分离双车道匝道还包括中央分隔带。匝道的横断面组成见表 8-12。

立交设计简介-6

表 8-12　匝道的横断面基本类型　　　　　　（单位：m）

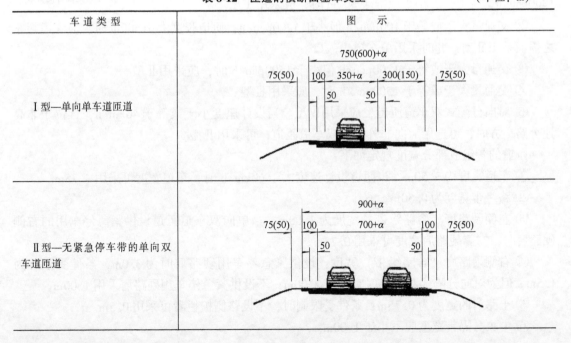

车道类型	图　示
Ⅰ型—单向单车道匝道	750(600)+α　75(50) 100 350+α 300(150) 75(50)　50　50
Ⅱ型—无紧急停车带的单向双车道匝道	900+α　75(50) 100 700+α 100 75(50)　50　50

（续）

车 道 类 型	图 示
Ⅲ型—有紧急停车带的单向双车道匝道	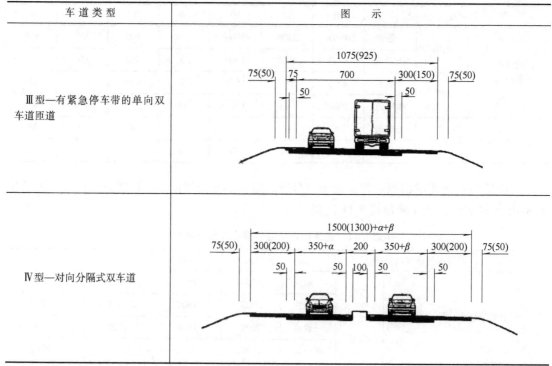
Ⅳ型—对向分隔式双车道	

注：表中 α、β 为圆曲线上的加宽值，取值见表8-13。

匝道横断面类型和变速车道的车道数宜根据匝道设计速度、设计小时交通量和匝道长度综合选取：

立交设计简介-7

① 交通量小于100pcu/h 时，或交通量大于或等于100pcu/h 但小于1200pcu/h，匝道长度小于或等于500m 时，应采用Ⅰ型。

② 交通量大于或等于100pcu/h 但小于1200pcu/h，匝道长度大于500m 时，应考虑超车之需而采用Ⅱ型，此时采用单车道出入口。

③ 交通量大于或等于1200pcu/h 但小于1500pcu/h 时，应采用Ⅱ型。

④ 交通量大于或等于1500pcu/h 时，应采用Ⅲ型。

⑤ 对向分隔式双车道匝道，应采用Ⅳ型。当设计速度小于或等于40km/h，且位于非高速公路一方时，可选用对向非外隔式双车道匝道，可采用Ⅱ型。

匝道的各组成部分宽度规定如下：

① 车道宽度为3.50m。当匝道设计速度大于60km/h 时，车道宽度可采用3.75m。

② 路缘带宽度为0.50m。

③ 左侧硬路肩（含路缘带）宽度为1.00m。当单向双车道匝道设供紧急停车用的右侧硬路肩时，左侧硬路肩宽度可采用0.75m。

④ 右侧硬路肩（含路缘带）宽度：设供紧急停车用硬路肩时为3.0m，条件受限时为1.5m。但为对向分隔式双车道时宜采用2.00m；不设供紧急停车用硬路肩采用1.00m。

⑤ 土路肩的宽度为0.75m；条件受限制时，不设路侧护栏者可采用0.5m。

⑥ 中央分隔带宽度应不小于1.00m。

表 8-13　匝道曲线部分加宽值（一般通行条件）

圆曲线半径/ m				路面加宽值（m）
单向单车道（Ⅰ型）	无紧急停车带的单向双车道（Ⅱ型）	对向分隔式双车道（Ⅳ型）		
		曲线内侧车道	曲线外侧车道	
—	—	$25 \leqslant R < 26$	—	3.50
—	$25 \leqslant R < 26$	$26 \leqslant R < 27$	—	3.25
—	$26 \leqslant R < 27$	$27 \leqslant R < 28$	—	3.00
—	$27 \leqslant R < 28$	$28 \leqslant R < 30$	—	2.75
—	$28 \leqslant R < 30$	$30 \leqslant R < 32$	$25 \leqslant R < 26$	2.50
$25 \leqslant R < 27$	$30 \leqslant R < 31$	$32 \leqslant R < 35$	$26 \leqslant R < 29$	2.25
$27 \leqslant R < 29$	$31 \leqslant R < 33$	$35 \leqslant R < 38$	$29 \leqslant R < 32$	2.00
$29 \leqslant R < 32$	$33 \leqslant R < 35$	$38 \leqslant R < 42$	$32 \leqslant R < 36$	1.75
$32 \leqslant R < 35$	$35 \leqslant R < 37$	$42 \leqslant R < 46$	$36 \leqslant R < 40$	1.50
$35 \leqslant R < 38$	$37 \leqslant R < 39$	$46 \leqslant R < 53$	$40 \leqslant R < 46$	1.25
$38 \leqslant R < 43$	$39 \leqslant R < 42$	$53 \leqslant R < 60$	$46 \leqslant R < 55$	1.00
$43 \leqslant R < 50$	$42 \leqslant R < 46$	$60 \leqslant R < 73$	$55 \leqslant R < 67$	0.75
$50 \leqslant R < 58$	$46 \leqslant R < 50$	$73 \leqslant R < 92$	$67 \leqslant R < 85$	0.50
$58 \leqslant R < 70$	$50 \leqslant R < 55$	$92 \leqslant R < 123$	$85 \leqslant R < 117$	0.25
$R \geqslant 70$	$R \geqslant 55$	$R \geqslant 123$	$R \geqslant 117$	0

注：Ⅳ型匝道的圆曲线半径为中央分隔带中心线半径，其余为车道中心线半径。对向分隔式双车道数据详见《公路立体交叉设计细则》。

表 8-14　匝道路面通行条件

匝道横断面类型	通行条件	
单向单车道（Ⅰ型） 对向分隔式双车道（Ⅳ型）	一般通行条件	特殊通行条件
	当路肩停有载重汽车时，铰接列车能慢速通过	当路肩停有小客车时，铰接列车能慢速通过
无紧急停车带的单向双车道（Ⅱ型） 有紧急停车带的单向双车道（Ⅲ型）	两辆铰接列车能慢速并行或错车通过	铰接列车与载重汽车能慢速并行或错车通过

2）横断面坡度。匝道的横断面可以是单向坡，也可以是双向坡。单向匝道宜做成单向坡，双向匝道宜做成双向坡。正常横坡仍为 1.5% 或 2%。在曲线范围内，当圆曲线半径小于或等于表 8-15 所列值时，应设置超高，超高值的范围见表 8-16。

立交设计简介-8

表 8-15　匝道不设超高的圆曲线最小半径[①]

匝道设计速度/(km/h)	80	70	60	50	40	35	30
不设超高的圆曲线最小半径/m	2500	2000	1500	1000	600	500	350

① 路拱≤2%。

表8-16　匝道圆曲线的超高值范围

匝道设计速度/(km/h)	80		70		60		50		40		35		30		超高(%)
最大超高(%)	8	6	8	6	8	6	8	6	8	6	8	6	8	6	
圆曲线半径/m	230≤R<290	—	175≤R<240	—	120≤R<160	—	80≤R<100	—	50≤R<60	—	35≤R<40	—	25≤R<30	—	8
	290≤R<390	—	240≤R<320	—	160≤R<220	—	100≤R<140	—	60≤R<90	—	40≤R<60	—	30≤R<40	—	7
	390≤R<510	230≤R<290	320≤R<420	175≤R<230	220≤R<300	120≤R<160	140≤R<200	80≤R<100	90≤R<130	50≤R<70	60≤R<90	35≤R<50	40≤R<60	25≤R<30	6
	510≤R<660	290≤R<430	420≤R<560	230≤R<360	300≤R<400	175≤R<230	200≤R<270	100≤R<160	130≤R<180	70≤R<100	90≤R<130	50≤R<70	60≤R<90	30≤R<50	5
	660≤R<900	430≤R<660	560≤R<770	360≤R<560	400≤R<560	250≤R<400	270≤R<380	160≤R<260	180≤R<260	100≤R<170	130≤R<190	70≤R<120	90≤R<130	50≤R<80	4
	900≤R<1300	660≤R<1050	770≤R<1130	560≤R<910	560≤R<830	400≤R<670	380≤R<570	260≤R<460	260≤R<400	170≤R<320	190≤R<290	120≤R<230	130≤R<210	80≤R<160	3
	1300≤R<2500	1050≤R<2500	1130≤R<2000	910≤R<2000	830≤R<1500	670≤R<1500	570≤R<1000	460≤R<1000	400≤R<600	320≤R<600	290≤R<500	230≤R<500	210≤R<350	160≤R<350	2

注：积雪冰冻地区超高不得大于6%，合成坡度不得大于8%。

匝道超高的设计还应充分考虑车辆在匝道上行驶速度经常变化的实际情况，收费站附近的超高值应小于匝道设计速度所对应的值；相反，接近分流、合流处就应大一些。

3）超高缓和段。超高缓和段的长度应根据设计速度、横断面类型、旋转轴位置及渐变率等因素确定，方法与路段上类同。有缓和曲线时，超高过渡在回旋线的全长或部分范围内进行；没有缓和曲线时，可将所需过渡段长度的 1/3 ~ 1/2 插入圆曲线，其余设置在直线上；两圆曲线径相连接时，可将过渡段的各一半分别布置于两圆曲线上。为保证行车的舒顺，超高缓和段长度应保证超高渐变率不大于表 8-17 中的值。

立交设计-加减速车道设计

表 8-17　匝道超高最大渐变率

旋转轴位置		中心线		左侧路缘带外边缘	
匝道横断面类型		单向单车道 对向分隔式双车道	单向双车道 对向非分隔双车道	单向单车道 对向分隔式双车道	单向双车道 对向非分隔双车道
匝道设计速度 /(km/h)	80	1/250	1/200	1/200	1/150
	70	1/240	1/190	1/175	1/140
	60	1/225	1/175	1/150	1/125
	50	1/200	1/150	1/125	1/100
	≤40	1/150	1/150	1/100	1/150

当缓和曲线较长时，以缓和曲线全长为超高缓和段会使超高过渡的渐变率变得过小，使横坡接近水平的路段过长，造成排水困难。为了避免这种情况发生，超高渐变率应保证不小于表 8-18 中的值。为了做到这一点，常将超高缓和段设在缓和曲线起（终）点附近的部分范围内。

立交平面设计-环形匝道设计

表 8-18　匝道最小超高渐变率

匝道横断面类型		单向单车道	单向双车道及对向 非分隔双车道
旋转轴位置	行车道中心线	1/800	1/500
	路面边缘	1/500	1/300

4）视距。匝道范围内平面转向角度往往都很大，纵坡起伏也较大，加上出入口端部处车辆汇合、分叉，情况较复杂，因而视距的保证很重要。匝道全长范围内的停车视距应大于表 8-19 所列数值。

表 8-19　匝道停车视距

设计速度/(km/h)		80	70	60	50	40	35	30
停车视距/m	一般地区	110	95	75	65	40	35	30
	积雪冰冻地区	135	120	110	70	45	35	30

分流点之前主线上的视距应大于 1.25 倍主线停车视距。有条件时，应满足表 8-20 所列

识别视距的要求。

表 8-20　识别视距

设计速度/(km/h)	120	100	80	60
识别视距/m	350 ~ 460	290 ~ 380	230 ~ 300	170 ~ 240

注：当驾驶员需接受信息较多时，宜采用较大值。

8.4.3　匝道端部及变速车道设计

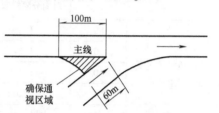
立交平面设计-定向匝道

1. 匝道端部设计

（1）匝道端部设计　匝道端部通常是匝道与主线或匝道与匝道之间的分叉或汇合点。匝道与主线之间的出入口设在主线右侧较好，出入口位置应明显易于识别。一般情况下，将出口设置在跨线桥等构造物前。当设置在其后时，则跨线桥的距离宜大于150m。

1）出口接下坡匝道时，应保证驾驶员能够看清平曲线的起点和方向。

2）入口最好设在主线的下坡路段，以利于重型车辆加速，并在匝道汇入主线之前保持一段图 8-22 所示的互相通视的路段。

图 8-22　入口处的通视路段

3）主线与匝道的分流处为了给误行车辆提供返回余地，行车道边缘应加宽一定偏置值，并用圆弧连接主线和匝道路面的边缘，如图 8-23 所示。分流偏置值及鼻端半径见表 8-21。

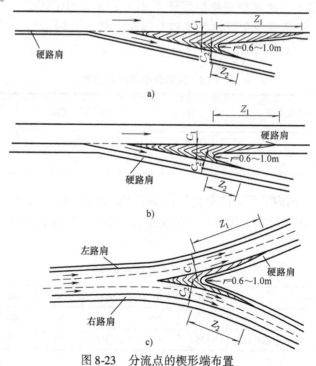

图 8-23　分流点的楔形端布置
a）硬路肩较窄时　b）硬路肩较宽时　c）主线分流时

表 8-21 分流鼻偏置值及鼻端半径

分 流 类 型	最小偏置值 C_1/m	最小偏置加宽值 C_2/m	鼻端半径 R/m
减速车道分流	3.0	0.6	0.6 ~ 1.0
主线相互分流	1.8	—	0.6 ~ 1.0
匝道相互分流	2.5	0.6	0.6 ~ 1.0

4）楔形端端部后的过渡长度 Z_1、Z_2 根据表 8-22 的渐变率计算。

表 8-22 分流鼻端偏置加宽渐变率

设计速度/（km/h）	120	100	80	60	≤40
渐变率	1/12	1/11	1/10	1/8	1/7

5）当主线硬路肩宽度能满足停车宽度要求时，偏置宽度可采用该硬路肩宽度，渐变段部分硬路肩应铺成与行车道路面相同的结构。

立交平面设计-组合法-1

（2）匝道端部计算图示 按照《公路路线设计规范》对匝道端部进行布设后，关键还要确定楔形端部分岔尖圆心位置，要根据主线的线形来进行计算（具体计算读者可参考立交设计书籍）：

1）主线为直线时分岔尖圆心位置的计算如图 8-24 所示。

2）主线为曲线同向分岔尖圆心位置的计算如图 8-25 所示。匝道从主线的曲线内侧出、入是常遇到的线形。现设匝道从主线半径为 R 的圆曲线上某已知里程进入主线，衔接点为匝道曲线终点 HZ，两曲线衔接处匝道设置缓和曲线 L_s，组成图 8-25 所示的匝道入口线形。通过计算求得主线、匝道硬路肩边缘合岔形成的小圆圆心位置相对于两线的里程，给设计和施工提供定位依据。

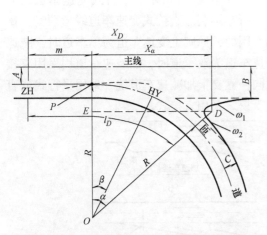

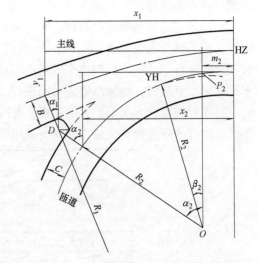

图 8-24 主线为直线时分岔尖圆心位置的计算   图 8-25 主线为曲线同向分岔尖圆心位置计算

3）主线为曲线反向分岔尖圆心位置的计算如图 8-26 所示。匝道从主线曲线外侧反向分岔，衔接点为匝道起点 ZH，主线半径为 R_1 的圆曲线，如图 8-26 所示。匝道曲线半径为 R_2，设有缓和曲线 L_s，分岔为出口，分岔尖两侧设偏置值。

4）主线为直线直接式出口分岔尖圆心位置的计算如图 8-27 所示。直接式出入口分岔尖端圆心位置，由于它多数情况在邻近匝道曲线之前的直线范围内，计算比较简单。如图 8-27 所示，首先应求出匝道中心线与主线右侧最外车道中线相交点 A，可算出 A 点至分岔尖端圆心的距离 D 和 l，如果 A 点有主线和匝道里程，就可据此推算分岔尖端圆心里程。否则首先应求出 A 点里程。

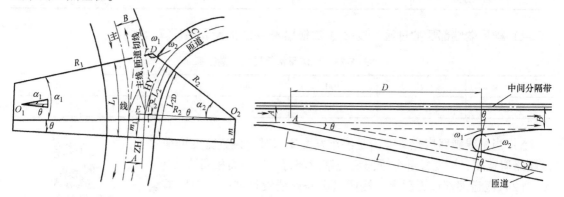

图 8-26　主线为曲线反向分岔尖圆心位置的计算　图 8-27　主线为直线直接式出口分岔尖圆心位置的计算

2. 变速车道设计

通常主线和匝道之间有较大的车速差异，车辆从主线至匝道，或从匝道进入主线都要变速，为了使车辆能安全地变速，同时又不至于影响主线上正常行驶的车辆，在主线和匝道之间应设置附加车

立交平面设计-组合法 **2**

道，用于车辆的加减速，即为变速车道。变速车道有加速车道和减速车道两种，分别用于进入主线和驶离主线的场合。变速车道的横断面由左侧路缘带（与主线车道共用）、车道、右路肩（含右侧路缘带）组成。

变速车道设置的形式有两种：平行式和直接式，如图 8-28 所示。平行式变速车道较易识别，但车辆驶入或驶出有一个 S 形曲线，因而对行车不利。直接式变速车道线形顺畅，比较符合实际行车轨迹，但变速车道起点不易识别。因此，原则上变速车道为单车道时，减速车道宜采用直接式，加速车道宜采用平行式。变速车道为双车道时，加减速车道均采用直接式。在靠近城市的立交上，为了美观，有时也在同一立交上加减速车道统一采用平行式或直接式，这时一般直行交通量大的立交采用平行式，反之采用直接式。

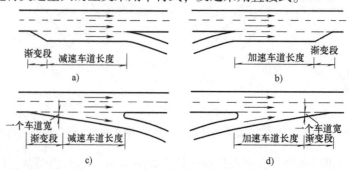

图 8-28　平行式和直接式变速车道

a）平行式减速车道　b）平行式加速车道　c）直接式减速车道　d）直接式加速车道

　　为了与主线很好地衔接，变速车道在主线一端设有一个渐变段。加减速车道长度和渐变段长度见表8-23。

表8-23　变速车道各路段最小长度及出、入口最大渐变率

变速车道类型		主线设计速度 /(km/h)	变速段长度 L_1/m	渐变段长度 L_2/m	出、入口渐变率	辅助车道长度 L_3/m	全长 L/m
减速车道	单车道	120	145	100	1/25	—	245
		100	125	90	1/22.5	—	215
		80	110	80	1/20	—	190
		60	95	70	1/17.5	—	165
	双车道	120	225	90	1/22.5	300	615
		100	190	80	1/20	250	520
		80	170	70	1/17.5	200	440
		60	140	60	1/15	180	380
加速车道	单车道	120	230	90 (180)	1/45	—	320 (410)
		100	200	80 (160)	1/40	—	280 (360)
		80	180	70 (160)	1/40	—	250 (340)
		60	155	60 (140)	1/35	—	215 (295)
	双车道	120	400	180	1/45	400	980
		100	350	160	1/40	350	860
		80	310	150	1/37.5	300	760
		60	270	140	1/35	250	660

注：括号内数值为直接式单车道加速车道的渐变段长度或全长，平行式采用括号外的值。

　　下坡路段的减速车道和上坡路段的加速车道，其长度按表8-24中的修正系数予以修正。变速车道长度的选用除应符合规定的最小长度要求外，还应结合主线和匝道的设计速度、交通量、大型车所占比例等对变速车道长度进行验算，按实际情况确定其合理的长度。

表8-24　车道上变速车道的修正系数

主线平均坡度（%）	$i \leqslant 2$	$2 < i \leqslant 3$	$3 < i \leqslant 4$	$i > 4$
下坡减速车道修正系数	1.00	1.10	1.20	1.30
上坡加速车道修正系数	1.00	1.20	1.30	1.40

3. 车道数平衡与辅助车道

　　在立交的分合流处，分流、合流前后的车道数必须保持平衡。相邻两段在同一个方向上的基本车道数每次增减不得多于一条，变化点应距离互通式立交0.5~1.0km，并设渐变率不大于1/50的过渡段。车道数的平衡要求如图8-29所示。

连接部设计和路面标高图

　　分流、合流前后的车道数关系为

$$N_C \geqslant N_F + N_E - 1$$

式中　N_C——分流前或合流后的主线车道数；

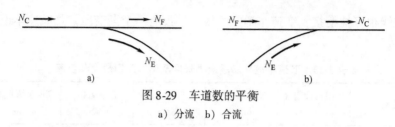

图 8-29　车道数的平衡

a）分流　b）合流

N_F——分流后或合流前的主线车道数；

N_E——匝道车道数。

同时，高速公路主线的全长或在较长的路段内必须保持一定的基本车道数，为了既保证车道数平衡又保持基本车道数，必要时应设辅助车道，如图 8-30 所示。

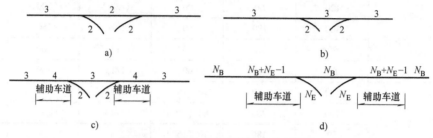

图 8-30　车道数平衡和保持基本车道数

a）车道数平衡但基本车道数不连续　b）基本车道数连续但车道数不平衡
c）车道数平衡且基本车道数连续　d）车道数平衡且基本车道数连续的条件

为使车辆行驶通畅，辅助车道长度在分流端为 1000m，最小为 600m；在合流端为 600m。

当前一个互通式立交的加速车道的末端至下一个互通式立交的加速车道的起点之间的距离小于 500m 时，必须设辅助车道将两者连接起来。当交通量较大，交织运行比例较高，即使此间距达 2000m，也应考虑设置连续的辅助车道。

4. 集散车道

集散车道是高速公路立交中心线上的一段辅助道路，与主线的直行车道在横向分开，但两段可与主线相连，其设置目的是：

1）消除主线上的交织，把交织转移到集散车道上，以保证主线直行车的行车质量。

2）减少主线上的出入口数目。集散车道的设置方式如图 8-31 所示。

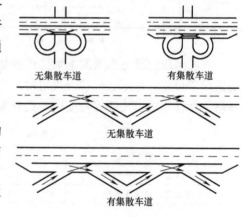

图 8-31　集散车道的设置方式

8.5　互通式立交设计的其他问题

8.5.1　收费站和收费广场

互通立交设计 1

1. 收费道路上立交的布置

收费道路上的立交或需单独收费的立交应按收费立交设计。收费立交除三路立交外，若要收费则需 2 ~ 4 个收费站，而每个收费站都是昼夜工作，需要的收费人员、管理费用、收费设备和住所等费用很高。一般应尽量减少收费站的个数，力求管理方便，设备集中，不干扰正线交通。一座立交以设一个收费站为宜，这样收费立交与不收费立交的形式区别较大。

（1）收费立交设置收费站的方法　在距相交道路交叉点适当距离处另设一条连接线，在连接线两端与相交道路交叉处各设一个三路立交或平面交叉，使所有转弯车辆都集中经过连接线，这样，只需在连接线上设置一个收费站即可，如图 8-32 所示。

（2）连接线的设置原则

1）连接线设置在哪一象限，主要取决于地形和地物的限制，同时考虑交通量的大小，以设在右转交通量较大的象限为宜。

2）连接线的位置和长度应满足两端三路立交的加速、减速长度需要。

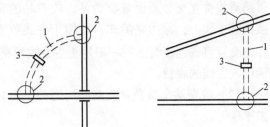

图 8-32　收费立交设置收费站的方法
1—连接线　2—三路立交　3—收费站

（3）连接线两端的交叉形式

1）平面交叉，适用于该端与次要道路连接，可采用平面交叉的任何一种形式。

2）子叶形立交，适用于该端与交通量较小的一般道路连接。

3）喇叭形立交，适用于该端与主要道路或一般道路连接，以采用 A 型为宜。

4）Y 形立交，适用于该端与交通量大的高速道路或一侧距离受到河流、铁路、建筑物等限制的其他道路连接。

（4）常用收费立交的形式（见图 8-33）

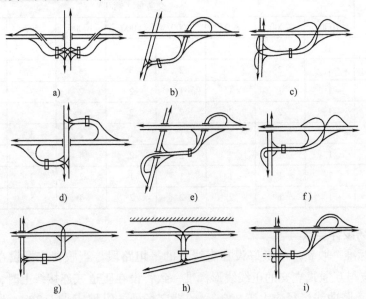

图 8-33　常用收费立交

a）菱形　b）平面交叉加喇叭形　c）双 Y 形　d）部分苜蓿叶　e）双喇叭形　f）Y 形加喇叭形
g）平面交叉加菱形　h）平面交叉加 Y 形　i）喇叭形加子叶形

1）三路收费立交，多采用喇叭形、Y 形及子叶形立交，只需一个设在支线上的收费站。

2）四路收费立交，需设 1~2 个收费站。

2. 收费站设计要点

（1）设置位置　收费站是用来对通过的车辆收取通行费用的设施。收费
道路或收费立交必须设置收费站。收费站的设置位置一般有两种：一种是直
接设在主线上，称为路障式，多用于主线收费路段的出入口处；另一种是设
在立交匝道或连接线上，一般用于主线收费路段之间的互通式立交，以控制相交道路上的车
辆出入主线的收费。

互通立交设计2

（2）收费站车道数　收费站所需的车道数应根据交通量、服务时间和服务水平三个因
素来确定。

1）交通量按设计小时交通量（DHV）计，一般采用第 30 位高峰小时交通量较合适。

2）服务时间是指车辆出入收费站所用时间，以 s 计。时间越短，服务效果越好，通行
能力就越大。一般来讲，区间收费的服务时间，入口为 6s，出口为 14s；统一收费为 8s；其
他情况另取。

3）服务水平用各车道平均等待的车辆数表示。平均等待车辆越少，其服务水平越高，
但所需要的收费车道数就越多。一般等待的车辆数以一辆为宜，当受其他原因限制时，可适
当增大，但不应大于三辆。

根据以上三个因素，当设计小时交通量系数 $k = 0.12$，方向系数 $D = 0.60$ 及入口 6s，出
口 14s 时，出入口所需车道数可采用表 8-25 数据，也可参照有关资料另行计算。

表 8-25　收费站出入口车道数

等待车辆（辆）		交通量（辆/h）								
		1000	2000	3000	4000	5000	10000	15000	20000	25000
0.5	入口	1	1	2	2	2	3	3	4	4
	出口	1	2	2	2	3	4	6	7	9
1.0	入口	1	1	1	1	2	2	3	4	4
	出口	1	2	2	2	2	4	5	7	8
1.5	入口	1	1	1	1	1	2	3	3	4
	出口	1	1	2	2	2	4	5	7	8
2.0	入口	1	1	1	1	1	2	3	3	4
	出口	1	1	2	2	2	4	5	6	8

3. 收费广场设计要点

（1）线形标准　收费广场最好设在直线上的平坦路段。当收费广场设在正线上时，平
曲线与竖曲线应与互通式立交的正线线形标准一致；设在匝道或连接线上时，其平曲线半径
不得小于 200m，竖曲线半径应大于 800m。收费广场处的纵坡应小于 2%，当受地形及其他
条件限制时不得大于 3%，横坡为 1.5%~2.0%。

（2）平面布置　收费广场平面布置如图 8-34 所示，图中 $L/S = 3$；$l = 5~20m$，一般采
用 10m。收费站前后应铺筑水泥混凝土路面，以提供较大的摩阻系数和抗剪切变形能力，适

应出入车辆频繁的制动、停车、起动之用。收费站前后水泥混凝土路面长度 L，对单向付款式匝道和正线收费所分别为 30m、50m；对双向付款式分别为 25m、40m。从收费广场中心线至匝道分岔点的距离不得小于 75m；至被交叉道路平面交叉点的距离不应小于 150m，不能满足时，应在被交叉道路上增设停留车道。

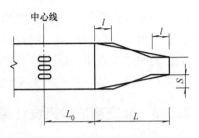

图 8-34　收费广场平面布置

（3）收费岛　由于车辆在收费车道上是减速停车然后起动慢行的，故收费岛间车道宽度采用 3.2m 即可。但行驶方向右侧的边车道应是敞开的，其宽度为 4.0m，并附路缘带，以供大型车通过之用。收费岛宽度为 2.2m，主线收费广场收费岛长度为 28～36m，匝道收费广场为 18～36m。设计时应根据收费系统所安装的收费设备情况具体确定。收费岛应具有一定高度并将端部收敛成楔形，端部应有醒目的标记。收费岛上设置的收费室每侧应较收费岛缩进 0.25m，以作为车辆通过的安全净空宽度。收费室上面应设顶棚以遮阳防雨，顶棚净高应大于等于 5.5m。对交通特别繁忙、收费车道多（大于等于 8 条）的收费站，应设置供收费人员上、下岗的专用地下通道或梯级步道。

8.5.2　景观设计要点

互通立交匝道桥设计

互通式立交景观设计的目的是使立交造型美观、视认性好，起到引导驾驶员视线、保证行车安全及可观赏性作用。景观设计主要包括坡面修饰和绿化栽植两部分。公路立交多侧重于坡面修饰，而城市立交则重视绿化栽植。

1. 坡面修饰

坡面修饰是将匝道包围区域的边坡修饰成规则、圆滑和接近于自然地形的形状。坡面原则上只修饰匝道包围的区域，其外侧应以满足通视条件、保持坡面规整为原则适当修整。坡面修饰应保持坡顶圆滑、坡面规则和坡脚顺适。边坡坡顶适当范围内应修整棱角成圆滑形状；边坡坡度在接近坡脚的一定高度内应逐渐变缓，使其整齐、美观。在挖方地段应特别注意保证视距的要求，必要时应设视距台。在匝道所围区域内的小山一般应挖除，曲线内侧若有障碍物阻挡视线时应予以清除。

2. 绿化栽植

互通式立交的绿化栽植除了美化环境、点缀城市外，还有引导交通、提高交通安全的作用。图 8-35 所示为立交绿化示意图。绿化内容包括：

1）指示栽植。采用高、大独乔木，设在环道和三角地带内，用来为驾驶员指标位置的栽植。

2）缓冲栽植。采用灌木，设在桥台和分流地方，用来缩小视野，间接引导驾驶员降低车速或在车辆因分流不及而失控时，缓和冲击、减轻事故损失的栽植。

3）引导栽植。采用小乔木，设在曲线外侧，用来预告道路线形的变化，引导驾驶员视线的栽植。

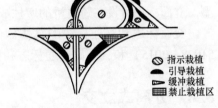

图 8-35　立交绿化示意图

4）禁止栽植区。在立交的合流处，为保证驾驶员的视线通畅，安全合流，不能种植树木。

互通式立交绿化设计首先服从交通功能，在保证交通安全、增加导向标志的前提下，构图可以根据立交特点，以图案简洁、空间开阔为主，适当点缀树丛、树群，注重整体感、层次感，形成开敞、简洁、明快的格调。或者选择一些常绿灌木进行大片栽植，构成宏伟图案，同时适当点缀一些季相有变的色叶木和花果植物，形成乔、灌、草相结合的复层搭配植物景观，赋予其一定的历史文化、民族风情等内涵。

8.5.3　立交辅助设施设计要点

自定义互通立交设计

1. 立交范围的排水设计

互通式立交范围内的排水，应与相交道路的排水统一设计，以构成完整的排水系统。立交设计（尤其是公路立交）应尽可能采用雨水管自流排水，雨水管出口的管底标高应高于排水沟或河道常水位。

当采用下穿式立交时，地下通道一般在地面以下较深处，地面水和地下水的排除常需设泵站提升，为节省投资和管理费，地下通道以外的地面水不应注入其内，尽量减小集水面积。为此，应在地下通道两侧设置挡水墙和截水设施。在纵坡设计时应在引道两端适当位置设凸形分水点，引道最低点应设在洞口外适当位置，并在该处设置进水口和雨水管连接。为保证排水需要，引道最小纵坡不小于0.3%。立交桥上应设有暗管将路面雨水引至两端的排水系统排出桥面。

2. 交通标志和交通标线

立交设计应能为车辆行驶提供明确的线路引导和必要的交通信息。否则，会使驾驶员无所适从，感到茫然，极易引起迷路和错路运行现象，甚至导致交通事故。特别是大型复杂的立交，更应合理设置交通标志和标线，以保证车辆安全、快速通过。

交通标志是立交不可缺少的安全导向设施，主要包括指路标志、指示标志、禁令标志和警告标志。标志应设置在驾驶员容易看到，能准确判读的醒目地点，且应不妨碍交通、不影响视线及便于维修。标志的设置距离应能起到预告、提示和指引的作用，并在立交之前适当位置设置。如立交的出口标志，公路立交在2km、城市立交在1km之前就要设置预告标志，然后在500m、100m处设提示标志，到达出口时应设指示标志，引导车辆驶离主线。再如，警告标志设置距离应能保证车辆在标志前及时减速直至停车。

交通标线是立交交通安全设施的组成部分，其作用是管制和引导交通，它包括路面标线、凸起路标和立面标记等。路面标线形式有行车道中心线、行车道边缘线、车道分界线、停止线、人行横道线、减速让行线、导流标线、行车道宽度渐变段标线、出入口标线、导向箭头以及路面文字或图形标记等。凸起路标是固定于路面上凸起的标记块，应做成定向反射型。立面标记可设在跨线桥的墩柱或侧墙端面上，或地下通道洞口和安全岛等壁面上。

交通标志和交通标线的具体做法应符合《城市道路交通标志和标线设置规范》（GB 51038—2015）和《公路交通标志和标线设置规范》（JTG D82—2009）规定。

8.6　分离式立交

8.6.1　分离式立交的类型

分离式立交是指无特设匝道的立交。分离式立交可分为完全分离式立交和分离式两层立交、分离式三层立交。

1. 完全分离式立交

在交叉点处只修建跨线桥或地下通道，使两相交路线上、下之间不能相互连通，以保证直行交通不受干扰，即为完全分离式立交。这种立交主要为道路与铁路的立交（见图8-36），高速公路与其他低等级公路（不包括一级公路）的立交，城市高架道路与各支路的交叉。

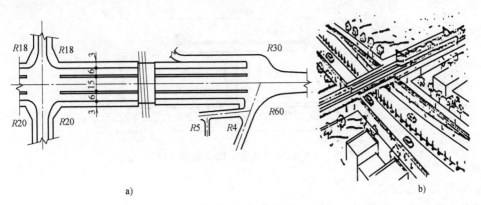

a)　　　　　　　　　　　　　　　　　b)

图 8-36　完全分离式立交地下通道（单位：m）

a）平面图　b）鸟瞰图

2. 分离式两层立交

相交的两条道路中只有一条道路交通量较大，在交叉口处修建一跨或数跨跨线桥或地下通道，以保证主线直行交通畅通，即为分离式两层立交，如图 8-37 所示。这种立交形式多用于快速路或主干路与次干路或支路相交的路口，以减少快速路或主干路的出入口。由于右转弯交通不受信号灯限制，可保留原有道路路口的右转弯车道。对于左转弯交通有两种交通组织方式：一种是允许左转弯车辆在交叉口处平面交叉，形成八个冲突点（见图8-37），为减少冲突点，必要时可设置信号灯；另一种是路口不准左转弯，让车辆绕邻近平行道路行驶或过桥后绕街坊行驶，如图 8-38 所示。

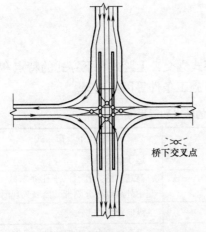

图 8-37　分离式两层立交（允许左右转）

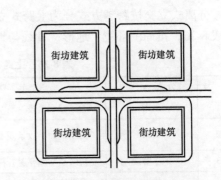

图 8-38　绕行街坊的分离立交

这种立交适用于城区棋盘式道路系统。由于工程拆迁量小，占用土地少，还常用于地形地物受限制的交叉口。

上跨式分离式立交主要是在主路上设跨线桥通过相交道路（一般为次干路或支路），其横断面形式如图 8-39 所示。在进入交叉口范围内要保留左转弯、右转弯交通，故路口要进行拓宽，在路段上则保留 1~2 条地面交通的车道及非机动车道。

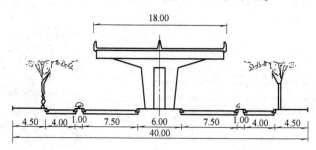

图 8-39 上跨式分离式立交横断面图（单位：m）

3. 分离式三层立交

城市十字路口，如果两条干线的交通量均较大，一个方向采用地下通道，另一个垂直方向采用跨线桥，中间原地平面供左右转弯机动车和非机动车（交通量不太大）行驶，这种形式称为分离式三层立交（见图 8-40）。国外把这种形式用于分离式两层立交的远期建设上，交叉口路面应适当拓宽，桥旁至少设 1~2 条左右转弯车道。

从分离式立交的分类可以看到，此类立交形式多用于城市道路中，只有完全分离式立交用于高速公路与其他低等级公路（不包括一级公路）的立交。

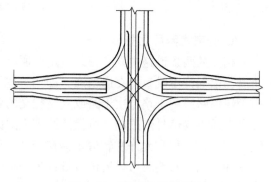

图 8-40 分离式三层立交

8.6.2 分离式立交跨越方式及选择

1. 分离式立交跨越方式

分离式立交按跨越方式分为上跨式立交与下穿式立交，上跨式和下穿式的特点和适用性见表 8-26，按周围环境、地形、管线与地质水文、施工条件等因素选择。

表 8-26 上跨式和下穿式的特点和适用性

序 号	分析类别	上 跨 式	下 穿 式
1	地形	适于凹形地段	适于凸形地段
2	街景	高出地面，故景观要求高	高速公路人孔、汽车孔要求低，城市立交中外露部分分隔带、挡墙景观要求高
3	地下管线	桥墩及基础要避开横向管线	纵向管线均需改建
4	排水	沿墩柱旁水管汇入地面雨水系统	设泵房排水，对墙体排水采取措施
5	防空	目标明显，易袭击，但易修复	深埋效果好，浅埋遭破坏难修复

（续）

序 号	分析类别	上 跨 式	下 穿 式
6	噪声	噪声大，市区应采用隔声墙	对地面影响小，洞内噪声大
7	通风采光	自然通风，用夜间照明设施	污染严重，洞长要考虑通风照明
8	施工中交通	影响小，可同时开放交通	顶进法影响小，大开挖影响大
9	空间利用	可供设置停车场、商店、仓库之用	与地铁、地下停车场可连接，一般不连接
10	与铁路交叉	机动车在下要求净空大，铁路在上有利	汽车在下，净空小，故公路下穿较好
11	非机动车和行人	非机动车与行人跨铁路时坡度大，不方便	非机动车道净空小，坡度小，方便
12	驾驶员行车条件	爬坡高，视野开阔，无净空限制	纵坡小，下坡受视距限制，垂直净空受限
13	分期修建	可以分期修建、横向拓宽等	洞内无法横向扩建，只能再开洞顶进
14	经济	钢材用量相对少，圬工体积大，投资与养护费均小	造价高、养护要求高、钢材用量大、圬工体积小

2. 分离式立交跨越方式的选择

分离式立交上跨或下穿交叉方式的选择，应综合考虑以下因素，经技术经济论证后确定：

1）两相交公路的平面线形和纵坡设计的组合应使整个工程造价最低，占地、拆迁数量最少。

2）不良工程地质条件下，主要公路（尤其是高速公路）宜下穿。

3）交叉附近需与现有公路设置平面交叉或为路旁用户提供出、入口的公路宜下穿。

4）交通量大的公路宜下穿。

5）同已街道化的公路相交时，新建公路宜上跨。

6）结合地形、已建工程现状或发展计划，使之同周围景观相协调。

8.6.3 分离式立交的间距

分离式立交用于铁路与公路相交处，公路下穿、铁路上跨比较有利，可使跨线桥下净空较小，也有利于桥下美化；铁路在上的分离式立交间距取决于城市规划或地区规划布局，即铁路线跨越的横向道路间距。

分离式立交用于城市高架道路时，由于高架道路通常建于城市改造阶段，而非城市初建阶段，在一条主要道路上建数公里长（或在城市内环路、外环路上建数十公里长）的由系列桥梁组成的城市空间道路，呈连续立交形式。高架道路纵断面线形平缓（仅满足桥面排水要求），上层的车辆不必像过数个互通式立交那样数次上坡下坡。高架道路与横向支路相交处为分离式立交，其间的间距取决于各级城市原先规划的支路与支路、支路与次干路的间距，通常为 300 ~ 800m。

非高架道路相邻分离式立交之间的距离取决于路线纵坡和桥下净高以及计算行车速度。计算行车速度越大，立交之间间距越大；相同计算行车速度的立交，桥上下高差越大，间距越大。平原区修建分离式立交的间距可参考图 8-41 采用，图中纵坐标高差为立交桥面至地面的高差，即桥下净空与桥结构厚度之和。

表 8-27 为分离式立交的最小间距。表 8-27 所列数字为不考虑车速的影响，不计入竖曲线影响相邻分离式立交在不同净高、不同纵坡要求下的最小间距。国内外采用的平均间距可供参考如下：德国采用 0.7 ~ 0.8km，美国高速公路上采用 1.6km 设分离式立交；朝鲜采用 1 ~ 2km 设高速公路的横穿孔；韩国则间隔 0.5km 设通行横道；我国已建高速公路设横向通道平均间距约为 800m。

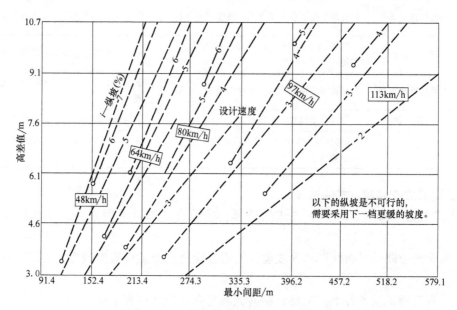

图 8-41　平原区修建分离式立交的间距

表 8-27　分离式立交的最小间距

桥梁建筑高度/m	1.5				1.5				1.5				1.5			
桥下最小净高/m	4.5				5.0				5.5				7.2			
桥下车类别	汽车				无轨电车				有轨电车				电气火车			
上下高差值/m	6.0				6.5				7.0				8.7			
纵坡（%）	3												2			
间距/m	600	400	300	200	650	433	325	260	700	467	350	280	870	580	435	348

8.6.4　分离式立交的设置影响因素

分离式立交的设置应综合考虑公路网现状和规划、相交公路的功能、公路等级、交通量、地形、地质和环境等因素。当高速公路与其他公路交叉除已设置互通式立交外，其余均必须设置分离式立交；当一级公路与直行交通量相对较大的公路相交叉，且可不考虑交通转换或地形条件适宜时，宜采用分离式立交；当设计速度较高，且与直行交通量较大的公路相交时，宜采用分离式立交。

主线采用上跨或下穿的方式应根据相交公路的功能、公路等级、地形、地质、对主线线形及相关工程的影响和工程造价等因素确定。

主线下穿时，被交叉公路的跨线桥及其引道工程应采用被交叉公路相应公路等级的技术指标；当被交叉公路的规划已获批准时，应采用规划的相应公路等级的技术指标。

分离式立交跨线桥桥下净空及布孔除应符合《公路工程技术标准》中建筑限界规定外，还应满足桥下公路的视距和对前方信息识别的要求，其结构形式应与周围环境相协调。

8.6.5　分离式立交设计

1. 分离式立交的设计要点

1）主要公路的平面、纵断面线形应保持直捷、顺适。两相交公路不得因增设分离式立交而使平面、纵断面线形过于弯曲、起伏。

2）两相交道路以正交或接近正交为宜，且交叉附近平面线形宜为直线或不设超高的大半径曲线。

3）高速公路、一级公路同二级公路、三级公路、四级公路相交而采用分离式立交时：

① 被交叉公路的线形、线位应充分利用。当交叉角过小或原线形设计指标过低时，应采用改线方案。

② 高速公路的等级、路基宽度、桥梁净宽、净高及车辆荷载等级等技术指标，应按被交叉公路现状或已批准的规划公路等级设计。

4）分离式立交跨线桥的桥面雨水，应通过管道引至桥下公路的排水沟，不得散排于桥下公路路面。跨线桥桥下公路的排水宜采用自流排水。

5）跨线桥的造型设计应注重美学要求。桥的造型应简洁、明快、轻巧，跨径配置应和谐、悦目，并同周围环境相协调。

6）分离式立交远期计划改为互通式立交时，应按分期修建原则设计并预留布设匝道的工程条件。

2. 主要公路（或高速公路）**上跨时设计要点**

1）跨线桥布孔或跨径必须满足被交叉公路建筑界限、视距和对前方公路识别、通视的要求。

2）跨线桥下为双车道公路时，不得在对向行车道间设置中墩。

3）跨线桥下为多车道公路，在中间带设置中墩时，其中墩两侧必须设防撞护栏，并留有护栏缓冲变形的余地；跨线桥下为无中间带多车道公路，需在行车道中间设置中墩时，其中墩前后必须增设长度足够的中间带，且中墩两侧必须设防撞护栏，并留有护栏缓冲变形的余地。

4）主要公路（或高速公路）纵断面设计根据路堤平均填土高度、纵坡起伏程度、交叉处被交叉公路排水设计等因素综合分析后确定。

5）跨线桥不得压缩桥下公路横断面任何组成部分，以及原有的渠道、电信管道等设施，并留有余地。

6）分离式立交或被交叉公路采用分期修建时，跨线桥应按规划规模一次建成。

3. 主要公路（或高速公路）**下穿时设计要点**

1）被交叉公路的线形、线位应充分利用。当交叉角小或原线位技术指标过低时，宜采用改线方案。

2）被交叉公路的等级、路基宽度、车辆荷载等级应按现状或已批准的规划设计。

3）跨线桥的桥长或布孔必须满足主要公路（或高速公路）的建筑限界、视距和对前方公路识别、通视的要求。主孔宜跨越主要公路全断面，除主孔外应有适当长度的边孔。

4）跨线桥下主要公路（或高速公路）中间带较宽或为四车道以上的高速公路，在中间带设置中墩时，中墩两侧必须设置防撞护栏并留有护栏缓冲变形余地。不得在局部范围内改变中间带宽度而使行车道扭曲。

5）跨线桥下主要公路（或高速公路）附有以边分隔带分离的慢车道、集散车道、附加车道、非机动车道时，可在边分隔带上设置桥墩。当边分隔带较窄时，应在桥墩前后一定范围内加宽，并宜在右方做变宽过渡。

6）跨线桥前方主要公路（或高速公路）有出、入口或平面交叉时，跨线桥应增设供通视用辅助桥孔；主要公路（或高速公路）为曲线时，应满足载重汽车停车视距要求。

7）跨线桥下为路堑时，若路堑不深，宜将桥台置于坡顶之外；若路堑较深或边坡缓而长而需在边坡上设置桥台时，则应将桥台置于坡顶附近，不得布置于坡脚处。

8）主要公路为高速公路、一级公路时：

① 跨线桥必须设置防撞护栏和防护网。

② 跨线桥上严禁设置商业广告和同交通安全无关的宣传栏目。

③ 跨线桥上悬挂交通标志时，不宜采用通栏式的，且上、下边缘不得超出护栏顶部和边梁外缘底线。

思考题与习题

8-1 简述立交的基本组成及特征。

8-2 简述立交的分类。

8-3 简述完全互通式和部分互通式立交的概念及区别，分别举例其典型形式。

8-4 简述立交变速车道的分类和设计。

8-5 简述收费站和收费广场的设置要点。

第 9 章　道路排水设计

9.1　概述

9.1.1　水对道路的危害

路基和路面直接裸露在自然界，受到自然界各种因素的影响。路基、路面病害及形成原因有很多，其中水是主要影响因素。水直接或间接地影响道路的湿度，进而影响道路的使用质量与行车安全，主要体现在地面水对地表的侵蚀与地下水对地基的破坏。水的作用加剧了路基路面结构的损坏，缩短了路面的使用寿命。

1）雨、雪等形成的大气降水，轻微时会造成地面积水而影响车辆的正常行驶，严重时会对道路造成重大危害——直接冲毁路肩、边坡和路基；渗入路基内部的水会使土基湿软从而引起路基冻胀、翻浆或边坡塌方、泥石流，甚至整个路基沿倾斜基底滑动；进入结构层内的水分可浸湿无机结合料处治的粒料层，导致基层强度下降，使沥青面层出现剥落和松散；水泥混凝土路面接缝处渗入的水分聚集在路面结构中，在重载的反复作用下，产生很大的动水压力，导致接缝附近的细颗粒集料软化，形成唧泥，产生错台、断裂等病害。

2）海、河、湖、水渠及池塘水会影响距其较近的道路，降低路面材料的强度，产生影响交通的各种病害；如果路面排水不充分，水流进入封闭性不好的道路内部形成松软土层，造成路基沉陷；易发洪水季节甚至会冲毁路基及周边的附属工程构造物。

3）位于地下土层相对不透水层一带的滞水，会软化路基，使路基潮湿，降低路基强度。

4）在地面以下第一个隔水层以上的含水层的潜水，距地面较近，在重力作用下可沿土层以薄膜形式从含水量高的位置向含水量低的位置流动，从温度高的地方向温度低的冻结中心周围流动，形成水分集中，造成路基局部损坏，影响路基的整体强度和水温稳定性，重者会引起冻胀、翻浆或边坡滑坍，甚至整个路基沿倾斜基底滑动，水还可能造成掺有膨胀土的路基工程毁灭性的破坏。

5）在地面以下任何两个隔水层之间含水层中的层间地下水，当水源高于地面时，可以通过岩层裂缝冒出地面而形成泉水，上升到路基，导致路基湿软和强度降低，重者会引起路基整体破坏。

9.1.2　排水设计的目的与要求

道路排水设计要考虑道路等级、地形、地质、气候、年降雨量、地下水等条件，考虑不同的水源，设置相应的排水设施，使路基、路面形成良好的排水系统。把影响路基强度和稳定性的水排到路基范围以外适当的地点，并防止地面水漫流、滞积或下渗，对影响路基稳定性的地下水，则应予以隔断、疏干、降低，并引到路基范围以外适当的地点，将土基湿度降低到一定范围内，保持路基常年处于干燥状态，确保路基、路面的强度和稳定性不受地下水和地表积水的影响。还必须将路面排水和路基排水结合起来综合考虑，将地上排水和地下排水综合考虑，将临时性排水设施与永久性排水设施综合考虑，将道路排水与农田灌溉、周围环境保护综合考虑，将道路排水工程与防护加固工程综合考虑；应校核全线排水系统的设计是否完备和妥善，必要时予以补充或修改，应重视排水工程的质量和使用效果。

9.1.3 排水设计的原则

（1）设计标准和目标 排水设计的标准应同所设计公路的重要性以及水对毗邻财产可能产生的危害性相适应。排水设计的目标是提供功能完善、维修便利和造价合理的最佳排水设施方案。

（2）协调配合 排水设计应同当地的自然水系、已有的或规划的水利设施（灌溉排水、河川治理或水土保持等）、公共下水道、地下管线等协调配合。

（3）环境保护 各项排水设施应重视流水处理，防止排泄水冲毁农田及水利设施，防止冲刷地表引起水土流失或者污染水源。

（4）维修方便 各项排水设施的设计断面尺寸，应满足排泄设计流量的要求。同时，还应符合检查、维护和修理的要求。

9.2 公路排水设计

9.2.1 路界地表排水系统

按降水在路界内降落的范围，可将路界地表排水划分为路面表面排水（含路肩）、中央分隔带排水、超高段排水和路基坡面排水四部分。

路界地表排水的目的是把降落在路界范围内的表面水有效地汇集并迅速排出路界，同时把路界外可能流入的地表水拦截在路界范围外（但不包括横穿路界的自然水道内的水流），以减少地表水对路基、路面的危害及对行车安全的威胁。

路界地表排水设施主要由各种沟和管组成，它们分别承担一定汇水面积范围内地表水的汇集和排泄功能。表面排水设计的内容包括：

1）按排水功能要求选择沟、管的类型，布置合适位置，并将各项设施组合成一个将地表水顺畅地汇集、拦截和排引到路界外的排水系统。

2）确定各项表面排水设施的汇水范围并计算其设计流量。

3）选择出水口（泄水口）的位置、间距和构造。

4）计算满足排泄设计流量要求的沟、管断面形状和尺寸。

5）分析沟渠和出水口周围地面冲刷和侵蚀的可能性，并考虑采取相应的有效防治措施。

1. 路面表面排水

（1）横坡 利用道路行车道和路肩上设置的横向坡度，使路面表面水流向路基边缘。路面横坡与路面类型相关，路面排水越不畅，其横坡设置越大，但要保证行车安全。路面路拱横坡见表4-5。路肩的横坡应较行车道横坡大1%～2%。右侧硬路肩边缘设拦水带时，其横坡宜采用5%，也可在邻近拦水带内边缘0.5～1.0m宽度范围内将路肩的横坡增加至少

5%，六车道、八车道的高速公路宜采用较大的路面横坡。

（2）路堤坡面漫流　在路线纵坡平缓、汇水量不大、路堤较低且边坡坡面不会受到冲刷的情况下，可采用让路面表面水以横向漫流形式向路堤坡面分散排放。

（3）路堤拦水带　在路堤较高，边坡坡面未做防护而易遭受路面表面水流冲刷，或者坡面虽已采用防护措施但仍有可能受到冲刷时，可沿硬路肩外侧边缘设置沥青混凝土拦水带，由拦水带和路肩坡面组成的浅三角形边沟汇集路面表面水，并通过间隔一定距离的竖向排水沟排出路堤。路堤拦水带如图9-1所示。在硬路肩外侧设有U形混凝土排水沟时，汇集在拦水带内的表面水，可通过间隔一定距离设置的出水口和汇水槽引排到排水沟内，如图9-2所示。拦水带可由沥青混凝土现场浇筑，或者由水泥混凝土预制块铺砌而成。采用水泥混凝土预制块拦水带时，应避免预制块影响路面内部水的排泄。

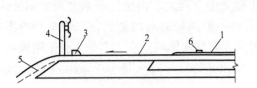

图9-1　路堤拦水带

1—行车道　2—硬路肩　3—拦水带
4—护栏　5—草坡铺砌　6—标线

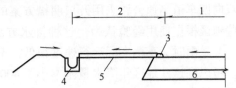

图9-2　拦水带和混凝土排水沟

1—硬路肩　2—无铺面路肩　3—拦水带
4—排水沟　5—泄水槽　6—基层

2. 中央分隔带排水

中央分隔带排水是高速公路及一级公路地表排水的重要内容，应根据分隔带宽度、绿化和交通安全措施的形式和分隔带表面的处理方式等因素选择不同的排水方式。我国的《公路排水设计规范》（JTG/T D33—2012）对中央分隔带排水设计做如下规定：

1）中央分隔带表面未采用铺面封闭时，分隔带内部宜设置由防水层、纵向排水渗沟、集水槽和横向排水管等组成的防排水系统，如图9-3所示。宽度大于3m的中央分隔带表面宜设置成浅碟形，横向坡度宜为1:4~1:6。

2）中央分隔带排水渗沟宜设置在通信管道之下，渗沟顶面与回填土之间应设置反滤层，渗沟两侧及底部应设置防水层。宜采用管式渗沟，渗沟材料及设计应符合有关规定。横向排水管宜采用直径为100~200mm的塑料管。

3）降雨量较小、中央分隔带较窄时，中央分隔带可采用表面铺面封闭分散排水。分隔带铺面应采用两侧外倾的横坡，坡度宜与路面横坡度相同，铺面材料可采用沥青处治材料或其他封闭材料，如图9-4所示。

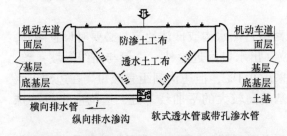

图9-3　不铺面中央分隔带防排水系统示意图

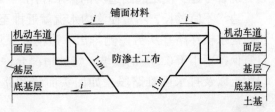

图9-4　设铺面中央分隔带防排水系统示意图

4）中央分隔带回填土与路面结构之间应设置防水层。

3. 超高段排水

1）超高段外侧排水，可根据降雨量及路面宽度，采取经内侧路面排除或设置地下排水设施排除的方案，并应符合以下规定：

① 年降水量小于 400mm 的地区，双向四车道公路，可采用在中央分隔带设开口明槽方案，路面水流经内侧路面排除。

② 年降水量大于或等于 400mm 的地区，或车道数超过四车道，外侧路面水宜通过地下排水系统排除。

超高段外侧路面表面水通过中央分隔带流经内侧半幅路面排泄时，经济性和结构可靠性都优于地下排水，但对行车会造成一定的影响，各地对影响程度的接受水平也存在差异。我国双向四车道高速公路采用开口明槽方案的，主要集中在西北、内蒙古和东北西北部地区。这些地区根据使用经验认为，这种排水方法在当地一般降雨时对内侧的行车安全影响不明显，大暴雨时，车辆实际运行速度很低，不会因为表面排水影响安全，多数主张采用表面排水。考虑到这些地区年降水量基本小于 400mm，所以允许在年降水量小于 400mm 的地区采用表面排水。

2）超高路段的地下排水系统应由纵向集水沟（管）、集水井、检查井、横向排水管、急流槽等组成。

3）纵向集水沟（管）、集水井及检查井等排水设施应在中间带内设置，不得侵入行车道。

4）纵向集水沟（管）可采用缝隙式集水沟（管）、碟形浅沟或设带孔盖板的矩形沟等形式。沟底纵坡宜与路线纵坡一致，且不应小于 0.3%。

5）集水井的形式、数量和间距应根据超高路段的外侧半幅路面汇水面积、流量及出水口的泄流能力确定。集水井的间距宜为 20～50m，纵向集水沟（管）串联集水井的个数不宜超过 3 个。路线纵坡小于 0.3% 的路段，可增加集水井数量。

6）纵向集水沟、集水井及检查井等的盖板材料应采用钢筋混凝土、铸铁或钢筋加强的复合材料，材料强度和盖板厚度应根据设计汽车荷载等级计算确定。

4. 路基坡面排水

常用的路基坡面排水设备包括边沟、截水沟、排水沟、跌水与急流槽等，必要时还有渡槽、倒虹吸及蒸发池等。这些排水设备分别设在道路的不同部位，各自的排水功能、布置要求或构造形式均有所差异。

（1）边沟　设置在挖方路基的路肩或低路堤的坡脚外侧，多与路中线平行，用于汇集和排除路基范围内流向路基的少量地面水。平坦地面填方路段的路旁取土坑，常与路基排水设计综合考虑，使之起到边沟的排水作用。

边沟不宜过长，尽量使沟内水流就近排至路旁自然水沟或低洼地带，必要时设置涵洞，将边沟水横穿路基从另一侧排出。边沟的纵坡（出水口附近除外）一般与路线纵坡一致，且宜保持不小于 0.3% 的纵坡，特殊情况允许采用 0.1%，但边沟间距宜减短。在边沟出水口附近以及排水困难路段，如回头曲线和路基超高较大的平曲线等处，边沟应进行特殊设计。

边沟的横断面形式，有梯形、矩形、三角形及碟形等，如图 9-5 所示。边沟横断面一般

采用梯形，梯形边沟内侧边坡为 1:1.0~1:1.5，外侧边坡坡度与挖方边坡坡度相同。石
方路段的边沟宜采用矩形横断面，其内侧边坡直立，坡面应采用浆砌片石防护，外侧边坡坡
度与挖方边坡坡度相同。少雨浅挖地段的土质边沟可采用三角形横断面，其内侧边坡宜采用
1:2.0~1:3.0，外侧边坡坡度与挖方边坡坡度相同。三角形边沟的水流条件较差，流量较
大时沟深宜适当加大。碟形边沟是将路堤横断面的边角整修圆滑，可以防止路基旁侧积沙或
堆雪，适用于沙漠或积雪地区的路基。

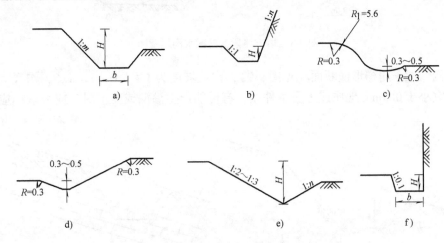

图 9-5　边沟横断面形式示意图（单位：m）

a)、b) 梯形　c)、d) 碟形　e) 三角形　f) 矩形

边沟出水口的间距，一般地区不宜超过 500m，多雨地区不宜超过 300m，三角形和碟形
边沟不宜超过 200m。边沟出水口附近，水流冲刷比较严重，必须慎重布置和采取相应措施。

（2）截水沟　截水沟又称为天沟，一般设置在挖方路基边坡坡顶以外，或山坡路堤上
方的适当位置，用于拦截并排除路基上方流向路基的地面径流，减轻边沟的水流负担，保证
挖方边坡和填方坡脚不受流水冲刷。降水量较少或坡面坚硬和边坡较低以致冲刷影响不大的
路段，可以不设截水沟；反之，如果降水量较多，且暴雨频率较高，山坡覆盖层比较松软，
坡面较高，水土流失比较严重的地段，必要时可设置两道或多道截水沟。图 9-6 所示是路堑
挖方边坡上方设置的截水沟，图中距离 d 一般应大于 5.0m，地质不良地段可取 10.0m 或者
更大。截水沟下方一侧可堆置挖沟的土方，要求做成顶部向沟倾斜 2% 的土台，路堑上方设
置弃土堆时，截水沟的位置及断面尺寸如图 9-7 所示。

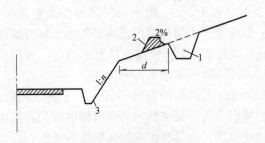

图 9-6　挖方段截水沟

1—截水沟　2—土台　3—边沟

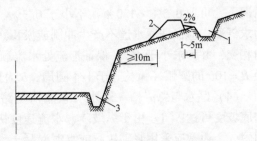

图 9-7　挖方段弃土堆与截水沟关系

1—截水沟　2—土台　3—边沟

山坡填方路段可能遭到上方水流的破坏作用，此时必须设截水沟，以拦截山坡水流保护路堤。截水沟与坡脚之间，要有不小于2.0m的间距，并做成2%的向沟倾斜的横坡，确保路堤不受水害，如图9-8所示。

图9-8　填方路段上的截水沟示意图

截水沟一般采用梯形横断面（见图9-9），沟坡坡度为1∶1.0~1∶1.5，沟底宽度和沟的深度不宜小于0.5m。地质或土质条件差，有可能产生渗漏或变形时，应采取相应的防护措施。

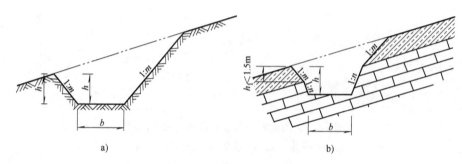

图9-9　截水沟的横断面图例

a）土沟　b）石沟

截水沟的位置应尽量与绝大多数地面水流方向垂直，以提高截水效能和缩短沟的长度。截水沟应结合地形和地质条件沿等高线布置，将拦截的水顺畅地排向自然沟谷或水道。截水沟长度以200~500m为宜；超过500m时，可在中间适宜位置增设泄水口，由急流槽或急流管分流引排。

（3）排水沟　排水沟主要用于排除来自边沟、截水沟或其他水源的水流，以形成整个排水系统。排水沟的断面形式以梯形为主，尺寸由水利水文计算而定。为避免水流过于集中，沟的全长一般不宜超过300m。排水沟应具有合适的纵坡，以保证水流畅通，不致流速过大而产生冲刷，也不致因流速太小而产生淤积，为此宜通过水利水文计算择优选定。一般情况下，可取0.5%~1.0%，不小于0.3%，也不宜大于3%。排水沟与其他沟渠相接时，力求舒顺，应保证原水道不产生冲刷或淤积。一般应使排水沟与原水道两者的水流流向成锐角相交，并力求小于45°，保证汇流处水流顺畅。如限于地形，锐角连接有困难时，可用半径 $R = 10b$ 的圆弧（弧长等于1/4圆周，b 为排水沟顶宽），如图9-10所示。

（4）跌水与急流槽　跌水与急流槽是路基坡面排水沟渠的特殊形式，用于陡坡地段，沟底坡度可达1∶1。由于纵坡陡、水流速度快、冲刷力大，要求跌水与急流槽的结构必须稳固耐久，通常应采用浆砌块石或水泥混凝土预制块砌筑，并具有相应的防护加固措施。

在陡坡或深沟地段设置的沟底为阶梯，水流呈瀑布式跌落的沟槽称为跌水。跌水的构造有单级和多级之分，沟底有等宽和变宽之别。图9-11所示为底宽变化的多级跌水结构。

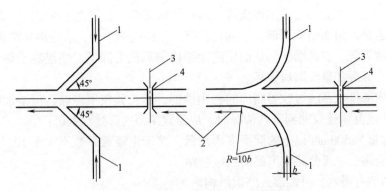

图 9-10　排水沟与其他沟渠衔接示意图

1—排水沟　2—其他沟渠　3—路基中心线　4—桥涵

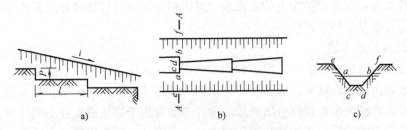

图 9-11　底宽变化的多级跌水结构

a）纵剖面　b）平面　c）横剖面

在陡坡或深沟地段设置的坡度较陡、水流不离开槽底的沟槽称为急流槽。急流槽的纵坡比跌水的平均纵坡更陡，结构的坚固稳定性要求更高，是山区公路回头曲线沟通上下线路路基排水及沟渠出水口的一种常见排水设施。急流槽的主体部分的纵坡依地形而定，一般可达$1：1.5$，如果地质条件良好，还可更陡，但结构要求更高，造价也更高，设计时应通过比较而定。图 9-12 所示为高路堤段边坡急流槽示意图。急流槽的作用是在较短的距离内以沟渠的方式引排水流、降低水头，进而防止冲刷。

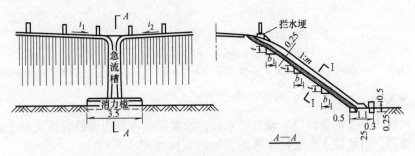

图 9-12　高路堤段边坡急流槽示意图（单位：m）

9.2.2　路面内部排水系统

降落在路面上的水，大部分通过道路的横向和纵向坡度流向路肩和路基外，但仍有一部分会沿道路接缝和裂缝的缝隙、道路结合料的空隙、路面和路肩的接缝渗入路面结构内。当地下水位高时，地下水会通过毛细渗流进入路面结构下部；季节性冰冻地区，集聚在路床上部的自由水也会进入路面结构下部。被围封在路面结构内的水分，会浸湿各结构层材料和路基土，使其强度下降，变形增加，从而使路面结构的承载力降低，使混凝土路面产生唧泥，随即出现错台、开裂和整个路肩破坏。

设置路面内部排水系统可改善路面的使用性能，延长其使用寿命，但增加路面的造价。《公路排水设计规范》建议遇到下列情况时，应设置路面内部排水系统：

1）年降水量为 600mm 以上的湿润多雨地区，路床由渗透系数不大于 10^{-4}cm/s 的细粒土填筑的高速公路、一级公路或重要的二级公路。

2）路基两侧有滞水，可能渗入路面结构内。

3）重冰冻地区，路床为粉性土的潮湿路段。

4）现有公路路面改建或路基改善工程，需排除积滞在路面结构内的水。

为迅速排除滞留在路面结构内的自由水，可沿路面边缘设置边缘排水系统，或者在路面结构层内设置排水基层排水系统。

1. 路面边缘排水系统

路面边缘排水系统是将渗入路面结构内的自由水，先沿路面结构层的层间空隙或某一透水层次横向流入由透水性材料组成的纵向集水沟，并汇流流入沟中的带孔集水管内，再由间隔一定距离布设的横向出水管排引出路基。这种方案常用于基层透水性小的路面。目前，高等级公路建设中通常采用的半刚性基层，透水性小，因此，设置边缘排水系统，便于将路面结构内积滞的自由水排出。

路面边缘排水系统主要由透水性填料集水沟、纵向排水管、横向出水管和过滤织物（土工布）组成，如图 9-13 所示。

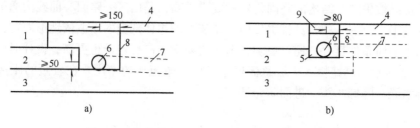

图 9-13 边缘排水系统示意图（尺寸单位：mm）

a）新建路面 b）旧路面新增

1—面层 2—基层 3—垫层 4—路肩面层 5—集水沟 6—排水管 7—出水管 8—反滤织物 9—回填路肩面层

2. 排水基层排水系统

基层排水系统是直接在面层下设置透水性排水基层，在其边缘设置纵向集水沟、排水管及横向出水管等，组成排水基层排水系统，如图 9-14 所示。

采用透水性材料作为基层，使渗入路面内的水分，先通过竖向渗流进入排水层，然后横向渗流进入纵向集水管和排水管，再由横向出水管排引出路基。这种排水系统，自由水进入排水层的渗流路径短，在透水性材料中渗流的速率快，排水效果比边缘排水系统好。一般在新建路面时采用此方案。

排水基层下必须设置不透水垫层或反滤层，以防止表面水向下渗入垫层而浸湿垫层和路基，同时防止垫层或路基土中的细粒进入排水基层而造成堵塞。

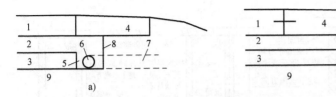

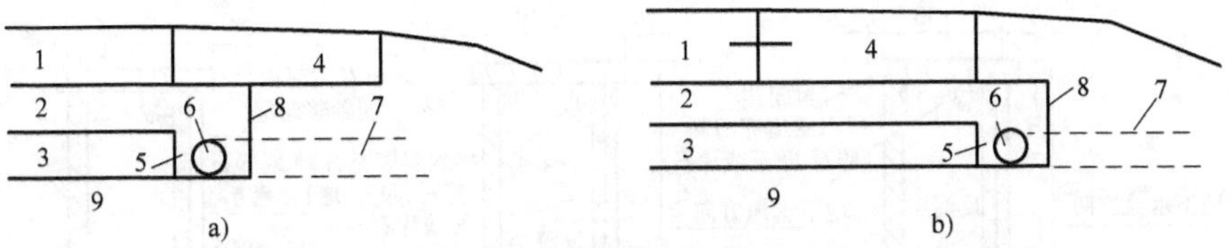

图 9-14　排水基层排水系统

1—面层　2—排水基层　3—不透水垫层　4—路肩面层　5—集水沟

6—排水管　7—出水管　8—反滤织物　9—路基

9.2.3　地下排水系统

路基及边坡土体中的上层滞水或埋藏很浅的潜水称为地下水，当地下水影响路基稳定或强度时，应设置暗沟、渗沟、渗井、渗水隧道或仰斜或排水管等地下排水设施。

1. 暗沟

暗沟又称为盲沟，具有隐蔽工程的含义。暗沟内分层填以不同结构的颗粒材料，利用渗水材料的透水性将地下水汇集于沟内，并沿沟排至指定地点。暗沟在水利特性上属于紊流。

图 9-15 所示为单侧边沟下设的暗沟，用以拦截流向路基的层间水，防止路基边坡滑坍和毛细水上升，危及路基的强度和稳定性。

图 9-16 所示为路基两侧边沟下设的暗沟，用以降低地下水位，防止毛细水上升至路基工作区范围内，形成水分集聚而造成冻胀和翻浆，或土基过湿而降低强度等。

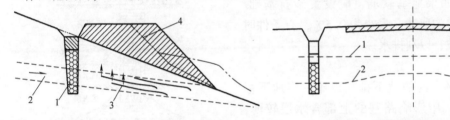

图 9-15　单侧边沟下设的暗沟

1—暗沟　2—层间水　3—毛细水　4—可能滑坡线

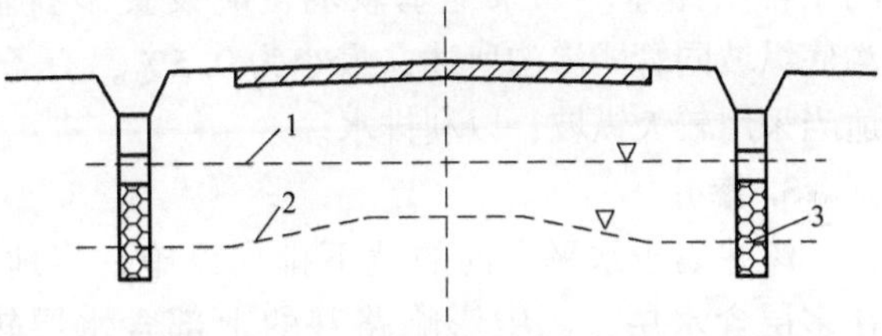

图 9-16　路基两侧边沟下设的暗沟

1—原地下水位　2—降低后地下水位　3—暗沟

简易暗沟的排水能力较小，不宜过长，沟底具有 1%～2% 的纵坡，出水口底面标高应高出沟外最高水位 20cm，以防水流倒渗。寒冷地区的暗沟应做防冻保温处理或将暗沟设在冻结深度以下。

2. 渗沟

采用渗透方式将地下水汇集于沟内，并通过沟底通道将水排至指定地点，此种地下排水设施统称为渗沟，作用是降低地下水位或拦截地下水，其水力特性是紊流，但在构造上与上述简易暗沟有所不同。

渗沟有三种结构形式，如图 9-17 所示。暗沟式渗沟与上述简易暗沟相似，但构造更为完善。当地下水流量较大，要求埋置更深时，可在沟底设洞或管，前者称为洞式渗沟，后者称为管式渗沟。

（1）填石渗沟（暗沟）　填石渗沟（暗沟）一般用于流量不大、渗沟不长的地段，是目前公路上常用的一种渗沟。设计时应考虑淤塞失效问题。由于排水层阻力较大，其纵坡不

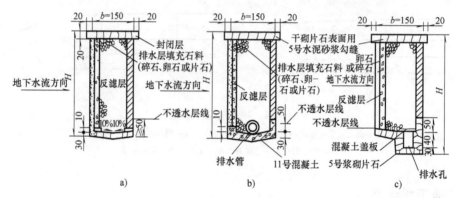

图 9-17　渗沟结构形式示意图（单位：cm）
a）填石渗沟（暗沟）　b）管式渗沟　c）洞式渗沟

应小于1%，一般可采用5%。

（2）管式渗沟　设于地下引水较长的地段，但渗沟过长时，应加设横向泄水管，将纵向渗沟内的水流迅速分段排除。沟底纵坡取决于设计流速，最大流速应考虑到水管的构造和使用寿命，且不致冲毁管下垫枕材料，一般以不大于1.0m/s为宜，且不应低于最小流速。纵坡宜采用1%~3%，最小纵坡为0.5%，以免淤积。

（3）洞式渗沟　当地下水流量较大，或缺乏水管时，可采用石砌涵洞，洞口大小依设计流量而定。洞身一般设在不透水层内，以便洞内的水排出路基。如果地基软弱，应设置砂石基础。沟底纵坡同管式渗沟所述，最小为0.5%，有条件时适当采用较大纵坡，以利排水。

3. 渗井

渗井属于水平方向的地下排水设施，当地下存在多层含水层，其中影响路基的上部含水层较薄，排水量不大，且平式渗沟难以布置时，采用立式排水，设置渗井，穿过不透水层，将路基范围内的上层地下水引入更深的含水层中以降低上层的地下水或全部予以排除。图9-18所示为圆形渗井的结构与布置图例。

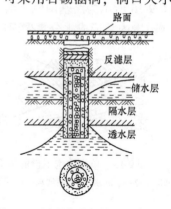

图 9-18　圆形渗井的结构与布置图例

渗井施工难度较大，单位渗水面积的造价高于渗沟，一般尽量少用。但当土基含水量较大，严重影响路基、路面的强度，而其他地下排水设施不易布置，其他技术措施（如隔离层）的造价较高时，渗井可作为方案之一，设计时应进行分析比较，有条件地选用。

9.3　城市道路排水设计

9.3.1　城市道路排水系统

1. 城市道路排水体制

城市道路排水是城市道路设计的重要组成部分，为保证车辆和行人的正常交通，改善城市环境，避免路面过早破坏，要求道路可迅速地将地面雨、雪水排除。城市中除需要排雨水、雪水外，还需要排除工业污（废）水和生活污水。由于废水、污水和雨水的水质不同，对环境的影响也不同，应分别组织不同的管道系统来排除。

排水体制是在一个区域内收集、输送污水和雨水的方式，有合流制和分流制两种基本方式。

（1）合流制　将污水和雨水用同一管道汇集输送的称为合流制排水系统。过去我国很多城市工业不发达，城市人口少，生活污水和工业污（废）水水量不大，因此道路排水设计大都采用合流制，污水直接排至天然水域。但随着工业的高速发展，人口的增多，生活污水和工业污（废）水水量急剧增加，这种合流制排水系统对城市环境卫生造成很大的危害。

（2）分流制　将雨水和污水分别设置管道系统排除，称为分流制排水系统，如图 9-19 所示。其中汇集和处理生活污水和工业污（废）水的系统称为污水系统；汇集和排泄雨水的系统称为雨水系统。采用分流制有利于环境卫生的保护，有利于污水的综合利用，便于从废水中回收有用物质，可以做到清浊分流，减少需要处理的废水量。

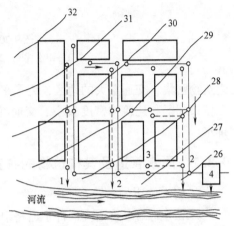

图 9-19　分流制排水系统示意图
1—雨水管道　2—污水管道
3—检查井　4—污水处理厂

排水体制（分流制或合流制）的选择，应根据城镇的总体规划，结合当地的地形特点、水文条件、水体状况、气候特征、原有排水设施、污水处理程度和处理后出水利用等综合考虑后确定。同一城镇的不同地区可采用不同的排水体制。除降雨量少的干旱地区外，新建地区的排水系统应采用分流制。现有合流制排水系统，有条件的应按照城镇排水规划的要求，实施雨污分流改造；暂时不具备雨污分流条件的，应采取截流、调蓄和处理相结合的措施。

本节主要介绍道路雨水管道的布置与设计，有关工业污（废）水与生活污水的处理和排除，可参阅其他有关书籍。

2. 城市道路排水系统的类型

城市道路排水系统，根据构造特点，可分为明式排水系统、暗式排水系统和混合式排水系统三种。

（1）明式排水系统　明式排水系统是采用明沟排水，仅在街坊出入口、人行横道处增设带漏孔的盖板、涵管等构造物。这种方式多用于城市郊区或临街建筑物稀少的道路。为避免明沟过长且基于排水坡度要求而开沟过深，可间隔适当距离布置横向截流沟将水引至道路外侧低凹区或河流、湖泊内。

（2）暗式排水系统　暗式排水系统是利用埋设于道路下的雨水管道排水，这种方式雨水顺着道路路面的纵坡、横坡流入沿道路设置的雨水口内，再由雨水连接管接入雨水干管，最后排入下游管线或附近河流、湖泊内，如图 9-20 所示。

（3）混合式排水系统　混合式排水系统是明沟和暗管相结合的一种排水类型。在城市

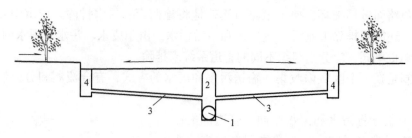

图 9-20 暗式排水系统示意图

1—雨水管道 2—检查井 3—连接管 4—雨水口

建筑物密集、交通量大的地区，为了车辆、行人出行方便和环境卫生，可采用暗式排水；而在城市郊区、建筑物密度较小、交通稀少的地区，为节约建设投资，可优先考虑采用明式排水。

9.3.2 雨水管道及其构筑物的布置

1. 雨水管道的布置

城市道路雨水管道应平行于道路中心线或规划红线。雨水管道一般设置在道路中心或一侧，并宜设在快车道以外。道路红线宽度超过 60m 的城镇干道，宜在道路两侧布置排水管道。

由于雨水管道施工及检修对道路交通干扰很大，因此雨水管道应尽可能避免布置在道路的行车道下，宜直接埋设在绿化带或较宽的人行道下，并注意与行道树、缘石和杆柱等保持一定的横向距离。此外，雨水管道应尽可能避免和减少与河流、铁路以及其他市政地下管线交叉，必须交叉时，应尽量正交，并保证各管线竖向有一定的安全净距。如果雨水管与其他管线发生平交时，则应将其他管线以倒虹吸的方式从雨水管下方穿过；若相交的污水管管径较小，也可在交会处加设检查井，并将该处污水管改用铸铁管穿过；对平面相交的给水管，可以把给水管做成向上弯头，用铸铁管通过雨水检查井，如图 9-21 所示。

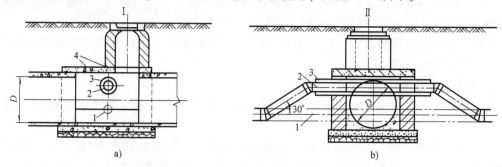

a) b)

图 9-21 雨水管和给水管线相交（上穿式）

a) 正面 b) 侧面

1—未迁移前给水管位置 2—迁移后给水管位置 3—钢套管 4—钢筋混凝土盖板

雨水管道的管径大小根据设计流量、管道坡度等确定。管道最小管径宜为 300mm，管道纵坡尽可能与道路纵坡一致，这样，不致使管道埋深过大，以节省土方开挖量。因此在城市道路纵断面设计时，应考虑雨水的排除问题，为排除雨水创造条件。根据排除雨水的要求，道路的纵坡最好在 0.3% ~4% 范围内。通常当道路纵坡大于 4% 时，需分段设置跌水井等特殊构筑物。管道的最小纵坡不得太小，一般不小于 0.3%。为防止或减少沉淀，雨水管设计流速常采用自清流速，一般为 0.75m/s。

管道的埋设深度对整个管道系统的造价和施工影响很大，管道埋深越大则造价越高，施工越困难，因此管道埋深不宜过大。管道最大允许埋深，根据技术经济指标及施工方法决定，一般在干燥土壤中，管道最大埋深不超过 8m；地下水位较高，可能产生流砂的地区不超过 5m。

雨水管的最小埋深等于管直径与管顶最小覆土深度之和。最小覆土深度应根据管材强度、外部荷载、土壤冰冻深度和土壤性质等条件，结合当地埋管经验确定。管顶最小覆土深度宜为：人行道下 0.6m，行车道下 0.7m。在保证管道不受外部荷载损坏时，最小覆土深度可适当减小。至于北方冰冻地区，则依据防冻要求来确定覆土深度。管道埋深与覆土深度如图 9-22 所示。

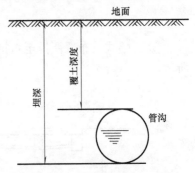

图 9-22　管道埋深与覆土深度

不同直径的管道在检查井内的连接，宜采用管顶平接或水面平接。设计时常采用管顶平接，可便于施工，避免形成回水，但可能增加管道埋深；采用管道内设计水面平接，可减少埋深，但是施工不便，易产生误差。设计时应因地制宜选用不同的连接方式。污水管道的衔接如图 9-23 所示。

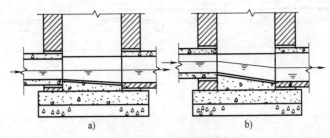

图 9-23　污水管道的衔接

a) 水面平接　b) 管顶平接

2. 雨水口和检查井的布置

（1）雨水口的布置　雨水口是雨水管或合流管道上收集雨水的构筑物。地面上、街道上的雨水首先进入雨水口，在经过连接管流入雨水管道。雨水口一般设在街区内、广场上、道路交叉口和道路边沟的一定距离处，以防止雨水漫过道路或造成道路积水，影响交通。

1）雨水口的布置形式。雨水口的布置形式应根据道路的横断面形式合理布置。目前国内常见的布置形式有：

①单幅式，布置两排雨水口，如图 9-24 所示。

②双幅式，布置两排或四排雨水口，如图 9-25 所示。

图 9-24　单幅式

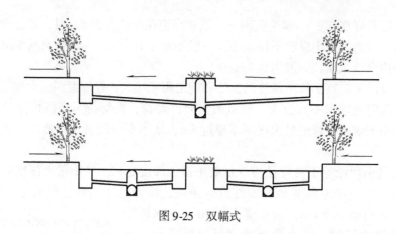

图 9-25　双幅式

③ 三幅式，布置两排至六排雨水口，又分为 A 型雨水口和 B 型雨水口两种，如图 9-26 所示。

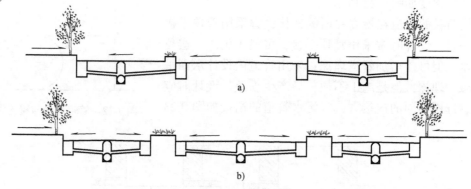

图 9-26　三幅式
a) A 型雨水口　b) B 型雨水口

在道路交叉口处，应根据路面径流情况及方向布置雨水口，可按图 9-27 所示设计，使来自道路的雨水在交叉口前人行道上游就被截住流入雨水口，不允许在交叉口上漫游，以免妨碍车辆和行人交通。

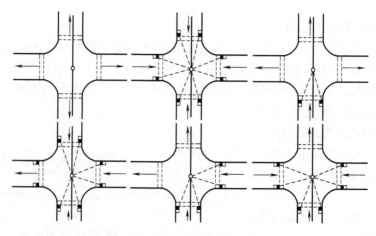

图 9-27　道路交叉口雨水口布置

2) 雨水口的泄水能力。雨水口的泄水能力按下式计算

$$Q = \omega C \sqrt{2ghk} \tag{9-1}$$

式中　Q——雨水口排泄的流量（$\mathrm{m^3/s}$）；

　　　ω——雨水口进水面积（$\mathrm{m^2}$）；

　　　C——孔口系数，圆角孔用 0.8；方角孔用 0.6；

　　　g——重力加速度，取 $9.8\mathrm{m/s^2}$；

　　　h——雨水口上允许储存的水头（m），一般认为街沟水深不宜大于侧石高度的 2/3，
　　　　　一般采用 $0.02 \sim 0.06\mathrm{m}$；

　　　k——孔口阻塞系数，一般取 2/3。

由式（9-1）知：当由降雨强度算出需要排泄的流量，并规定了允许储存的深度后就可算出每个雨水口所需要的进水面积，进而确定进水箅的数量。

3) 雨水口的构造形式。雨水口的构造包括进水箅、井身和连接管三部分，如图 9-28 所示。根据进水箅布置的不同，雨水口可分为平式、立式和联合式三种。

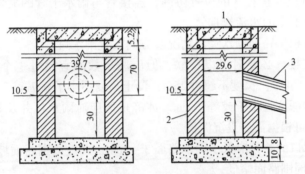

图 9-28　雨水口构造示意图（单位：cm）

1—进水箅　2—井身　3—连接管

① 平式雨水口（见图 9-29），又分为缘石平箅式及地面平箅式两种。缘石平箅式雨水口适用于有路缘石的道路，主要排除路面水；地面平箅式雨水口适用于无路缘石的路面、广场及地面积水处等。

② 立式雨水口（见图 9-30），有立孔式和立箅式两种，适用于有路缘石的道路，其中立孔式雨水口适用于箅隙容易被杂物堵塞的地方。

③ 联合式雨水口（见图 9-31），在水平和垂直方向上均有雨水箅子，宜用于径流集中且有杂物堵塞处。

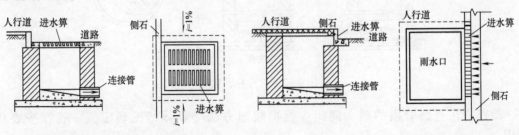

图 9-29　平式雨水口示意图　　　　　图 9-30　立式雨水口示意图

雨水口底部可分为有沉泥槽和无沉泥槽两种。沉泥槽可截留雨水所夹带的泥沙，不使它们进入管道而造成淤塞，但其往往影响环境卫生，增加养护工作量。

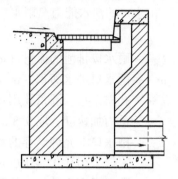

图 9-31　联合式雨水口示意图

4）雨水口的布置规定。

① 确定道路纵断面上低洼积水点和交叉口竖向上必需的雨水口，如道路上雨水汇合点、凹竖曲线的低洼处等均应设置雨水口。

② 根据道路纵横坡度、道路宽度、路面种类、周围地形及排水情况，选择雨水口形式及布置方式。

③ 根据当地暴雨强度、雨水口的泄水能力等因素，确定雨水口的数量、位置与间距，连接管间距宜为 25～50m。

④ 连接管位置应与检查井的位置协调，连接管与雨水干管的夹角宜接近 90°，斜交时连接管应布置成与干管的水流顺向。

⑤ 交叉口处应根据路面雨水径流情况及方向布置雨水口。

⑥ 雨水口的连接，必要时可以串联，但串联个数不宜超过 3 个。连接管最小管径为 200mm，坡度不小于 1%，长度不超过 25m，覆土高度不小于 0.7m。

⑦ 雨水口井的深度宜小于或等于 1m。冰冻地区应对雨水口井及其基础采取防冻措施，泥沙量较大地区，可根据需要设沉泥槽。

⑧ 平算式雨水口的井算应低于周围路面 3～5cm，并使周围路面坡向雨水口。立式雨水口进水孔底面应比周围路面略低。

（2）检查井的布置　检查井又称为窨井，是设置在雨水管道上的井状构造物，如图 9-32 所示。检查井的位置，应设在管渠交汇处、转弯处、管径或坡度改变处、跌水处以及直线管段上每隔一定距离处。相邻两个检查井之间的管道应在同一直线上，便于检查和疏通操作。

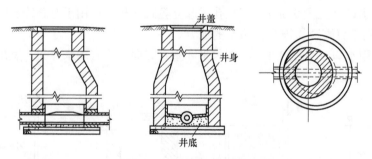

图 9-32　检查井示意图

检查井在直线管段的最大间距应根据疏通方法等具体情况确定，一般宜按表 9-1 采用。

表 9-1　检查井最大间距

管径或暗渠净高/mm	最大间距/m	
	污水管道	雨水（合流）管道
200 ~ 400	40	50
500 ~ 700	60	70
800 ~ 1000	80	90
1100 ~ 1500	100	120
1600 ~ 2000	120	120

9.3.3　雨水管渠设计流量计算

雨水管渠的设计流量一般按下式计算

$$Q_s = q\psi F \tag{9-2}$$

式中　Q_s——雨水口设计流量（L/s）；

　　　q——设计暴雨强度$[L/(s \cdot 10^4 m^2)]$；

　　　ψ——径流系数；

　　　F——汇水面积（$10^4 m^2$）。

采用式（9-2）计算时应注意，当有允许排入雨水管道的生产废水排入雨水管道时，以及有上游的雨水管渠内的雨水流入设计管段时，应将其水量计算在内。

1. 径流系数及综合径流系数

某时段内的径流量（流入雨水管道的雨水）与同一时段全部降雨量的比值，称为径流系数。影响径流系数的因素很多，主要包括排水地区的地面性质和地面覆盖。径流系数可按表 9-2 选取。综合径流系数应按地面种类加权平均计算，应严格执行规划控制的综合径流系数，可按表 9-3 的规定取值。

表 9-2　径流系数

地面种类	ψ	地面种类	ψ
各种屋面、混凝土和沥青路面	0.85 ~ 0.95	干砌砖石和碎石路面	0.35 ~ 0.45
大块石铺砌路面和沥青表面处理的碎石路面	0.55 ~ 0.65	非铺砌土面面	0.25 ~ 0.35
级配碎石路面	0.40 ~ 0.50	公园或绿地	0.10 ~ 0.20

表 9-3　综合径流系数

区　域　情　况	ψ
城市建筑密集区	0.60 ~ 0.70
城市建筑较密集区	0.45 ~ 0.60
城市建筑稀疏区	0.20 ~ 0.45

2. 汇水面积

每条雨水管道都有其所服务的汇水面积，单位以公顷（hm^2）计算（$1hm^2 = 10^4 m^2$）。

各设计管段的汇水面积的划分是结合地形坡度、汇水面积的大小及雨水管道布置等情况划定的。计算汇水面积时，除道路红线范围内的面积外还包括红线以外一定距离区域的面积。

当区域内地势平坦、相交道路都有排水管线时，可用各路口的分水线划分汇水面积，各汇水面积内雨水分别流入相邻的雨水管道，如图9-33所示。

当区域内地势向一侧倾斜时，则区域内的雨水流向高程较低道路下的管道内，一般不需要把区域划分成几块，如图9-34所示。

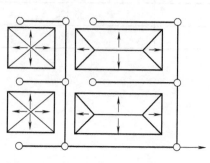

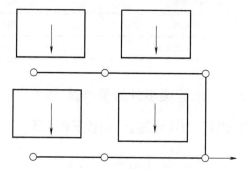

图9-33 平坦地区汇水面积划分示意图　　　图9-34 地形倾斜汇水面积划分示意图

3. 设计暴雨强度

设计暴雨强度应按下式计算

$$q = \frac{167A_1(1 + C\lg T)}{(t + b)^n} \tag{9-3}$$

式中　q——设计暴雨强度$[\text{L}/(\text{s} \cdot 10^4 \text{m}^2)]$；

t——设计降雨历时（min）；

T——设计重现期（年）；

A_1、C、b、n——参数，根据统计方法进行计算确定。

我国幅员辽阔，各地气候条件不一，暴雨强度公式不一，现将部分城市的暴雨强度公式列出，见表9-4。

表9-4　我国若干城市暴雨强度公式

城市名称	暴雨强度公式 $q/[\text{L}/(\text{s} \cdot 10^4 \text{m}^2)]$	$q_{20}/[\text{L}/(\text{s} \cdot 10^4\text{m}^2)]$	资料记录年数/年	城市名称	暴雨强度公式 $q/[\text{L}/(\text{s} \cdot 10^4 \text{m}^2)]$	$q_{20}/[\text{L}/(\text{s} \cdot 10^4\text{m}^2)]$	资料记录年数/年
北京	$q = \dfrac{2111(1 + 0.85\lg T)}{(t + 8)^{0.7}}$	186	40	南京	$q = \dfrac{2989.3(1 + 0.671\lg T)}{(t + 13.3)^{0.8}}$	181	40
上海	$q = \dfrac{5544(T^{0.3} - 0.42)}{(t + 10 + 7\lg T)^{0.82 + 0.071\lg T}}$	198	41	福州	$q = \dfrac{2041.102(1 + 0.7\lg T)}{(t + 8.008)^{0.691}}$	204	20
天津	$q = \dfrac{3833.34(1 + 0.85\lg T)}{(t + 17)^{0.85}}$	178	50	长沙	$q = \dfrac{3920(1 + 0.68\lg T)}{(t + 17)^{0.86}}$	176	20
广州	$q = \dfrac{2424.17(1 + 0.533\lg T)}{(t + 11)^{0.668}}$	245	31	西安	$q = \dfrac{1008.8(1 + 1.475\lg T)}{(t + 14.72)^{0.704}}$	83	22
杭州	$q = \dfrac{10174(1 + 0.8441\lg T)}{(t + 25)^{1.038}}$	193	37	南宁	$q = \dfrac{10500(1 + 0.7071\lg T)}{t + 21.17^{0.119}}$	255	21

（续）

城市名称	暴雨强度公式 $q/\left[\text{L}/(\text{s}\cdot10^4\text{m}^2)\right]$	$q_{20}/\left[\text{L}/(\text{s}\cdot10^4\text{m}^2)\right]$	资料记录年数/年	城市名称	暴雨强度公式 $q/\left[\text{L}/(\text{s}\cdot10^4\text{m}^2)\right]$	$q_{20}/\left[\text{L}/(\text{s}\cdot10^4\text{m}^2)\right]$	资料记录年数/年
石家庄	$q=\dfrac{1689\ (1+0.898\lg T)}{(t+7)^{0.729}}$	153	20	南昌	$q=\dfrac{1386\ (1+0.69\lg T)}{(t+1.4)^{0.64}}$	195	7
哈尔滨	$q=\dfrac{2889\ (1+0.9\lg T)}{(t+10)^{0.88}}$	145	32	济南	$q=\dfrac{1869.916\ (1+0.757\lg T)}{(t+11.0911)^{0.6645}}$	191	31
沈阳	$q=\dfrac{1984\ (1+0.77\lg T)}{(t+9)^{0.77}}$	148	26	成都	$q=\dfrac{2806\ (1+0.803\lg T)}{(t+12.8T^{0.231})^{0.768}}$	192	17
长春	$q=\dfrac{1600\ (1+0.8\lg T)}{(t+5)^{0.76}}$	139	25	昆明	$q=\dfrac{8.918+6.186\lg T}{(t+10.247)^{0.649}}$	163	16
合肥	$q=\dfrac{3600\ (1+0.76\lg T)}{(t+14)^{0.84}}$	186	25	贵阳	$q=\dfrac{6.853+1.195\lg T}{(t+5.168)^{0.601}}$	165	13

注：q_{20} 为重现期为 1 年，降雨历时为 20min 的暴雨强度。

由式（9-3）可以看出，当参数 A_1、C、b、n 已确定时，设计暴雨强度取决于设计重现期 T 和设计降雨历时 t。

（1）设计重现期 T　设计重现期是指在一个较长的统计期限内，设计暴雨强度的降雨重新出现一次的平均间隔。设计重现期越大，相应某重现期的暴雨强度的降雨出现的频率越小，则设计暴雨强度也越大，所要求的雨水管管径也要随之增大；反之，则减小。若设计重现期选得过大将造成雨水管管径过大，造价高，虽使用安全，但管道利用率低，造成资源浪费。相反，若设计重现期选得较小则雨水管将经常溢流，造成道路积水，影响正常交通。雨水管渠设计重现期，应根据汇水地区性质、地形特点和气候特征等因素确定。重现期应采用 1～3 年；重要干道、重要地区或短期积水即能引起较严重后果的地区，应采用 3～5 年，并应与道路设计协调，经济条件较好或有特殊要求的地区宜采用规定的上限。特别重要地区可采用 10 年或以上。同一排水系统可采用同一重现期或不同重现期。国内一些城市采用的设计重现期见表 9-5。

表 9-5　国内一些城市采用的设计重现期

城　市	重现期/年	城　市	重现期/年
北京	1～2；特殊重要地区 3～10	扬州	0.5～1
上海	1～3；特殊重要地区 5	宜昌	1～5
天津	1	南宁	1～2
乌兰浩特	0.5～1	柳州	0.5～1
南京	0.5～1	深圳	一般地区 2；低洼易涝及重要地区 2；下沉广场、地下通道、排水困难地区 5～10
杭州	1；重要地区 2～3；特殊重要地区 3～5	香港	10，干管 200

（2）设计降雨历时 t　设计暴雨所取的某一连续时段称为设计降雨历时，单位以 min 计。雨水管渠的设计降雨历时，根据推理公式的极限强度原理，即承认降雨强度随降雨历时的增长而减少的规律性，同时认为汇水面积的增长与降雨历时成正比，而且汇水面积随降雨历时的增长较降雨强度随降雨历时增长而减少的速度更快。所以认为在一次暴雨过程中，只有在汇水面积达到最大时，即汇水面积中最远点的雨水流到设计管渠断面时，管渠内的流量才最大。

设计降雨历时包括地面汇流时间和管渠内流行时间两部分。一般可按下式计算

$$t = t_1 + mt_2 \qquad (9\text{-}4)$$

式中　t_1——地面汇流时间（min），与流域面积大小、地面种类、坡度、覆盖情况等有关，一般 $t_1 = 5 \sim 15\text{min}$；

t_2——雨水在管渠内流行时间（min），$t_2 = \dfrac{L}{60v}$，L 为计算管段长度（m），v 为设计管渠内雨水的流速（m/s）；

m——延缓系数，明渠取 1.2，暗管取 2。

9.3.4　雨水管渠水力计算

雨水管渠水力计算的目的在于合理经济地选择管道断面尺寸、坡度和埋深。雨水管渠的水力计算主要依据已求得的设计流量，计算确定雨水管的管径和明渠的断面尺寸或校核管渠坡度和流速，从而定出各管道的管底标高和埋设深度，以便于施工。

为使雨水管渠正常工作，避免发生淤积、冲刷等现象，对雨水管渠水力计算的基本数据做如下规定：

（1）设计充满度　不同于污水的性质，雨水中主要含有泥沙等无机物，加以暴雨径流量大，而相应较高设计重现期的暴雨强度的降雨历时一般不会很长。故雨水管道应按满流考虑。

（2）设计流速　为避免雨水所挟带的泥沙等无机物在管渠内沉淀下来而堵塞管道，雨水管渠的最小设计流速应大于污水管道，满流时管道内最小设计流速为 0.75m/s；明渠内最小设计流速为 0.4m/s。

为防止管壁受到冲刷而损坏，影响及时排水，对雨水管渠的最大设计流速规定为：金属管道最大流速为 10m/s；非金属管道为 5m/s；明渠中水流深度为 0.4 ~ 1.0m 时，最大设计流速宜按表 9-6 采用。

表 9-6　明渠最大设计流速

明渠类别	最大设计流速/(m/s)	明渠类别	最大设计流速/(m/s)
粗砂或低塑性粉质黏土	0.8	干砌块石	2.0
粉质黏土	1.0	浆砌块石或浆砌砖	3.0
黏土	1.2	石灰岩和中砂岩	4.0
草皮护面	1.6	混凝土	4.0

当水流深度在 0.4 ~ 1.0m 范围以外时，按表 9-6 所列最大设计流速宜乘以下列系数：$h < 0.4\text{m}$，系数为 0.85；$1.0\text{m} < h < 2.0\text{m}$，系数为 1.25；$h \geq 2\text{m}$，系数为 1.4。

（3）最小管径和最小设计坡度　雨水管道的最小管径为 300mm，相应的最小坡度为 3‰；雨水连接管最小管径为 200mm，最小坡度为 1‰。

（4）雨水管渠水力计算

计算流量 $$Q = Av \tag{9-5}$$

流速 $$v = C\sqrt{RI} \tag{9-6}$$

式中　Q——计算流量（m^3/s）；

A——过水断面面积（m^2）；

v——流速（m/s）；

R——水力半径（过水断面与湿周的比值）（m）；

I——水力坡度（等于水面坡度，约等于沟底坡度）；

C——流速系数。

C 值一般按曼宁公式计算，即

$$C = \frac{1}{n}\sqrt[6]{R} \tag{9-7}$$

将式（9-7）代入式（9-5）和式（9-6），得

$$v = \frac{1}{n}\sqrt[3]{R^2}\sqrt{I} \tag{9-8}$$

$$Q = \frac{1}{n}A\sqrt[3]{R^2}\sqrt{I} \tag{9-9}$$

式中　n——管壁粗糙系数，根据管渠材料而定，见表9-7。

表 9-7　排水管渠粗糙系数

管 渠 类 别	粗糙系数 n	管 渠 类 别	粗糙系数 n
UPVC 管、PE 管、玻璃钢管	0.009 ~ 0.011	浆砌砖渠道	0.015
石棉水泥管、钢管	0.012	浆砌块石渠道	0.017
陶土管、铸铁管	0.013	干砌块石渠道	0.020 ~ 0.025
混凝土管、钢筋混凝土管、水泥砂浆抹面渠道	0.013 ~ 0.014	土明渠（包括带草皮）	0.025 ~ 0.030

排水管道采用的材料一般为混凝土、钢筋混凝土和铸铁，$n = 0.013 ~ 0.014$，计算时通常采用 $n = 0.013$。

在进行水力计算时，常用的基本公式除了前面介绍的式（9-8）和式（9-9）外，还有：

管道直径（满流） $$D = \sqrt{\frac{4Q}{\pi v}} \tag{9-10}$$

管道满流时 $$A = \frac{\pi D^2}{4} \tag{9-11}$$

梯形断面 $$A = (b + mh_0)h_0 \tag{9-12}$$

式中　b——渠道底宽（m）；

m——边坡系数；

h_0——正常水深（m）。

水力半径 R：

管道满流时

$$R = \frac{D}{4} \tag{9-13}$$

梯形断面

$$R = \frac{(b + mh_0)h_0}{b + 2h_0\sqrt{1 + m^2}} \tag{9-14}$$

矩形断面

$$R = \frac{bh_0}{b + 2h_0} \tag{9-15}$$

式中符号同前。

9.3.5 雨水管道设计

雨水管道设计的基本要求是能通畅、及时地排走城镇或工厂汇水面积内的暴雨径流量。为防止暴雨径流的危害，设计人员应深入现场进行调查研究，踏勘地形、了解排水走向、雨水管道的出入，作为选择设计方案及设计计算的可靠依据。

1. 雨水管道设计的步骤

1）收集和整理设计地区的各种原始资料，包括地形图，城市总体规划，水文、地质、暴雨等资料作为基本的设计数据。

2）在规划地形图上，划分汇水面积，规划雨水管道路线，确定水流方向。

3）划分各段管道的汇水面积，确定水流方向。将计算面积及各段管道的长度填写在图中。各支管汇水面积之和应等于该雨水管道所服务的总汇水面积。

4）依据地形图的等高线，确定各设计管段起讫点的地面高程；确定沿管道的控制点的高程，准备进行水力计算。

5）按整个区域的地面性质求出径流系数。

6）依据道路、广场、建筑物的面积大小、地面种类、坡度、覆盖情况，以及建筑内部的排水系统等因素，计算起讫点地面集水时间。

7）根据区域性质、地形特点和气候特征等因素确定设计重现期。

8）确定暴雨强度公式，计算各管段设计流量。

9）进行管道水力计算，假定各管段管道断面尺寸、排水纵坡，计算排水计算流量。

10）通过比较设计流量与计算流量的关系，最终选定管道尺寸、纵坡，并绘制排水平面图、纵断面图及其他构造图。

11）编写施工说明书。

2. 雨水管道水力计算示例

图 9-35 所示为某居住区新建道路部分平面图，地势东高西低，西侧有既有主干路，沿路中有条管径 $d = 800\text{mm}$ 的雨水管道；新建道路纵断面无变坡点，由南向北向下纵坡为 $i = 0.9\%$；按照该城市远期管线规划，设计雨水管道最小管径规定为 $D = 500\text{mm}$，管道布置在道路西侧人行道下，各管段已用编号标注，经计算各管段所服务汇水面积见表 9-8；另外已知该城市暴雨强度计算公式为 $q = \dfrac{1600\ (1 + 0.81\text{lg}T)}{(t + 5)^{0.76}}$，集水时间 t_1 取 10min，重现期取 1 年，径流系数按表 9-2 取值，综合径流系数取 0.65，管壁粗糙系数 n 取 0.013。

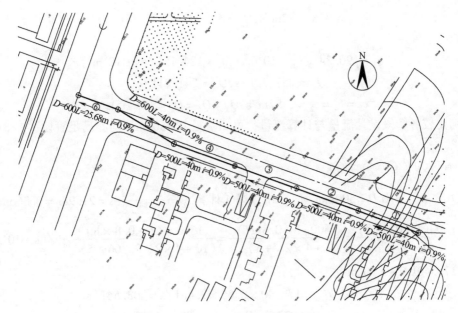

图 9-35　某居住区新建道路部分平面图

表 9-8　各管段所服务汇水面积

管段序号	①	②	③	④	⑤	⑥
管段长度 l_i/m	40	40	40	40	40	25.68
汇水面积/$10^4 m^2$	0.49	0.83	0.76	0.77	0.63	0.22
汇水面积累计 F_i/$10^4 m^2$	0.49	1.32	2.08	2.85	3.48	3.70

1）管段①水力计算。根据道路纵坡值，选定管道坡度 $I = 0.9\%$，假定选取的管径为 $D = 500mm$，管道按满流计算，此时 $t = t_1 = 10min$，由前面介绍的公式可得到：

暴雨强度 $q_1 = \dfrac{1600(1+0.8\lg T)}{(t+5)^{0.76}} = \dfrac{1600 \times (1+0.8 \times \lg 1)}{(10+5)^{0.76}} L/(s \cdot 10^4 m^2) = 204.31 L/(s \cdot 10^4 m^2)$

设计流量 $Q_{s1} = q_1 \psi F_1 = 204.31 \times 0.65 \times 0.49 L/s \approx 65.07 L/s$

水力半径 $R = \dfrac{D}{4} = \dfrac{500}{4} mm = 0.125 m$

流速 $v_1 = \dfrac{1}{n} \sqrt[3]{R^2} \sqrt{I} = \dfrac{1}{0.013} \times \sqrt[3]{0.125^2} \times \sqrt{0.9\%} m/s = 1.82 m/s$

计算流量 $Q_1 = Av_1 = \dfrac{\pi \times 0.5 \times 0.5}{4} \times \dfrac{1}{0.013} \times \sqrt[3]{0.125^2} \times \sqrt{0.9\%} m^3/s = 357.35 L/s$

$Q_{s1} < Q_1$，可知管径 $D = 500mm$ 满足排水要求。

2）同理计算出管段②、③、④各参数值：

管段②：由管段①计算 $t_2 = \dfrac{l_1}{v_1} = \dfrac{40}{1.82} s \approx 21.98 s = 0.366 min$

$q_2 = \dfrac{1600(1+0.8\lg T)}{(t+5)^{0.76}} = \dfrac{1600(1+0.8\lg T)}{(t_1+2t_2+5)^{0.76}} = \dfrac{1600 \times (1+0.8 \times \lg 1)}{(10+2 \times 0.366+5)^{0.76}} L/(s \cdot 10^4 m^2) = 197.04 L/(s \cdot 10^4 m^2)$

$Q_{s2} = q_2 \psi F_2 = 197.04 \times 0.65 \times (0.49+0.83) L/s = 169.06 L/s$

$$v_1 = v_2 = 1.82\text{m/s}, Q_2 = Av_2 = Q_1 = 357.35\text{L/s}$$

管段③、④

$$q_3 = 190.34\text{L/}(\text{s}\cdot 10^4\text{m}^2), q_4 = 184.15\text{L/}(\text{s}\cdot 10^4\text{m}^2)$$

$$Q_{s3} = 257.38\text{L/s}, Q_{s4} = 341.21\text{L/s}$$

$$v_3 = v_4 = v_2 = 1.82\text{m/s}, Q_3 = Q_4 = Q_2 = 357.35\text{L/s}$$

分别比较各管段设计流量与计算流量，可知管径 $D = 500\text{mm}$ 均能满足管段②、③、④的排水要求。

3）管段⑤、⑥水力计算。

管段⑤（仍采用 $D = 500\text{mm}$ 管）：由管段④计算 $t_2 = \dfrac{l_4}{v_4} = \dfrac{40}{1.82}\text{s} = 21.98\text{s} = 0.366\text{min}$

$$q_5 = \frac{1600(1+0.8\lg T)}{(t+5)^{0.76}} = \frac{1600(1+0.8\lg T)}{(t_1 + 4\times 2t_2 + 5)^{0.76}} = \frac{1600\times(1+0.8\times \lg 1)}{(10+4\times 2\times 0.366+5)^{0.76}}\text{L/}(\text{s}\cdot 10^4\text{m}^2)$$

$$= 178.40\text{L/}(\text{s}\cdot 10^4\text{m}^2)$$

$$Q_{s5} = q_5\psi F_5 = 178.40\times 0.65\times 3.48\text{L/s} = 403.54\text{L/s}$$

$$v_5 = v_1 = 1.82\text{m/s}, Q_5 = Av_5 = Q_1 = 357.35\text{L/s}$$

由于 $Q_{s5} > Q_5$，所以管径 $D = 500\text{mm}$ 已无法满足排水要求，应调整管径。

将管段⑤管径调整为 $D = 600\text{mm}$，重新进行水力计算

$$R = \frac{D}{4} = \frac{600}{4}\text{mm} = 0.15\text{m}$$

$$v_5' = \frac{1}{n}\sqrt[3]{R^2}\sqrt{I} = \frac{1}{0.013}\times \sqrt[3]{0.15^2}\times \sqrt{0.9\%}\text{m/s} = 2.06\text{m/s}$$

$$Q_5' = Av_5' = \frac{\pi\times 0.6\times 0.6}{4}\times \frac{1}{0.013}\times \sqrt[3]{0.15^2}\times \sqrt{0.9\%}\text{m}^2/\text{s} = 582.49\text{L/s}$$

可知 $Q_{s5} < Q_5'$，满足排水要求，即管段⑤采用 $D = 600\text{mm}$ 管。

同理对管段⑥进行水力计算，经验证 $D = 600\text{mm}$ 满足排水要求。

4）将上述水力计算汇总得到雨水管道水力计算表，见表9-9。

表9-9　雨水管道水力计算表

管段序号	管渠长度/m	集水时间/min		汇水面积/(10^4m^2)		重现期/年	径流系数	暴雨强度/$[\text{L/}(\text{s}\cdot 10^4\text{m}^2)]$	设计流量/(L/s)	计算流量/(L/s)	管渠断面/mm	流速/(m/s)	坡度/(%)
		$2t_2$	t	F_i	F								
①	40	0.73	10.00	0.49	0.49	1	0.65	204.31	65.07	357.35	500	1.82	0.9
②	40	0.73	10.73	0.83	1.32	1	0.65	197.04	160.97	357.35	500	1.82	0.9
③	40	0.73	11.46	0.76	2.08	1	0.65	190.34	257.38	357.35	500	1.82	0.9
④	40	0.73	12.19	0.77	2.85	1	0.65	184.15	341.21	357.35	500	1.82	0.9
⑤	40	0.65	12.92	0.63	3.48	1	0.65	178.40	403.66	582.49	600	2.06	0.9
⑥	25.68	0.42	13.57	0.22	3.70	1	0.65	173.92	417.76	582.49	600	2.06	0.9

3. 绘制雨水排水平面图和纵断面图

根据地区冰冻情况、雨水管道连接要求及承受荷载的要求，确定管道起点的埋深或管底

标高。用起点的地面高程减去该点管道埋深得到该点管底高程，然后根据管道坡度推算终点的管底高程，保证终点管底高程要高于接入管渠的底面高程或河流、湖泊等水体的常水位高。如果推算出的终点管底高程低于所接入的排水构造物的地面高程，则需要调整管道起点埋深，重新进行计算设计，最终满足排水设计的要求。

本小节计算示例仅介绍了雨水管道设计的一般步骤和管道水力计算的程序以及管道管径的确定方法，本计算方法仅供读者参考。

思考题与习题

9-1 简述道路排水设计的原则。

9-2 简述路界地表排水系统的分类。各系统的排水方式和设置条件是什么？

9-3 简述路面内部排水系统的设置条件及分类。

9-4 地下排水系统的排水设施主要有哪些？

9-5 简述城市道路排水系统的体制及各体制的适用范围。

9-6 简述雨水口的构造形式及布置的一般规定。

9-7 列举雨水管渠设计流量计算所需设计参数。

9-8 简述雨水管道设计的步骤。

第 10 章 新建公路勘测设计

10.1 概述

新建公路的勘测设计是指具体完成一条公路的外业勘测和内业设计工作。外业勘测包括对路线的经济调查与技术勘测两部分工作；内业设计包括路线设计、结构设计和概预算编制工作。

路线的经济调查工作主要在初步设计阶段进行，其任务是调查路线联系地区的自然地理与经济资源情况、工农业生产及其发展、沿线居民点分布及交通运输现状、以及适应未来发展的交通网规划等，通过全面分析拟建公路的目前和远景使用要求选定与之相适应的公路技术等级、确定路线基本走向和主要控制点，为编制计划任务书与可行性研究报告提供可靠的依据。

路线的技术勘测按测设阶段的不同，一般可分为踏勘测量和详细测量两种。

踏勘测量是两阶段设计的第一阶段勘测工作。它是根据上级批准的计划任务书和视察报告中拟定的路线走向、主要控制点和路线等级标准所进行的外业勘测调查工作。通过踏勘测量，对路线技术等级、基本走向和路线方案做进一步论证分析，旨在查明拟建公路的必要性及路线所经地区在技术上的可能性和经济上的合理性。为此要在现场进行路线布设和比选，并组织相应的测量和调查，为编制初步设计搜集有关资料，以便对拟定的初步设计方案提出具体修建意见和设计原则，以及提供相应的工程量与概算费用等，供上级审批。

详细测量是根据批准的初步设计所确定的修建原则、路线走向和设计方案，或在视察报告的基础上按一阶段设计而进行的技术勘测工作。它是踏勘测量与视察工作的继续和深化。在详细测量过程中，应结合当地自然条件对建议路线方案进行认真的复查。根据路线使用要求和技术标准，综合考虑路线平面、纵断面、横断面关系，以及对人工构造物的处理，通过进一步比选，将设计路线在实地上标定出来，并为编制技术设计和施工预算收集有关资料，供设计使用。

路线踏勘测量与详细测量是一个由粗到细、由轮廓到具体，反复实践、逐步完善的工作过程。根据各个阶段设计要求不同，它们在勘测内容与深度方面有所差异。本章除介绍公路工程项目可行性研究外，重点就两阶段设计的详细测量和内业设计进行讨论。

10.1.1 路线勘测设计的基本要求

1）公路勘测设计是一项政策性很强的政治、经济和技术的综合工作。在测设中，要深刻领会建设要求，认真贯彻我国在公路建设方面的方针政策，加强整体观念，正确处理政治与经济、技术，国家与集体，整体与局部，远期与近期的关系，使公路建设更好地为改革开放和经济建设服务。

2）公路勘测设计是实践性较强的工作。它的工作就是通过勘测认识自然，克服自然，最大限度地利用自然来为公路建设服务。因此，公路勘测设计必须从实际出发，深入现场，加强调查研究，广泛收集意见，充分掌握第一手资料，正确地做出判断，妥善解决公路技术要求与自然条件之间的矛盾，使所选的路线达到技术先进、经济合理、安全适用。

3）公路勘测设计必须坚持内外业结合。通过室内对已有资料进行全面分析与方案探讨，做到心中有数，用以指导外业勘测；在外业工作中应根据勘测程序和当地自然条件，由面到带、从粗到细进行方案比选与路线布设，要坚持多跑、多看、多问、多比较，充分利用当地地形、地势，正确掌握技术标准，通过政治、经济、技术等方面的综合分析，因地制宜地选定切实可行而又经济合理的路线。

4）公路勘测设计应严格按标准测设。对于需分期修建的公路，应本着远近期结合的原则，掌握好分期修建标准，注意使前期工程为后期所充分利用，但对那些建成后不易扩建或改建的工程部分，一般宜按远期标准设计，最好一次建成。

5）公路勘测设计应贯彻因地制宜、就地取材的原则，注意调查和充分利用当地材料和工业副产品，修建经济、适用的公路。

10. 1. 2　勘测设计阶段

1. 计划任务书

公路设计单位应根据批准的计划任务书和有关标准、规范进行勘测设计。计划任务书由提出计划的主管部门下达，或由下级单位编制后按规定由上级审批。计划任务书包括以下基本内容：

1）建设依据和意义。

2）路线的建设规模和修建性质。

3）路线的基本走向和主要控制点。

4）工程技术标准和主要技术指标。

5）按几阶段设计，各阶段的完成时间。

6）建设期限和投资估算，分期修建的应提出每期的建设规模和投资估算。

7）施工力量的原则安排。

8）附带线路示意图、工程数量、钢材、木材用量和投资估算表（工程数量，三材、投资等只在上报任务书时列入，以供审批时参考；上级下达任务时可不列入）。

计划任务书经批准后，如建设规模、技术标准、路线基本走向等主要内容有变更时，应经原批准机关同意。

2. 设计阶段

公路工程建设项目一般应根据公路的性质和要求分阶段进行，分为一阶段设计、两阶段设计和三阶段设计。

（1）一阶段设计　对于技术简单、方案明确的小型建设项目，可采用一阶段设计，即直接根据批准的设计任务书的要求，一次做详细测量并编制施工图设计。一阶段施工图设计应根据可行性研究报告的批复意见及测设合同的要求，拟订修建原则，确定设计方案和工程数量，提出文字说明和图表资料及施工组织计划，编制施工图预算，满足审批要求，适应施工的需要。

（2）两阶段设计　公路工程基本建设项目，一般应采用两阶段设计，即按初步设计和施工图设计两阶段进行。第一阶段，根据批准的设计任务书，进行踏勘测量，并编制初步设计文件。第二阶段，根据批准的初步设计、审批意见及测设合同，进行详细测量，并编制施工图设计文件。高速公路、一级公路必须采用两阶段设计。

1）初步设计阶段的目的是确定设计方案。应根据批复的可行性研究报告、测设合同要求，拟订修建原则，选定设计方案，计算工程数量及主要材料数量，提出施工方案的意见，编制设计概算，提供方案说明及图表资料。初步设计文件经审查批复后，则是订购主要材料、机具、设备，安排重大科研试验项目，联系征用土地、拆迁，进行施工准备，编制施工图设计文件和控制建设项目投资等。

2）施工图设计应根据初步设计批复意见、测设合同，进一步对所审定的修建原则、设计方案、技术决定加以具体和深化，最终确定各项工程数量，提出文字说明和适应施工需要的图表资料及施工组织计划，并编制施工图预算。

（3）三阶段设计　对于技术上复杂而又缺乏经验的建设项目或建设项目中的个别路段、特殊大桥、互通式立体交叉、隧道等，必要时应采用三阶段设计，即初步设计、技术设计和施工图设计三个阶段。

技术设计阶段应根据初步设计批复意见、测设合同的要求，对重大、复杂的技术问题通过科学试验、专题研究，加深勘探调查及分析比较，解决初步设计中未解决的问题，落实技术方案，计算工程数量，提出修正的施工方案，修正设计概算，批准后作为编制施工图设计的依据。

3. 设计文件组成

设计文件是公路勘测设计的最后成果，经审查批准后作为公路施工的依据。其组成、内容和要求随设计阶段不同而异。详细文件信息见本章第10.5节。

10.2　可行性研究报告

1. 可行性研究简介

"可行性研究"是基本建设前期工作的一项重要内容，是建设程序的组成部分，是建设项目决策和编制计划任务书的科学依据。

"可行性研究"可定义为：论证工程（或产品）项目技术上的可行性和经济上的合理性，并论证何时修建或分期修建，提供业主决策，保证工程的经济效果。

新建公路的建设周期长、投资大，是一项劳动力密集型、技术密集型、资金密集型的工程，尤其是高等级公路更是这样。由于各地的情况经常变化，影响到公路项目规划的变化，如果决策者信息不灵、立项不妥、计划不周或建设规模和技术标准不符合实际情况，就会带来极大的浪费，造成不堪设想的后果，可能使已建成公路发挥不了自身的交通作用和经济效益。因此，在重大工程项目立项时，必须用科学的态度，认真地进行项目的可行性研究。国家规定，没有经过可行性研究和技术经济论证的重大工程，不得列入国家计划。所有大中型项目应根据批准的项目建议书（或委托书）进行可行性研究，可行性研究工作完成后应进行评估。经过综合分析后，提出投资少、效益好的建设方案。

可行性研究是用经济、数学、管理、工程、技术、法学、环保等科学知识，对影响新建、改建工程项目经济效益的各种因素（如社会和经济发展需要，交通量发展预测，地质、气候条件，工程技术条件，造价估计等）进行详细、周密、全面的调查研究和技术经济论证，就项目的必要性、技术的可行性、经济的合理性、宏观和微观经济效益做出科学的评价和估价，并拟出多种比较方案，作为决策的依据。

2. 可行性研究报告的内容

公路工程可行性研究的目的是对某项工程建设的必要性、技术可行性、经济合理性、实施可能性等方面进行综合研究，推荐最佳方案，进行投资估算并做出经济评价，为建设项目的决策和审批提供科学的依据。

可行性研究按其工作深度，分为"初步（预）可行性研究"和"工程可行性研究"。

新建公路项目初步（预）可行性研究报告的内容比较粗略，应重点阐明建设项目的必要性，通过踏勘和调查研究，提出建设项目的规模、技术标准，进行简要的经济效益分析，审批后作为编制项目建议书的依据。

新建公路项目工程可行性研究报告的内容比较详细，主要有：建设项目依据、历史背景；建设地区综合运输网的交通运输现状和建设项目在交通运输网中的地位及作用；原有公路的技术状况及适应程度；论述建设项目所在地区的经济特征，研究建设项目经济发展的内在联系，预测交通量、运输量的发展水平；建设项目的地理位置，地形、地质、地震、气候、水分等自然特征；筑路材料来源及运输条件；论证不同建设方案的路线起讫点和主要控制点，建设规模及标准，提出推荐意见；评价建设项目对环境的影响；测算主要工程量、征地拆迁数量，估算投资，提出资金筹措方案；提出勘测设计、施工计划安排；确定运输成本及有关经济参数，进行经济评价、敏感性分析，收费公路、桥梁、隧道还需做财务分析；评价推荐方案，提出存在的问题和有关建议。

无论初步（预）可行性研究还是工程可行性研究，都必须写出正式研究报告，报上级有关部门批准后，才能下达设计（计划）任务书，进行初步测量和初步设计，初步设计批准后才能列入国家计划。

3. 可行性研究的程序

（1）组织程序　可行性研究的组织程序有：①组成可行性研究小组；②拟订工作计划和进度安排；③进行一系列外业工作；④调查资料的整理、分析；⑤对公路运量、交通量的预测和评价、工程规模、投资规模、经济评价等一系列重大问题的研究；⑥编写可行性研究报告文件及绘制附表、附图；⑦出版、送审。

（2）技术程序　公路工程可行性研究的技术程序如图 10-1 所示。

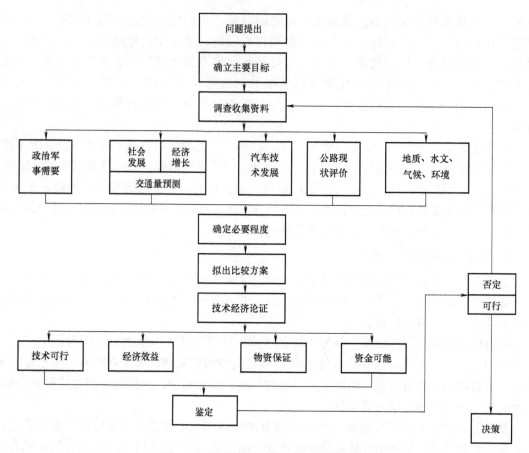

图 10-1　公路工程可行性研究的技术程序

10.3　初测和初步设计

初步测量简称初测，它是两阶段设计的第一阶段。初测是在视察的基础上进一步安排路线，落实路线局部方案的重要步骤。它的任务是根据上级批准的计划任务书和视察报告，已确定的路线基本走向（包括比较方案）及公路等级，按具体地形、地质与其他条件进一步勘查落实，进行导线、高程、地形、地质、土壤、小桥涵和其他构造物、路线交叉、概算资料等的测量和调查工作，并进行纸上定线，选定路线线位，确定人工构造物布设方案。其目的是为编制初步设计及概算提供资料。

10.3.1　准备工作

1）根据初测需要，搜集与项目相关的技术、经济、社会、自然条件以及测绘等资料。

2）根据批复的工程可行性研究初步拟定的路线起终点、中间控制点及路线基本走向，在地形图、数字地面模型或航测照片上进行研究，拟定勘测方案。

3）根据初步确定的勘测方案编写工作大纲和技术设计书。

4）为满足初测及初步设计需要，应补充搜集以下资料：

① 沿线的国家平面、高程控制点及其他部门的永久性测量标志。

② 可供利用的各种比例尺的实测地形图、航测图和航摄照片，以及国家或有关部门设立的三角点、导线点和水准点等资料。

③ 沿线地区的工程地质、水文地质、气象及地震（基本烈度）等资料。

④ 沿线农林、水利、铁路、公路、航道、城建、电力、环保等部门的有关规定及规划、设计、科研成果等资料，了解沿线一般自然地理情况。

⑤ 对改建公路，除上述资料外，还应搜集原有公路的测设、施工、路况等资料。

5）对批准的路线走向和方案进行复勘、核对，当发现有可比的新方案时应及时提出，并报上级批示。

以上资料在勘测中应搜集齐全，然后经过室内路线方案研究和现场核对落实，最后进行全面的资料整理。

10.3.2　导线布设及测量要求

公路控制测量是指在道路工程施工场地或施工区域间布置一套控制网，利用控制网来管理道路施工，确保道路施工的顺利可行。公路控制测量与国家控制测量有所区别，公路控制测量选择坐标系统的根本要求是保证工程区域范围内的投影变形均足够小，《公路勘测规范》（JTG C10—2007）明确规定：平面控制网的坐标系的确定，宜满足测区内投影长度变形值不大于 2.5cm/km，一般根据测区所处地理位置及平均高程情况选定坐标系统。在此基础上还应尽量应用国家已有的测绘成果。在应用国家控制点坐标时，必须要把国家控制点的坐标值转换为公路测量坐标系统的坐标值。结合《公路勘测规范》的要求，详述如下。

1. 平面控制测量一般规定

1）平面控制测量应采用 GPS 测量、导线测量、三角测量或三边测量方法进行。

2）各等级公路和桥梁、隧道平面控制测量的等级不得低于表 10-1 的规定。

表 10-1　平面控制测量等级选用

高架桥、路线控制测量	多跨桥梁总长 L/m	单跨桥梁 L_K/m	隧道贯通长度 L_G/m	测量等级
—	$L \geqslant 3000$	$L_K \geqslant 500$	$L_G \geqslant 6000$	二等
—	$2000 \leqslant L < 3000$	$300 \leqslant L_K < 500$	$3000 \leqslant L_G < 6000$	三等
高架桥	$1000 \leqslant L < 2000$	$150 \leqslant L_K < 300$	$1000 \leqslant L_G < 3000$	四等
高速公路、一级公路	$L < 1000$	$L_K < 150$	$L_G < 1000$	一级
二级公路、三级公路、四级公路	—	—	—	二级

3）各等级平面控制测量，其最弱点点位中误差不得大于 ±5cm，最弱相邻点相对点位中误差不得大于 ±3cm，最弱相邻点边长相对中误差不得大于表 10-2 的规定。

表 10-2　平面控制测量精度要求

测量等级	最弱相邻点边长相对中误差	测量等级	最弱相邻点边长相对中误差
二等	1/100000	一级	1/20000
三等	1/70000	二级	1/10000
四等	1/35000		

4）初测导线是路线线位的初步布设，应依照选线的原则全线贯通布设，导线布设一般要求尽可能符合或接近路线位置。在地形复杂、纵坡受限制的山区，导线可先按平均纵坡布设，并通过反复放坡比选，进一步落实有比较价值的方案，以确定路线布局。回头弯位置应在布设导线时基本确定。路线设置有困难的地段，导线可在路线附近通过，利用实测地形图，进行纸上定线。导线点应选在便于测角、测距、测绘地形及易于保存桩志的地点，桩志规格和要求应按规定设置。

5）平面控制点相邻点间平均边长应参照表10-3执行。四等及以上平面控制网中相邻点之间的距离不得小于500m，一、二级平面控制网中相邻点之间的距离在平原、微丘区不得小于200m，重丘、山岭区不得小于100m，最大距离不应大于平均边长的2倍。路线平面控制点距路线中心线的距离应大于50m，宜小于300m，每一点至少应有一相邻点通视。特大型构造物每一端应埋设2个以上平面控制点。

表10-3 相邻点间平均边长参照值

测 量 等 级	平均边长/km
二等	3.0
三等	2.0
四等	1.0
一级	0.5
二级	0.3

6）导线测量的主要技术要求见表10-4。

表10-4 导线测量的主要技术要求

测量等级	附（闭）合导线长度/km	边数	每边测距中误差/mm	单位权中误差/(")	导线全长相对闭合差	方位角闭合差/(")
三等	≤18	≤9	≤±14	≤±1.8	≤1/52000	≤$3.6\sqrt{n}$
四等	≤12	≤12	≤±10	≤±2.5	≤1/35000	≤$5\sqrt{n}$
一级	≤6	≤12	≤±14	≤±5.0	≤1/17000	≤$10\sqrt{n}$
二级	≤3.6	≤12	≤±11	≤±8.0	≤1/11000	≤$16\sqrt{n}$

注：1. 表中 n 为测站数。
   2. 以测角中误差为单位权中误差。
   3. 导线网节点间的长度不得大于表中长度的0.7倍。

2. 高程测量要求

道路高程系统宜采用1985年国家高程基准，同一道路应采用同一个高程系统，不能采用同一系统时，应给定高程系统的转换关系，独立工程或三级以下公路联测有困难时，可采用假定高程。高程控制测量的作用是为地形图测绘、定测放线和施工放样提供高程基准点，因此高程控制点位置应尽量接近路线位置，以方便高程的引用或加密。

初测的高程测量主要是沿导线设置水准点，测出导线点和加桩的高程，对初测时的高程测量要求是：

1）高程控制测量应采用水准测量或三角高程测量的方法进行。

2）水准点的高程，应引用国家系统的水准高程，并争取沿线联测，形成附合水准路线。若无此条件，可采用假定的或其他要求和规定的高程。

3）各级公路及构造物的高程控制测量等级不得低于表 10-5 规定。

表 10-5　高程控制测量等级选用

高架桥、路线控制测量	多跨桥梁总长 L/m	单跨桥梁 L_K/m	隧道贯通长度 L_G/m	测量等级
—	$L \geqslant 3000$	$L_K \geqslant 500$	$L_G \geqslant 6000$	二等
—	$1000 \leqslant L < 3000$	$150 \leqslant L_K < 500$	$3000 \leqslant L_G < 6000$	三等
高架桥，高速公路、一级公路	$L < 1000$	$L_K < 150$	$L_G < 3000$	四等
二级公路、三级公路、四级公路	—	—	—	五等

4）水准点应沿导线布设，其间距：平原、微丘区为 1 ~ 2km；山岭、重丘区为 0.5 ~ 1.0km。另外，在大桥两岸、隧道进出口、山岭垭口及其他大型人工构造物附近均需增设水准点。水准点位置应考虑定测及施工时引测的方便；高程控制点距路线中心线的距离应大于 50m，宜小于 300m。

5）水准点高程测量，应采用一组往返或两组单程进行，其误差与测量等级、地形条件相关，具体见表 10-6。如果不满足表 10-6 闭合差的要求，则重测。

表 10-6　水准测量的主要技术要求

测 量 等 级	往返较差、附合或环线闭合差/mm		检测已测测段高差之差/mm
	平原、微丘	重丘、山岭	
二等	$\leqslant 4\sqrt{l}$	$\leqslant 4\sqrt{l}$	$\leqslant 6\sqrt{L_i}$
三等	$\leqslant 12\sqrt{l}$	$\leqslant 3.5\sqrt{n}$ 或 $\leqslant 15\sqrt{l}$	$\leqslant 20\sqrt{L_i}$
四等	$\leqslant 20\sqrt{l}$	$\leqslant 6.0\sqrt{n}$ 或 $\leqslant 25\sqrt{l}$	$\leqslant 30\sqrt{L_i}$
五等	$\leqslant 30\sqrt{l}$	$\leqslant 45\sqrt{l}$	$\leqslant 40\sqrt{L_i}$

注：计算往返较差时，l 为水准点间的路线长度（km）；计算附合或环线闭合差时，l 为附合或环线的路线长度（km）；n 为测站数。L_i 为检测测段长度（km），小于 1km 时按 1km 计算。

6）各等级公路高程控制网最弱点高程中误差不得大于 ±25mm；用于跨越水域和深谷的大桥、特大桥的高程控制网最弱点高程中误差不得大于 ±10mm；每千米观测高差中误差和附合（环线）水准路线长度应小于表 10-7 的规定。当附合（环线）水准路线长度超过规定时，可采用双摆站的方法进行测量，其长度不得大于表 10-7 中水准路线长度的 2 倍。

表 10-7　高程控制测量的技术要求

测量等级	每公里高差中数中误差/mm		附合或环线水准路线长度/km	
	偶然中误差 M_Δ	中误差 M_W	路线、隧道	桥梁
二等	±1	±2	600	100
三等	±3	±6	60	10
四等	±5	±10	25	4
五等	±8	±16	10	1.6

3. 地形测量要求

地形图分为路线地形图和工点地形图。路线地形图是以导线（或路线）为依据的带状地形图,主要供纸上定线或路线设计用。工点地形图是利用导线(或路线)或与其取得联系进行测量的,为特殊小桥涵和复杂的排水、防护、改河、交叉道等工程布设的专用地形图。地形测量的精度要求高,测绘工作量大,其测绘要求是:

1)路线地形图应全线贯通实测;测图比例尺一般用 1:2000,测图宽度每侧各为 100~200m;对地物、地貌简单,地势平坦的地区,比例尺可采用 1:5000,宽度每侧不应小于 250m。工点地形图按有关工程的设计要求进行测绘,比例尺宜用 1:500~1:1000,测图范围应根据用图需要确定。不同项目建设阶段的地形图比例尺见表 10-8。

表 10-8　地形图比例尺选用

设计阶段或工程性质	比　例　尺	设计阶段或工程性质	比　例　尺
工程可行性研究	1:10000	施工图设计	1:1000、1:2000、1:5000
初步设计、技术设计	1:2000、1:5000	重要工点	1:500

2)地形图基本等高距规定见表 10-9。

表 10-9　地形图基本等高距

地形类别	测图比例尺			
	1:500	1:1000	1:2000	1:5000
平原	0.5	0.5	1.0	1.0
微丘	0.5	1.0	1.0	2.0
重丘	1.0	1.0	2.0	5.0
山岭	1.0	2.0	2.0	5.0

3)用视距法观测地形点时,视距长度应不超过表 10-10 所列之值。

4)地形点的分布及密度,应能反映地形的变化,满足正确插入等高线的需要。图上测点间距,当地面横坡大于 1:3 时,一般不大于 15mm;当地面横坡等于或小于 1:3 时,一般不大于 20mm。

表 10-10　视距法测距最大长度

比　例　尺	测距最大长度/m	比　例　尺	测距最大长度/m
1:500	≤80	1:2000	≤200
1:1000	≤120	1:5000	≤300

注:垂直角超过 ±10° 时,测距长度应适当缩短。

5)地形测量应尽量利用导线点作为测站,必要时可根据导线点用视距法或交会法设置独立转点,最多可连续设置两个转点。

测绘地形转点时,其垂直角不应大于 25°;距离应不大于表 10-10 中规定视距长度的 2/3。当用交会法测设转点时,距离不受上述限制。但交会角应为 30°~150°。

地形转点用正倒镜往返观测。其不符值在限差以内时可取平均值。正倒镜往返观测不符值限差规定为:水平角: ±2′;距离: ±S/200;垂直角: ±2′;高差: ±S/500。其中,S 为转点至测站的距离,以 m 计。

6)地形图的精度应符合表 10-11 和表 10-12 的规定。

表 10-11　图上地物点的点位中误差　　　　　　　（单位：mm）

重要地物	一般地物	水下地物		
		1：500	1：1000	1：2000
≤±0.6	≤±0.8	≤±2.0	≤±1.2	≤±1.0

表 10-12　等高线插值的高程中误差

地形类别	平原	微丘	重丘	山岭	水下
高程中误差	≤（1/3）H_d	≤（1/3）H_d	≤（2/3）H_d	≤H_d	≤（1.2）H_d

注：1. 高程注记点的精度按表中0.7倍执行。

　　2. H_d为基本等高距（见表10-9）。

10.3.3　工程地质勘察和筑路材料调查

1. 工程地质初勘的目的和任务

公路初测时，应根据测设任务的要求，在视察资料的基础上，进行初步工程地质勘察（简称初勘）。初勘的主要目的是选定路线、路基、路面及小型人工构造物的设计方案和编制初步设计文件提供必要的工程地质资料。

初勘应根据初测与初步设计有关的技术要求，结合沿线的工程地质条件，完成下列工作：

1）根据工程地质条件，优选路线方案。

2）在路线基本走向范围内，对各路段可能布线的区间进行工程地质初勘。

3）重点勘察对路线方案起控制作用的不良地质地段，应明确路线能否通过或如何通过。

4）提供编制初步设计所需要的全部工程地质资料。

2. 工程地质初勘的内容和要求

（1）准备工作　初勘的资料准备工作的重点是对视察中不够详尽的资料，进行补充、搜集和研究。

（2）地质选线　对地质条件比较复杂的路线，应了解沿线区域地质条件、不良地质现象的分布、山体或基底的稳定情况，并提出由于地质问题需要进行研究的比较方案的意见，认真搞好地质选线工作，据此优选路线方案。

（3）工程地质调查和测绘　初测阶段的工程地质调查和测绘工作，应全面着眼，查明并研究关键性的工程地质问题，为评价工程地质条件提供依据。

1）工程地质调查和测绘的基本内容是地形、地貌、地层、地质构造，工程地质条件、水文地质条件，确定地震烈度大于7度的界线。

2）工程地质调查和测绘的精度，一般路段是每公里设一个勘探点，深1.5～2.0m，勘探点应选在地形特征点处。试验按工程地质分段采取代表性样品进行。水、土、砂、砾（碎）石等试验按常规项目进行。岩石一般宜在大型料场取代表性样品进行试验。

3. 工程地质初勘的资料整理

（1）基本资料整理的要求

1）全线工程地质说明书。应根据勘察的具体情况，综合分析工程地质调查、测绘、勘探、试验所取得的各项资料，阐明工程地质条件，分别评价各测段地质条件及筑路适宜性，必须重点突出，结论明确。说明书可按下列内容编写：

序言——说明勘察工作的目的、依据、起讫时间、完成的工作项目与工程量、主要的工作方法、现有资料的利用及其他有必要说明的问题。

自然地理——阐明测区山脉、水系、气候、地形、地貌等自然特征。

地层——依次阐明与公路有关的地层、地质时代、岩层产状、岩性特征、成因类型、风化程度、分布范围等。

地质构造——根据公路的技术要求，分析对筑路有影响的构造现象，阐明其危害程度，提出防治措施。

区域工程地质条件——说明工程地质、水文地质特征及各种不良地质现象等情况，应着重分析不良地质现象的发育程度及其对公路的影响。

地震烈度——根据地震部门提供的沿线地震烈度的鉴定资料，分析测区的地震效应，并提出抗震措施。

水文地质——说明地下水类型及水位特征，以及对公路工程的影响。

筑路材料——说明沿线材料分布情况，主要材料的种类、质量、蕴藏量、采运条件及供应方式等。

说明书还应写明：

① 小桥涵及其他人工构造物的基础地质概况。

② 各类岩石、土壤的物理力学性质指标，并分析评价，说明取样及试验的工作情况。

③ 路线各方案的工程地质评价和方案取舍意见。

④ 全线主要工程地质问题的处理意见。

⑤ 对详勘工作的建议及工作量的估计。

2）工程地质图。在地质条件复杂控制选线时，应按需要绘制 1：2000~1：5000 工程地质图，其主要内容包括：岩层分界及成因，地质年代、产状，地质构造（如节理、裂隙、断裂褶曲等），不良地质范围界线及代表符号，地下水露头，勘探点，地震基本烈度界线，代表性的地质横断面示意图，地层柱状图，地质图例。

3）纵断面图。在路线的纵断面图中，应填写工程地质特征，主要标明地貌、岩性特征，以及土、石工程分类等。

4）各类测试原始资料的汇总分析。勘探资料按各种不同勘探方法和不同测试资料，分类汇总成册；试验资料的汇总，应进行必要的分析研究，探索规律，初步总结，并附简要说明。

气象资料应结合沿线调查实测，汇集气象记录，分段提出下列项目的资料：

气温——历年年平均气温，绝对最高和最低气温，历年最热月日平均气温，最冷月日平均气温和最大平均日温差。

湿度——最大平均年总蒸发量，平均相对湿度，绝对湿度。

风——历年平均风速，最多风向及季节，定时最大风速及风向。

降雨量——历年平均年总降水量，月平均降水量，最大日降水量，雨季起讫时间，一次最大降水量及延续时间。

雪——历年最大积雪厚度，年平均积雪厚度，初雪及终雪期。

冻结——沿线土壤最深冻结深度，冻结及融冻时间。

（2）专项资料整理的要求　特殊地质、不良地质地区，路基工程，小桥涵基础，筑路材料等专项资料整理的要求视专项工程的工程量、重要性而定。对于控制路线方案且需进行初步设计的特殊地质和不良地质地区的大型工程项目，均应编制专项地质资料。对一般性的路基、路面、桥涵基础、筑路材料等工程所需的地质资料，可酌情填写有关工程项目的地质一览表，或在路线纵断面图中工程地质栏目中加以重点说明。

（3）比较线（特殊地段）地质资料整理的要求　对于需要进行初步设计的主要比较方案，应按正线要求，分别完成上述资料。

4. 筑路材料调查

根据已有地质资料，初步确定材料产地，进行现场调查。调查时可观察地质露头或清除表土，必要时宜设试坑并取样试验，以查明沿线天然筑路材料的分布、种类、质量、数量、开采条件及运输条件。

天然筑路材料调查，要着重对大型料场的调查，不应有遗漏。初勘材料蕴藏量的允许误差为 ±30%，同时不小于设计需要量的 3 倍。

所有材料调查，必须记于材料料场记录簿中，对料场位置，材料成因，主要组成矿物的成分、颗粒组成、成品率，开采难易程度，开采方法，开采的季节性，蕴藏量，运输方式，支线工程，占地面积等都应描述清楚，以满足编制初步设计文件的需要。

在资料整理中，应对所调查的料场（主要对材料的质量、数量、开采条件等）做出初步评价，在合理安排供应范围和蕴藏量满足各路段需要的基础上，进行必要的取舍，并提供下列资料：编写天然材料调查说明书、绘制天然材料料场供应示意图、整理各项原始资料及材料试验成果。

10.3.4　小桥涵勘测

初测时小桥涵（包括漫水桥、过水路面、倒虹吸、渡槽等）勘测的主要任务是桥涵水文及有关桥涵设计资料的搜集、整理、分析等工作。小桥涵初测是根据批准的计划任务书的要求，结合当地自然条件，搜集有关资料，估定概略位置，选择结构类型，拟定桥涵孔径，估定基本尺寸，估列附属工程，并提出设计时应解决的问题和注意事项。

小桥涵位置，一般应按导线走向结合纸上定线线位，采用逢沟设涵的原则，同时考虑水利建设、农田灌溉、路基排水及便于交通等特殊要求，合理选定。

小桥涵选址一般不进行特殊测量，但要定出涵底标高及与路线的交角。对小桥、漫水桥、过水路面、复杂的涵洞和附属工程，可进行必要的测量，以便用于主要工程数量的计算。

小桥涵形式的选择，应根据因地制宜、就地取材、便于施工、利于养护的原则选定其结构类型，并应尽量采用标准形式和减少结构类型。对三级公路、四级公路，允许交通有限度地中断，且当地形、水文等条件许可时，可考虑修建漫水桥和过水路面。

初测时，小桥涵的孔径，可采用现场拟定的方法，也可采用现场拟定和利用设计流量与汇水面积的关系曲线（通过流量计算和汇水面积的关系来建立的关系曲线）相结合的方法，即根据汇水面积从关系曲线上查出流量，通过水力计算表查得孔径，再与现场拟定的孔径比较后确定合理的孔径。流量计算可采用当地常用的行之有效的方法进行，并按计算方法的需要搜集有关资料。对于较小的涵洞，也可只采用现场拟定的方法来确定孔径。

初测时，小桥涵除孔径外的其他基本尺寸，可根据路线设计纵坡、桥涵与路线的交角、桥涵处河床标高、估定的冲刷深度等予以确定。

初测阶段所需要搜集的有关资料有 1∶10000 ~ 1∶100000 比例的地形图、水文、气象、岩土、植被、冰冻深度、农田水利工程及规划，以及当地水文和暴雨流量计算等有关资料，（如果是旧路改建，还应收集原路桥涵的设计资料，竣工资料和使用情况，以及与原路有关的铁路、水利工程等排水建筑物的设计、施工和使用情况等资料）。

初测完成后，小桥涵勘测应提供如下资料：小桥涵野外资料调查记录、桥涵汇水面积图、流量及孔径计算资料、附属工程调查资料、小桥涵初测说明书。如果是旧路改建，还应提供原有桥涵资料调查记录。

10.3.5 路基、路面调查

初测时的路基调查，主要是调查和确定一般路基防护工程（包括边坡加固、挡土墙、驳岸、护坡、改河等工程）的概略位置、结构形式和轮廓尺寸；大型或特殊构造的路基，应在确定路线方案时，根据地形、水文、工程地质、筑路材料等因素，通过比较后确定采用方案。

路面工程的调查，应根据交通量，综合考虑土基状况、水文地质、气候条件、路面材料质量和产量等因素，通过计算和论证，概略分段提出路面结构类型、厚度和材料用量。在当地有多种可用材料或材料供应困难需要远运时，应提出不同结构类型进行比较。

对原有路面应调查其铺筑类型、厚度和目前使用情况，对旧土基情况做出鉴定，提出利用、改善或新建的方案。

10.3.6 路线交叉勘测

1. 公路与公路、公路与铁路或大车道、机耕道的交叉

（1）初测时资料的搜集 初测时应在研究视察报告的基础上，进一步搜集如下资料：

1）公路与公路或大车道、机耕道交叉时，应掌握其技术标准、交通量和转向车流的分布及发展情况，并视需要征询当地政府和有关部门的意见。

2）公路与铁路交叉时，应掌握铁路的现状及发展规划，并征询主管部门对交叉口设置的意见。

（2）初测时交叉口的选择原则和布设要求 初测时交叉口的类型、位置和形式的选择原则及具体布设要求，应符合《公路工程技术标准》《公路路线设计规范》等的有关规定。

（3）初测时交叉口的勘测工作 初测时交叉口的勘测工作，应按以下步骤和要求进行：

1）根据选定的路线及搜集的资料，综合考虑交叉道路（铁路、公路）的性质、技术标准、交通量及转向车流分布的发展规则，以及自然条件等因素，合理选定交叉口的类型、位置和形式。立体交叉和复杂的平面交叉应提出可供比较的方案，通过勘测工作后确定其取舍。

2）一般平面交叉应按路线与被交叉道路的几何关系，利用路线地形图，定出交叉口的位置。立体交叉和复杂的平面交叉应根据拟定的比选方案位置，实地测绘比例尺为 1∶500 或 1∶1000 的地形图，并据此进行交叉口布置。

3）交叉口的布置图必须经现场核对，认真比选后确定采用方案，并据以提供初步设计所需的资料。

2. 公路与管线交叉

1）调查、搜集沿线现有的和计划敷设的管线性质、种类、距地面以上的高度或埋置深度，以及它与公路交叉或并行的情况。

2）公路与管线交叉或接近时，应符合《公路工程技术标准》和《公路路线设计规范》等的有关规定和要求。

3）根据路线线位布设情况，按规定确定公路与管线交叉或接近并行的类型、交叉角度、距路面的垂直距离和路边的水平距离，以及需要特殊处理的措施，同时与管线主管部门协商，做出妥善处理。

10.3.7　概算资料调查

1. 施工组织形式和工资标准的调查

1）了解上级对工程施工期限的要求，落实施工单位，了解其组织编制情况、生产能力及施工机械化程度等。

2）向工程所在省（自治区）、市或地区调查现行工资标准（包括各种补贴）及其计算方法。

2. 外购调拨材料的交通运输调查

1）调查当地生产材料，国家调拨材料及零星材料的规格、单价、运距、运输方式、可能供应的数量及材料包装情况。

2）搜集与施工物资供应有关的铁路、公路、水路等的路况和里程资料。

3）了解沿线民间运输（如拖拉机、兽力车、人力车）的组成情况及可租用的数量。

4）调查各种运输工具的运杂费标准。

3. 占用土地、拆迁建筑物及其补偿调查

1）根据路线及有关工程的布设，初步调查需要占用的土地的类别及数量，各类土地上常种作物的种类、年产量及征用、租借土地价格、育苗补偿费等。

2）调查因工程影响而应拆迁的各类建筑物的位置、数量及补偿的办法。对于应拆迁的重要建筑物，如电信、电力设备及公路与铁路、水利设施等发生干扰引起的拆迁处理工程，应根据需要，会同有关部门在现场查实，并协商处理方案和措施。对所发生的拆迁处理费用，可由主管单位提出有关费用的预算或补偿标准，再由测设单位按实际计算列入概算，也可按双方协商的其他解决方案计列概算费用。

4. 临时工调查

1）根据工程需要，调查落实沿线可供利用的道路（包括地方道路及大车道等）、桥梁（需落实荷载标准能否满足工程运输需要）情况。

2）了解沿线可供利用的房屋数量及租用价格。

3）调查供电电源及电费标准，并向电信、电力部门协商能否利用附近的原有线路、电杆加挂工地临时电信、电力线路。

5. 其他费用调查

1）施工队伍调迁费。主要调查工程所在省（自治区）或有关部门对计算专业队伍的调迁费用和民工往返工地的有关费用的具体规定。

2）施工机具运输费的调查。主要调查调运地点、运距、运输方式和计价标准等。

3）冬期、雨期施工限期。主要调查工程所在地近五年期间每年首次及末次连续五天室外日平均温度在 0℃ 以下的时间，以及在此期间总的日平均温度；近五年期间在每月内连续降雨在十天以上，月平均日降雨量在 3.5mm 以上的月份，以及整个雨季平均日降雨量。以此作为冬期施工增加公用限期和雨期施工增加费用月份的计算依据。

4）伙食运费补贴。主要调查工程所在地区可能供应施工队伍所需主食、副食、燃料及生活用水的供应点分布情况，运距、运价及运输方式。

5）职工取暖补贴。应调查工程所在省（自治区）、市或地区对职工取暖补贴费用的规定。

6）特殊费用。应向有关省（自治区）、市调查其费用标准和计算的具体规定。此项费用必须经过建设投资单位同意。

10.3.8　内业工作

经初测，即可按初步设计的深度和要求，进行内业整理工作，主要工作是：

1）对外业勘测资料进行复核检查、转抄及转绘。

2）在地形图上进行纸上定线。

3）根据纸上选定的路线，由等高线来判识、点绘纵断面图及横断面图，并进行纵坡设计及横断面设计。

4）综合检查纸上定线成果，进行现场核对，做适当调整。

5）计算土石方工程数量，确定人工构造物的位置、类型及主要尺寸和工程量。

6）编制设计概算和初步设计文件的有关文字说明，以报备上级机关审批。

7）外业资料应逐日复核检查，在内业工作时，如发现外业资料有差错、超限及遗漏，必须及时进行重测和补测，并检查有关部门调查、搜集到的已有资料是否齐全、正确，如果不齐或有错误之处，应及时补齐或纠正。

10.4　定测和施工图设计

定线测量简称定测，是指施工图设计阶段的外业勘测和调查工作。其具体任务是根据上级批准的初步设计具体核实路线方案，实际标定路线或放线，并进行详细的测量和调查工作。

定测的目的是根据上级批准的初步设计，将纸上定线的路线方案进行实地放线，测角，定出中桩，测出各桩高程和横断面，修整初测地形图和其他勘测调查工作，为施工图设计提供资料。

10.4.1　定测的基本要求

1. 放线工作

在定测时，应根据计划任务书，初步设计及审批意见，深入研究视察报告和初测资料，针对任务的具体情况，进行补充调查，按照全面布局、逐段安排、具体落实的步骤，将纸上定线的方案确定到实地上。

2. 测量工作

在测量时，应遵守有关操作规定，保证测量资料的精度，为路线及各项设计提供准确无误的数据和资料。定测时的测量工作内容很多，主要有如下各点：

1）沿原初测确定的路线定向和控制点进行补充视察，对初测路线方案进行反复研究，提出需要修改的局部方案和应进一步比较的路线方案，为具体定线打好基础，做到心中有数。

2）实地确定路线中线（包括采用线和比较线）的交点，测出交点转角，丈量中线距离，设置平曲线，定出中线桩志，并标出连续里程桩号。各交点和转点应加以固定。

3）进行中线（包括采用线和比较线）水准测量（原初测所设的水准点应尽量利用）和横断面测量。

4）修整或重测初测时的地形图。

5）在跨河地段进行水文调查、水文测量和桥位测量，沿溪线还应进行路基水文调查。

6）调查沿线的用地和其他有关资料。

7）调查初测时尚未确定的地质情况和筑路材料，以及施工组织资料。

8）调查和确定桥梁、隧道、涵洞、防护工程等结构物的位置，并搜集设计所需的资料。

9）征求有关单位对路线、桥梁、隧道等方案，对用地、拆迁等方面的意见，并签订必要的协议。

10）整理外业资料，进行内业设计，按照两阶段设计施工图的组成和内容，编制设计文件。

3. 各项调查工作

在测量时，应按有关规定，在初测的基础上，通过必要的补充调查、观察、勘探、试验等手段，搜集有关资料，进行描述、分析、计算和论证，为确定路线方案、路基横断面形式、路面结构类型、桥涵及其他人工构造物的位置、类型、结构设计，以及编制施工图提供依据。此外，还应调查用地拆迁以及预算等资料，供编制施工组织计划和施工预算用。

4. 设计工作

1）完成外业期间应完成的资料整理。

2）将平面、纵断面、横断面的设计和桥涵等人工构造物进行现场核对，如有不合理，则应现场修改，并应补充遗漏的资料。

5. 检查验收

重点工程及特殊项目，在实测时需进行中间检查。定测结束后，应由上级指派有关部门进行现场验收外业测量成果。

10.4.2　定测队的组成

定测队一般分为选线组、测角组、中桩组、水平组、横断面组、地形组、调查组、内业组。如果定线采用纸上定线方法进行，则此时可将选线组和测角组合并成放线组。

1. 选线组

（1）任务　选线组也称为大旗组，它是整个外业勘测的核心，其他作业组都是根据它所插定的路线位置开展测量工作的。选线是道路定线的第一步，主要任务是实地确定中线位置。其主要工作就是进行路线察看，并进一步确定路线布局方案；清除中线附近的测设障碍物；确定路线交点、转角并钉桩，选定曲线半径；会同桥涵组确定大、中桥桥位，会同内业组进行纵坡设计等工作；在越岭线地带，还需进行放坡定线工作。

（2）分工及工作内容

1）前点——放坡插点。前点一般由1~2人担任（需要放坡时2人）。前点的主要工作是：根据路线走向，通过调查、量距或放坡，确定路线的导向线，进一步加密小控制点，插上标旗（一般采用红白纸旗），供后面定线参考。

2）中点——穿线定点。中点一般由2人担任。主要工作是：根据相关技术标准，结合地形及其他条件，修正路线导向线，用花杆穿直线的办法，反复插试，穿线交点，并在长直线或在相邻两互不通视的交点间设置转点，最后选定曲线半径及其有关元素。

3）后点——测角钉桩。后点可由1人担任。主要工作是：用森林罗盘仪初测路线转角以供中点选择曲线半径用；钉桩插标旗；并给后面的作业组留下半径及其他有关控制条件的纸条。

2. 测角组

（1）任务　测角组紧随选线组工作，其主要任务是：标定直线与修正点位；测角及转角计算；测量交点间距；平曲线要素计算；导线磁方位角观测及复核；经纬仪视距测量；交点及转点桩固定；做分角桩；测定交点高程，设置临时水准点；协助中桩组敷设难度大的曲线等工作。为确保测设质量和进度，选线与导线测角组应紧密配合，相互协作。作为后续作业的导线测角组要注意领会选线意图，发现问题并及时提出修正建议，使之完善。当不采用光电测距仪时，则不需要做交点高程、交点间距的量测及临时水准点设置等工作。

（2）分工及工作内容　测角组一般由4人组成，其中仪器使用人员1人，记录计算1人，插杆跑点1人，固桩1人。主要工作内容如下：

1）标定直线与修正点位。标定直线，主要是对长直线而言。当直线很长或直线间地形起伏较大时，为保证中桩组量距时穿杆定线的精度，测角组应用全站仪或经纬仪在其间标定若干导向桩，供中桩组穿线时临时使用。修正点位，是指两交点互不通视时，选线组在中间加设的转点（ZD）。因花杆穿线不能保证三点在一条直线上，所以，测角组需要用仪器进行穿线对交点位置做微小修正。修正点位时，正倒镜的点位横向误差每100cm不能大于10mm，若在限差之内，可进行分中定点。

2）测角与计算。

① 测右角。路线测角一般规定为测右角（即前进方向右侧路线的夹角）。右角用不低于J6级的经纬仪，以全测回（即正倒镜法）观测，两次观测差不超过1′，最后取值精确到1′。

右角按下式计算

$$右角 = 后视读数 - 前视读数$$

当后视读数小于前视读数时，应将后视读数加上360°，然后再减去前视读数。

② 计算转角。转角是指后视导线的延长线与前视导线的水平夹角，根据右角计算，如图10-2所示。

3）平距与高程测量。通常多用光电测距仪测定两相邻交点间的平距和高差。根据测得的测站与测点间的斜距和竖直角，用仪器内的微处理器计算两者之间的平距和高差。

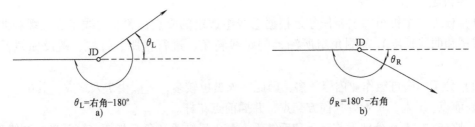

图 10-2　路线转角的计算

a）左转转角　b）右转转角

4）做分角桩。为便于中桩组敷设平曲线中点桩（QZ），在测角的同时需做转角的分角线方向桩。分角桩方向的水平度盘读数按下式计算

$$分角读数 = \frac{前视读数 + 后视读数}{2} \qquad （右转时）$$

$$分角读数 = \frac{前视读数 + 后视读数}{2} + 180° \qquad （左转时）$$

5）方位角观测与校核。为避免测角时发生错误，保证测角的精度，应该在测设的过程中经常进行测角检查。检查通常采用森林罗盘仪或带有罗盘的经纬仪通过观测导线边的磁方位角进行。为保证精度，定测计算所得的磁方位角与观测磁方位角的校差不应超过 2°。磁方位角每天至少应该观测一次（一般在出工开测或收工时进行观测）。

假定任意导线边的磁方位角为 θ_n，则

$$\theta_n = \theta_0 + \sum \Delta R - \sum \Delta L$$

式中　θ_0——起始边磁方位角；

ΔR——右边角；

ΔL——左边角。

6）交点桩的保护和固定。在测设过程中，为避免交点桩的丢失及方便以后施工时寻找，交点桩在测定时必须加以固定和保护。

① 交点桩的保护，一般采用就地浇筑混凝土的办法进行。混凝土一般深 30～40cm，直径为 15～20cm 或边长为 10～20cm 的正方形。

② 固桩是将交点桩与周围固定物（如房角、电杆、基岩、孤石等）上某一不易破坏（损坏）的点联系起来，通过测定该点与交点桩的直线距离，将交点位置确定下来，以便后期交点桩丢失时及时恢复该交点桩。

③ 用作交点桩固定的地物点应稳定可靠，各点位与交点桩连接之间的夹角一般不宜小于 90°。固定点个数一般在两个以上，固桩示意图如图 10-3 所示。

④ 固桩完毕后，应及时画出固桩草图。草图上应绘出路线前进方向、地物名称、距离等，以备将来编制路线固定表时采用。

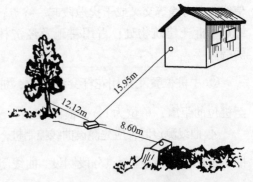

图 10-3　固桩示意图

3. 中桩组

（1）任务　中桩组的主要任务是根据选线组选定的交点位置、曲线半径、缓和曲线参数（或缓和曲线长度）及测角组所测得的路线转角，进行量距、钉桩、敷设曲线及桩号计算。

（2）分工　中桩组作业内容较多，因此，人员也较多，一般由 7 人组成，其中：

1）前点：1 人，负责寻找前方交点，并插前点花杆。

2）拉链：2 人，分别为前链手和后链手，其中后链手还负责指挥前链手进行穿线工作。

3）卡链：1 人，负责卡定路线中桩的具体位置。

4）记录计算：1 人，负责进行桩号计算，并记录中桩编号，累计链距等工作。

5）写桩：1 人，负责中桩的具体书写工作。

6）背桩及打桩：1 人。

（3）工作内容

1）中线丈量。中线丈量是指丈量路线的里程，通常情况下可把路线的起点作为零点，以后逐渐累加计算。量距一律采用水平距离。量距时一般采用皮卷尺或绳尺进行，公路等级要求较高时，最好是采用钢尺或是光电测距进行。量距累计的导线边边长与光电测距仪测得的边长的校正差不应超过边长的 1/200，否则应返工。

2）中桩钉设。中桩钉设与中线丈量是同时进行的。需要钉设的中桩包括路线的起点桩、公里桩、百米桩、平曲线控制桩（主点桩）、桥梁或隧道中轴线控制桩及按桩距要求根据地形、地物等需要设置的加桩等。

① 直线路段中桩的桩距一般为 20m，在平坦地段也不超过 50m。位于曲线上的中桩间距一般为 20m，但是当位于平曲线半径为 30 ~ 60m，缓和曲线长为 30 ~ 50m 时，桩距不应大于 10m；当平曲线半径及缓和曲线长小于 30m 或用回头曲线时，桩距不应大于 5m。《公路勘测规范》规定中桩间距见表 10-13。

表 10-13　中桩间距　　　　　　　　　　　　　　　　　（单位：m）

直线		曲线半径			
平原、微丘	重丘、山岭	不设超高的曲线	$R > 60$	$30 < R < 60$	$R < 30$
50	25	25	20	10	5

② 在下列地点应设加桩：路线范围内纵向与横向地形有显著变化处；与水渠、管道、电信线、电力线等交叉或干扰地段起、终点；与既有公路、铁路、便道交叉处；病害地段的起、终点；拆迁建筑物处；占用耕地及经济林的起、终点；小桥涵中心及大桥、中桥、隧道的两端。

③ 中桩位置丈量用花杆穿线定位，桩位允许误差：纵向 $\frac{s}{1000} + 0.1\text{m}$（$s$ 为交点或转点至桩位的距离，单位为 m），横向 10cm。

④ 曲线测设时，应先测设曲线控制桩，再测设其他桩。当圆曲线长度大于 500m 时，应用辅助切线或增设曲线控制点分段测设。曲线闭合差纵向不超过 $\pm \frac{1}{1000}$ 曲线长；横向误差应不超过 $\pm 10\text{cm}$。

⑤ 中线每隔 3 ~ 5km 应与初测导线点联测，其闭合差不应超过下列规定：水平角闭合差 $60''\sqrt{n}$，长度相对闭合差 1/1000。

3）写桩与钉桩。所有中桩应写明桩号、转点，曲线桩还应写明桩名，作为桩志，如图 10-4 所示。为了便于找桩和避免漏桩，所有中桩应按每公里在背面编号。中桩的书写常用红油漆。

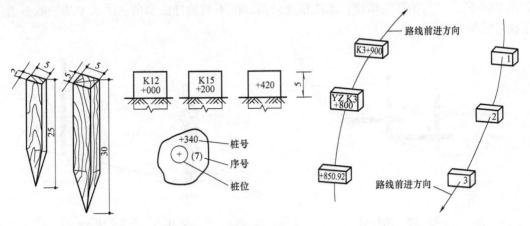

图 10-4　桩志

4）断链及处理。在丈量过程中，出现桩号与实际里程不符的现象称为断链。断链的主要原因有两种：一种是由计算和丈量发生错误所造成的；另一种则是由局部改线、分段测量等客观原因所造成的。断链有"长链"和"短链"之分，当路线实际里程短于路线桩号时称为短链，反之称为长链。所有断链桩号应填在总里程及断链桩号表上。考虑断链桩号的影响，线路的总里程应为：路线总里程 = 终点桩里程 – 起点桩里程 + ∑长链 – ∑短链。

4. 水平组

（1）任务　水平组的任务是通过对线路中线各中桩高程进行测量，并沿线设置临时水准点，为路线纵断面、横断面设计和施工提供高程资料。

（2）分工及工作内容　水平组通常由 6 人组成，分中平和基平两个组。中平主要对各中桩进行水准测量，基平则主要是设置临时水准点并进行交点高程的测量。当导线测角采用光电测距仪时，可不设基平组，其任务由导线测角组代替。

水平测量的要求见第 10.3.2 节"2. 高程测量要求"。

5. 横断面组

（1）任务　实地逐桩测量每个中桩在路线的横向（法线方向）的地表起伏变化情况，并画出横断面的地面线。路线横断面测量主要是为路基横断面设计、土石方计算及后期的施工放样提供资料。

（2）工作内容

1）横断面方向的确定。在直线路段，横断面的方向与路线垂直；在曲线段，横断面的方向与该点处切线相垂直，即法线方向。直线上的横断面方向，用方向架或经纬仪作垂线确定。曲线上的横断面方向，根据计算的弦偏角，用弯道求心方向架或经纬仪来确定。

2）横断面测量方法。横断面测量以中线地面点即中桩位置为直角坐标原点，分别沿断面方向向两侧施测地面各地形变化特征点间的相对平距和高差，由此点绘出横断面的地面线。常用横断面测量方法如下：

① 抬杆法。抬杆法如图 10-5 所示，利用花杆直接测得平距和高差。此法简便、易行，所以被经常采用，它适用于横向变化较多较大的地段，但由于测站较多，测量和积累误差较大。

② 手水准法。此法原理与抬杆法相同，仅在测高差时用水平花杆测量，量距仍用皮尺，如图 10-6 所示。与抬杆法相比，此法精度较高，但不如抬杆法简便。手水准法一般多适用于横坡较缓的地段。

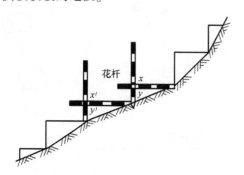

图 10-5　抬杆法

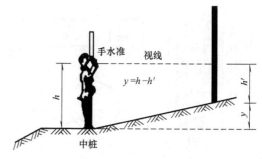

图 10-6　手水准法

③ 特殊断面的施测方法。在不良地质地段需作大断面图时，可用经纬仪作视距测量和三角高程测量施测断面。对于一些陡岩地段，可用交会法在已定 A、B 点后，用经纬仪或带角手水准测出 α_A、α_B，并丈量 l，图解交会出 C 点，如图 10-7 所示。交会时交角不宜太小，距离 l 应有足够的长度。对于深沟路段可用钓鱼法施测，如图 10-8 所示。对于高等级公路，应采用经纬仪皮尺法、经纬仪视距法等方法测量。

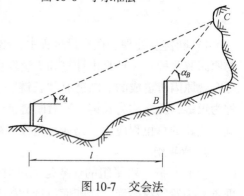

图 10-7　交会法

3）横断面的点绘。一般采用现场边测边点绘的方法。其优点是外业可不做记录，点绘出的断面图能及时核对，消除差错。点绘的方法是以中桩点为中心，分左右两侧，按测得的各侧相邻地形特征点之间的平距与高差或倾角与斜距等逐一将各特征点点绘在横断面图上，各点连线即构成横断面地面线。横断面图如图 10-9 所示。当现场无绘图条件时，也可采用现场记录、室内整理绘图的方法，横断面记录格式见表 10-14。横断面图点绘在透明坐标纸上（便于后期晒图），点绘时应按桩号大小从图的下方到上方，再从左侧到右侧的原则安排断面位置。绘图的比例一般为 1∶200，对有特殊情况需要的断面可采用 1∶100，每个断面的地物情况应用文字在适当位置进行简要说明。

表 10-14　横断面记录格式

左　　侧				桩　　号	右　　侧			
$\dfrac{+0.2}{1.6}$	$\dfrac{+0.4}{2.2}$	$\dfrac{0}{1.7}$	$\dfrac{-0.7}{2.0}$	K1＋240	$\dfrac{+1.0}{1.5}$	$\dfrac{+0.3}{2.0}$	$\dfrac{+1.3}{1.8}$	$\dfrac{+1.6}{2.0}$

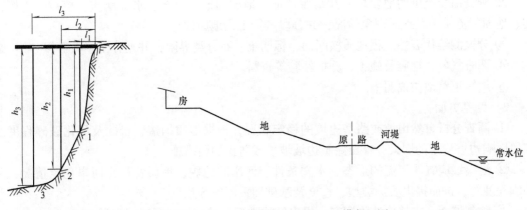

图 10-8　钓鱼法　　　　　　　　　　　　图 10-9　横断面图

4）测量精度与测图范围。横断面的测量范围，应根据地形、地质、地物及设计需要确定，一般中线中宽度不小于 20m。在回头曲线上下线有干扰时，应连通施测。

横断面的检测应用高精度方法进行，其限差规定见表 10-15。

表 10-15　横断面检测互差限差

公 路 等 级	距离/m	高差/m
高速公路、一级公路、二级公路	$\leqslant \left(\dfrac{L}{100} + 0.1 \right)$	$\leqslant \left(\dfrac{h}{100} + \dfrac{L}{200} + 0.1 \right)$
三级及以下公路	$\leqslant \left(\dfrac{L}{50} + 0.1 \right)$	$\leqslant \left(\dfrac{h}{50} + \dfrac{L}{100} + 0.1 \right)$

注：1. L 为测点至中桩的水平距离（m）。
　　2. h 为测点至中桩的高差（m）。

6. 地形组

地形组的任务就是根据设计的需要，按一定比例测绘出沿线一定宽度范围内的带状地形图（或局部范围的专用地形图），供设计和施工使用。

地形测量的要求见 10.3.2 节 "3. 地形测量要求"。

7. 调查组

调查组的主要任务是根据测设任务的要求，通过对道路所经地区的自然条件和技术经济条件进行调查，为公路选线和内业设计收集原始资料。

调查的主要内容有工程地质情况调查、筑路材料情况调查、桥涵调查、概算和预算资料调查及杂项调查等。对于旧路改建，还应对原路路况进行调查。调查组可由 2～3 人组成综合调查组，也可分小组同时调查。

（1）工程地质情况调查　工程地质资料是道路设计的重要资料，通过调查、观测和必要的勘探、试验，进一步掌握与评价路线通过地带的工程地质和水文地质情况，为正确选定路线位置，合理进行纵坡、路基、路面、小桥涵及其构造物的设计提供充分准确的工程地质依据。

工程地质情况调查的主要内容如下：

1）路线方面：

① 在工程地质复杂的工程艰巨地段，会同选线人员研究路线布设及采取的工程措施。

② 调查沿线范围的地貌单元和地貌特征、地质构造、岩石、水文地质、植被、土壤种类、地面径流及不良地质现象情况，并分段进行工程地质评价。

③ 分段测绘代表性工程地质横断面，标明土、石分类界限，并划分土、石等级。

④ 调查气象、地震及施工、养护经验等资料。

⑤ 编写道路地质说明书。

2）路基方面：

① 调查分析自然山坡或路基边坡的稳定状况，根据地质构造、岩性及风化破碎程度及其他影响边坡稳定的因素，提出路堑边坡坡度或防护加固措施。

② 沿溪线应查明河流的形态、水文条件、河岸的地貌、地质特征、河岸稳定情况、受冲刷程度等，进而提出防护类型、长度及基础埋置深度等意见。

③ 路基坡面及支挡构造物调查，提出结构类型、基础埋置深度等意见。

④ 路基土壤、地下水位和排水条件调查，提出路基土壤分类和水文地质类型。

3）路面方面：

① 收集有关气象资料，研究地貌条件，划定路段的道路气候分区，并提出土基回弹模量建议值，供路面设计时采用。

② 调查当地常用路面结构类型和经验厚度。

4）特殊不良地质地区（如黄土、盐渍土、沙漠、沼泽、滑坡、崩塌、岩溶、泥石流等）的综合性地质调查与观测，为制定防治措施提供资料。

（2）筑路材料情况调查　筑路材料质量、数量及运距直接影响工程的质量和造价。进行筑路材料情况调查的任务就是根据适用、经济和就地取材的原则，对沿线料场的分布情况进行广泛调查，以探明数量、质量及开采条件，为施工提供符合要求的料场，其主要有如下三方面内容：

1）料场使用条件调查，主要对自采加工材料（如块石、片石、料石、砾石、碎石、砂、黏土料源）的质量和数量进行勘探，以必要的取样试验决定料场的开采价值。

2）料场开采条件调查，主要对矿层的产状条件、水文地质条件、开采季节、工作面大小、废土堆置场地等方面进行调查。

3）运输条件调查，包括运输支线距离、修筑的难易、料场与线路的相对高差、运输方式、材料的埋藏条件（包括剥土厚度）等方面进行调查。

（3）小桥涵调查　小桥涵调查的主要任务是：调查与搜集沿线小桥涵水文、地质、地形资料，配合线路总体布设，进行实地勘测，提供小桥涵及其他排水构造物的技术要求，研究决定小桥涵的位置、结构形式、孔径大小以及上下游的防护处理等。

1）水文资料调查。水文资料调查的目的是为确定设计流量和孔径提供必需的资料。调查内容应采用水文计算方法确定，调查方法有形态调查法、径流形成法、直接类比法。当跨径在1.5m以下时，可不进行孔径计算，通过实地勘测用目估法确定孔径。

2）小桥涵位置的选定及测量。桥涵的位置原则上应服从路线走向，通常情况下是由选线组根据最佳路线位置确定的。桥涵如何布置则由桥涵人员根据实地地形、地质及水文条件综合考虑，然后进行桥址或涵址测量。

3）小桥涵结构类型的确定。小桥涵结构类型应结合路线的等级和性质，根据适用、经济和就地取材的原则，结合其他情况综合考虑，使所选定的形式具有施工快、造价低、便于行车和利于养护的优点。

4）小桥涵地质调查。小桥涵地质调查的目的是摸清桥涵基底工程地质及水文地质情况，为正确选定桥涵及附属构造物的基础埋深及有关尺寸、类型等提供资料。调查的内容包括基底土壤地质类型及特征、有无地质不良情况、土壤冰冻深度及水文地质对基础和施工的影响等。

（4）概算和预算资料调查　设计概算、施工预算是公路设计文件的重要组成部分，进行概算和预算资料调查的目的就是要为编制设计概算和施工预算提供基础资料。调查应按《公路工程建设项目概算预算编制办法》（JTG 3830—2018）的有关规定进行，调查的主要内容如下：

1）施工组织形式调查，主要调查单位的组织形式、机械化程度、生产能力及施工企业的等级等。当施工单位不明确时，应由建设单位提供上述可能的情况及编制原则。

2）工资标准，包括工人基本工资标准和工资性津贴（附加工资、粮价补贴、副食补贴）、其他地区性津贴及工人工资计算办法等方面调查。

3）调拨或外购材料及交通运输调查，包括材料的出场价格、可能发生的包装费和手续费、可能供应数量、运输方式、运距、中转情况、运输能力、运杂费（包括运费、装卸费、囤存、过渡、过磅等）、水电价格等内容。

4）征用土地和拆迁补偿费，按《国家建设征用土地条例》和当地政府有关补偿费用标准和办法。

5）施工机构迁移和主副食运费补贴调查。

6）气温、雨量、施工季节调查。

7）其他可能费用资料调查。

（5）杂项调查　杂项调查主要是指占地、拆迁及有关项目的情况和数量调查，为编制设计文件的杂项表格提供资料。主要内容有：

1）占用土地的测绘和调查。

2）拆迁建筑物、构造物（包括水井、坟墓等）调查。

3）拆迁管道、电力、电信设施调查。

4）排水、防护、改河以及临时工程（便道、便桥等）的调查。

8. 内业组

内业工作的内容包括复核、检查、整理外业资料和图标制作、汇总等，同初测内业工作要求相同。内业工作要及时进行路线设计和局部方案的取舍工作，外业期间宜做出全部路基横断面设计，并结合沿线构造物的布设，逐段综合检查所定路线线位的技术经济合理性，同时应进行必要的现场核对。

10.5　公路设计文件

公路工程设计文件是安排建设项目、控制投资、编制招标文件、组织施工和竣工验收的重要依据。它关系到公路建设进度和质量，是项目前期工作的一个重要环节。公路工程设计必须贯彻"安全、耐久、节约、和谐"的设计理念，应遵循因地制宜、就地取材的原则；结合我国经济、技术条件，吸取国内外先进经验，采取新技术、新材料、新设备、新工艺；

节约用地，重视环境保护，注意与农田水利及其他建设工程的协调和综合利用，使设计的工程建设项目取得经济、社会和环境的综合效益。因此，设计文件的编制必须贯彻国家有关方针政策，按照基本建设程序和有关标准、规范、规程，精心设计，做到客观公正，保证设计文件的质量。

10.5.1 设计阶段的性质与要求

一阶段施工图设计应根据批准的设计任务书（或测设合同）和一次定测资料编制，编制施工图预算。

两阶段设计时，初步设计应根据批准的设计任务书（或测设合同）和初测资料编制；施工图设计应依据批准的初步设计和定测资料编制。初步设计编制设计概算；施工图设计编制施工图预算。

三阶段设计时，初步设计应根据批准的设计任务书（或测设合同）和初测资料编制；技术设计应根据批准的初步设计和补充测量资料编制；施工图设计应根据批准的初步设计、技术设计和定测（或补充定测）资料编制。初步设计编制设计概算，技术设计编制修正概算；施工图设计编制施工图预算。

公路工程在勘测设计之前，尚有一个路网规划问题，即公路勘测设计的基本依据是公路网规划。另外，大的工程项目在勘测设计之前还应做工程的可行性研究，从工程的必要性、经济合理性、技术可行性、实施可能性等方面进行综合研究，在工程"可行"的前提下开展勘测设计工作，否则，应终止该项目。

10.5.2 设计文件的组成

1. 初步设计

初步设计的目的是基本确定设计方案。根据批复的可行性研究报告、测设合同的要求，拟定修建原则，选定设计方案，拟定施工方案，计算工程数量及主要材料数量，编制设计概算，提供文字说明及图表资料。经审查批复后的初步设计文件，则为订购主要材料、机具、设备，安排重大科研试验项目，联系征用土地、拆迁，进行施工准备，编制施工图文件和控制建设项目投资等的依据。当采用三阶段设计时，经审查批复的初步设计为编制技术设计文件的依据。

初步设计在选定方案时，应对路线的走向、控制点和方案进行现场核查，征求沿线地方政府、建设单位及规划、土地、环保等相关部门的意见，基本落实路线布设方案。对建设条件复杂地段的路线、路基、路面、特大桥、大桥、特长隧道、互通式立体交叉、服务设施，一般应选择两个或两个以上的方案进行同深度、同精度的测设工作和方案比选，提出推荐方案。

初步设计应完成的工作任务如下：

1）选定路线设计方案，基本确定路线位置。

2）基本查明沿线地质、水文、气候、地震、矿产、文物等情况。

3）基本查明沿线筑路材料的质量、储量、供应量及运输条件，并进行原材料、混合料的试验。

4）基本确定路基标准横断面和高填深挖路基、特殊路基的设计方案及沿线路基取土、弃土方案。

5）基本确定排水系统与支挡、防护工程的方案、位置、长度、结构类型和尺寸。

6）基本确定路面设计方案、路面结构类型及主要尺寸。

7）基本确定特大和大、中桥桥位、设计方案、结构类型及主要尺寸。

8）基本确定小桥、涵洞等的位置、结构类型及主要尺寸。

9）基本确定隧道位置、设计方案、结构类型及主要尺寸。

10）基本确定路线交叉的位置、形式、结构类型及主要尺寸。

11）基本确定交通工程及沿线设施各项工程的位置、形式、类型及主要尺寸。

12）基本确定改（扩）建工程施工期间的交通组织方案。

13）基本确定环境保护措施与景观设计方案。

14）基本确定改路、改渠等其他工程的位置、结构形式及主要尺寸。

15）基本确定占用土地、拆迁建筑物及管线等设施的数量。

16）提出需要试验、研究的项目。

17）初步拟定施工方案及工期安排。

18）论证确定分期修建的工程实施方案。

19）计算各项工程数量。

20）编制设计概算。

根据初步设计的工作内容和要求，初步设计文件由十二篇和附件组成，见表 10-16。

表 10-16　初步设计文件的组成

篇	项 目 内 容
第一篇 总体设计	1. 项目地理位置图
	2. 说明书
	3. 图表及附件
第二篇 路线	1. 项目地理位置图
	2. 说明书
	3. 图表及附件：路线平面图，路线纵断面图，山区复杂路段以地质调绘为基础的路线比较方案平面图、纵断面图，直线、曲线及转角表，纵坡、竖曲线表，公路用地表，公路用地图，赔偿树木、青苗数量表，拆迁建筑物表，拆迁电力电信及其他管线设施表，工程地质平面图，工程地质纵断面图，不良地质地段表，安全设施
第三篇 路基、路面及排水	1. 路基标准横断面图
	2. 一般路基设计图
	3. 高填深挖路基工程数量表
	4. 高填深挖路基设计图
	5. 低填浅挖路基处理工程数量表
	6. 低填浅挖路基处理设计图
	7. 桥头路基处理工程数量表
	8. 桥头路基处理设计图
	9. 陡坡路堤或填挖交界处理设计图
	10. 陡坡路堤或填挖交界处理工程数量表
	11. 特殊路基设计工程数量表

（续）

篇	项 目 内 容
第三篇 路基、路面及排水	12. 特殊路基设计图
	13. 路基每公里土石方数量表
	14. 取土坑（场）、弃土堆（场）一览表
	15. 取土坑（场）、弃土堆（场）设计图
	16. 路基防护工程数量表
	17. 路基防护工程设计方案比较图（表）
	18. 路基防护工程设计图
	19. 路面工程数量表
	20. 路面结构设计图
	21. 路基、路面排水工程数量表
	22. 路基、路面排水工程设计图
第四篇 桥梁、涵洞	1. 沿线水系分布示意图
	2. 特大、大、中桥桥梁表
	3. 特大、大、中桥主要工程数量表
	4. 特大、大、中桥设计图
	5. 小桥表
	6. 典型小桥布置图
	7. 涵洞表
	8. 典型涵洞设计图
	9. 附属工程设计图表
第五篇 隧道	1. 隧道表
	2. 隧道工程数量表
	3. 隧道主体工程设计图
	4. 隧道机电设施图
第六篇 路线交叉	1. 互通式立体交叉设计图表
	2. 服务设施匝道及连接道路设计图表
	3. 分离式立体交叉设计图表
	4. 通道、天桥设计图表
	5. 平面交叉设计图表
	6. 管线交叉设计图表
第七篇 交通工程及沿线设施	1. 总体设计
	2. 管理养护机构
	3. 监控设施
	4. 收费设施
	5. 通信设施
	6. 供配电设施
	7. 照明设施
	8. 服务设施
	9. 房屋建筑

（续）

篇	项目内容
第八篇 环境保护及景观设计	1. 环境敏感区一览表
	2. 环境保护工程数量表
	3. 降噪设计图
	4. 污水处理设计图
	5. 取土场、弃土场处理设计图
	6. 其他环保工程设计图
	7. 植物配置表
	8. 景观工程数量表
	9. 景观设计图
第九篇 渡口码头及其他工程	1. 渡口码头表
	2. 渡口码头平面布置图
	3. 渡口码头纵断面图
	4. 其他工程表
	5. 其他工程一般布置图
第十篇 筑路材料	1. 沿线筑路材料料场表
	2. 材料试验资料表
	3. 沿线筑路材料供应示意图
第十一篇 施工方案	1. 工程概略进度图
	2. 施工便道主要工程数量表
	3. 其他临时工程一览表
	4. 公路临时用地表
第十二篇 设计概算	设计概算应按《公路工程建设项目概算预算编制办法》（JTG 3830—2018）和《公路工程概算定额》（JTG/T 3831—2018）及其他相关规定编制
附件 基础资料	各级政府相关部门的批准文件；专题研究成果资料；地震灾害性评价报告；地质安全性评价报告；环境影响评价报告书；水土保持方案报告书；平面控制测量、高程控制测量；综合地质勘察和地震动峰值加速度复核等资料；水文调查与计算资料，流速、流量模型试验等资料；原有公路路基、路面、桥涵、隧道检测结果及评价报告；其他

2. 技术设计

技术设计的工作包括：

1）对初步设计所定方案详加研究，进一步修改。

2）补充必要的地质、水文、气候、地震和地质钻探资料，以及土工模型试验成果。

3）提出科学试验成果、专题报告。

4）提出修正的施工方案。

5）编制修正概算。

技术设计文件应根据技术设计的目的与要求及工程需要解决的技术问题，参照规定编制。对于公路工程建设项目中的特大桥、互通式立体交叉、隧道、交通工程及沿线设施的技术设计文件，还必须对整个建设项目的总体设计情况予以补充说明，对总概算加以修正。

3. 施工图设计

两阶段或三阶段施工图设计阶段应根据初步设计或技术设计批复意见、测设合同，进一步对所审定的修建原则、设计方案、技术决定加以具体和深化，最终确定各项工程数量，提出文字说明和适应施工需要的图表资料及施工组织计划，并编制施工图预算。一阶段施工图设计应根据可行性研究报告批复意见、测设合同的要求，拟定修建原则，确定设计方案和工程数量，提出文字说明和图表资料及施工组织计划，编制施工图预算，满足审批的要求，适应施工的需要。

施工图设计应完成的任务有：

1）确定路线具体位置。

2）确定路基标准横断面和高填深挖路基、特殊路基横断面，绘制路基超高、加宽设计图；计算土石方数量并进行调配；确定路基取土、弃土的位置，绘制取土坑、弃土场设计图。

3）确定路基路面排水系统和支挡、防护工程的结构类型及尺寸，绘制相应布置图和结构设计图。

4）确定高填深挖、陡坡路堤及特殊路基设计的结构形式和尺寸，并绘制设计图。

5）确定各路段的路面结构类型、路面混合料类型，并绘制路面结构图。

6）确定特大、大、中桥的位置、孔数及孔径、结构类型及各部尺寸，绘制结构设计图。

7）确定小桥、涵洞、漫水桥及过水路面等的位置、孔数及孔径、结构类型及各部尺寸，绘制布置图。特殊设计的，应绘制特殊设计详图。

8）确定隧道及其附属设施的形式及尺寸，绘制布置图和设计详图。

9）确定路线交叉形式、结构类型及各部尺寸，绘制布置图和设计详图。

10）确定交通工程及沿线设施的各项工程的位置、类型及各部尺寸，绘制布置图和设计详图。

11）确定改（扩）建工程施工期间的交通组织设计详图。

12）确定环境保护与景观工程的位置、类型及数量，绘制布置图和设计详图。

13）确定改路、改渠（河）等其他工程的位置、结构形式及尺寸，绘制相应的布置图和设计详图。

14）落实沿线筑路材料的质量、储藏量、供应量及运距，绘制筑路材料运输示意图。

15）确定征用土地、拆迁建筑物及电力、通信等的数量。

16）计算各项工程数量。

17）提出施工组织计划。

18）提出人工数量及主要材料、机具、设备的规格及数量。

19）编制施工图预算。

根据施工图设计的工作内容和要求，施工图设计文件由十二篇和附件组成，见表10-17。

表 10-17　施工图设计文件的组成

篇	项 目 内 容
第一篇　总体设计	1. 项目地理位置图
	2. 说明书
	3. 路线平面、纵断面缩图
	4. 主要技术经济指标表
	5. 附件
	6. 公路平面总体设计图
第二篇　路线	1. 说明
	2. 路线设计图表：路线平面图，路线纵断面图，直线、曲线及转角表，纵坡、竖曲线表，总里程及断链桩号表，公路用地表，公路用地图，赔偿树木、青苗表，砍树挖根数量表，拆迁建筑物表，拆迁电力、通信设施表，纸上移线图，路线逐桩坐标表，控制测量成果表，安全设施
第三篇　路基、路面及排水	1. 说明
	2. 设计图表：(1) 路基设计表；(2) 边沟（排水沟）设计表；(3) 路基标准横断面图；(4) 一般路基设计图；(5) 路基横断面设计图；(6) 超高方式图；(7) 隧道进出口过渡设计图；(8) 耕地填前夯（压）实数量表；(9) 挖淤泥排水数量表；(10) 高填深挖路基工程数量表；(11) 高填深挖路基设计图；(12) 低填浅挖路基处理工程数量表；(13) 低填浅挖路基处理设计图；(14) 桥头路基处理工程数量表；(15) 桥头路基处理设计图；(16) 陡坡路堤或填挖交界处理工程数量表；(17) 陡坡路堤或填挖交界处理设计图；(18) 特殊路基设计表；(19) 特殊路基设计工程数量表；(20) 特殊路基设计图；(21) 特殊路基处理段地质纵断面图；(22) 中间带设计图；(23) 中央分隔带开口设计图；(24) 路基土石方数量表；(25) 路基每公里土石方数量表；(26) 路基土石方运量统计表；(27) 取土坑（场）、弃土堆（场）一览表；(28) 取土坑（场）、弃土堆（场）设计图；(29) 路基防护工程数量表；(30) 路基支挡、防护工程设计图；(31) 路面工程数量表；(32) 路面结构图；(33) 水泥混凝土路面设计图；(34) 平曲线上路面加宽表；(35) 路基、路面排水系统布置图；(36) 路基、路面排水工程数量表；(37) 路基、路面排水工程设计图
第四篇　桥梁、涵洞	1. 说明
	2. 特大、大、中桥工程数量表
	3. 特大、大、中桥设计图
	4. 小桥工程数量表
	5. 小桥设计图
	6. 涵洞工程数量表
	7. 涵洞设计图
第五篇　隧道	1. 说明
	2. 隧道表
	3. 隧道工程数量表
	4. 隧道设计图
	5. 隧道机电设施

(续)

篇	项 目 内 容
第六篇　路线交叉	1. 说明
	2. 互通式立体交叉设计图表
	3. 服务区、停车区等服务设施主体工程设计图
	4. 分离式立体交叉设计图表
	5. 通道、天桥设计图表
	6. 平面交叉设计图表
	7. 管线交叉设计图表
第七篇　交通工程及沿线设施	1. 说明
	2. 设计图表：（1）总体设计；（2）监控设施；（3）通信设施；（4）收费设施；（5）供配电设施；（6）照明设施；（7）房屋建筑
第八篇　环境保护及景观设计	1. 说明
	2. 环境保护工程数量表
	3. 降噪设计图
	4. 污水处理设计图
	5. 其他环保工程设计图
	6. 植物配置表
	7. 景观工程数量表
	8. 景观工程设计图
第九篇　渡口码头及其他工程	1. 说明
	2. 渡口码头数量表
	3. 渡口码头设计图
	4. 其他工程数量表
	5. 其他工程设计图
第十篇　筑路材料	1. 说明
	2. 沿线筑路材料料场表
	3. 沿线筑路材料试验资料表
	4. 沿线筑路材料供应示意图
第十一篇　施工组织计划	1. 说明
	2. 施工便道主要工程数量表
	3. 其他临时工程数量表
	4. 公路临时用地表
第十二篇　施工图预算	施工图预算应按《公路工程建设项目概算预算编制办法》和《公路工程预算定额》及其他相关规定编制
附件　基础资料	各级政府相关部门的批准文件；专题研究成果资料；平面控制测量、高程控制测量资料；地质勘察资料；水文调查与计算资料，流速、流量模型试验等资料；原有公路路基、路面、桥涵、隧道检测与评价等资料；其他

10.5.3　设计文件格式

1）各阶段的设计文件幅面尺寸应采用297mm×420mm（横式）和210mm×297mm（立

式)。设计文件应装订成册，每册不宜过厚或过薄，以便于使用和保管。各种设计图的幅面尺寸一般采用 297mm×420mm。必要时可以增大幅面，其尺寸应符合《道路工程制图标准》(GB 50162—1992) 的规定，送审图样应按 297mm×420mm 折叠，也可按 210mm×297mm 折叠，但必须按 210mm×297mm 折叠归档，交付施工的图样可不折叠。

2) 设计文件每册封面上一般应列出公路路段或建设项目名称及里程长度、设计阶段及设计文件名称、册数 (第×册、共×册)、测设单位名称。

3) 设计文件每册扉页内容应包括公路路段或建设项目名称及里程长度、设计阶段及设计文件名称、册、篇组成、主办单位、勘察设计证书等级及编号、各级负责人签署、参加测设人员 (技术员以上) 姓名、职务及工作项目或内容、设计文件编制年月。

4) 设计文件每册应有总目录。

5) 设计文件中的图表均应经设计人员签署。

6) 送审的设计文件封面颜色初步设计为淡绿色，技术设计为粉红色、施工图设计为奶白色或象牙白色。

7) 路线平纵面图、路线平面图、路线纵断面图等的起讫方向均应从左到右，里程桩号由小到大，标注的字头向上，地形图上的标注仍按测绘标注不变。

8) 所有重要的有价值的试验资料、设计计算资料，以及按保密法划分为密级以上的原始资料均不附入文件中，但整理归档备查。

9) 设计文件报送主管部门或委托单位的份数为：两阶段或三阶段初步设计的第一篇 16 份、其他各篇 10 份，技术设计 10 份，施工图设计 8 份；一阶段施工图设计 14 份，如需要增加份数可与设计单位协商解决。

10) 为便于公路建设、运营、养护和改建等工作，建设单位可与设计单位协商，在提交纸质文件的同时，提交对应的电子文件。

思考题与习题

10-1　道路外业勘测一般由哪些作业组组成？简述各作业组的任务。

10-2　道路初测的目的和任务是什么？

10-3　道路定测的目的和任务是什么？

10-4　综述道路定测选线组、测角组、中桩组的主要工作内容。

10-5　试述放点穿线法测设交点的步骤。

10-6　公路勘测设计为什么要划分阶段？各阶段应完成哪些内容？技术设计阶段一般在什么情况下采用？

10-7　初步设计文件与施工图设计文件在内容上主要有什么不同？

参 考 文 献

[1] 过秀成，等．城市交通规划 ［M］．南京：东南大学出版社，2010.

[2] 陆键．公路交通安全设计理论与方法 ［M］．北京：科学出版社，2011.

[3] 余志生．汽车理论 ［M］．北京：机械工业出版社，2000.

[4] 中华人民共和国交通运输部．公路工程技术标准：JTG B01—2014 ［S］．北京：人民交通出版社股份有限公司，2014.

[5] 中华人民共和国交通运输部．公路路线设计规范：JTG D20—2017 ［S］．北京：人民交通出版社股份有限公司，2017.

[6] 中华人民共和国交通运输部．公路排水设计规范：JTG/T D33—2012 ［S］．北京：人民交通出版社，2013.

[7] 中华人民共和国住房和城乡建设部．室外排水设计规范（2016 年版）：GB 50014—2006 ［S］．北京：中国计划出版社，2016.

[8] 邓学钧．路基路面工程 ［M］．3 版．北京：人民交通出版社，2008.

[9] 姚祖康．公路排水设计手册 ［M］．北京：人民交通出版社，2002.

[10] 黄兴安．公路与城市道路排水设计手册 ［M］．北京：中国建筑工业出版社，2005.

[11] 吴瑞麟，沈建武．城市道路设计 ［M］．北京：人民交通出版社，2003.

[12] 吴瑞麟，沈建武．道路规划与勘测设计 ［M］．广州：华南理工大学出版社，2002.

[13] 孙慧修，郝以琼，龙腾锐，等．排水工程：上册 ［M］．4 版．北京：中国建筑工业出版社，1999.

[14] 刘培文．道路勘测定线与施工放样技术 ［M］．北京：人民交通出版社，2007.

[15] 中华人民共和国交通部．公路勘测规范：JTG C10—2007 ［S］．北京：人民交通出版社，2007.

[16] 张金水．道路勘测与设计 ［M］．2 版．上海：同济大学出版社，2009.

[17] 孙家驷．道路勘测设计 ［M］．4 版．北京：人民交通出版社股份有限公司，2019.

[18] 中华人民共和国住房和城乡建设部．城市道路工程设计规范：CJJ 37—2012 ［S］．北京：中国建筑工业出版社，2012.

[19] 曹春阳．道路勘测设计 ［M］．北京：中国建材工业出版社，2013.

[20] 杨少伟．道路勘测设计 ［M］．3 版．北京：人民交通出版社，2009.

[21] 吴国雄．互通式立体交叉设计范例 ［M］．北京：人民交通出版社，2002.

[22] 刘旭吾．互通式立交线形设计与施工 ［M］．北京：人民交通出版社，1997.